华中师范大学120周年校庆丛书

华大经典文库

HUADA JINGDIAN WENKU

华中师范大学120周年校庆丛书编委会

主　任：夏立新
常务副主任：彭南生
副 主 任：查道林　郝芳华
委　员（按姓氏音序排列）：
　　李鸿飞　陈厚丰　任友洲
　　董中锋　陈迪明　彭双阶
　　符　平　段　锐　段　维　范　军
　　廖卫鹏　付　强　付义朝　郭　庆
　　　　　刘从德　吴海涛　周挥辉

# 陈时论著选

陈 时 / 著　　喻本伐 / 编

华中师范大学出版社
HUAZHONG SHIFAN DAXUE CHUBANSHE

新出图证（鄂）字 10 号
图书在版编目（CIP）数据

陈时论著选/陈时著；喻本伐编. —武汉：华中师范大学出版社，2023.8
（华大经典文库）
ISBN 978-7-5622-9933-2

Ⅰ．①陈… Ⅱ．①陈… ②喻… Ⅲ．①陈时（1891—1953）—教育思想—文集 Ⅳ．①G40-092.7

中国版本图书馆 CIP 数据核字（2022）第 204745 号

编 辑 室：综合编辑室
电 　 话：027-67867370
责任编辑：梅　杰
责任校对：罗　艺
封面设计：甘　英　胡　灿
出版发行：华中师范大学出版社有限责任公司
社　　址：湖北省武汉市洪山区珞喻路 152 号
销售电话：027-67861549
邮　　编：430079
网　　址：http://press.ccnu.edu.cn
印　　刷：湖北新华印务有限公司
督　　印：刘　敏
开　　本：710mm×1000mm　1/16
印　　张：35.25
字　　数：470 千字
版　　次：2023 年 8 月第 1 版
印　　次：2023 年 8 月第 1 次印刷
定　　价：138.00 元

敬告读者：欢迎举报盗版，请打举报电话 027-67867353

# 编者说明

一、陈时是湖北教育史上的知名人物。若从一个人与一所大学的关系而论，他在中国教育史上也理当占有重要地位。因为他与中华大学相伴始终，风雨历程整40年。若仅从时间而论，他较南开大学的张伯苓、复旦大学的李登辉、厦门大学的林文庆等，主掌校政的时间更为久远。在中国，这一点甚至没有哪一位大学校长能与其比肩。武昌中华大学作为首批创立的私立大学的代表，在中国高等教育史的开篇上，也每每被选作典型。因此之故，陈时的著述理当予以整理，以作为人物和校史研究的基础。

二、陈时由于晚年所受到的不公平遭际，在被批判、获刑后郁郁而终。其人其事，鄂人虽时有所闻，然而在很长的时期内，却鲜有专门的研究者，当然也无专门论著面世。在1984年他得到公开平反后，回忆文章和研究著述才得以陆续刊行。编者2001年在参与撰写华中师范大学百年校史时，便曾萌生过编纂《陈时文集》的念头。只是苦于当时所得资料不多，而教学、科研任务尚未卸肩，因而只能作罢。此次为迎接校庆120周年修订校史，我已退休得闲，加之认真修订也须广求资料，于是重续前念，在重撰中华大学校史的同时，编成此《陈时论著选》。

三、本书的选录对象，为陈时留存于世，且主要是见载于报刊、书籍中的文字；其个人书信、日记、笔记、文稿等资料，在其遭受批判时已散失殆尽。即使是公开发表的文论、讲演等，笔者在搜罗中也难免有所遗漏，如他留学时用"剑"为笔名所撰文论，据称曾在《民报》上发表，然遍寻未获；又如在国民参政会第一届第三次会议上领衔提出《急救沦陷区青年免资敌用案》，则因"加密"而未能查获。因此，本书只能视为初编，尚待有心人之不断补遗。

四、本书采用"分类编年"体例，依据各文性质，分列为如后八辑：第一辑，撰著·译文；第二辑，章则·计划；第三辑，提案·质询；第四辑，公启·函电；第五辑，演讲·谈话；第六辑，陈述·检讨；第七辑，诗歌·杂录。各辑收文，则一律严格依照时序编排。

五、第三辑中的提案，查得最多者为陈时在国民参政会中的"联名提案"。此类提案，当然并非由陈时起草，只是表明他赞同其观点。由于本书容量有限，故只能选录其中最有代表者，其他则以随文附录形式列目备查。至于第六辑中的"陈述·检讨"，本可归为撰著类，但因是陈时特殊时期的撰述，且多有自泼脏水的违心之言，故不能当真，还是单辟一类收录为宜。

六、本书文字以"保留原貌"为基本原则，但对于原文中的繁体字、异体字，均依照国家所颁行的相关规定进行统一处理。对于明显的错别字、脱字或衍字等，编者统一在其后置"〔 〕"，并将可供参考之字或词，置于其内，以供读者参考。对于原发件或手迹中已无法辨识之文字，由编者用"□"表示。对于竖版原件中的"如左""如右"等表述，均径改为"如下""如上"等。

七、对于原文中的标点符号，依照通例，由编者重新进行断句处理或更定。对于原文未分段或分段不当者，由编者依据文意，重新进行分段处理。对于原文中的各式序号标列，由编者按通例统一处理，大体分列为"一""（一）""（1）"三级。对于原文中的中文数字，均依照原文表述（表格除外）。

八、在本书各篇的题目之下，均置"题解"，交代文章撰写或发表时间、原载刊物、相关背景和载刊简介等。文内注释，统一采用脚注形式，每页均重编序号。注释对象为人物、事件、专用术语、特殊名词、非通译人名或外文等。同一注释对象，在本书中仅详注一次，且以首次出现时加注为原则。对于难以查考的人物，非通译人名、地名等，权且从略。对于与正文相关，且可相互参照的文字，本书选取少量作为随文附录。附录中的人名、术语等，统一不加注释。

九、本书原拟将《中华大学校董会会议记录》和《中华大学校务会议记录》完整呈现，因为其中不仅有陈时的报告、说明、提案、讨论等，而且还可反映中华大学的办学历程。现亦因本书容量的关系，仅将这两份记录的目录，作为"附录"列于书后，以作为研究者在"晚清民国期刊全文数据库"和华中师范大学档案馆查阅的索引。至于其他的教务会议、训育会议、事务会议、附中会议、附小会议、校友总会会议等记录，虽亦为陈时主持或有他参加，但因过于琐细，故本书不再分附相关目录。

十、在本书成书的过程中，得到了华中师范大学教育学院书记李玲，教授余子侠、杨汉麟、郑刚，科研秘书张汶军，华中师范大学社科处吴海涛副处长、胡尉尉老师，华中师范大学档案馆馆长付强，陈时孙女陈家益等人所提供的具体帮助；此外，由本书责任编辑梅杰提供线索，周璇女士在中国第二历史档案馆查得一批珍贵史料，而华中师范大学图书馆和档案馆、湖北省图书馆和湖北省档案馆，则为资料的查阅提供了诸多方便，在此一并表达诚挚的谢意。

喻本伐

2021 年 11 月 20 日

# 目 录 CONTENTS

## 第一辑　撰著·译文

003　我之佣读主义（1916年3月7日）

007　南洋闻见录——第一新嘉坡（1920年5～7月）

026　南洋见闻录——第二槟榔屿（Penang）（1920年8月）

033　世界教育会议中国代表团报告（1923年8月12～24日）

061　第三次全国运动会筹备经过述要（1924年5月19日）

067　汉口界租的起原（1928年10月10日）

072　人种与民族——原著 F. Stuart Chapin 博士（1928年11月10日）

081　审查刊物与心理建设（1928年12月15日）

083　经济学与社会哲学——［日本］河合荣治郎著（1928年12月30日）

086　床次之泣（1929年1月15日）

088　武汉国货展览会中应注意的一件事（1929年1月30日）

华大经典文库

陈时论著选

# 目 录
CONTENTS

090　图书馆的民众要求——十八年年会论文（1929年2月1日）

092　消灭阴历的切实办法（1929年2月28日）

094　生产手段的种类——节译《国民厚生学》（1929年2月28日）

098　《中华季刊》创刊旨趣（1930年1月31日）

100　《中华周刊》的新生命（1930年9月13日）

102　《武昌中华大学二十周年纪念特刊》弁言（1932年4月）

106　1933年新年的梦想（1933年1月1日）

108　《第卅二届文理商各学系毕业同学录》序（1933年6月上旬）

110　我对国事的希望及个人工作计划（1934年12月20日）

113　新年的紧急动议（1935年1月1日）

116　文化之时代性（1935年3月15日）

119　《大学文理商学院第三十六届毕业同学录》序（1935年5月27日）

121　汉口商业概况（1935年9月30日）

# 目 录
CONTENTS

132　国庆纪念与国民自救（1935年10月5日）

135　《高中第二十届毕业同学录》序（1936年1月1日）

137　寿蒋献机是国民救国工作（1936年10月31日）

139　崇报与努力（1936年10月31日）

141　两种追忆（1936年11月7日）

146　《师范专修科第六届毕业同学录》序（1937年1月1日）

148　双十节在非常时期的武汉（1937年10月10日）

151　我的双十节（1937年10月10日）

153　《中华周刊·抗敌专号》发刊词（1937年11月20日）

155　日本的精神没落（1938年2月5日）

157　对于青年团的意见（1938年4月23日）

159　五四运动的现阶段（1938年5月7日）

161　《武昌中华大学第四十二届毕业同学纪念册》弁言（1938年6月2日）

163　反侵略与打不平（1939年7月1日）

165　国民参政会开会前夜感言（1938年7月2日）

# 目 录 CONTENTS

167 《中华大学三十周年纪念特刊》发刊词（1942年5月10日）

170 《益世报·经济论坛》发刊词（1943年3月31日）

172 《私立武昌中华大学会计专修科同学录》前言（1943年1月1日）

174 难关重重的出版自由（1948年7月25日）

## 第二辑　章则·计划

183 私立武昌中华大学章程（部分）（1913年7月）

189 武昌工学互助团组织大纲（1920年1月下旬）

193 武汉实施平民教育之计划（1924年3月10日）

198 中华大学校董会章程（1932年5月）

201 中华大学组织大纲（1932年5月）

205 武昌中华大学之职教概况及计划（1935年3月15日）

210 修定中华大学校董会章程（1936年3月24日）

212 战时扩大普及教育运动办法草案要点（1938年5月7日）

# 目录 CONTENTS

215　中华大学革新校务宣言（1949年9月12日）

218　武昌中华大学新民主主义教育实施计划纲要草案（1949年9月17日）

## 第三辑　提案·质询

227　请求力谋收回教育权案——在中华教育改进社第三届年会上的联名提案（1924年7月9日）

231　请提前调整地方基层组织，附送《建议改革乡区制度之屯堡警区制》，请政府参照采行，以奠定自治及施政基础案——在国民参政会第一届第一次会议上的领衔提案（1938年7月6~15日）

234　关于经济问题的询问及答复——在国民参政会第一届第一次会议上的单独质询（1938年7月6~15日）

236　现行学制修正案——在第三次全国教育会议上的联名提案（1939年3月1~9日）

243　有关修正中学课程标准的提案——在第三次全国教育会议上的单独提案（1939年3月1~9日）

# 目 录

246 大学教授及导师应于专门学术外，努力于辅导工作案——在第三次全国教育会议上的单独提案（1939年3月1～9日）

255 请政府奖励教育学术研究，促进教育建设案——在第三次全国教育会议上的联名提案（1939年3月1～9日）

258 大学训育应积极推行案——在第三次全国教育会议上的单独提案（1939年3月1～9日）

260 积极培养童子军师资，并予现任人员以进修机会案——在第三次全国教育会议上的单独提案（1939年3月1～9日）

262 普遍设立体育场，积极推行社会体育案——在第三次全国教育会议上的单独提案（1939年3月1～9日）

264 在抗战建国大时代中，教育上应特殊注意之事项案——在第三次全国教育会议上的联名提案（1939年3月1～9日）

267 英美宣布放弃在华特权，本会宜有表示，谈判缔结新约宜有准备，谨拟要点提请公决案——在国民参政会第三届第一次会议上的领衔提案（1942年10月22～31日）

# 目 录

270 请拨发巨款购贮民食，以济灾荒并整理游击队以安灾黎案——在国民参政会第三届第一次会议上的领衔提案（1942年10月22~31日）

273 物价问题关系抗战至巨，谨拟标本兼治方法提请公决，建议政府施行案——在国民参政会第三届第一次会议上的领衔提案（1942年10月22~31日）

276 为棉花供不应求，纱布来源枯竭，拟请政府迅速抢购抢运，以维后方纺织工业案——在国民参政会第三届第一次会议上的领衔提案（1942年10月22~31日）

### 第四辑　公启·函电

281 呈请代父为中华大学代表人（1917年12月上旬）

283 敬请担任中华大学名誉董事长——致黎元洪（1921年1月18日）

286 武昌兵变后救鄂意见书——与屈佩兰等人的联名通电（1921年6月22日）

291 致太平洋会议中国代表公电（1921年11月24日）

# 目 录 CONTENTS

- 293 就"武昌高师风潮"质湖北省署书（1922年2月17日）
- 297 致太虚法师及各居士书（1924年2月9日）
- 299 为施伯高烈士家属募捐启（1924年2月15日）
- 303 联名通电声援旅鄂湖南中学（1924年4月22日）
- 305 为力争教育基金致各部门通电（1924年9月1日）
- 308 为力争教育基金再致各方函电（1924年9月5日）
- 311 国民外交之提议——致国难会议会员电（1932年2月26日）
- 314 复武汉警备司令部叶蓬司令函（1932年7月4日）
- 316 本校为国联调查团报告书建议外交委员会、外交部电（1932年10月15日）
- 318 中华大学致抗日将领电——分致孙殿英、宋哲元、关麟征（1933年3月25日）
- 320 允为"和平会"发起人——复王一亭等函（1934年11月）
- 322 蒋介石五十寿辰祝电与祝联（1936年10月29日）
- 324 武汉三大学通电——致中央党部、国民政府暨全国报馆（1936年12月15日）

# 目 录
CONTENTS

326　致上海文化建设协会电（1937年1月28日）

327　反对伪满参加世界教育会议的通电（1937年7月5日）

329　联名共慰北平二十九军全体将士电（1937年7月11日）

331　请汇发一九三七学年度本校理学院设备及教席补助费电——致教育部部长王世杰（1937年9月11日）

333　致国联咨委会制裁暴日电（1937年10月上旬）

335　联电致美国总统罗斯福（1937年10月10日）

337　具报理学院设备实施概况和特种教席设置状况——致教育部部长王世杰（1937年11月1日）

339　全国苴汉教育文化界要求实施抗战教育——致国民党中央、国民政府等单位的公开信（1937年12月5日）

342　呈二十六年度补助费第二期收支概况表——致教育部部长陈立夫（1938年4月3日）

344　致李宗仁祝捷电（1938年4月8日）

# 目 录 CONTENTS

**346** 遵令造具补助设备及教席费申请书表报呈——致教育部部长陈立夫（1938年12月16日）

**348** 补呈1937学年度补助费第四期收支概况表——致教育部部长陈立夫（1939年1月9日）

**349** 请恢复法律学系招生呈文——致教育部部长陈立夫（1939年7月11日）

**351** 遵章呈请1940年度补助费——致教育部部长陈立夫（1939年12月13日）

**353** 申请商学院会计专修科招生呈文——致教育部部长陈立夫（1940年1月8日）

**355** 遵章造报《二十七年度补助费实施概况》等件——致教育部部长陈立夫（1940年2月19日）

**357** 遵令造报《二十九年度补助费案设施计划》等件——致教育部部长陈立夫（1940年4月20日）

**360** 吁恳增拨补助以资救济——致教育部部长陈立夫（1940年9月20日）

**362** 再恳令准增加补助费——致教育部部长陈立夫（1940年10月5日）

# 目 录
CONTENTS

**364** 恳请借款二万元以渡过办学难关——致教育部部长陈立夫（1940年11月25日）

**366** 呈请将特种教席补助费移作添置理学院设备之用——致教育部部长陈立夫（1940年11月26日）

**368** 恭恳俯准增拨经常费和临时补助费——致教育部部长陈立夫（1940年12月27日）

**370** 遵章呈报《二十八年度补助费设施概况》等表册——致教育部部长陈立夫（1940年12月30日）

**372** 遵令呈报《二十九年临时补助费使用计划》等件——致教育部部长陈立夫（1941年1月16日）

**374** 呈送《三十年度补助费案设施计划》——致教育部部长陈立夫（1941年6月10日）

**376** 呈复特种教席履历及各项设备清单——致教育部部长陈立夫（1941年10月27日）

**378** 遵令赍呈《特别补助费使用计划》——致教育部部长陈立夫（1941年11月25日）

**379** 请再拨给特别补助费以济校困——致教育部部长陈立夫（1941年12月9日）

# 目录 CONTENTS

**381** 赍呈二十九年度等补助单据俯准审销——致教育部部长陈立夫（1941年12月22日）

**383** 呈报1942年度经常费支出概算书——致教育部部长陈立夫（1942年2月9日）

**385** 请借支教育补助费两万元——致教育部总务司司长蒋志澄（1942年2月22日）

**387** 呈报本年特别补助费五万元分配情形——致教育部部长陈立夫（1942年4月22日）

**389** 遵令呈报《训育补助费支配计划》等件——致教育部部长陈立夫（1942年4月22日）

**391** 遵章呈报《三十一年度补助费案设施计划》等表册——致教育部部长陈立夫（1942年5月10日）

**393** 敬呈《训育补助费支配计划》——致教育部部长陈立夫（1942年6月19日）

**394** 呈请补助特别建设费及拨给教职员救济费——致教育部部长陈立夫（1942年12月8日）

**396** 遵令呈报《三十一年膳贷结存解款单》等件——致教育部部长陈立夫（1943年4月16日）

# 目 录 CONTENTS

**398** 请准重庆各剧院附加票价一月以维校务电——致重庆市市长贺耀祖（1944年9月11日）

**401** 赍呈三十一年度等补助单据俯准审销——致教育部部长朱家骅（1945年1月23日）

**403** 董事会改选已提大名——致曹美成（未完件，1949年9月）

## 第五辑 演讲·谈话

**409** 南洋募款回鄂后的演说（1920年11月29日）

**411** 在宴请杜里舒博士酒会上的致词（1923年1月2日）

**413** 介绍华中运动会组织经过（1923年5月4日）

**415** 介绍出席万国教育会实况——在武昌佛学院的演讲（1923年10月19日）

**420** 在湖北省教育会秋季大会上的发言（1923年12月14日）

**423** 在湖北省教职员联合会春季大会上的发言（1924年4月6日）

**425** 报告第三次全国运动会筹备情形（1924年5月12日）

# 目 录 CONTENTS

427 在湖北省教育会等六团体紧急会上的提议（1924年9月3日）

430 接待来汉调查"汉案"代表王造时的谈话（1925年6月26日）

432 国家教育协会学术讲演会开场白（1926年6月13日）

436 在元旦庆祝会上的训词（1930年1月1日）

438 在韦棣华女士追悼会上的演讲（1931年6月13日）

440 谈本校地理位置的重要（1931年）

441 与国联调查团谈话要点（1932年4月5日）

444 在中华大学第三十一届毕业典礼上的致词（1933年1月9日）

445 全国运动会归来的报告（1933年10月30日）

450 报告校务改进要点（1934年3月13日）

451 在总理纪念周上的报告（1934年10月1日）

456 纪念国庆之意义（1934年10月10日）

458 普及教育私议——在湖北地方政务委员会研讨班上的讲演（1935年3月2日）

# 目 录

464　东京政变概观——在湖北省区政训练班演讲记录（1936年3月下旬）

471　在中华大学校友聚餐会上的报告概要（1937年3月21日）

473　大学地位与国家前途——答记者建宇问（1937年5月8日）

475　欢迎张伯苓来校演讲时的致词（1937年5月18日）

477　在为严士佳庆生聚会上的讲话（1947年10月）

## 第六辑　陈述·检讨

481　在中华大学扩大会议上的说明（1951年3月上旬）

483　致校董会报告（1951年3月24日）

485　一九一一年至一九二六年经费情况（1951年4月11日）

489　我的检讨（1951年4月14日）

496　我的检讨（补充）（1951年4月19日）

501　忠诚老实的陈述（1951年6月20日）

517　检讨书（1951年9月1日）

# 目　录

## 第七辑　诗歌·杂录

525　登春帆楼（1908年春）

526　法苑诗林·和太虚法师（1922年4月8日）

528　中华民国大学联合会会议报告（1924年7月7日）

531　在湖北全省教育行政会议上的临时动议（1928年7月18日）

533　文华图书专科学校董事会讨论与议决事项（1930年6月20日）

535　《汉口商业月刊》创刊纪念（1934年1月1日）

537　校董会修改会章记录（1936年3月24日）

538　公祭胡汉民悼文及挽联（1936年5月26日）

540　中华大学校歌歌词（1942年）

542　议决发动各校学生从军措施四项（1944年11月4日）

# 第一辑　撰著·译文

# 我之佣读主义

（1916年3月7日）

【题解】本篇原载《光华学报》第3期。发表时间为1916年3月7日。

佣读主义，系工读主义或工学主义的早期译名，尚有勤工俭学、半工半读、工学并进、工学兼营、工读互助、手脑并用等多种提法；其主旨为，教育与生产劳动结合、脑力劳动与体力劳动的结合，将传统教育的为政治服务转轨于为经济服务，并养成个体的谋生技能。五四时期，工读主义思潮蔚为大观，工读互助团即为典型。陈时此后参与筹组武昌工学互助团，实与他所持佣读主义相关。

《光华学报》，1915年5月1日创刊，由中华大学编辑并发行。

居东日，见某日报载，蔡子民①、吴稚晖②两先生往还之简，谓其

---

① 蔡子民：即蔡元培（1868—1940），字鹤卿、子民等，浙江绍兴人。1892年中进士，为翰林院庶吉士，1894年散馆授编修。1898年归里在绍兴中西学堂监督，提倡新学。后赴上海办理新学，任中国教育会会长；又从事反清革命活动，任光复会会长。1907年自费赴德留学，依靠担任家庭教师及为商务印书馆译书等工作，以维持其佣读生活。后历任中华民国首任教育总长、南京国民政府大学院院长和中央研究院院长。著作有《蔡元培全集》等。

② 吴稚晖：即吴敬恒（1865—1953），原名眺，改名敬恒，字稚晖，江苏武进（今属常州市）人。1891年中举，后历任教职。1902年留学日本，未久归国，与蔡元培、章太炎等组织爱国学社，经常为《苏报》撰文，鼓吹反清革命，遭当局通缉，流亡海外，加入同盟会，鼓吹无政府主义。他与蔡元培通信时，旅居法国。中华民国成立后，历任上海《中华新报》主笔、法国里昂中法大学校长、上海国语师范学校校长、国民革命军总政治部主任、国民党中央政治委员会委员等职。著作有《吴稚晖先生全集》。

求学境况，实半佣半读，心仪其行。某年秋，于新桥①送湘中某君远游美利坚，临别语余曰，设吾学资不继，将于美国送牛乳、擦玻璃等业中，择其一以益之。不慧是时复聆此壮语，益钦人之有志。愧我承家庭庇荫，得一心以学；而荏苒年将来复，所学既无成，复腼颜以居人上也。

年来考察学生社会状况，其以资斧而阻青年学子向学之心者，不啻什百；统全国而计之，又不下倍蓰千万也。本佛家普渡之义而著是篇，为我青年社会请命。本篇不慧曾于校内日曜讲演会②中，稍发表其意见。得文科大学生恽代英③君所记一稿，今就其原文增益之。

佣读主义者，自力求学之主义也。自力求学者，一方面操有生活之职业，以其入款，一方面仍以供之求学之用。今欧美文明各国，多有此等学生。吾国之留学欧美者，亦多如是，日本所谓"苦学生"是也。

佣读主义之利益，约而举之：一可以养成学生独立之性质，发达其独立营生之心思；二可以养成学生生活之技能，使之与职业社会相接近；三可以使学生知物力艰难，以养成其勤俭之习惯；四可以使学生知学业与生活之关系，以养成其务实之性能；五可以使贫苦子弟皆易于就学，既利于教育普及制之施行，又可以扫除教育上不平等之积弊。有此五者，故各国皆推行之。

依浅识者之心理，必以佣读则心骛外务，有妨学业。不知考其结果，绝对相反，盖有利而无弊也。今就各国学生社会之佣读生活情形闻

---

① 新桥：日本东京都境内的铁路车站，位于日本东京都港区。
② 日曜讲演会：日曜，即星期日。当时中华大学为繁荣学术，定于每周日举办演讲会，除师生共同参与外，也邀请校外名家来校演讲。
③ 恽代英（1895—1931）：原籍江苏武进，出生于湖北武昌，少时在湖北老河口长大。1913年考入武汉中华大学预科，1918年于该校本科毕业，任中华大学附中教务主任。创办互助社、共存社和利群书社，成为武汉地区青年运动领袖。1921年加入中国共产党，1923年当选为中国社会主义青年团宣传部长，主编团中央的机关刊物《中国青年》。历任上海大学教员、黄埔军校政治主任教官。后参与南昌起义，任广州苏维埃政府秘书长。1930年被捕，次年牺牲于南京。著作有《恽代英全集》。

之西友者，述其略如次。

美人为平等、独立之国民，重实力竞争。其国中，不以政治为上流；而上流人，多在实业界中。国中初已无阶级制度，其国民之选择职业，亦无阶级之可言。综计全世界之学生，其佣读生活亦较他国普及；不限于何种类，有执役于走卒、灶养者，有为店伙者，有为侍役者；且有于暑期休假中，组合商店、旅馆于避暑地以伺游人者。以其所入，为学资之供给。

英、法人则异是。英既有阶级制度，法惟尚快乐主义，其选佣，则不得厕于下等职业。其有心求学而不得资，亦惟佣于学校中，或新闻界、书局之文字生活。

日本地力既薄，苦学生半生活于都会，而寄生于中流以上之各社会中。其学校、商店及其他实业教育诸社会中，多有佣读学生。其学生有适宜之军事锻炼，能忍苦耐劳。有东京某私立大学生，在学时晚间为人力车夫，卒业试高等文官而冠其曹，一时传为佳话。

俄则出入于诸国情形之中者也。

以上诸国佣读之事，皆由学生自谋，国家初不过问。如美国，仅有一二公共团体为之代谋而已。德国则不然，其国家完全陶冶于国家社会主义之中，学生职业皆由国家筹划：小学受义务教育后，则各校皆需纳费；贫者有助，亦可入富者同等学校。小学制度，有国民、预备之分①。国民学校，纯为常识教育而不纳费，视预备学校程度浅而合实用。学毕者，可入工厂，日作夜读。工厂种类极多，可人选一业。肄业一年或数月卒业，即入职业社会。盖合教育与职业而鼓铸一独立生活之国民。又国民学校毕业生，如境遇佳，亦可出职业社会而补习古典等科，以入高等专门。制度极为完善，大学学生亦有佣于工厂者，不以为怪也。

综而论之，美与英、法、俄异，一则平等之国民，一则有阶级之国

---

① 此为德国"双轨制"学制，国民学校为升学预备性质，预备学校为就业准备性质。

民也。美、英、法、俄与德异，一则为主放任之国家，一则为尚干涉之国家也。日本则出入于数国情形之间耳。

吾国今日之民生，困惫已极。国民之中，至少有二分之一，父兄不能为子弟担任学费。以此故，辍学者日多，此吾国将来之大忧，而目前教育界之最急、最要之问题也。吾意佣读主义，实近日教育界最需要之教育学说。而实行此主义，则先宜自学校方面为学生自谋之，曰提倡俭德，曰戒浪费学生，曰为学生设生活机关。如清华之奖励储蓄，闻金陵大学有为学生求农业生产方法，皆设学者宜注意之点。

至学生职业之选择，宁暂如英、法、俄诸国，从事于新闻界、著作界、教育界、美术界、实业界。盖吾之国情，读书人地位向称中流。下等职业，在教育未普及前，完全为奴仆社会。即吾人破除名分，任何职业不惮为之，亦徒侵占奴仆社会之地位，而绝其谋食之途，殊不足取。

此说愿与当世诸大君子一商榷之。江苏侯君葆三①之勤苦主义，亦为教育界所宜取法也。

---

① 侯君葆三：即侯鸿鉴（1872—1961），字葆三（保三），号梦狮，江苏无锡人。早年习举业，16岁设馆授徒。25岁时考入上海南洋公学师范院深造，29岁应聘为无锡实业学堂教习。后赴日留学，入弘文学院师范科。1904年归国，于次年毁家创办无锡竞志女学，并长期主持该校校政。经常在《教育杂志》发表文论，倡行实利主义和工读主义。著有《单级教授法讲义》等。

# 南洋闻见录
## ——第一新嘉坡
### （1920年5~7月）

【题解】本篇连载于《申报》1920年8月29日、9月5日、12日"海外通讯"栏。撰写时间为1920年5~7月。新嘉坡即新加坡。原发表时署名为"陈时、梁绍文"。

联名撰著者梁绍文（1896—?），又名少文、梁空、空空等，广东顺德人。1915年6月，毕业于中华大学预科，与恽代英、余家菊、刘元龙等同班，旋升入该校文科中国哲学门。1917年10月，与恽代英等发起成立互助社，参与创办《道枢》油印杂志，热衷为文。后加入少年中国学会，为新文化运动的积极参与者。1918年7月毕业后，先在武汉任职，后回广东，历任国民革命军随军记者、政治部编纂、国民党中央青年部童子军委员会政治科主任等职。后转入外交界，历任驻苏门答腊巨港领事、驻美国西雅图领事等职。著有《南洋旅行漫记》《廖仲恺先生略传》《家庭问题新论》《三大政策的来源》等。

早在1915年夏，他在预科毕业之后，陈时便偕他第一次同游南洋，利用他在南洋的戚友，考察华侨教育并募集办学基金。1920年5~11月，陈时再次偕他同赴南洋，历访新加坡、槟榔屿、苏门答腊、怡保、吉隆坡、马六甲、爪哇、缅甸，为学校募捐，并聘任侨领担任校董或名誉校董。本篇系他们考察新加坡后所作，旋邮寄给《申报》刊载。

《申报》，原名《申江新报》，创刊于 1872 年 4 月 30 日（清同治十一年三月二十三日），是近代中国发行时间最久、具有广泛社会影响的报纸。报馆设上海，后出有汉口版、香港版。创办时，由英商安纳斯托·美查（E. Major）等投资，由中国人主执笔政。1909 年后，转由中国人经营，并由史量才长期担任总经理。抗日战争期间，《申报》数度停刊复刊，历经波折。1945 年 12 月 22 日，《申报》再次复刊。1949 年 5 月 27 日上海解放，《申报》随之终刊。前后历时 77 年，共出 25599（一说 25600）号。

## 一、历史

新嘉坡古名石叻，又名星洲，原来是柔佛王国①的属地，即梁时由顿国，明朝叫他做马利甲；旧属暹罗②，扼西欧的交通，据南洋的门户。一八一九年（即清嘉庆二四年）二月，英人礼佛（Rafhes）带军舰到此，和柔佛的苏丹（酋长的别名）缔结条约，用交易的代价，除现交地价六十万元外，每年给该苏丹二万四千元，新嘉坡遂成英国属地。一八三七年，海峡殖民地政府即在此设立。

讲到新嘉坡历史，礼佛自然是一个很重要的人物。他父亲是做船主。一七八〇年七月五日，他在詹米加岛（Jamaica，西印度群岛之一，亦英领土）的船上出世；十四岁，在伦敦东印度公司做一个很有能干的书记；二十四岁到槟榔屿（Penang），在公司里帮办秘书。一八〇八年在麻剌甲（Malacca）时，他对于马来（Malay）的风土人情就十分留意，这就是后来他做很有光彩的事业的预备。一八一一年，他随汶都

---

① 柔佛王国：又称胡戎国，为马来半岛历史上的封建王国。16 世纪初，由前马六甲王国国王阿拉乌德丁，在抗击葡萄牙入侵者的过程中所建立，选定旧柔佛为首都。19 世纪末，实际沦为英国的殖民地。

② 暹罗：泰国的古称。

（Loid Minto）一同到爪哇，做了五年的副总督。他在政治上天才，那时就历练了一番。一八一四年，不幸他的夫人死了。一八一六年，英国将爪哇转给荷兰，他就卸职回英伦，在圣耶那岛（St Halena，在南大西洋中）拜访拿破仑一次，就将他经历的情形和爪哇的将来，同拿破仑大大地讨论了一番。

一八一七年夏季，被选为苏门答腊和西岸孟加兰（Benkalan）总督。五月就职，同时续娶。他看到英国很需要东方贸易，一定要个深海港和好商埠，在印度洋与马来半岛之间；无论如何代价，非达到这目的不可。于是将他的意见，与印度总督华林赫廷（Warren Hastings）① 商量；得他赞可，他就在麻剌甲旁边开了一个商埠。到了取得新嘉坡以后，英国在马来半岛的同化力，至今牢不可破。

马来全国之受英人支配，礼佛是创造者；英国东方势力，他是发起一人。一八二三年他回孟加兰，收拾行装返英伦。海行中被火，平时所搜集各种动植、矿物标本都付之一炬。一八二六年七月五日，他在麦地西思② （Middlesex）地方家中身故，年方四十五岁。一八八七年，英人在维司民特亚伯③ （Westminster Abbey）地方，替他做了纪念塔；同时，新嘉坡也替他树了一个铜像。去年，是他占领新嘉坡百年的纪念，现任总督发起建设礼佛大学。

我国人来南洋的历史，还在千年以前，不知从何处纪念，更无人考究他的来历了。可叹！

## 二、地理

本岛广袤，东西二十七哩，南北十四哩，周六十七哩，全面积二百

---

① 华林赫廷：通译沃伦·黑斯廷斯（1732—1818），英国首任驻印度、孟加拉总督。早年受雇于东印度公司，后进入政界。1772年任孟加拉总督，次年任印度总督，任内颇有作为。
② 麦地西思：通译米德尔塞克斯，英国旧郡名。
③ 维司民特亚伯：通译威斯敏斯特教堂或威斯敏斯特修道院，简称西敏寺，为英国君主安葬或加冕登基的地点。

零六方哩。除几个小山以外，多是平地。顶高的山，在布奇梯马（Bukit Tirnah），离城七哩，不过五百呎高，地土也不肥美。岛距赤道北角八十哩，在北纬一度十一分，东经一百零三度五十一分；每天时间，较之格林威尔（Greenwich）①早七点钟。从四围大海的侵蚀和古代动植物的性质研究起来，此岛一定是与苏门答腊、婆罗门、爪哇相连属的，并且与别的海岛内许多小岛围绕海岸，成亚洲的屏藩。

新嘉坡是受各种自然界的保障。在西面，有苏门答腊岛将印度洋的暴风挡住；在东，有马来半岛挡住中国海的大风；前面有许多小岛，成天然外港保护地。海港水深，船容易泊岸，又无菲律宾、爪哇、苏门答腊等处的诸大山脉。从一切地理上情形看来，都可以证明，新嘉坡是理想的良商埠，暴风激流俱不能侵犯城内，海岸许多船坞和码头。

在此南边最末处，有新海港、船坞；东角，有货车栈和电气工厂，系丹绒巴葛（Tanyang Pazar）开的。坞北有一小山，名花北（Faba），三百呎高，山顶有灯塔（俗名升旗山）。在这山上，可周览海港风景。东面过西伯（Sibet）海湾，有小山名圣哲姆士（St. James），一半伸出海上；山顶有马来村落，名坎蓬加葛（Kanpong Jago）。那地方，很久就是以出产马来裙（Sarong）著名。海岸周围，都是进出口船泊岸的码头。旅行人到了安逊路（Anson Road），就进了海岸。

北边巴尔马（Polnar）山，有马来村落和巴尔马浴室；附近有马来庙，并有中国寺院，名双林禅寺。建筑极宏伟，系闽人刘金榜②所发起建造者，耗费二三十万；成立在二十年前，寺内和尚，闽人居多。

市街繁盛的地方，在礼佛码头以北，即约翰陂（John Pjer）码头，百货轮转，生意繁盛。大多数货物出口，都以此地为中心。商店最多的

---

① 格林威尔：通译格林威治，指建于此地（伦敦东南之一区）的英国皇家格林威治天文台。此处为世界计算时间和地理经度的起点。

② 刘金榜（1838—1909）：字文超，福建漳州人。1858年前往新加坡谋生，由小商贩而为"万山中药铺"掌柜。后开设"福南银号"，遂成巨富。曾献地10英亩，捐资50万叻币，兴建了双林禅寺。历为新加坡中华商务总会及福建会馆董事，为著名侨领。

地方，是柯乃桥（Collyerquay）。各大银行与各大公司、邮电总局，都在此地。前面有纪念中国陈金生①的喷水泉（八十年前，此人捐市政款三万元，最近工部局以此纪念他），礼佛铜像树在维多利亚院（俗名大钟楼）前面，是全市的中心。邮局后北向新嘉坡河旁，有许多木船，是很好的景致；有中国各样的船，有许多新新旧旧、长长短短的中国式和外国式的小房屋。

总督府，建在苏菲亚路（Sophia Road）；辅政司、议政局、国库、工部局、高等审判厅，建在土库地方；法院和警察厅，建在大马路。此间地名最不统一，闽人、广人、潮人、英人、土人，各有其名，各不相通。

## 三、政治

行政权掌在总督手中，设参事会辅佐他。参事会，由军队司令官、殖民地书记官、财政厅长、审计处长、殖民地土木局长等组织成之；余外有议政局，是一种立法性质的机关，总督自为议长。议员中，官吏议员九人，非官吏议员七人；但七人中，有五人系钦选，余二人由新嘉坡和槟榔屿商会选出，奏请英皇认可。其中，中国亦有一名议员，也是总督派的；现任的，为医学博士林文庆②。

总督兼任霹雳雪兰、莪历琎理、西卑朗及嘭哼联邦的高等代理官，兼北婆罗洲高等代理官及总领事。殖民地所有自治团体中的议员，一半由纳税者选出，一半由总督任命。现任总督去年就任，是一位经济学

---

① 陈金生（？—1864）：新加坡侨商。1857年捐款13 000元，用来改善市政供水。1868年建成汤姆森水库，解决了当时城中八万居民的饮水问题。

② 林文庆（1869—1957）：字梦琴，福建海澄（今漳州市龙海区）人。出生于新加坡华侨家庭，毕业于新加坡莱佛士学院，后赴英国爱丁堡大学攻读医学，获内科学士和外科硕士学位。1893年创办新加坡第一所女子学校，1904年创办英皇爱得华医学院。曾任新加坡立法院华人议员、市政府委员、内务部顾问，新加坡中华总商会副会长。1921年7月，归国任厦门大学校长达16年。著有《从内部发生的中国危机》《东方生活的悲剧》等。

家。新嘉坡、槟榔屿、麻剌甲，通称海峡殖民地，为英政府直辖。一八六七年四月一日，经英国国会协赞，由印度政府管辖分出，属于殖民事务大臣直辖。

司法制度是二级制。第二审，归本国枢密院受理。殖民地适用的法律，系殖民各地所规定的规则，或英国、印度的法律训令。刑法采用印度的，稍加以变更；民法、诉讼法，多以英国的审判法为根据。高等审判厅（Supremo Court）受理五百元以上之民事事件，及对于第一审和地方审判厅判决不服上诉的案件。全年除公共休息日外，每日开庭刑事事件。新嘉坡、槟榔屿在两个月内，麻剌甲在一个月期限内，登官报公告，然后开庭，并受理对于警察审判厅之控告审判。

此外，海事审判和破产的案件，亦时常开庭，并管理遗产事务及公司登录事务。地方审判厅（District Court），管理民刑事件。但民事上，限于五百元的请求事件；刑事以轻罪为限，到了重罪，就归高等厅管辖。地方厅因所在的地方不同，组织上亦有许多差异。警察审判厅（Poltce Court）对于简易的刑事事件，得即决；审判五十元以下的民事，亦得审判。

中国在此设有领事馆，有总领事、副领事、随习领事。现在总领事，为江宁之伍芷庵君璜①。荷兰、美、法、日本等国，均有领事。荷兰并在此设殖民局，管理入荷境事务。

新嘉坡海港内，煤栈、埠头、船坞等，都有数个炮台和水雷防护地。炮台上，有铁甲大炮数尊。建筑费或达十万镑，由殖民地岁入中支出，英国政府仅供给大炮及军需品。卫戍兵有炮兵两营（欧洲人）与土人兵一营、工兵半营、水雷兵一营、步兵两团，志愿兵无定额。财政依一九一七年的预算如下（表1）：

---

① 伍芷庵君璜（1870—?）：名璜，号芷庵，江苏江宁人。早年留学美国，归国后历任津浦铁路局通译官、外务部秘书、驻纽约领事、驻檀香山领事。1919年任驻新加坡总领事，1921年调任驻伦敦总领事，1924年派署驻海参崴总领事，1926年派署驻爪哇总领事，为知名职业外交官。

表1　新嘉坡财政预算表①

| 岁　入 | | 岁　出 | |
|---|---|---|---|
| 预算 | 12 857 684 | 预算 | 12 042 843 |
| 实收入 | 19 673 104 | 实支出 | 11 369 392 |
| 超过 | 6 815 425 | 超过 | 259 031 |
| 减少 | 005 | 减少 | 2 499 053 |

# 四、人口

全数，男二四七一〇一，女一〇一九〇六。其中，欧美人，男四六五九，女一八三二；欧亚人，男二五四三，女二七二八（此种人系混白种）；亚细亚人，男二三九八九九，女九七三四六。平均每方哩人口一三九七.七九人。每年居民生产率，一千人中，生二一.六九人；死亡率，一千人中，死五〇.一〇人。以事业分类，农业九八六人，工业八七三五人，商业四〇八五七人。最多数的人种，不是马来人，却是中国人。

中国人来在南洋，有千年以上的历史。依一九一五年统计，有四〇四一八一人。籍贯福建最多，广东次之；此外各省人极少，称三江帮。福建以泉州、漳州人顶多，广东以潮州、广州及嘉应州人为多。福建人归国，少于粤人。此间俚谚有"三亡六在一回家"之语。其实，十人中尚无一人归者。这些人，大概居城市多于居乡村。在新嘉坡与槟榔屿，占人口全数之七八成。职业以经商占大部分，劳工次之，农业最少。此外，还有几千人在水上生活，如水手、船家等；他们结婚、置产、养家禽，均在水上，并有人一生未履陆地者。

---

① 此表表头系编者所拟。

中国人无论资本家和非资本家，在商业上的同化力都很大，且不可磨灭。虽殖民地政府行政方针，常不能抹煞中国人的意见、习惯。英国人当商埠初开时，居民不过几百人。自礼佛开放移民自由和贸易自由后，人口锐加；当一九一〇年，已达三百万人。马来人和爪哇人，系赤道底下的种族，比中国人耐热些；但性质懒惰，不善贮蓄，工作方面又现出许多弱点。所以遭自然淘汰，只能作粗笨贱工和小事业，常常不能脱奴隶的地位。

依一九一五年统计，马来人有二五八七九一人。别的种族，就是印度人。长身红头而蓄须的，即他们的悭咨富人；其余的，多半是当警察、做路工。其中，第一是孟加拉（Beogaly）人，第二是穖蒂（Chitty）人，第三是花笛（Faroil）人。英政府近年将印度人移来不少，去年就有六七万。

日本人自倡南进以来，到南洋的人日多一日。欧洲大战时，借国势及军舰的势力，秘密入口的不少，娼妓占大部分。日本人以此种营业，做他移民的先锋。许多人著书，大言不惭地鼓吹。照他大正六年的统计，南来人口已经有八〇九四人了。

中国人除政治外，在商业上地位却很巩固，许多人在开埠以前就到了此地，遗传几代，家产、势力亦有根据，外人多称为东印度的多数级、半岛顶有势力的民族。但是当商战剧烈的时代，若没有勇猛改进的精神，恐怕亦渐渐被淘汰了。

## 五、教育

采自由制度。经费一部分由政府补助。此地居留的英国人，都是已受教育而来，或回国受教育而返的。对于土人，并不注意发达他的教育。到了去年礼佛的百年纪念，才发起筹办一个礼佛大学，经费向本埠人募捐，中国人出款最多。

现在已有的学校，官立男校四所、女校二所，私立男校十一所、女校四所；男学生有八〇二九人，女学生有二二四一人。五十年来，华侨感英国教育对于我国国民所施的国民教育没有十分裨益，于是捐经费自立学校。十年以来，有突飞的进步、著明的效验。所以，华侨把教育问题看得很是重要。一切组织和教科，都同国内学校一样；教员一大半，是从国内来的。小学方面，有道南、养正、启发、端蒙、爱同学校；女学方面，有南洋、华侨、南华学校，都是华侨照籍贯的区分，自己结合出资办的。此外，私塾式的学校亦不少。去年发起一所华侨中学，经费极为充足。

近年华侨对于国内的教育捐资，帮助为数亦不少，并有一位陈嘉庚①先生，将家产捐出一半，回国办一所厦门大学。陈先生是一位华侨成功家，热心公益，平时以竞争义务自任，不遗资产于子孙。前年捐款十万，给美国人办的英华学校，约定此款专设华文科为交换条件。这种胸襟，是国内的富人应该效法的。华侨教育，近年比较地进步，能够供外人有注意的价值。

五四运动以来，学生界的新觉悟亦不少，所以今年议政局常会就提出《一九二〇年教育条例》。这是英政府殖民政治的行为，与我们原无干涉。但是细玩内容，干涉的部分多，提倡的部分少，这是此间一般的舆论。现在把它的条例摘录数条：

（1）十人以上同在一处受教育的，即为学校。（2）除陆军学校及《宪报》刊出各学校外，皆受条例支配（即注册、受考查等）。（3）不注册的学校，即为不法；做不法学校经理人的，要科五百元

---

① 陈嘉庚（1874—1961）：原名甲庚，福建同安人。早年前往新加坡谋生，经营有道，创设菠萝罐头厂、福山黄梨园、谦和米店，后经营橡胶种植业，又经营轮船航运业，为新加坡中华总商会协理及道南学堂总理。1912年后，捐资在家乡创办集美学村，包括幼稚园、小学、中学、中师、幼师、乡师和专科学校。1921年后，独资创设厦门大学，成为"华侨旗帜，民族光辉"。著有《南侨回忆录》。

以下的罚金。(4) 查出不法行为的证据，就要查封。(5) 不注册给照者，不得为教员。(6) 学校对于地方上、公众上或学生的利益有妨碍的，即为不法学校；教员有此情形，即注销凭照。(7) 认为不法的学校，其财产归破产事务局处分。

就各条观察，华侨所认为不便的如下：(1)《宪报》公布的范围太泛，权力太大；(2) 已成立学校容易取消，新学校不容易成立；(3) 教员有相当证书，不能作证，反要凭照，未免蔑视人权。听说现在新嘉坡、槟榔屿、麻剌甲三州府华侨（此三处是直接受支配的）联合自决，作取消的请愿，英政府也有采纳舆论的倾向。将来必有一种公理结果，听说此次主张取消最力者，就是庄君希泉①。

新闻发行的数目。英文除官厅公布机关的《宪报》外，尚有三种，中国四种（国民、总汇、叻、振南），达米尔文一种，马来文一种，日本文三种。

## 六、实业

新嘉坡是英属商业的中心，输入、输出都不课税，多为一种通过的贸易。主要的输出品，锡、糖、胡椒、肉、豆蔻、米、牛皮、牛角、藤、咖啡、橡树胶、染料、烟草等；输入品，米、锡米、干椰子、巴勒橡树胶、咸鱼、煤、糖等。

华侨商业，近四年间甚获利。前年的统计，由此输入中国的货物，价值为一二一三七七七九弗；输出的，为二四三三六一〇弗。新嘉坡无

---

① 庄希泉（1888—1988）：福建厦门人。1906年到上海经商，后追随孙中山从事实业救国，并三下南洋为民主革命筹款。1912年任中华实业银行南洋总分行协理，1916年在新加坡创办中华国货公司，1917年创办南洋女校，成为知名侨领。1921年被驱逐出境，归国创办厦南女子师范学校，投身抗日救亡运动。抗战胜利后，在新加坡等地经营进出口贸易。中华人民共和国成立后，历任全国侨联副主席、主席、名誉主席，兼任华侨大学董事长。

可注目的工业,既非物资的原产地,又非消费地。广袤不过三百方哩的一小岛,人口不满三十五万。其与现在贸易额相当的生产消费的实力,就输出而论,其额虽有七亿弗;其实乃货物之过载场,可知不是一个工业地。但是因特殊情形,于工业或制造业上,有不可缺的,如船舶的修理、舶用机关的制造等工业。因为本港有各国船舶停泊的资格,所以不能不有一种经营。

### (一) 趸船码头和船坞的设备

新嘉坡要算东洋第一。初为私立公司经营,到一九〇八年,政府用二千八百万弗收买。近来,更改良添造防波堤,募集七百万镑、八百万镑的公债,工事已成功了最大码头;可以同时容大船几只,又有能容五万吨的藏煤棚。另外有二个大船坞:一是维多利亚(Victoria);一是阿儿拔(Albert)。前者四百五十呎长、六十五呎宽,后者四百八十五呎长、六十呎宽。又有湿船坞,名龙舟湿船坞(Lag Wet Deck),有廿四英亩半面积、三十呎深;东边尽头有一新大船坞,名英皇船坞,八百九十四呎长、一百呎宽、三十四呎深,这是苏伊士河以东的大船坞。

照一九一四年报告,此港总费用一五四五〇〇〇镑;商船的入口吨数,总计一六〇一九一五〇吨。私人所营的造船厂和铁工厂,有黎里海格廉商会,专做船体气管和船用的机关;又有华丝亚氏金商会,专做铁器建筑材料。

### (二) 华侨经营的

有一泛都拉机关工厂,除制造小轮船外,又有新嘉坡制油工厂,原是德国人创造的,从婆罗洲、爪哇、马来半岛沿岸地方输入椰子,制造椰油,附设有制罐所。其厂内产出额,一日有三四十吨;又有油糟及木蜡,是它的副产物。现在主其事者,是林君秉祥①,招牌名"和丰"。

### (三) 木材工场

中国人经营的,以新嘉坡蒸气锯木工厂最大。庄俄斯曼,是印度人经营的。

### (四) 波罗蜜罐头工厂

三处都是中国人经营的。

### (五) 巴丹红砖厂

是腊加利经营的。此外有麦仲尧②的洋火厂,林秉祥的水泥厂;英国花梨沙早柯布商会制造饮料,都是很著名的。

### (六) 中国开矿事业成功的

前有陆祐③,现在有余东旋④、林推迁⑤。林君经营的,是瑞丰盛

---

① 林秉祥(1873—1944):福建漳州人。父为新加坡富商。子承父业,创办和丰公司,属下有和丰轮船有限公司,拥有远洋巨轮29艘,穿行北婆、菲律宾、印尼、马来西亚与南中国各大商港。又创办和丰银行,任总理,分行遍及新加坡、马来西亚、香港、厦门、上海各地。为新加坡龙溪会馆首任主席、中华总商会会长。平生乐善好施,在故乡办理实业,并捐建学校多所,还捐资在家乡建公园、修道路、迁厕所,为杰出侨领。

② 麦仲尧:新加坡广东籍侨领,为南洋华侨中学校董、南洋精武会董事、新加坡国民党部评议员。

③ 陆祐(1844—1917):本姓黄,字粥臣,号衍良,广东鹤山人。早年赴新加坡在矿场打工,后以积蓄购得一废弃锡矿厂,经营有方;小富后兼并其他矿厂,改善工人待遇,提高工作效率。其后,又向种植、工商业、金融等方面发展,遂成巨富。平生乐善好施,捐资创设图书馆、尊孔中学、坤成女校,并资助香港大学、陈笃生医院、吉隆坡安老院,曾获六等嘉禾章。

④ 余东旋(1877—1941):祖籍广东佛山,出生于槟榔屿。自幼接受了良好教育,后继承家业,成为南洋橡胶大王。又创办利华银行、开矿建厂、经营药材,成为巨富。热心公益,捐资香港大学,抗战时购买救国公债,为著名爱国侨领。

⑤ 林推迁(1864—1923):字宝善,福建海澄人。早年闯南洋,任海员;后营航运业,兼营金融、矿业、橡胶园,遂成大富。平生任侠,为洪门会大哥、义兴帮首领,支持孙中山从事反清革命,捐资创设星洲道南学校、中华女校、登嘉楼维新学校,历兼中华总商会董事、恰和轩总理、保良局局员、华人参事局参事等职。

钨矿，成效甚大，人亦热心公益。农产物以橡林为主，橡树是哥林斯（Jaines Collins）从美洲移植到星洲，经列理的鼓励，才有现在的发达。

中国人种橡者甚多，但橡园的整理，比较上不及英人完备。中国人以新法开设工厂制橡者，有张永福①、陈嘉庚两家，都能做鞋底和车辆；张永福并能改良工厂的管理出品，亦渐发达。其次的农产物，为椰子、咖啡两大宗。

## 七、货币、度量衡、银行

一八九五年二月二日英政府诏令，以墨西哥银弗（四一七格兰）七四重量纯分〇.九〇二七为本位货币。英国银及香港银重量，四一六格兰纯分〇.九〇〇的，亦可以合法使用。流通上，最低的重量四一一格兰。辅币有五十仙、二十仙、十仙、五仙四种铜币，有一仙、半仙、四分之一仙三种。

殖民地度量衡尺度，用英国码；测地，用英国依角（Ego）。但至今仍有用土人旧制的商业上的权衡。比较如下（表2）：

表 2　新加坡与英国度量衡比较表②

| 殖民地 | 英国 |
| --- | --- |
| 一斤即十六两 | 一磅三分之一 |
| 一担即百斤 | 一三三磅三分之一 |
| 一匡即四十担 | 五三三三磅三分之一 |

一磅三分之一，就是中国的一斤；马来的一斤，合西班牙二十四弗，英国九格兰九八四相等。照此合算，一担就是一二四磅六二八，一

---

① 张永福（1871—1958）：父于南洋经商，生于新加坡，祖籍广东饶平。子承父业，支持孙中山的反清革命，加入同盟会，捐资甚多，以致家族经营之企业几濒破产。中华民国成立后，任新加坡同德书报社社长。1932年归国，历任汕头市市长、侨务局长、中央银行汕头分行行长等职。1940年随汪精卫变节附逆，晚节未保。著有《南洋与创立民国》等。

② 此表表头系编者所拟。

匡就是五七五〇磅一四三。普通的斗量用"杆坦",即英国的"加伦"(Gallon),合中国四.三八八升,及"球巴克"即英国的"咢"(Ouart),合中国一.〇九六九六升。

在新嘉坡各国的银行如下(表3、表4):

表3 属于中国的①

| 银行名 | 资本额 |
|---|---|
| 交通银行 | 5 000 000 两 |
| 华商银行有限公司 | 1 000 000 弗 |
| 华侨银行 | 10 000 000 弗 |
| 四海通银行 | 1 000 000 弗 |
| 和丰银行 | 8 000 000 弗 |
| 利华银行 | 3 000 000 弗 |

表4 属于外国的②

| 银行名 | 资本额 |
|---|---|
| 汇丰银行(又名香上) | 15 000 000 弗 |
| 渣打银行 | 1 200 000 镑 |
| 万国银行 | 3 250 000 美弗 |
| 印度商业银行 | 5 620 900 镑 |
| 荷兰印度贸易银行 | 30 000 000 盾 |
| 印度支那银行 | 24 000 000 佛郎 |
| 荷兰贸易银行 | 15 000 000 盾 |
| 独亚银行 | 7 500 000 两 |
| 横滨正金银行 | 30 000 000 圆 |
| 台湾银行 | 15 000 000 圆 |

银行公会其目的是协定关于银行业务必要事项而组织的。加入的,

---

① 此表表头系编者所拟。
② 此表表头系编者所拟。

有渣打、汇丰、荷兰贸易与荷兰、印度贸易、万国、台湾、正金八行。本地未设纸币交换所。此等公会的银行，每日业务终了后，将账簿上借贷关系精密计算一次。华侨虽有银行六家，既未加入公会，又不自行组织公会，所以金融流通的主权，还是握在外人手里，纯仰汇丰的鼻息。

政府发行纸币外，有银行发行的一览券，亦是普通纸币之一种。照银行条例，要有一定准备金；对于发行额，缴三分之一的保证金于政府。现在认可发行的，只汇丰、渣打两行。替政府存放公款的银行，只渣打、印度商业两家；代政府兑换纸币的，就是渣打银行。各银行办公的钟点，除公共休息日及土曜①下午停止办公外，每日自上午十钟至下午三钟，为办公时间。

## 八、交通

铁路有八个车站，路线都是与马来联邦相连的。现在暹罗铁路业已联络通行，每日有一次快车到槟榔屿。常车到吉隆坡的，一天一次。此外，有从新港到本岛尽头的铁路，是一九〇七年成立的。

邮政总局自早晨五点三十分至下午六点办公。分局自早八点至下午五点办公，日曜②休息。电报属于马来联邦管辖的，和新嘉坡、槟榔屿、麻剌甲及一切地方，均包括在内。平常电费，每字三钱；重要密电，每字九钱。拍至中国的电费，每字八角。远东、中国、澳洲各邮电公司，日夜办事。

本地交通，有摩托车、马车、人力车、电车等。马车分两种，电车城内外有路线四条。人力车有单坐、双坐两种，车夫全是中国人，福建人居多数。

---

① 土曜：即土曜日。依中国古代的"七曜计日法"，土曜日为周六。
② 日曜：即日曜日。依中国古代的"七曜计日法"，日曜日为周日。

## 九、气候与卫生

新嘉坡地近赤道，天气却算温和。最高时华氏八八.三度，最低时七四.五度；平均总在八十二三度，早晚均凉快。所谓"四时皆是夏，一雨便成秋"者，仿佛相近。儿童生长极易，所以人谓新嘉坡为"儿童褓袴"。常有很热的天气，就有天阴下雨和贸易风吹来调和。雨量依一九一三年的调查，有一三一.三吋。

脚气和瘴气（马来利亚病）为此方的流行病。但细心考究人口死亡率，多数的人却不是为此病而死的。照一九一四年检查生产率，六五八〇人；而死亡的，就有一五四九九人。此种死亡的大原因，就是马来人或印度人不讲卫生的缘故。中国的移民中苦工太多，对于天气变化的经验很少注意；欧洲人能充分讲究卫生，饮食、起居有抵抗天气的预备，且能知赤道的生活，所以死亡很少。殖民地有官立医院七处，测里拉尔和T.T.S两院最大，并有监狱院和癫病、脚气病的分科医院。华侨有广惠肇方便留医院、同济医院等。

## 十、图书、博物

礼佛图书馆除日曜外，早晨十点至下午六点开馆。最初在一八四四年时，不过一个很小的私人图书馆。经过一八七四年的一大变迁后，将半岛的各种植物书，藏在一所公众大建筑里面，就归政府管辖，方以礼佛名。是时，书籍数已从三千增至三千五百本了。最初不过在礼佛书院和城厅内，一八八七年才迁到现在的地方（斯丹佛路）。

博物院集合半岛所产的动植物不少。果类都以白蜡制成各种模型，动物大都水族、两栖和兽类，有原始猴、暹罗人猴、印度鲸鱼、大象、野鹿、犀牛、各种鸟类、毒蛇、大猛蛇、珊瑚等；古钱、锡器、土人所用的刀枪、奖牌、钱样、土人房屋样、音乐器具、佛教菩萨、优伶化装、土人衣饰及半岛所有的奇物。研究动物学的人,可以要他院内的动物,征集一本,作为参考。

## 十一、集合结社、公共游乐场

新嘉坡中华总商会成立十四年,发起的是张弼士①先生。历来的会长,最得力的,闻是吴君寿珍②。商民很爱戴他,他死之时,是在会长和代理领事任内,全市华侨都下半旗志哀。会的组织,是照商会办法的。

此外,有同德书报社、星洲书报社,都是以团体的性质,兼办社会和教育事业。英属华侨教育总会,今年六月才成立,举定会长。英、荷两国人都有商会,属于宗教的,有基督教男女青年会。此外,耶稣新教会九所,罗马旧教会七所,亚尔米尼安一所。

中国人娱乐的地方,很多都名公馆。大半为公余聚会,借作牌酒游戏。惟中华俱乐部,组织比较完备、幽雅,内部亦仅宴会和打台球场而已。此外,有中国戏院四处,广东戏居多。常有次一等的京班来演;露天演唱者,多潮州戏。华侨近有组织团体,试演新戏者。英国人有新嘉坡、网球、游泳三俱乐部,另有维多利亚戏院、影戏院、马来戏院等处。

植物园面积三百英亩,有赤道下的各种植物,兰类最出名。地面高

---

① 张弼士(1840—1916):名振勋,字弼士,广东大埔人。早年只身闯南洋,到印度尼西亚雅加达纸行当学徒,后独立经营酒类商行,并获准承包酒税,财富日增。先后在南洋各地开设分行,又经营广福轮船公司、东兴矿务公司、日里银行等,成为侨商首富。历任清政府驻槟榔屿领事、新加坡总领事、粤汉铁路总办、佛山铁路总办,在国内发展实业。1892年投资创办烟台张裕葡萄酿酒公司,遂成品牌。

② 吴寿珍(1855—1909):福建诏安人。父吴秀水在新加坡经商,经营土产出入口业务,积有家财。父逝,承继家业,经营有道,财富益增。又热心社会公益,曾兼任中国驻新加坡总领事,又兼任新加坡保良局局长;发起成立新加坡华侨总商会,任总理。发起筹办道南学校,兼任总理,旨在为当地华侨子弟提供优质教育。

出水平面二百呎,热带雨水对于树木长成甚有利益;但好花和珍贵的树木,不宜于此处的气候。有《植物园指南》和《植物要览》两书,可作研究热带植物之参考。这植物园的历史,当一八二二年时,礼佛在一个四十八亩空地坎壤(Canning)炮台附近建设。七年后,被佐治宾丁克(Geroge Bendiuck)破坏,迨一八六〇年农学会重造。现在的植物园,起初规模甚小,一八七四年农学会送给政府,才用科学的方法整理,遂有现在的大观。这种整理、再造之功,就是哥林(James Colling)一人担任的。一八七五年芜顿(H. T. Maston)为第一任总经理,更加进步。各种树木数,从五百至三千种;第二任总经理是列理(N. Ridley),他牺牲许多力量,注意考察半岛原始植物,并著有几种很详细的植物书。

## 十二、旅行须知、杂见闻

新嘉坡是远东门户,水陆可通,船只进口之多,为世界第七商埠;从日本、中国、苏伊士运河、澳洲、爪哇、暹罗、印度来的大小船只,都在这里勾留,各种人、各国旗,都可以在此看见;并且是自由贸易的海港,旅客入口,只要有护照,没有什么查验的留难。

从此处到各处的海程有五:(1)欧洲与东方;(2)荷兰、东印度与澳洲;(3)中国、日本、印度;(4)海峡、缅甸与印度;(5)新嘉坡与槟榔屿、暹罗、婆罗洲、桑堡。

行驶各航线中,以英国船最多,法、荷、日本次之;中国亦有轮船公司三处,往来马剌甲海峡、仰光、香港、汕头、厦门、爪哇等处。和丰轮船公司和建源栈的船,比较居多数。中国人在欧战期内营轮船业的,皆大获利;平和〔和平〕以后,各国整顿商船,竞争日烈。听说现在有一个公司,已经全部卖于英人。所以和丰公司总理林秉祥君,想在此五年内,联合组织一大公司,混合航线,整理船只,才可以在海上竞争，否则一定失败。这种意见，于中国人海上事业之前途很有关系，一般人应该注意。

旅馆，中国方面有祺生、福生、东生等处，外国方面有欧洲、里佛、荷兰等处，日本亦有数处，但不甚大。中国在此间者，以经商、作工为主。黄金世界，都是中国人血汗造成的。社会习惯，犹是中国五十年前状况。有一种致命的东西，就是鸦片；能得政府允许的，独中国人有此权利。于是"公开烟灯""皇家公烟开灯"等招牌，到处皆是（中国人街，无一条没有的）。劳动者十人中，五人有瘾。其他赌博、嫖妓，亦能消耗精神，一般人习以为常。

欧战以后，粮食缺乏。此间是实行官卖，中国商会为其一部分的代理。

附注：我们游历南洋以来，本想以考查所得贡献海内；因在各埠滞留日少，学识浅陋如我们，实难得其真相。外国人著作，对于他本国的移民事情，能源源本本地写出来，因为他们平时有调查的机关。我们来此欲搜集材料，没一处有系统的记载。问之于人，也不详其原委。这种困难情形，侨胞不设法解除，与人竞争，终归失败。谨就见闻所及，作成此稿，陆续邮寄，就正国人，且当友朋的通信。

# 南洋见闻录
## ——第二槟榔屿（Penang）
### （1920年8月）

【题解】本篇连载于《申报》1920年9月26日、10月3日"海外通讯"栏。撰写时间为1920年8月。原发表时署名为"陈时、梁绍文"。

该文后于1920年10月1日，发表于《少年世界》第1卷第10期"地方调查"栏。文字稍经修改，与本文多有不同。

有关撰著者之一梁绍文，详见前文《南洋闻见录——第一新嘉坡》题解。

有关《申报》，参见前文《南洋闻见录——第一新嘉坡》题解。

## 一、历史

槟榔屿，又名庇能，简称槟城，以多产槟榔得名，是英人在海峡殖民地首先取得的属地。一七六八年，有一船长名赖德（Francis Light，在东印度公司办事），从加德酋长（Rajah of Katuh）手里，用每年一万元的岁费租来。现今爱伯兰忒（Eipranade）地方（就是岛角炮台Cornwall Fort后面），就是赖氏当年登岸的纪念地。槟城由赖氏建造，他的功绩，也就可与星洲之礼佛、麻剌甲阿儿拔骨（Albaquarque）相伯仲。这三处，是英国东印度属地的三颗明星。

后至一七七二年，此岛对岸加德（Kadah）国的一部，现在称它为威斯理州（Province of Wesley）的地方，也割让于英。威斯理州和槟城，遂成为海峡北方的门户。地势既占形胜，所以佐治市（George Towu）就一跃而为商业重镇，麻剌甲亦为之压倒。其时，新嘉坡尚未出名，所以槟榔屿之名，就高出全海峡之上。现在虽不及从前的盛名，但还是海峡北方一个顶大的商埠；海上贸易的价值（指船只的通过），但占三分之一。因有半岛北部（霹雳北岛）的生产额，所以地位依然不动摇。除此以外，他在苏门答腊东岸和暹罗西岸，为贸易的中坚，能垄断权利。将来加德和盘谷（Bonkok）铁路成功后，暹罗贸易又是槟城所独占的。

槟城是供给商船和军舰中煤与水的要站，所以它的地位，靠船舶巩固。对岸柏赖（Pari）地方，有很大的船坞（二五〇呎长、五〇呎宽）。一九〇六年，政府又造一个百呎长的起重机。

## 二、地理

槟城从英国管领后，有人称它为威尔斯王岛（Prince of Wales Island）。它在半岛之西，正对柏赖，在北纬五度十五分至五度三十分之间，长十五哩，宽八哩，面积一〇七方哩。市之别名，为佐治市，但平常总称它为槟榔屿。市是三角形，东角为士威顿堪码头（Swettenham Pier），北与东南面海，其余是山。西南海岸，自士威顿堪码头起，名维而骨尼（Weld Quay），是全市运输交通最便利的地方。大小船只，都在此抛锚。环海岸间陆地，即是市场，有大钟楼，为海陆观瞻所系。

本岛离海峡殖民地之宽，从二哩至十哩。威尔斯州及丁丁（Dindings）州，都是槟城殖民地的一部分。宽度平均八哩，海岸线四十五哩，合克利安河南方十哩之地，面积有二百七十方哩。又离霹雳海岸，有萌哥尔小岛和对岸一带地方，都归英领，总称丁丁岛，面积二百方哩。

## 三、政治

槟城最初为海峡殖民地政府所在。当一八二六年，和新嘉坡、麻剌甲联合成一海峡殖民行政区域。先是一八一六年，即已设驻在行政委员（Residency），处理行政、军务。其行政区域，除本岛外，包含半岛两州（威尔斯和丁丁）。完全行政区域面积，约有五八〇方哩。

政府本部在佐治市。威尔斯和丁丁两州，都有一地方行政官，管理各该地事务。有市政厅、高等审判厅、地方审判厅、警察审判所、工部局，都在亮街（Light St.），并有下级的地方自治团体。各国驻在领事馆，除中国、丹麦均设专官外，余如比、意、法、荷、挪、美、葡、瑞士等，都是代理官。中国领事官为戴君培元①，人极和平、厚道，热心公益，连年捐出国内外公益款项，总数不下六十余万元。其尊翁忻然公，历任英属领事，以慈善家为华侨所称颂焉。

## 四、人口

人口全数，据一九一五年调查，总数男一七九八四八人、女一一一五一七人。其中欧美人，男八二九人、女四九四人；欧亚人，男八六五人、女九九二人；亚细亚人，男一九八一五四人、女一一〇〇三一人。

亚人中，华侨占十分之八。营业以商为多，工次之。华侨家庭风

---

① 戴培元（1886—1944）：字淑原，广东大埔人。父戴春荣，为清廷驻槟榔屿领事。中华民国成立后，继父职，先代理，并于1917年实任。除聘名师来南洋执教外，又捐巨资在国内外兴办学校。性好客，有"小孟尝"之称。后当选为槟榔屿大埔同乡会会长、时中学校董事长及客属公会主席。

俗，在本屿闲居者，最足以表示中国习惯。其家庭组织，凡略有资产的，都带些中国人世家的气味。各家门首，均悬姓氏之郡名横额，再用横额二字拆作对联一付，悬大门左右，均金字黑地。

此外，有以色列人数家。

## 五、教育

英国的，有官立男女学校各一所，私立男校十七所，女校二所；男学生九八九九人、女学生二〇九八人。美国男学校一所，学生一三七人；马来学校一所，学生六〇人；中国有中学一所，学生尚不满百。又国民教育的男女学校二十余所，学生二千余人。各校高级班，学生少于初级；女学生多因家庭关系，不能每日上学。各年级常不能终业，故极难查悉学生的确数。

尚有一姓私立学校，如邱氏、谢氏均不收外姓学生。各校中男校以中华、女校以璧如成立稍久，规模也比较大些。此外，如时中、钟灵、台山、顺靖、商务、韩江等男校，福建女校，均有可观。惟林氏男校、祥西女校，尚未脱私塾性质。

教会除英国礼拜堂外，最著名的是美以美会，并附设有学校。

新闻发行数，英文两种；中文两种，曰槟城，曰光华。

## 六、实业

槟城虽是一个商埠，于实业上却无重要价值，惟槟榔肉、豆蔻、丁香、橡树稍有出产。一九一七年，输出额增加一二四九四五〇七，输入额增加五一三七一三〇六。渔业为海峡殖民地之冠。渔民数，有四八〇五；渔船数，有三一四〇。中国人除富豪数家外，向无新实业家和新资本家发生，仅有往来苏门答腊间之轮船公司一二家而已。

## 七、银行

汇丰、印度商业、荷兰小公、慈善等银行，俱属于英、荷的经营。中国华侨和丰都有分行。

货币、度量衡，和新嘉坡一样。

## 八、交通

据一九一七年统计，槟城入港的船舶，英国最多，有一二一〇四艘、一二九四四六二吨。荷兰次之，三三六艘、六五七四七七吨。日本又次之，一二五艘、三四七〇九〇吨。中国一九一六年，才有船八艘、九七七六吨。到一九一七年，增到三〇艘、二九一四六吨，尚居第五位，在挪威之次。航路通缅甸、苏门答腊、麻剌甲海峡各处。

铁路有通暹罗和马来联邦两重要线。街市电车、马车、人力车，与新嘉坡无异。平治道路，除商业区域以外，各处也都铺陈美丽，道旁风景亦佳。

## 九、气候、卫生

槟城的温度，最高时九七度，最低时七〇度，平均在八二、八三度。二十呎高的地方，常止七〇度。

雨量据一九一三年调查，有一二〇.〇五吋。

气候不定的地方，常有马来利亚病流行。

医院以色列拉尔和地方两医院为大。另有监狱及男女癫病的专科医院，都是英政府设立的。中国人尚未设大规模的医院。

人口死亡率，一千人中，有四一与五的比较。

槟城为半岛的大山脉所遮蔽，西面孟加拉海。地理上有此形势，所以也有各种的恒风调和，比东部各联邦气候还好。在十一月、五月之间，恒风从东北方吹来，天气净洁、干燥。四月至十月之间，恒风从西南带雨而来，故雨水较他处为多，但一年也常有不雨不干的天气。

## 十、集会及公共游乐场

英人有总商会、树胶同业公会、博物会、工程师俱乐部、网球、队球①、游泳等俱乐部。

中国人有商务总会，成立已十三年。中国人俱乐部，是公余娱乐的地方。槟城书报社，为国民党在英属地的总机关。燕间、小嫏嬛两俱乐部，是戴领事一派人经营的。

游乐的地方，英国人方面，有瀑布公园，距海岸码头四哩之遥，在升旗山脚；有天生美丽的景致，山水下注，不用人工，自成一小瀑布。公园西边，有蓄水池，为全市自来水总管。池南，就是上升旗山路的起点。山顶二○六六呎高，登山可以望见周围的海景。上山坐轿，一点钟可到。山下有海水浴所，名丹容槟角（Tanjonn Bangar）。

中国人方面，有极乐寺最著名。在海岸码头西南四哩，坐电车半点钟可到。过槟榔西河支流，四围风景优美。全路半为椰林庇荫。到寺门，有中国式花园的布置，假山、假人、喷水池、菊花、蔷薇等装饰，沿路壁间刻字、题诗。寺内殿宇两重，都供佛像。殿内的石柱，刻有对联；寺中管理、组织，与国内无异。登山门下望，椰林风动，仿佛如海风微浪，颇具美观。此寺在英属最著名，当年建筑，耗去十三四万金，

---

① 队球：排球运动的早期称谓，参加者分为两队，隔网竞技。

均由布施而来。岑春煊①、章太炎②亡命时，都来居此。寺内住持某君，颇精佛典，人亦不俗，曾与太炎谈佛，竟日不倦；太炎及英皇太子、暹罗王，日本东乡、乃木两大将③，俱有留题悬在客堂。

## 十一、旅行须知

大多数轮船，都泊在士威顿堪（Swetfonhnm）码头。东方轮船公司、日本邮船公司和往来欧洲东方的轮船，都泊在海中。头、二等客，有小轮送迎。乘人车到埠的，有火车站的小轮渡过对岸码头。旅馆的脚夫，上岸都有招待。

中国旅馆，有乐园、琪记、城南等处；外国旅馆，有东方、山口、海边等处。

---

① 岑春煊（1861—1933）：字云阶、春泽，广西西林人。为云贵总督岑毓英之子。早年中举，以荫补官，历任广东布政使、甘肃布政使、陕西巡抚、山西巡抚、四川总督、两广总督、邮传部尚书，为袁世凯政敌。1913年二次革命时，被推举为全国讨袁军大元帅。二次革命失败后，被通缉，遂逃往南洋。

② 章太炎（1869—1936）：名炳麟，字枚叔，号太炎，浙江余杭人。早年师从俞樾，埋头研究学问。后参加维新运动，担任《时务报》编务。戊戌政变后，流亡中国台湾、日本，加入同盟会，鼓吹革命，并不废讲学。中华民国成立后，既与革命党产生政见分歧，又遭袁世凯软禁。1916年6月，由京返沪，赞同"护法"，南赴肇庆，看望岑春煊后，便出游南洋，至是年底方归。

③ 东乡，即东乡平八郎（1848—1934），日本海军元帅。乃木，即乃木希典（1849—1912），日本陆军大将。两人并称为日本军国主义的"军神"。

# 世界教育会议中国代表团报告

(1923年8月12～24日)

第一辑　撰著·译文

【题解】本篇连载于《新闻报》1923年8月12～22以及24日第3版"特载"栏。

《益世报》(天津版)1923年8月23～9月12日"专件"栏(1923年8月23～31日，9月2、5～9、12日)，也完整连载了这份报告。

《新闻报》编辑在报告前写有如后按语："我国赴美代表参与世界教育会议，现已蒇事。兹由代表林立、陈时、高鸿缙诸君，将经过情形编为报告。较之殷之〔芝〕龄博士所述，尤为详尽。亟录之，以供留心教育者。"

世界教育会议时称"万国教育会"，于1923年6月28日至7月6日在美国旧金山举行。到会者，为50余国代表近300人。中国代表团人数最多，有郭秉文、谢冰、李建勋、陈时、林立、高鸿缙、汤茂如和顾谷若，另有在美代表程其保、袁敦礼和殷芝龄，共有11位之多；所携提案及介绍中国教育的材料，也最为宏富。会议期间，中国代表积极参与各组讨论，会后不仅与各国代表广为交流，而且与中国在美留学生和当地华侨频繁互动，为中国首次参与国际教育交流的一大盛事。会上，成立了世界教育会联合会，郭秉文当选为副会长。此后，该会每两年举办一次年会，使中国参与国际教育交流有了恒定的渠道。

《新闻报》，中文日报，1893年2月17日创刊于上海，由英商丹福士（A. W. Danforth）、斐礼思（F. Ferris）与华商张叔和、袁春洲等人合资创办，后由福开森（John C. Ferguson）接办，逐渐发展为上海著名四大报纸之一（其他三家报纸是《申报》《时报》和《时事新报》）。该报采取"经济独立，无偏无党"的办报方针，具有"重经济而轻政治"的特色。该报特别注意新闻的时效性和独家来源，头版主要用来刊登时评类文章，文章形式多样，内容丰富；其他版面，报道商业新闻、政府举措、社团活动、各类纠纷、民众娱乐等，且以广告为主体。历任主笔，有蔡尔康、孙玉声、郁岱生、袁翔实、金煦生、李浩然、姚伯钦、张铁民、张继斋、李伯虞、郭步陶、张啸仙、陈也梅等。1949年5月停刊改组，由《新闻日报》继承，至1960年5月31日停刊。

## 一、代表名录

### （一）最初各机关所举派者

（1）属于全国教育机关者，中华教育改进社八人，范源濂①、蔡元培、郭秉文②、张百〔伯〕苓、黄炎培、汪精卫、胡适、陶知行③，又秘书程其保、殷芝龄、袁敦礼、汤茂如；（2）属于中央政府者，教育部四人，谢冰、李建勋、秦汾、邓萃英；（3）属于地方政府者，湖北教育

---

① 范源濂（1875—1927）：字静生，湖南湘阴人。早年留学日本。归国后，历任学部主事、京师大学堂教习。中华民国成立后，历任教育部次长、总长，中华书局总编辑，时任北京师范大学校长。

② 郭秉文（1880—1969）：字鸿声，江苏江浦人。早年卒业于上海清心书院，1908年赴美留学，1914年获哥伦比亚大学教育学博士学位。归国后，历任南京高师教务主任、东南大学校长、华美协进社首任社长等职。著有《中国教育制度沿革史》等。

③ 陶知行：即陶行知（1891—1946），原名文濬，改名知行，再改名行知，安徽歙县人。早年毕业于金陵大学，后留学美国伊利诺大学、哥伦比亚大学，获硕士学位。归国后，历任南京高师教务主任、中华教育改进社主任干事。1923年发起或立中华平民教育促进会，将平民教育运动推向高潮。其后，创设了晓庄师范、山海工学团和育才学校。著有《中国教育改造》等。

厅四人，宗彝、林立、高鸿缙、陈时。

以上各代表，多有因公未能成行者。最后，各代表合组之赴美代表团。姓名如次：郭秉文（鸿声）、谢冰（仁冰）、林立（卓然）、李建勋（湘辰）、陈时（叔澄）、高鸿缙（笏之）、汤茂如及顾谷若女士。

### (二) 提议意见

(1) 关于义务教育者，袁希涛二件、陈宝泉一件；

(2) 关于教科书者，徐则陵、薛鸿志一件；

(3) 关于交换印刷品者，沈祖荣一件；

(4) 关于世界语及注音字母者，张士一一件；

(5) 关于世界恳亲日者，王文培一件，欧阳祖经一件；

(6) 关于世界教育会者，陶知行一件；

(7) 关于世界公民学者，汪懋祖一件。

以上各案意见，系中华教育改进社所征集。移付代表团者，复由代表团在海行舟中编制，并补充意见；将第五案合并一案，第七案由李建勋补提一意见。

### (三) 印刷物

(1) 教育部二〔四〕种：《中国近十年教育统计比较表》（部编），《中国国语字母表》（部编），《中国教育状况》（邓萃英、刘廷芳同编），《辨明美国教科书中中国情况》（刘廷芳编）。

(2) 中华教育改进社十六〔七〕种：《中国职业教育》（黄炎培编）、《中国普及教育运动》、《中国之图书馆运动》（戴志骞编）、《中国近代教育之趋势》（刘经庶编）、《中国之体育》（麦克乐编）、《中国新文化运动》（胡适编）、《中国之教育测验及其研究》（麦柯编）、《中国新学制》（陆志韦编）、《中国女子教育》、《中国高等教育》（郭秉文编）、《中国师范教育》、《中国中学教育》（廖世承编）、《中国中学课程之改定》（朱进编)、《中国小学教育》(郑宗海编)、《中国贫民普及教育之十年方法》、《中国教育统计》、《中华教育改进社一览》(社编)。

(3) 湖北教育厅一种,《湖北教育状况》(高鸿缙编)。(未完,8月12日)

## 二、代表团日志(陈时编)

民国十二年六月一日,湖北代表林立、高鸿缙、陈时,访晤改进社代表郭秉文于东南大学,知尚未接到北京代表抵宁、沪确音。

三日晚,中华教育改进社、中华职业教育社、江苏省教育会、东南大学、同济大学、暨南学科〔校〕商校〔科〕等六团体,开送别会于上海宁波同乡会。北京代表尚未到沪,不及列席。袁观澜先生主席、致词,黄任之、沈信卿、陶知行先生亦有演说。郭、林、高、汤、陈均有答词。

四日午前八时,北京代表谢冰、李建勋至沪。午后五时,登坎拿大皇后舟。送别黄浦者,各团体领袖多人;同行者,有郭秉文、谢冰、林立、李建勋、陈时、高鸿缙、汤茂如等七人,余俱因公不能赴美。

七日,同行代表在舟中开第一次会议,决定合组中国代表团,互分职务于次:郭秉文主席,林立、李建勋交际,汤茂如记录兼事务,陈时、高鸿缙编辑,邀请同舟赴美留学之顾谷若女士加入代表团。合习国歌,预备在美会议时,应用于国家席上。

十四日,代表团在舟中开第二次会议,讨论、整理已征集之各案意见。小学,李建勋所提二案:(1) 审查教材案;(2) 世界公民教科案。世界恳亲日案,删去王案之第五款,欧阳案之四、五、六款;世界教育会案,加入董事会一章,并将章节加以整理、修正。

十七日午,到维多利亚,乘车周览全市,并得车夫之说明。午后转舟,晚十时抵西雅图,寓郊景旅馆。

十八日午后四时，列席华盛顿大学毕业式，并晤大学校长及省长。中国学生毕业者二人，中国留学生及各报记者均来访，并摄影登报。

二十日晚，中国俱乐部（美商所组织者）董事公宴各代表；郭秉文演述中国近况，林立致答词。

二十一日，郭、汤、顾因会务，先赴奥克兰。晚，中国留学生开欢迎会，李建勋演述中国教育五年来之利弊，林、谢、高、陈均致答词。

二十二日，谢、林、李、高、陈，乘夜车赴奥克兰。

二十四日午到奥克兰，住奥克兰旅馆，会场改三藩市①。

二十六日午，来迎俱乐部开欢迎会，郭秉文代表往演说《中国最近之十二年》，略谓民国十二年之进步，较前更速。共和政治极巩固，人民心理一致拥护之；帝制、复辟两役②，旋即颠覆。财政虽紊乱，而内外债为一千五百余万，比较各国为低。其他依统计，如教育则专门学校、大学校，由二十增至一百二十八所；中、小自五百增至一千二百四十校；学生数，自一百五十万增至七百万，男女同校之风气亦开。报纸自六家加至一千三百家，邮局自六千增至一万二千，电报及铁道线，亦展长于十二年前的数倍。（未完，8月13日）

二十八日，全体代表移居三藩市非梦旅馆，晤会务主任汤穆知〔士〕；到会者，五十国约三百人。晚七时，举行开会式，全美教育会长主席。

欧文博士开会词略谓，最近政治、外交、军事各方面，常有联合会议，各国咸趋于协作。吾人确信，人类天性，较社会上所产生之诸种人为的形式影响为大，且从未有以教育方法统一世界，故现有试行召集世界教育会议之必要。即科学发明、工商业与交通运输诸端，俱赖教育以

---

① 三藩市：美国加利福尼亚州城市名，通译旧金山（San Francisco），为加州人口第四大城市，亦为华侨聚居地。

② 此"帝制"，指袁世凯1915年12月12日称帝，改中华民国为"中华帝国"，改民国五年（1916年）为"洪宪元年"，史称"洪宪帝制"。此"复辟"，指张勋1917年7月1日宣布复辟，抬出废帝溥仪，改称此年为宣统九年，前后历时12天。因此事发生在农历丁巳年，故称"丁巳复辟"。

发展。但决不轻视政治、外交与国家自卫等作用，不过以教育方法向世界另一方面活动耳。

韦廉女士代表英〔美〕国致欢迎词，略谓，近今为世界改进之日，乃教育者有为之时。人类之敌，为愚、为病、为私、为贪。祛此四弊，全赖教育者及优秀男女，以最高智力为工具，鼓励人民之热诚，期得和平结果于将来，乃人类理想最高之希望。美国国情及人民之观念，夙为世界所谅解；虽不在国际联盟与国际法庭之列，而与世无争，求享自由与民主政治之惠，则可断言。美国现尚觉有许多事应前进，教育即其大端。父母之望其子女，无不欲其有所供献于世，故须有相当之培植。（虽国内各报恒有美国政出多门之批评，试经太平洋至大西洋，由坎拿大至墨西哥，当能灼见美国之健全安定，与人民爱护国家之实迹也。）

佐顿博士代表加州致欢迎词：太平洋为世界各洋之最大者，沿岸各种民族，占全人类之半，将来必为历史上重要事项之中心，了无疑义。历史事项，以后决非流血，乃互助、健身、教育、商业各方面建设，人道上之种种伸张。此次大会，为全世界教育家第一次所组合，确因讨论增进国际间之了解与亲善之方法而召集者也。

郭秉文博士代表远东致答词，略谓：本会议之召集，其宗旨在谋世界和平，增进国际友善。简言之，即以教育方法促进和平，诚为世界史上空前未有之举。以前，国际间亦有关于政治、商业、宗教上诸种会议，但全世界教育家大结合，以谋未来之和平，此确为第一次。故本会议无国籍、种族、宗教之别，使全世界之人类有根本上之联合。吾意则欲使化敌为友，进友为亲爱，须与友谊的合作再三致意。经十九世纪基督教义之陶冶，世界上尚有不能彼此相爱而共趋和平，则此种计划自极困难；反是而思，未始做不到。因有意思，自有方法。美国乃近代民治精神最强之国家，欧战终局时，曾申正义于天下。现复邀请万国教育领袖开此会议，意在平民主义普及于世界教育。想各国对此会议，无不有望其达目的之一日。中国人口四万万，占全世界人口三分之一；多数人心理上、精神上，对于此项运动均极赞助。中国爱和平，古之贤哲，即谓天下一家，厌战而道兵不祥。新教育精神，咸秉此旨。吾辈此次之到会者，亦同抱爱好和平之主义。本会议之结局，宜有世界教育会之组织，以进行议决事项，则国际亲善、了解，方非空谈；而军备自减，国际仇恨、猜忌之情，悉变为和睦亲善之心，世界和平、人类友爱、大同之世，当在指顾间也。

二十九日，分组会议（另载）。

三十日，分组会议（另载）。午，三藩市教员公会欢迎会，林立博士代表往。是会主席，为代理教育总监柯乐君。各国领事均到。新市教育总监顾英君及汤穆士博士、加州大学坎弗贝尔博士、安杜司女博士，均有演说。

林博士演词，首述中美国交，次言吾辈职司，陶冶儿童身心，使成世界上健全之一国民，责任同，事业同，深望此会非末次，而当继续行之。中国最近教育之进步与学生生活，较前迥异，颇致力于平均发达，尤重体育。关于运动比赛，男女学生每为同等之参加；中国教育特重道德，引孔子泛爱、亲仁章为证。希图国际教育运动，以道德、人格作标准。

七月一日午，中华学校行毕业礼，谢冰先生代表往。

二日，分组会议，晚教育局欢迎会，李建勋代表往。

三日，全体大会。

四日，美国独立纪念日。

五日，全体大会。

六日，散会。

七日，代表团举行终任式，在远东楼聚商事项。晚，全体华侨欢迎会，郭秉文、陈时、李建勋及各代表，均出席讲演。（未完，8月14日）

## 三、世界教育会议本纪（译述）

本会议定于千九百二十三年六月二十八日至七月六日，在美国三藩市开会。到会代表计五十国，人数二百余；中国代表最多，次则日本。会议办公处及分组会议议场，在非梦旅馆。分组会议，区分为八，每日五组，轮流开会；开会式场，在乃地生堂；全体大会，则在公民讲演厅。

本会议主要之目的，在交换意见，规定世界适宜之教育方法，故特分组详为研究。在会议期间，各代表临时动议事项，亦得列入议事日程。凡议案经分组会议议决，须由全体大会通过，方为定案。各分组旨趣及提议事项如下。

### （一）A组：国际合作

（1）教育参赞。为补助推行最良之教育起见，一国之教育经验，应亟求广播于世界各国；欲与青年以适当之教育，则办理教育人员，应熟悉世界各处之教育状况。

问题：本会议应否建议于各国政府，在各大使或公使馆中设教育参赞，以达本项之目的？

（2）毕业生讲学津贴。一国领袖，须熟悉他国领袖之行为及其生活状况，任何方面均属重要。

问题：本会议应否建议于世界各国政府，筹备此项经费，给研究教育者之毕业学生，使之于外国研究学问；并对于教育之方法运动〔用〕，以及其所学之情形，常以报告于本国？

（3）联合之教育会。教育之目的，原为普教人类谋个人无上之幸福；国家之发展及维持社会之安宁，应有适于实际之方法，以期各种机关之通力合作，并使五百万教师益加同心努力，致其教育之功力于世界。

问题：本会议应否提倡将各教育会、各教育机关，组合永久之联合会？如以为可行，其方法如何？

（4）科学之大联合。科学为近代文明进化之大要素，又为和平与战争两方面之主动力，应设法导之趋向人类幸福之一途。以科学的方法行人道，则人道必更易昌明。

问题：将各种科学为全体之联合，或为部分之联合，如属可能，其范围如何，方法如何？

### （二）B组：宣传教育学术

（1）交换教育印刷物。使各国教育家日趋联络之最善方法，即交换各种最近流行之印刷品是也。

问题：本会议应否提倡设立相当机关，促进各项印刷品之交换，如何为可，其方法如何？

（2）公共图书馆之设置。文化愈进步，教育愈普及，研究高深学问亦愈重要。急宜设立公共图书馆，以传播一般之文化，及艺术上、实业上之进步消息。

问题：本会议应否提倡设立公共免费图书馆之计划，并于学校中教授，其在图书馆取用书籍之方法，以提高一般人民读书之兴味？

（3）交换教师。欲使世界人民感情日洽，须设法去其偏见，并对其他国须有高尚之观念，及宽大之待遇。现已组织之各种机关，为交换教师计者，其运动之成效甚著。

问题：本会议应否提倡协助此项机关之进行，如以为可，其方法如何？（未完，8月15日）

### （三）C组：国际间之行为

（1）教科书之教材。因对于他国问题与情形无相当之了解，致生误会者甚多。故教科书中所得知识,应求确切、充分;对于本国之特性、情形及国家观念,应有适当之眼光,并将尊崇本国国家、国旗之心理与礼节,推广及于他国,不使少有差异。

问题:本会议能否提倡设立何项机关,审查各国现行教科书中,关于商业、政治、地理、历史等之材料?

(2)世界公民学及伦理事〔学〕。由各种经验而观察世界各民族,实比邻而居,各国家实彼此互相生存。世界之大同问题,即近代健全之文化,与其必要之伦理的精神诸价值,使世界各民族生存于友爱、亲善新情势之下,重视异种之特性、他国之权利,而不相猜忌是也。

问题:(甲)本会应否提倡世界公民学之研究,以求关于交易、游历、商务上之各种重要接触与学术之交换?(乙)本会议应否创设公民科目,及编制伦理学与各项仪式之方法,使儿童均习知邻国之情形,并对于各国人民不怀偏见?(丙)本会议应否提倡以各国均能适用之优良文字,编辑世界读本?其宗旨注重世界观念,使之通行于各学校中。

(3)以青年红十字会促进在校学生之联络。为养成在校学生之行为习惯,能及于各处地理上、学校中发生兴趣,并对于他国能生一般之同情计,须有青年红十字会,以指导其国际间之联络。

问题:本会议应否提倡联合数国,组织委员会或一机关,以与青年红十字会合力为此项之运动?

## (四) D组:国际观念

(1)品性教育。品性教育在心理品性与社会品性之发展,及测验品性方法于儿童期间内,确定其道德之准绳,即以品性教育为普通教育中之专有名词,直用以引导个人,奖励其人格,使于有组织之社会中,能具适宜之性情与品行。

问题:使学者均能真知灼见道德上之经验,导其行为于正轨,发展恶恶之力。其学习之课程如何,训练之方法如何?

(2) 社会研究。使学者确知个人与个人、个人与团体间之关系之学科，即社会学是也。

问题：本会议应否提倡试行选习某种学科，特别注重，使学者于社会之善良，即有明确之观念。

(3) 世界和平。世界各处学校之最大功能，而在开导国际正义、友爱、亲善之新路。故国家教育其青年子弟，应使之推广国家观念，增益国际之亲善，并须另立判定之标准，以忠勇之心，注力于和平，以一国教其青年子弟之各种观念，扩充以灌输各种世界观念，其收效决非难事。

问题：能否规定或推广教育原理，培养儿童公平之心、宽大之德，如林肯所谓泛爱众、不尤人？

(4) 现代人对于后代人之义务。吾人实后代人之守护者，给之以教育，而又使之传达于后人。故教育者，来生债也，谋来者之幸福；立世界之实业，此其责吾人无可推诿。

问题：近代教育应以何种理想、何种趋向遗传于后代？并有何种最妥善之方法，得使此遗传有效？

(5) 万国恳亲日。欲使世人意见日洽，万国关系并密，而得最后亲善之结果，并不妨碍于各民族之权利与信仰，则必须有一定之结合，改移其心理、社会上之情况，以协同之方式，引起世界人注意公共之兴味。

问题：能否于每年中选定一日，为万国恳亲联合之日，名之曰"万国恳亲日"，使五百万教师、二万万学生，于是日特别提醒正义、亲善、和平之精神。

## (五) E组：卫生教育

(1) 卫生教育。学校卫生事项，应以健全儿童为标准。儿童早年教育，应予以机会，使能构成未来生活之根基。卫生之观念与习惯，教授卫生应如国家养兵自卫，保护青年男女健全身体、愉快之精神。

问题：可否提倡明白、确定卫生教育之方法，使之适用于各学校、各民族？令所定之卫生事项，于学龄以前及受师范教育的时期均有关系？次则定教授方法，并指导学生以正当之行动；复次，则卫生学、养生法、卫生习惯与修养法等科，须于师范教育内有适当之教授。（未完，8月16日）

## （六）F组：普及教育

（1）识字教育之改进。普及教育为当今列强之政策。其普及之程度，每视为必要。原教育之利益，实为人人所应享；而国家之强弱，专视其国组织之个人如何。此理至为明确，今则凡对于一国文学、美术、音乐、科学发明、力学、商学、职业、社会学，以及种种高等技能之知识，均须扩充之，使成世界之知识；而读、写之能力，亦须增高。

问题：本会议应否提倡，设法使全世界之人均能识字，并其实行方法如何？应否就各国代表设立此项委员会？

（2）节俭教育。就吾人之经历而言，实为文化进步之障碍者，即缺少适宜养老之基金是也。欲为良好之国民，必求独立生活；无论多寡，必须有基本之进项与量入为出之习惯。故欲求世界和平，必人人有储蓄及生财之技能。

问题：可否由本会规定节俭之理论与实际，而供其资料与方法，提出于各国？更可否成立一国际的委员会，提倡此项事业？

（3）文艺教育与职业教育之并重。教育之目的，非所以专为增益才能，乃使之生活于智德兼全、更为广大之境界；亦以教育其个人，使能独立生活，为有用之才，不为社会之累，而奠国家于安宁。欲达此旨，非文艺教育与职业教育，有适宜并重之方法不为功。

问题：可否由本会议或另组特别委员会，确定一原则，推行于文艺教育与职业教育，使之有适当之调和？

(4) 女子教育。近代教育之趋势，女子教育日益普及，各国更有专定女子教育规程，使于母道、家政，以社会上各种相当职务，均求发展其能力，以期两性之平均发达，使文化进步，后代常胜于前代。

问题：本会应否确定女子教育普及之计划，或另行组织机关专办此事，抑或规定原则与目的，以求此事之推行？

### （七）G组：农村生活之保持

农村生活之条理，无论文化进至何时，其主要之需要，必求衣物与食料之产生。故农村居民之生活，须使之极有兴味；再使其子女享受各种教育之利益，而令畎亩①中常有博学多闻之士。乡人能享充分之教育，如礼拜堂之陶冶，图书馆之沃化，则人自不忧食，畏之饥荒矣。

问题：可否就农村情形之观察，对于此项教育规定进行方法，以谋普遍之进步，合全世界之力，使人民对于此项最大教育问题发生兴趣，而谋公同之解决。

### （八）H组：联太平洋会

太平洋各国会议：太平洋各国会议原有常设机关，曾经开会讨论合作的公民利益各问题。现分两组，讨论太平洋各国自身之各种特别问题。

问题：太平洋各国之教育机关，应如何增进国际之了解与友善？

各代表之分组：

郭秉文：A、H组，谢冰：F、H组，林立：C、D、H组，李建勋：C、H组，殷芝龄：G、H组，袁敦礼：E、H组，陈时：C、D、H组，高鸿缙：B、H组，汤茂如：D、H组，程其保：B、H组，顾谷若女士：E、H组。

各组联合会委员（审查各分组可决之案提付大会）：郭秉文（中

---

① 畎亩：原义为田间、田地，引申指民间。

国）、闪斯莱（英国）、维廉（美国）、奥梯拉（南美）、泽抑〔柳〕政太郎（日本）。（未完，8月17日）

## 四、会议日程

六月二十八日（木）

午后七时三十分，在乃地生堂举行开会式。美国全国教育会长欧文博士主席。（1）奏乐（三藩市金门公园音乐队）；（2）祈祷；（3）三藩市欢迎词（三藩市市政厅长罗福）；（4）加利福利亚州欢迎词（斯丹佛大学校长佐顿博士）；（5）美国欢迎词（前美国全国教育会长韦廉女士）；（6）答词（中国东南大学校长郭秉文博士、希腊总领事彭拉葛坡罗披、英国伦敦大学教育教授亚丹博士）。

二十九日（金）

午前九时，分组会议（附注：本会议采分组办法，编列日程，期以结果报告大会）。各代表以志愿，分别加入A、B、C、D、E组。午后二时，分组会议，B、C、D、E、F、G组。午后七时三十分，全体大会演讲：（1）奏乐（菲律滨音乐队）；（2）演说《万国亲善》（全美联合会长罗博士）、《会议之精神》（檀香山大学教授日本原田助博士）、《坎拿大之新闻》（坎拿大教育会长漠雷博士）、《美国之新闻》（波斯登教育杂志记者文玺博士）。

三十日（土）

午前九时，分组会议，A、B、C、E、G组。午后二时，分组会议，B、C、D、E、F组。

七月一日（日）

午后七时三十分，世界教育会议与美国全国教育会联席会，讲演：欧文主席。（1）音乐（檀香山音乐队）；（2）演说《联太平洋会之事业与世界前途之光明》（联太平洋会执行干事班克博士）、《世界为社会之试验场》(纽约华沙大学校长麦克列坎博士)、《檀香山之教育》(前檀香山教育局长麦柯非)。

二日(月)

午前九时,分组会议,B、E、F、G、H组;午后二时,分组会议,A、C、D、E、F、H组。

三日(火)

午前九时,分组会议,A、E、F、G、H组;午后二时,全体会议。分组报告:各组推定委员,在大会报告讨论,并请全体各代表中演述本地教育情形。

四日(水)

美国独立纪念日,休息。午后二时,在公民演讲厅举行庆祝会,招待各国代表。

五日(木)

午前九时,全体会议;午后二时,全体会议;午后七时三十分,全体大会。讲演:世界教育会议与美国全国教育会联席会,欧文博士主席。(1)奏乐;(2)演说《世界儿童之康健状态》(斯丹佛大学威伯博士);(3)《各国之希望》(日本帝国教育会长泽柳政太郎①);(4)《世界会议之意义》(英国全国教职员联合会会长孙伯利博士);(5)《教育中之妇女》(意国公主波非士);(6)《世界与印度》(纳克特博士);(7)《教育与世界之进步》(本会交际委员会会长汤穆士博士)。

本日议事完毕,即行闭会。

附:联太平洋会日程

七月二日(月),午前九时第一次会,摩尔博士主席。(1)演说;(2)分段教育意见:高等教育,郭秉文博士;中等教育,程其保硕士。

---

① 泽柳政太郎(1865—1927):日本长野县松北市人。1888年毕业于东京帝国大学文学院哲学专业,历任文部省书记官、京都府大谷寻常中学校长、东京第二高中校长、文部省基础教务局局长、代理东京高等师范学校校长、文部省副部长、京都帝国大学校长、帝国教育会会长等职。著有《公私学校比较论》《教育者的精神》《时代与教育》等。

午后二时第二次会,泽柳博士主席,续分段教育意见:初等教育,林立博士。(3) 特别学校与特别机关、师范学校、神学校与神学科、教职员会、教科书出版公司、学校杂志。

三日(火),午前九时第三次会,郭秉文博士主席。特别研究之科目:历史教学法、公民教学法(李建勋硕士)、商业与经济教学法(汤茂如学士)、地理教学法、言语文艺教学法、道德教学法。

附注:本组讲述意见者,除中国代表外,太平洋沿岸各国代表均有出席者。因日程中多有变更,不及备载。中国代表讲稿另录。(未完,8月18日)

# 五、大会议决案

## (一) 万国恳亲日案(D组)

(1) 五月十八日为海牙和平会议开会之纪念日,乃各国以和平方法,商定国际问题第一次之大结合,宜定为万国恳亲日,以提醒世界友谊与正义之观念。

(2) 于五月十八日,讲演海牙和平会议之结果,及后联合世界为合作团体之进行,佐以乐歌、国歌及万国旗,并举行庆祝游艺会,以表是日之精神。

(3) 行此仪式时,特制一万国旗,以为万国亲善之徽识。

(4) 以本国国旗镶以白边,即万国旗。

(5) 谋人类经济上、社会上与心理上之安定,必须世界各国同心合作,以亲善之方,发展公理与正义于天下。此种化导作用,必可表示文明高尚之观念。世界各学校采行此种精神,是为增高观感之根基。

## (二) 世界和平案(D组)

(1) 一国教授历史之公共目的,须教其社会、经济、政治之发展,与其他世界各国中此三种事项发达之关系。

（2）教授历史，须起自太古，教以世界之观念。

（3）教授历史，须教以直接增进万国亲善之特别原理，如公平正直、国家与个人之礼让协作、诚实等。

（4）教授地理，须具世界观念。

（5）教授地理，须教以直接增进万国亲善之特别原理，即如互助、勇为、睦邻、交知等。

（6）教授文学，须教以直接增进万国亲善之特别原理，如平顺无私、忠实近情等。

### （三）现代人民对于后代人民之义务案（D组）

吾人以教师之努力，促进将来世界友谊之教育计划，并提倡万国之宾礼。

### （四）教育参赞案（A组）

欲使各国相互了解、互相友善，常能交换意见，以立和平、亲善之基，则一国教育之精神与概况，须使各国周知。此种进行，可由一二人司其枢机，而得圆满之结果，兹规定如下：

（1）各国大使或公使馆中，须设极谙教育之教育参赞一员。

（2）各国或因情形不同，此种方法不能实行时，则其国之主要教育团体内，规定一才望素著者之教育人员，代行其职务。

（委员长，坎拿大卡儿士俄斯）

### （五）交换教育印刷物案（B组）

交换各项教育印刷物，为联络世界各国教育家之最妙方法，本会议应规定一永久经理出版物机关，其职权如下：

（1）研究各国教育之进步。

(2) 印行《万国教育杂志》。

(3) 报告各国教育印刷物之情形，以便交换。

(4) 随时特别印行教育研究号。

(5) 遇必要时，亦得进行其他相类事项。

### (六) 普及教育案（E组）

今世界不识之无人才，不能享受人民幸福者，数以百万计。此种阻碍世界和平、乐利之情形，亟宜救济。兹定其方法如下：

(1) 由世界各国各举代表一人，组织万国普及教育会。

(2) 本会以能从速使各国人民均能识字为职务。

(3) 本会应为世界教育会之一部，以后举行世界教育会议时，本会亦应列席。遇必要时，本会亦得单独开会。

(4) 本会经此次会议通过，即宣告成立。

(5) 本会事务所，由本会决定，请大会给予。

(6) 本会须设总秘书一人，常川驻会办事。

（注意：十岁以上之人民，须使均能读写）

### (七) 节俭教育案（E组）

当此世界改造之际，就各国经济状况而言，节俭为生活之要求，尽人皆知。兹拟定方法如后：由今组提倡设立万国节俭委员会，研究节俭上各种问题，建议于世界各国。

### (八) 女子教育案（F组）

据世界教育会议各国代表之报告，女子教育不发达之国家甚多，亟须改进。兹拟定方法如下：

(1) 本会议毕后，即发函交由某数国代表，携回本国政府，告以此次会议之主张，请各行政机关均注意女子普通之教育，并有享受高等教育之机会。

(2) 凡女子已有高等教育之国家,须促其许女子享受国家各种政治之学术。

(3) 本会议秘书,须以此事为其正式之职务,提醒各国政府,对于女子普及教育极端努力。本案实因民族进化多缘母教,故应促进女子高等教育。(未完,8月19日)

## (九) 毕业生奖学金案(A组)

一国最大之需要,赖国中领袖周知他国之国情及其领袖生活。故本会议提议,在各大学及其他教育机关,划奖学金万两,为毕业生有志赴他国研究学术者服务。其规定如下:

(1) 须研究国际问题,并将研究所得结果,报告于各本国;且须特别注意于世界公民学、经济学、各国教育制度,以为世界课本之教材。

(2) 本会议将上项意见陈述于各国政府,其办法由各代表自行斟酌之。

## (十) 科学之大联合案(A组)

科学乃现代文化要素中最有进步者,科学名词之统一,必可促进世界之互助,故提议对于科学名词之统一,应有一定之具体办法,并期其早著成效。故提议数项如下:

(1) 科学上之权度①,应使世界统一。

(2) 其他之现有万国性者,使之更能推行于万国。

(3) 小学与中国〔学〕理科课程,应划定一定分量之教材。

(4) 大学校及专门学校理科课程之教材分量,应行划一。

(5) 大、中、小各学校理科中之各部分,应详细划分。

(6) 职业学校之理科,应详细规定。

---

① 权度:测定物体轻重、长短的器具及相关标准。

（7）请求各国政府，对于宣传科学之印刷通信，发寄国外教育机关及教育家者，应免收其邮费。

（8）各国全国之教育会及其他教育会，应备理科专用之信纸、信封，以供上项通信之用。

（9）由世界教育会议指定三人为委员，专办此项交换意见之事。

### （十一）世界公民学及伦理学案（C组）

各国欲达永久和平善意之目的，其惟一之希望，在使两种观念将来得以实现：世界学之存在于各方面之生活，为有组织之合作；世界系一单独之大社会，各个人应享某种之利益，负某种之责任，故有以下决议：

本会请求各国教育团体，应为各该国学校编一训练大纲，训练学校儿童，使其身心、习惯、行动、举止，可以为世界社会中之一员。此项大纲，应提出于下次世界教育大会比较、讨论，宣布于全世界。谨陈述下列之意见：

（1）此项训练，注意于人类之公共关系、公共意旨及互助。

（2）此项训练，注重于各国合作之需要及其可能之方法，俾公共关系、公共意旨可以实现。

（3）此项训练，在课程中并非单独一科。一切课程中应寓此意，并加以学生之活动。

（4）此项训练，自初级学校起，至高级学校终了止。

（5）此项训练，主要部分在〔以〕学生活动为媒介，使各国儿童得互相接触。

### （十二）交换教授及教师案（B组）

本会以为，欲使世界各国民彼此有同情之关系，免除成见，互相了解他国高尚之意思，莫如在中等以下学校交换教师，专门以上学校交换教授。故有以下决议：

（1）应设立国际教育局。

（2）各国间交换教师及教授，务令其为普通的、可能的。

（3）交换之教师及教授，应分初等、中等、高等教育各级选出。

### （十三）世界大学案（B组）

（1）本会应组织一委员会，研究关于世界大学之问题，并提出一计划，俾该大学可以早日成立。

（2）世界大学教员及学生之团体，应以各民族、各种族、各国家之人民组织之。

（3）世界大学特别之任务，应研究国际间种族之问题，及此问题与教育之关系。

（4）学生、教员之选择，应遵照最近及最良之教育原则。

### （十四）世界图书馆案（B组）

世界之进步，赖乎教育之普及，尤有赖于智识之传播。然传播智识，非借图书馆不为功。故有以下之决议：

（1）设一世界图书馆，以后或与世界大学相联络。（甲）此项世界图书馆，如遇各国请求时，供给关于国际之书报问题；（乙）此项世界图书馆，为各国现有之公立图书馆定一定之标准。

（2）各国教育团体，应立一全国图书馆，供给全国之需要，并为该国人民与世界图书馆之媒介。

### （十五）学校儿童间通信案（C组）

本会以为，欲令教育完全进行，学校教科书必须有各方面之材料，更以为补充学校教授，必须有特种之活动，使儿童加入，俾习惯成为自然；又因各国间团体，本此目的，与学校合作已有成绩，故有下之决议：

本会公认此项团体所办学校间国际通信事业，异常发达，拟于每国派一教育代表，与此项或他种团体，合作辅助各校办理同样之事业，俾可增进同样之目的。（未完，8月20日）

### （十六）教科书材料案（C组）

本会以为，解除国际误会最有力之方法，莫如使学校儿童确知他国之情况。而确知他国之情况，尤贵有公正之精神及相互之善意，故有以下之决议：此次本会议所议决组织之世界教育会联合会，应研究方法，辅助各国教育团体，使各该国所准备之教科书及他种教授方法，应适用下列之原则：

（1）各国应将现行适用之教科书互相交换。

（2）此项教科书中，如关于他国有误解之处，应研究更正，并应供给养成国际友谊之材料。

（3）应编制国际读本，以各国间传记及高尚之文学为基础。

（4）历史科、公民科、地理科教科书，应特别注意人类互助之点，及人类发达在乎和平之必要。至教授文艺，亦应以此点为原则。

（5）为增进国际公正及善意起见，所有直观教授，应选用此项之拟议。

### （十七）世界教育会联合会案（A组）

教育之目的，原为普教人类，故须有切实之方法，使世界上以教育为事业之五百万教师，彼此情意益洽，进行益力，各种教育机关益相联合，兹拟组设世界教育会永久联合会。其简章如下：

第一章　名称

　　第一条　本会定名为世界教育会联合会。

第二章　宗旨

第二条　本会以谋世界各国各民族各种教育事业之合作，各种教育情形之宣传，敦促万国之亲善，增进世界和平、幸福为宗旨。

第三章　会员

第三条　本会会员资格，以下列各种团体为限：

凡教育者所组织之团体属于全国性质者，经本会执行部认可，得为会员；

凡教育团体不属于全国性质者，苟经要求入会，由执行部认可，亦得为本会会员。

第四章　组织

第四条　每团体推选二人，组织董事部，其任期为二年，董事部即为本会之执行机关。设临时董事部，规定董事长一人，副董事长二人（即为临时会长及副会长），董事六人，由第六章所定各区各举二人充之。

第五条　由董事会于各董事中，选举会长一人。但临时会长，由此次世界教育会议各代表团各推一人，组织选举委员会选举之。

第六条　临时副会长二人，选法与临时会长同。

第七条　由董事部推选司库一人。但临时司库，由此次会议代表选举，其方法与选举临时会长同。司库受董事部之指导，为本会之执行干事员，由董事部酌给薪资。

第五章　事务长

第八条　本会事务所，常设美国。

第六章　会议

第九条　世界全体大会，每隔一年举行一次；分区会议，则于不开大会之年，就欧洲、美洲、亚洲等处举行之。

第七章　会费

第十条　凡入会团体，每人须年纳会费美金一仙；但每团体每年会费，至少须纳美金二十五元，至多年纳美金一千元。（未完，8月21日）

### （十八）改良农村学校案（D组）

世界各国政府，为其长治久安之计，其最要之问题，即规定公立学校制度，使各农村之人民，不论其父母之种族、经济情形如何，均享教育平等之利益。就平民主义而言，不应使多数儿童失其教育；况农人终岁劳动，为吾人生产衣、食、住三者原料，其子女更不能不令其享平等教育之利益。今世界各国各乡村区域所最要者，即其地理上、经济上及社会情形上，关于教育之特别问题是也。兹拟定办法如下。本会议提倡农村儿童增进教育机会，拟定方法为：

（1）于师范教育中，增加农村生活与农村教育之特别问题，使学者深知其要。

（2）联合单教室之学校，设于人口稠密、交通便利之区，为较大正式之学校。

（3）如不能联合时，则宜将单教室之良好学校加以整顿、维持，并请熟悉农村生活与农村教育，又曾受此项教育之人为教员。

（4）其成绩较良而经费支绌者，应予以省款或国库，或省、国共同之补助。

（5）遇必要时，亦应为教师另建居室。

### （十九）品性教育案（D组）

本会同人之意，以为本会之目的，欲令其实现，大部分在于全世界青年之品性训育。品性训育之主旨，要在使青年对人类有公正之意、好意之表示；而其行为，亦须以公道及博爱为标准，故有以下之决议。本会兹订定大纲为品性教育之基础，其详细由各国定之：

（1）关于研究者。各国教育家，应提倡研究品性教育之学问，俾可发现教导青年最有力之方法。至关于方法之研究，各国间应互相交换知识。

（2）关于目的者。学校中应以品性教育为主要之问题，无论儿童在学校、社会、家庭，均须改善其行为。儿童在社会上之取予，应特别注重，以"己所不欲，勿施于人"为原则。品性教育之计划，对于各国儿童特别之行为，应注意改善，故品性教育为实质的。现办此项事务之教师，与儿童之父母应互相合作。因父母对于儿童之品性训练，须负第一之责任也。

（3）关于课程之材料者。若欲发达品性，意思与行为二者不可分离；而课程内容之选择及组织，应以发达其意思为要，俾其行为可以合乎道德之标准。此其内容，包括公正与诚实之意思，和善、亲爱、宽恕，为社会服务，为人类服务诸端。在学校科目中，如文学、语言、地理、历史、艺术、科学等科，极足以训练意思与态度，俾学生明了世界人类之互助，及各个人对于全体人类之义务。近世教育趋向，于实用社会行为之中，亦寓品性。故学校普通科目间，应将日常生活之情事及经验加以研究，俾家庭生活关系、公民往还之关系、实业活动之关系，均有道德为之枢纽。各国教育家，应提倡于学校训练中，训练学生对于世界文明、国际善意有相互之同情，使对人类有是非之明辨。此种训练，务与学生之智性相应，并宜在中等学校伦理学科内注意。

（4）关于学校组织者。学校方面之活动，凡研究之事业，要以鼓励学生，使于思想活动、行为方面，均有自动之精神，并使其有自决之能力，而为不背于道德之标准。至其合乎标准，须由学生智识与经验之结果。为达此项目的，学校中可以组织一会，与教员合作。关于社会服务之练习及习惯之行为，均可规定计划实行。如遇必要时，训练问题亦可提出此会，共同讨论解决。各学生年龄较幼，教师加入指导。因学生自己觉悟社会行动之性质与发达，较之仅由教师判断事半功倍也。教师对于各个学生品性之发达与不及，其指导应负全责。教师应与学生父母协议合作，将学生之品性、德行分别等第。毕业时，操行、学业成绩二者并重。

（5）关于养成教师者。学生品性之发达，当由教师本身作则，示之模范。本会因此建议，凡各学校延聘教师，应以德行高尚者充选；教育行政长官对此，尤应引为特别之义务。所有教师应提出证书，证明本人之学业、道德。所有养成教员之学校，应有下列之诸科，个人及群众行为之标准（理论伦理学及实用伦理学）、个人及群众行为之心理、儿童心理及儿童节制行为之方法。应为教师设暑期学校或延长学校，教授上列诸科。（未完，8月22日）

## （二十）体育与卫生之关系案（F组）

体育一部，对于各国家、各社会均属重要，故世界各国均能以体育之方，养成品性，取得康健，纠正行为。兹议决如下：

（1）男女学生，均宜各选适宜之运动，以发展其个性。但不可徒事比赛，专以运动为能。

（2）体育机关，须与卫生检查机关互相联络，养成卫生习惯，促进国家康健。

## （二十一）文艺教育、职业教育并重案（E组）

教育之目的，非所以徒增有识者之技能，乃使人民均能生活于智德完全之境域；且一国之安宁，必须教其各个人使能独立生活，克俭克勤，不为社会之累。欲达此两种目的，必使文艺教育与职业教育并重。兹决议于次：

（1）无论何人，均应使受一定职业之教育。

（2）欲使职业教育有效，一方面发展此项知识，一方面尤须对于文化生活上之各种才能均能发展。此种教育，须激励其对于职业、国家均有负责之心，并使其知劳动与休息之价值。

（3）男女学生，均须教以家庭生活之道，因家庭为国家生命发展之基本组织故也。

（4）发达此旨，须先有一种办法，使每生选择一职业，适于其个人本身之环境。

（5）关于上述各项之教育主义，须设立万国委员会专办之，以期其发达。此委员会另定名为文艺教育与职业教育委员会，为各项教育人员代表机关，兼万国通讯处。

## 六、世界教育会联合会职员

会长汤穆士，美。副会长孙布来，英；郭秉文，中国。董事哥格耶，印度；泽柳政太郎，日本；勃林格尔，苏格兰；加法多士，希腊；许元塔，美国；查理司窟，坎拿大；秘书兼司库维廉士，美国。

职员会（会长、副会长、董事）之议决事项：

（1）亚、美、欧三洲之会长或副会长及董事二人，合组一分区委员会；

（2）明年之亚洲分区会，由郭副会长在中国召集。

（3）下次世界大会（一九二五年）地点，在墨西哥或日本，尚未确定。

## 七、世界教育会联合会选举情形

《世界教育会联合会章程》经大会通过后，即时在场照章组织选举会，各国推代表一人，中国代表为林立博士。各国代表组织选举委员会，美国许元塔博士主席。

第一次选举正会长，汤穆士博士当选。

第二次选举副会长，属于亚洲方面之意见，中国提出郭秉文，印度提出泰哥儿①，日本提出泽柳政太郎。投票结果，郭秉文当选。

第三次选举董事，除美、欧两洲当选已见另单外，亚洲方面印度当选一人（见另单），余一人则中国之陈时、日本之泽柳政太郎。第一次投票票数相等，复行决选，各国代表以副会长为中国人，遂使泽柳当选，而陈时为次多数。

选举时，亚洲方面，对于副会长竞争甚烈，辩论亘一小时之久，结果中国方面竟得胜利。（已完，8月24日）

---

① 泰哥儿：通译泰戈尔（Tagore，1861—1941），印度诗人、文学家、社会活动家，诺贝尔文学奖获得者。代表作有《吉檀迦利》《新月集》等。此次万国教育会原拟出席，后因故未能成行。

# 第三次全国运动会筹备经过述要

(1924 年 5 月 19 日)

**【题解】**本篇原载《申报·教育与人生》第 31 期"全国运动会号"。发表时间为 1924 年 5 月 19 日。

第三次全国运动会,计划于 1924 年 5 月 22～24 日在武昌召开,陈时为此届运动会的名誉副会长,并负责主持相关筹备工作。此届运动会,是中国近代历史上第一次真正意义上的"全国运动会"。一则项目较完备,增加了游泳、拳术、童子军表演及体操 4 种;二则参加者较为踊跃,华北、华东、华南、华西、华中均有派队参加,运动员达 700 余人;三则女子首次参加了篮球、排球、棒球 3 项比赛。至于运动成绩,则普遍得以提高。

《申报·教育与人生》,为《申报》副刊,每周一期,由上海申报馆主编,创刊于 1923 年 10 月 15 日。宗旨有三义:"教育一以人生活为中心,因教育及人生,一义也;将解决人生问题,非假途教育不可,因人生及教育,二义也;教育问题、人生问题,离立而互阐焉,三义也。"(《发刊词》)主要栏目,有学乘、随谈、言论、消息、论著、专论、杂载、专件、演讲、调查、讨论、研究、青年之友、体育消息、游戏教材等;主要撰稿人,有郑宗海、杨效春、蒋维乔、陶孟和、郭秉文、范源濂、廖世承、张忠藩、蒋湘青、黄炎培、汪桂荣、陆冀野等。1924 年 8 月 1 日终刊,共出 60 期。

## 一、起因

第六次远东运动会在日本大阪举行，吾国选手遭大失败。闻其原因：(1) 事前无专管机关之组织；(2) 全国运动家平时无练习之联络；(3) 国人多不明其为国际资格之竞争，其权遂寄于友邦热心教育者之手；(4) 国内教育家热心体育者，只有提倡之热诚，而不能积极负责；(5) 政府及社会领袖不重视体育。

综此五端，惩前毖后，国人之动机已起。当去年秋季，各省体育家败绩返国，中外人士之受刺激者，有中华体育协会之发起①；冬间青年会全国大会，亦有全国运动会之提议；业余运动会亦派总书记葛雷②博士，于十三年一月九日到武昌鼓吹此事；而第三次全国运动会，遂如春雷之启蛰矣。

## 二、组织

葛雷博士之至武昌也，与青年会总干事宋如海③及时会商，首先讨论者七事：(1) 地点，如定在武昌运动场，须请湖北省政府拨款，彻底修理；(2) 会务进行，须广征全国意见；(3) 运动事项，由全国体育家合议主持；(4) 会长、副会长，须举国内人望，以人格与事业为标准；(5) 开

---

① 此"中华体育协会之发起"，于1923年7月7日在上海发起，由戈公振主持召开了筹备会议，议决联络华南、华北、华东、华中各体育会共组此会，并推定筹备委员20人，开始积极进行。

② 葛雷（Gailey, 1869—?）：又译格雷，美国体育家。早年就读于普林斯顿大学，是美式足球明星。1896年毕业，1898年来中国，任天津基督教青年会总干事。1901年，创立天津青年会学校，出任总教习，开展体育活动。后发起成立"中华业余运动会联合会"，任总书记，推行现代体育运动益力。1921年第五届远东运动会在上海举行时，任总干事；1923年参加在日本举办的第六届远东运动会时，任中国队总领事。1941年返美。

③ 宋如海（1890—1958）：安徽安庆人。1916年毕业于南京金陵大学，任武昌基督教青年会体育干事，积极在各校开展体育运动。参与筹办湖北省历届运动会、华中运动会和第三届全国运动会，任中华全国体育协会干事。1928年任汉口青年会干事，赴荷兰阿姆斯特丹参观第九届奥运会；1936年在德国柏林举办第十一届奥运会时，任中国赴欧体育考察团干事。中华人民共和国成立后，当选湖北省体育分会常委。

会时评判领袖①,须为本国人;(6)友邦热心教育家,聘为名誉职,专任指导;(7)来年之远东运动会,须速求国内合宜之机关主持之。

筹议既定,乃偕谒萧巡阅使②,承欣然赞许。续拟进行计划折呈,均邀批准;同时,推定萧公为名誉会长,严公范荪③以次——名单载在第二号通告——为正、副会长。旋严公以病辞,改推熊公秉三④继任正会长。

武昌筹备处之设,所司为接洽与通告等事。邀宋君如海、郝君更生⑤、张君少伯⑥、袁君文凤⑦、刘君少三、黄君止〔芷〕端⑧、罗君翔霄⑨、胡君庆生⑩、严君家麟、余女士育德⑪,及其他热心家临时分理。

① 评判领袖:即运动会裁判长或裁判负责人。

② 萧巡阅使:即时任两湖巡阅使萧耀南(1875—1926),字珩珊、衡山,湖北黄冈(今属武汉市新洲区)人。早年从军,入读湖北将弁学堂。毕业后,由哨长、哨官,升至督队官、管带、标统。中华民国成立后,得曹锟信任,历任旅长、师长,1921年后,任湖北督军,后以督军护理省长,控制了湖北的行政大权。任内曾兼任中华大学董事,对学校办理多有支持。

③ 严范荪:即严修(1860—1929),字范孙,号梦扶,原籍浙江慈溪,生于直隶天津。晚清进士,历任贵州学政、直隶学校司督办、学部左侍郎等职,领衔创办南开学校,为大胆开新的教育家。著有《严修东游日记》等。

④ 熊秉三:即熊希龄(1870—1937),字秉三,别号双清居士,湖南凤凰人。1894年中进士,后历任两湖营务处总办、长沙时务学堂总理、东三省屯垦局总办、东三省农工商局总办、奉天盐法道、东三省财政监理官等职。中华民国成立后,历任财政总长、内阁总理等职。1918年创立北京香山慈幼院,并长期从事慈善育幼事业。著作有《熊希龄集》。

⑤ 郝更生(1899—?):原名延浚,江苏淮安人。早年赴美,毕业于春田大学体育专业。归国后,历任江苏东吴大学、北京清华学校、武昌中华大学体育教员,时任汉口青年会体育部主任,兼任本次运动会筹委会运动主任。后历任东北大学、山东大学体育教授、系主任等职,又担任教育部体育督学。撰有《我国体育行政之展望》等。

⑥ 张少伯:生平事迹未详,时为湖北省议会议员,兼任本次运动会筹委会司库。

⑦ 袁文凤:生平事迹未详,曾任湖北省立第一师范体育教员,时任武昌高师附中体育教员,为湖北省体育会干事长,兼任本次运动会筹委会建筑主任。

⑧ 黄芷端:生平事迹未详,时任湖北省模范小学校长,兼任本次运动会筹委会事务主任。

⑨ 罗翔霄:生平事迹未详,时任武汉某中学教员,后任省立四中、省立二师校长。

⑩ 胡庆生(1895—1968):湖北汉川人。父胡兰亭,为美国圣公会鄂湘教区会长。1915年毕业于武昌文华大学,留校在附中教授英语。1917年赴美留学,入纽约公共图书馆学校、哥伦比亚大学师范学院,获硕士学位。1919年归国后,致力创办"文华图书科",并任教于其中;后任文华大学图书馆主任,时兼任本次运动会筹委会招待主任。1930年后,转行投身于金融界。

⑪ 余育德:生平事迹未详,时为武汉某学校教师,为武汉妇女界名人,后任湖北省妇女协会执行委员兼游艺部部长。

会期以前，当敦请各省及当地代表共组办事处。

## 三、工程

湖北公共体育场，为前清"武普通"①旧址；张文襄督鄂时，吴禄贞②将军所监修，宅地宏敞适中。入民国，迭驻军队与学兵营。萧公督鄂，转拨教育界。去年华中运动会之发起，即卜此为运动场；萧公慨捐万金，鸠工庀材，规模略具。中外人士过鄂观之者，许为长江流域不可多得。

现自一月起兴工扩建，省署委蒋副官秉忠③为估工员，李科员再之为监工员，计跑道二、球场七、游泳池一、健身房及休息室一，差足应用。工程所费与招待、购置器械各项，约耗五万元以上。

此地背省议会而面烈士祠，蛇山环绕，湖水旁流；历史、风景两者，均足令人留恋。会期以后，即当合各界组织董事会，以管理此场，促进市民体育。

## 四、通告

此会发出通告地点，分上海、武昌。自上海发者二件，自武昌发者四次。内容系旨趣、职员、组织、运动项目、报名事项、运动注意事

---

① 武普通：全称湖北武普通中学堂，与"文普通中学堂"相对。创设于1903年，由盐法道梅光羲兼任监督，由留学归国的士官生担任教习。武昌体育场，即以该校之操场扩建。

② 吴禄贞（1880—1911）：字绶卿，湖北云梦人。1898年赴日留学，入日本士官学校学习陆军。加入兴中会，归国参加自立军起义。失败后，返回日本继续学业。1902年归国，历任湖北将弁学堂总教习、学务处会办、营务处帮办、武备学堂会办、武普通学堂会办。此体育场的奠基，得益于他的监修处不少。

③ 蒋秉忠（1882—1958）：号兰圃，原籍湖南衡阳，生于湖北江夏。早年从军，毕业于陆军特别小学堂，曾任排长，参加武昌首义，后历任湖北军政府军事参议官、鄂军都督府集贤馆馆长、湖北督军署副官长等职。1920年，与唐义精等创设私立武昌美术专门学校，兼任校长。后半生倾资办理美术教育。1949年后出任湖北文史馆馆员。代表画作有《断炊》等。

件、赴会便览、车船招待诸种（国有各铁路，由萧使三电交通部，准予免费；再电招商局，半价优待。但业余运动会，早已七折定案；而各省运动会往返乘车者，亦均系七折，是以仍就七折通告各处）。现在准备加入者，已达十七省以上。

## 五、别报

筹备中之中华体育协会，将来当为国内之良好机关。业余运动会之发起此会，应为吾人所当钦谢。葛雷博士办事颇肯负责，热诚可感！

此次国内体育机关，一个月以前对于此会之怀疑，遂有反对之提议；其主张"中国人办中国体育，顾全国体"，持论极为正大。尔时，适葛雷博士与国操大家卢炜昌①先生、周锡三②先生均在鄂中，名贤相遇，各以坦白之怀交换意见，涣然冰释。

会中更以曾君务初③之媒介，详函说明蒋君湘青④、戈君公振⑤，

---

① 卢炜昌（1883—1943）：广东香山人。晚清曾重建精武体操会。1916年协助筹建精武会新校舍，任该会会计、座办、书记等职。其后历任精武附设体育师范学校校长、中华体育协会筹备委员、中华全国体育协进会董事，为全国武术大会发起人。著有《少林拳术图论》等。

② 周锡三（1880—?）：广东三水人。早年在上海青年会商学院任讲师，后任职于商务印书馆英文部，曾参与创办《民立报》《民呼报》，为南社社员，时兼中央精武体育会交际科干事。编有《中外度量衡表》。

③ 曾务初：生卒年、籍贯未详，时任汉口交通银行行长，兼任湖北华洋义赈会干事。1918年参与发起成立汉口精武体育会，当选为副会长。该会后发展到8000余人，曾附设精武体育专科学校，培养了一批体育人才。著有《中国华洋义赈会湖北分会》。

④ 蒋湘青（1889—1981）：字裏卿，江苏宜兴人。1921年毕业于南京高师体育专修科，旋任上海圣约翰大学体育教师，后历任中华全国体育协进会干事、复旦大学体育主任、中央大学商学院体育主任、上海东亚体育专科学校教务主任、贵阳师范学院体育科主任、上海体育学校副校长等职，为中国体育界名人。著有《体育概论》等。

⑤ 戈公振（1890—1935）：名绍发，字春霆，笔名公振，江苏东台人。早年编辑《东台日报》《时报》《图画时报》，有声于时。1921年发起成立上海新闻记者联合会，任会长；1927年后，历兼上海国民大学、南方大学、大夏大学、复旦大学等校教职。1928年底，出任《申报》总管理处设计部副主任。1930年创办《申报·星期画刊》，并亲任主编。著有《中国报学史》等。

在海上发公平之言论；各体育机关，一转而为进一步之赞成。中华体育协会于此会后，即当在鄂成立。体育前途光焰万丈，嘉会非遥，国魂归矣！

# 汉口界租的起原

(1928年10月10日)

**【题解】** 本篇原载《致力》创刊号"杂俎"栏。发表时间为1928年10月10日。

本文写作于汉口英租界收回后未久。早在1925年五卅运动之后,由于"汉案"的发生,爱国人士便极力主张收回汉口英租界。1927年1月3日,当武汉民众在武汉关前的空场举行北伐胜利的集会时,英国水兵和陆战队又刺伤民众30余人,引发国人愤怒。于是武汉国民政府决定,即刻收回汉口英租界,并随即派军警开入租界,维持秩序。其后,英国迫于巨大的压力,将英租界治安管理事宜交由国民政府负责,实际收回了汉口英租界。

《致力》,政治半月刊,1928年10月10日创刊于武汉,由武汉政治分会秘书处党义研究会主办并编辑。该刊旨在秉承"总理遗志",继续致力于国民革命,以建成"真正三民主义国家"。主要栏目,有时事述评、论著、艺术、文艺、杂俎等;主要撰稿人,有翁敬棠、夏安修、邓绍先、张秉琰、黄钧达、罗敦伟等。1929年2月28日终刊,共出2卷9期。

武汉市政,现在正是计划建设,将来种种新的设备,一定可以使我们满意。以前凡到过武汉的人,都羡慕汉口租界,道路如何宽广,房屋如何壮丽；不知道各租界的成立，有许多可耻的史料值得我们回想。

外国人的发现汉口，始于法国的传教师 Huc 氏；他作的旅行记出版，才引动欧美人的注意。但是他所记的内容，有两点使人怀疑：第一，他说武汉三市合共有八百万的人口；第二，他说中国官吏对外国人不怀好意，常常有监禁谋害传教师的事实，有一西班牙人被判永远监禁，中英战争以后才放回澳门。就这两点观察：第一，现在我们的武汉，还没有许多人口；第二，前清中国官吏，决无此种胆量。因此，他的旅行记就不值得人们注意了。

到了一八五八年（清咸丰八年），外国人才正式来到汉口，有如中国官场访问的形式，Elgin① 专乘 Betribution② 号、Furious③ 号、Cruizer④ 号商船，测量用的炮舰 Dool⑤ 号、炮舰 Lee⑥ 号等，溯江而上，十一月到汉。据 Sarcrenee oliphnt⑦ 旅行记所载：大队船舰一入江汉，使中国人吃惊；汉市荒凉，使外国人来此失望。他们开始谒见中国官吏，每每迟延订期，非常不快，于是率领军官三十人、水手四十人、水兵三十人，前护后拥，一到武昌城边，自行鸣炮示威。两岸的人民观者如堵，惊动了当时的湖广总督⑧，才殷勤接他们。这种儿戏的玩弄，可以说是汉口的市耻。

------

① Elgin：英文人名，通译额尔金，即詹姆斯·布鲁斯·额尔金伯爵（1811—1863），为苏格兰贵族，英国外交官。曾任牙买加、加拿大总督，1857 年 3 月，英国政府派他为全权专使，率军舰来华。次年签订《天津条约》后，率舰队上溯长江，考察通商口岸。其后，挑起第二次鸦片战争，强迫清廷签订了《北京条约》。

② Betribution：英文船名，通译报应或应得的惩罚。

③ Furious：英文船名，通译暴怒或猛烈。

④ Cruizer：葡萄牙文船名，通译巡航者。

⑤ Dool：荷兰文船名，通译"斗"。

⑥ Lee：英文船名，通译庇护所。

⑦ Sarcrenee oliphnt：通译劳伦斯·奥利芬特，系额尔金爵士的私人秘书，为英国作家、旅行家、外交家。著有《额尔金勋爵使团前往中国和日本（1857—1859）纪事》。

⑧ 此"湖广总督"为官文（1798—1871），字秀峰，王佳氏，满洲正白旗人。由荆州将军升任湖广总督，才具平庸，后因剿太平军、捻军无力而去职。

一八六一年（清咸丰十一年）三月十一日，英国调查队由 Hope[①]氏带领到汉，就仿效他们发现印度、马来的手段开始外交；参赞 Parkes[②]氏当交涉之冲，踏勘租界，指定扬子江岸二十九万八百三十二平方码面积为其范围。湖北布政使唐某[③]和 Parkers 氏订约：每年四月，完纳地丁漕米银九十二两六钱七分二厘一毛，承认其永租权。是年十一月，英人想收得土地权，中国官厅要求，一亩付四千两价格；结果，英人以二千五百两，就将全部土地收用去了。

　　后来英人施行护岸工程，费银二十万两。一八九八年（清光绪二十四年），又提议扩张租界，新增面积二十四万七千平方码。一切建筑完成、机关组织完备后，警察权、审判权，全然在其界内掌握中。陈阿协定[④]以后，才归中国管理。

　　其次就是俄国租界，面积二十四万七千平方码。取得的方法，和英国相同。一八九六年（清光绪二十二年）五月二十日成立条款后，又以每方十两，收买江岸一带土地。到了翌年，就有四十三万五千三百〇二平方码，中国遂承认其永租权。中俄协定[⑤]后，才完全收回。

　　再次是法国租界，与俄租界同年划定，面积十三万七千方码。是年

---

　　① Hope：英文人名，通译霍普、贺布或何伯（1808—1881），英国海军司令，1859年率舰队护送英、法公使到北京换约。1861年率调查船队赴南京、汉口等地"访问"，考察并强租长江沿岸通商口岸。

　　② Parkes：英文人名，通译巴夏礼（1828—1885），1841年抵澳门，任英国驻华全权公使与商务总监砵甸乍爵士的翻译、秘书。第一次鸦片战争中，作为砵甸乍的随从，一路进攻到南京。后历任福州翻译、驻广领事、厦门翻译、上海翻译等职。后归国。1852年再次来华，历任广州副领事、厦门领事，时任英国驻华使馆参赞。1865年后，长期担任英国驻日特命全权公使与领事。

　　③ 此"唐某"为唐训方（1809—1876），字义渠，湖南常宁人。早年中举，屡试进士不第。后随曾国藩组建湘军，因军功得知府衔。历任湖北粮道、湖北按察使、湖北布政使、安徽巡抚等职。著有《从征图记》等。

　　④ 陈阿协定：正式名为《收回汉口英租界协定》。因签定者为时任武汉国民政府外交部部长陈友仁和英国驻北京使馆参赞阿马利，故通称"陈阿协定"。为签订该协定，前后共谈判16次，于1927年2月19日正式签署。

　　⑤ 中俄协定：正式名称为《中俄解决悬案大纲协定》。该协定签署于1924年5月31日，其第十条规定："苏联政府允予抛弃前俄政府在中国境内任何地方根据各种条约协定等所得之一切租界等等之特权及特许。"1925年3月，中国政府正式接收汉口俄租界。

六月二日成立条款。一九〇二年（清光绪二十八年）十月十三日，因面积狭隘，新定扩张条款，遂与大智门车站相毗连。

再次是德奥租界。一八九六年（光绪二十二年）成立，面积五十六万六千平方码。其条款，系当时领事和汉阳县所协定。到欧战以后，才收回管理①。

再次是日本租界。中日战争以后，就有了动机。一八九八年（清光绪二十四年）七月十六日，日本驻沪总领事小田切万寿之助②与瞿廷韶③订约。起初不过面积百丈，到了一九〇六年（清光绪三十二年）二月九日，又经驻汉日领永野幸吉与桑宝④协议，扩张到新旧面积共有五万坪。现在暗地扩张的，在原地以外；他们现在打球的地方，都是自行占有的。

此外还有比国租界，是我们现在所不知道一段故事。原来汉平铁路是借比款办的，修筑的时候，比国工程师及附属人员在汉的不少。他们就把日租界以下的土地收买一段，预备布置租界。被张之洞知道，于一九〇七年（清光绪三十三年），用银八十万八千余两，把一万六千余方土地收回了。

租界性质，不过是某一国的居留人民住所，本没有什么特别主权。但是外人在中国的租界占有和划定以后，警察权和审判权都失了，海陆军也来了，俨然成了他们的政治和经济侵略的根据。除了表面上物质辉煌外，窝赌藏盗、贩卖毒物，都成了一个逋逃渊薮。这是我们应该赶快

---

① 此"收回管理"的时间，为1917年3月。因此时北京政府已对德宣战，故决定对德、奥在华的一切权利概予没收。

② 小田切万寿之助（1868—1935）：日本领事官、银行家。早年在东京外国语学校习中文，后任天津领事馆随员、北京公使馆随员。1896年任日本驻杭州领事，次年被任命为驻沪总领事。后辞领事职，进横滨正金银行，不久升任总裁。

③ 瞿廷韶（1838—1903）：字赓甫、舜石，江苏武进（今属常州市）人。早年入张之万幕，因讨捻有功，授知州衔。1870年中举，历任宜昌知府、湖北盐法道、督粮道、汉黄德道、江汉关监督、湖北按察使、湖北布政使等职。在鄂30余年，佐张之洞推行新政甚力。

④ 桑宝：生卒年未详，湖北襄阳人。早年留日，归国任通译，后为湖北厘金局第一任委员，以候补道身份代表湖北出席日本大阪博览会。后历任湖北农务学堂监督、汉黄德道兼监督、江汉关税务官等职。

洗掉的耻辱。

现在汉口，还有日、法两租界没有收回，这总是早晚间的事。不过我们要注意的，是收回以后的管理和租界以外的市政建设，总要驾乎原状以上，才可以使外人心服，同时也可以杜绝他们的借口。

这一点小贡献，只可以供给编武汉市政近代史料的参考罢了！

# 人种与民族
## ——原著 F. Stuart Chapin 博士
（1928 年 11 月 10 日）

**【题解】** 本篇原载《致力》第 1 卷第 3、4 期合刊"译述"栏。发表时间为 1928 年 11 月 10 日。

原著者 F. Stuart Chapin 博士，通译斯图尔特·查宾，生平事迹未详。此译本当为日文，日译者及出版者均未详。

由于本文系转译，加之年代已近百年，因而其中的诸多术语、人名、地名等，现今已不得其详，故只能原貌保留，未能详加释注。

在本文结尾处，陈时加有如后译者按："此文于人种与民族之源流分析极详，其中夸许白人种之处，可作吾民族之兴奋剂也。"

有关《致力》，参见前文《汉口界租的起原》题解。

有史以前数千年间，动物界种类分化变异殊多；因人种分化，而人类亦多变迁。新旧石器时代之未开化人，受环境变化之压迫，集团转徙，与其他未开化人种之集团接触，或由征服，或由杂婚而结合、混合，与气候、地理的环境顺应必要之过程，乃有大集团之成立与身体特质之固定。至现在，遂有黄色皮肤、直发人种，黑色皮肤、羊毛状发人种，及白色皮肤、卷发人种等等区别。

以人类集团而考察一人种者，须先就诸特质，如固定身体的性质之分布相同的模型，及其模型之遗传，一一证明之。如中国人，为纯粹之一人种，圆头、直发、扁目、黄色皮肤诸特质相结合之一模型，并以之遗传于子孙。

关于人种分化之事实，史籍无可稽考；欲解决人种起源问题，殆不可能。有史以后，人种区别，既有肤色、发状、头型诸特质，则说明其分化之过程欲求详密，须俟诸科学的理论。

以吾人现在智识程度，当此复杂问题，须求以下之诸要因，以说明人种起源。如极发达而后灭亡之类人猿化石的遗骨，在欧罗巴发现；猿人在爪哇发现，峦达塔尔型头骨、海堞尔伯类型颚骨，在兰茵溪谷发现；及现在人类中文化程度与脑容积，最低级之澳大利亚、达斯马尼亚①、阿非利加等发现。可知最低级者中，或为长头，或为圆头，或为长头而颚骨突出。如羊毛发之黑人，其大分布区域，在赤道以南——澳大利亚及阿非利加等处。圆头狭目，直发黄色，或赤色皮肤之人，其大分布区域，在东部亚细亚及西部亚美利加，即赤道以北之亚细亚及亚美利加沿半圆形海岸线等处。

头型适中，颚稍突出，绉发而褐色，或白色皮肤之人，其大分布区域，沿太平洋之玻利西亚②，及西南亚细亚、北亚非利加，与欧罗巴大陆大部分之广袤地域。此等住民所占之地域，与有史以前人类丰富之遗迹发现地带颇为一致；至欧罗巴白人之大部分，其头稍长，次则其头稍圆。据吉丁格斯教授所谓，无论如何之人种理论，与以上诸点无多出入也。

所谓人种者，仅以皮肤之色而分类，殊不完全；头型、发状、颜面角度与其他显著的人种特质，均宜考虑。此种特质，虽多单独表现，而

---

① 达斯马尼亚：系指塔斯马尼亚岛（Tasmania），为澳大利亚联邦塔斯马尼亚州的主岛。它原与澳大利亚大陆连接，大约在一万年前的冰河时期末段与大陆分离，因此保留了很多原始风貌。自白人殖民者侵入后，塔斯马尼亚原住民或死于屠杀，或死于瘟疫，最后一个塔斯马尼亚人死于1876年。

② 玻利西亚：通译波利尼西亚，为太平洋三大岛群之一，位于太平洋中部，包括夏威夷群岛、新西兰及复活节岛。

共同者亦不少。就一般人所知，黄色人种民族，其特质之构成比较巩固；而黄色皮肤中，发常直，头广、目狭而较圆。普通所谓黑人民族，肤黑，发状如羊毛，颚骨突出，头较长，变态殊少。但所谓白色人种者，其各种特质之构成，颇不固定。即白色人种肤皆一色，然有近于黑色者，有褐色、黄色者，头部大都皆圆，既无长头，更无黑人式之长头；与中国人式之圆头、发状直纽各式，互有变异。故白色人种者，较之其他二大人种，变化实多。

白色人种之性质，较之其他二大人种，既属于可变的。故吉丁格斯教授谓，白色人种为原人种之直系子孙；从最古旧石器时代，即为可变的人种。此假说最单纯，比任何人种起原说近于事实。更推论黄色人种、黑色人种之起原，其可变的倾向，乃原人种一部分，移住适当地方，经过数世纪后，因自然淘汰之影响，而成长头、纽发、黑肤诸特色。

其又一可变的倾向，为原人种他一部分，移住其他适当地方，经过同样淘汰，而成圆头、扁目、直发、黄肤诸特色。此为不直接注意赤、褐等肤色，而以地理分布及头形、发状为区别。今舍黑、白、黄种等通称，就吉丁格斯教授之术语，表明人种分类系统如次：

(1) 澳大利亚、阿非利加人种。

特质：黑肤、长头、颚骨突出，羊毛状发（发之横断面椭圆形）。

分布区域：赤道以南之澳大利亚及阿非利加。

(2) 玻利西亚、欧罗巴人种。

特质：白肤、中头，颚骨不突出，绉发（横断面稍椭圆形）。

分布区域：自玻利西亚，绵亘西南亚细亚，北阿非利加，及欧罗巴大陆大部分等广大区域。

(3) 亚细亚、亚美利加人种。

特质：黄或赤肤、圆头、狭目、直发（横断面筒形）。

分布区域：东部亚细亚及西部亚美利加，即赤道以北之亚细亚，及亚美利加沿海岸线之半圆形地方。

玻利西亚、欧罗巴人种，占现在东南爪哇，至西北珍浉溪谷地带。曾发现最古人类之遗骨，可证明彼等原住地方即此种人类。由此地带出发，而扩至全世界；且原人种由此分派，以向他方移动——即自北方寒地迁向南方暖地——应付环境与杂婚，而原型遂分化。经过若干时，二分派间之差异，较原人种更为著明。由此真理之认识，可知此类乃居圆头、直发之北方民族，与长头、绉发之南方民族间之变型也。

据前项推论，可知原人种在可变型中间，东南与西北，亦有多少之分化；即一人种内之各部分，虽有人种不变的特质，终有多少之变异，乃事实之不可掩者。就东南而言，南欧布尔列多，在玻利西亚为褐色。就西北而言，虽欧罗巴一般为白色，而波罗的地方，乃有显著之布仑多（白面、金发、绿眼睛）。就最东南而言，澳大利亚及达斯马尼亚，皆为长头、纽发之特质；而阿非利加，尚有与长头、纽发之黑人杂婚的玻利西亚混合种，此皆显著之事实也。

以研究社会进化之目的，将澳大利亚、阿非利加及亚细亚、亚美利加诸人种之变迁研究，暂从省略；而就玻利西亚、欧罗巴人种之变种，特加探讨。

此人种在欧罗巴部分，大别为二：其一头形稍长，皮肤色暗，名曰欧罗巴阿非利加人种；其二头形较圆，皮肤色明，住居乌拉山脉以西之欧罗巴，及乌拉山脉东邻之亚细亚，名曰欧罗巴亚细亚人种。

更就欧罗巴、阿非利加人种——即长头欧罗巴人——而探讨之，则欧罗巴西北地方住民，与布仑多相反；而地中海汊之住民，则为布尔列多——即欧罗巴亚细亚人种；在耶尔布斯地带住民，亦稍带暗色；达纽布地带及耶尔布斯北方斜面住民，色乃鲜明，与波罗的住民之色相融合。吉丁格斯据此系统，而分欧罗巴人之类如次：

（1）欧罗巴、阿非利加人种（比较长头、布仑多与布尔列多等）。

（a）波罗的人种。特质：布仑多型，金发、绿眼、长头、长身、狭曲鼻。

分布区域：波罗的海附近，欧罗巴西北部——概为条顿民族之居住区域。

（b）地中海人种。特质：布尔列多型，发暗褐色，目色暗，头长形瘦，鼻稍广。

分布区域：比列尼山脉以南之南欧，西西利及萨吉尼亚，中法兰西，意大利南方沿海地带。

（吉丁格斯之波罗的人种，与黎菩利条顿人种，乃同一之名词；至地中海人种，则吉、黎两氏，用词皆同。）

有以地中海人种，为欧罗巴最古民族现存之代表者。盖石器时代，欧罗巴住民，盖属长头。考新旧石器时代之遗迹，欧罗巴古代，长头人种分布极广；惟体短之列安达尔人种，及体高形美之克鲁马俨人种存在，故专门家认为，许多变种其头骨之遗物，为此长头古代人种之存在。

（2）欧罗巴亚细亚人种（比较的圆头）。

（a）耶尔布斯人种。特质：发栗色，目暗褐带灰色，头圆、面广，普通身长，体胖，鼻广大（在波罗的人种与地中海人种之间），孤立于山岳地带，而保持其纯粹人种，其特质最为显著。恐系因古代之耶尔布斯人种在低地灭亡，其残余优势之波罗的人种，遂逐山地而居。

分布区域：中部法兰西及南方耶尔布斯高地。

（b）达纽布人种。特质：布仑多，赤发、绿眼、圆头、面较广、体高，此人种有 Achaeans、Greeks、Belgae① 等称谓，在历史上有重要之演述。

分布区域：北方耶尔布斯高地、全达纽布溪谷。

自亚细亚加斯比海西进，圆头之白人种，与迤北之波罗的人种杂

---

① 此"Achaeans"，通译亚该亚人或亚加亚人；此"Greeks"，通译希腊人；此"Belgae"，通译比利其人。

婚，而成达纽布人种；与耶尔布斯以南之地中海人种杂婚，而成耶尔布斯人种。以此可知，欧罗巴大陆诸人种之分类。据地理之分布，为欧罗巴物的环境及人种分化极广博之一大要因，可信其有充分理由之存在也。

人类学者关于白人种之分化与地域，有精确学说数种。柯达尔法久谓："白人种恐系起于极北之西北利亚，渐繁衍于南方。"布林顿教授及荆教授则谓："系分化于北方阿非利加，而广传于欧罗巴。"即有史时代之初期，布仑多及赤发人种，居住于西利亚与巴列斯坦，因布仑多人种起于阿都拉斯山脉之高地，故有此推测。

此二学派，均信温度与肤色有关系。然热带地方，固有布仑多诸变种散在；而北方寒带地方，何以又有布尔列多种存在之事实。据乌多拉夫博士关于白人种起源之解释，谓人之肤色与光颇相关。若太阳光中有热线、光线及化学线之区别；是热线、化学线与肤色无关，而动植物着色之影响，主要者实为光线。

太阳光线之分布，与布仑多种分布之事实可称一致。布仑多在光线反射强烈之极北，与光线直射之赤道地带，而常居多大森林之北欧罗巴——此地方现在日光较少，但有史时代之初期，浓雾蔽空，故乌多拉夫博士舍北阿非利加说，而主张布仑多种起于北欧罗巴，及北亚细亚之阴霾大森林中。至吉丁格斯教授，则与乌多拉夫说别调；以多种证据，而倡布仑多为波罗的西北利亚之说。

立安达尔种之旧时器时代人，分布于欧罗巴、北阿非利加及西亚细亚等处，而转徙于寒冷、阴郁之波罗的、北俄罗斯及西伯利亚；岁月久经，全成白色。彼等最初与布仑多，判然不不〔相〕同。几千年居于阴地，即与布仑多同样。可见皮肤色滞，因受太阳光线保护，而成赤道地带人种一般的特质；而在日光少、湿气多、寒冷阴郁之气候中，皮肤白色者，乃顺应的价值。故布仑多者，因色素细胞之变异而生存。由此特性，传之子孙，其他则因生存竞争而败北，以至灭亡。

上述比较的白肤人种，分布于波罗的、西北利亚地方。考布仑多人种之历史上，因冰河期而惹起恐慌，由冰原之北方南下，沿白人种融溶线而展开，次第向南。其东翼最易之进路，为日本列岛；故其地现有白人种之一小集团，事实上已有此系统发现。又其东中央之一分派，向东南方南部西北利亚而进，与东亚细亚蒙古人混合，事实上又发现白人之集团。又其西中央之一分派向南移动，已与中央亚细亚蒙古人种杂婚，而有圆头变种。现在西方之加斯比海地方，有黑海至达纽布溪谷地域，及耶尔布斯地带之圆头人种是也。前有达纽布人种及耶尔布斯人种发现，即此北方人种之西翼，向融溶线前面西方移动，冰原退却，再归西北方。观现在波罗的地方，有长头布仑多人种之存在者，事实上可作如此假定也。

亘数千年冰河期之布仑多人种，在东方、东中央、西中央、西方各地域割据；而加斯比地方，已有新石器时代之遗骨发现；又在阿西利亚、巴列斯坦、埃及、北阿非利加、西班牙、法兰西、南英格兰，有新石器时代之石造遗物。可想象此地带中，新石器时代人散居之广也。

大冰原退却，至冰河期与冰河期之间，人人皆转徙于北波罗的地方；克鲁马俨人种及长头之欧罗巴与阿非利加人种，即移居北欧，与布仑多之波罗的种杂婚，而繁殖力盛之波罗的人种。及加斯比安人种之一部分，又向他移，即波罗的人种；向南方及东南方移，加斯比安人种；向南方及西南方移，与其他人种杂婚，而成白人之诸变种。

此系说明白人种之起原。就吉丁格斯教授主张，与事实可谓一致。至亚美利加印度人之起原，与其他人种问题，其解决困难相等。据荆教授之说，亚美利加原住民，其进路有二：一由亚细亚通过北令海峡；他则在第三世纪末，由西欧罗巴，经格陵兰及拉布拉多而来。

据阿列尔利加检查南北两亚美利加之所谓史前人类遗迹，其结果断定，亚美利加旧石器时代人之存在，毫无证据；关于古代，亦无地质学的证据。至人体学的证据，北亚美利加之遗骨，与近代亚美利加印度人者相似；南亚美利加之证据，因地质学的测定不完全，与未成之人类学者，就遗物年代之古岩石层中，偶然的或人为的不能加以斟酌，实感缺陷也。

欧罗巴诸人种，以可惊之速度，而传播其文明，征服诸自然力，并以自然力为其使用，皆告成功。遂觉未能同样取得自然力之支配的一切民族，均属可怜，而只能代表低级智能与低级文化。且觉欧罗巴白色人种，较其他人种优良，且有显著之成绩。然彼等之高级智能，固因其有高级文明，而其与他人种，觉有优良成绩之能力者，乃其身体与心灵的优越有以致之。波资教授曰："成绩者，非进步的能力与智的优越之尺度也。"

世界之大文明，乃一民族天才之产物。此种原则，吾人不可不知。古代文明之地域内，大都由征服民族传之被征服民族，或由被征服民族传之征服民族，与各民族初期之发达了无关系。惟贡献一般的进步，此假用与发达之过程，欧罗巴人种实凌驾其他人种；在事实上，亦不过二三千年之问题耳。观人类最长之历史，仅极短之一时代；大多数之特色，各回溯二万年前。马格达列尼安文化，其同时代全世界之人类，达同程度之文化者，无可思考。再放眼以观，此等文化之迟滞，应观其民族历史之变迁。而假定其社会发达之能力，可知文化停滞之显著者，如同一人种继续前进，其他人种更继续前进而发达之。此则其大较也。

现在白色人种之全体，无大无小，对于文明进步自有贡献。其他人种于其固有文明，尚在其部族或民族中未能脱化。故白人种能以同一速度，创始文明要素，并努力而发达之；且有他人种所无之同化力，且现在之未开化民族，未能承受近代文明而次递衰亡。至古代欧罗巴诸部族所遗留之希腊、罗马文明，反易于创化，其故可深长思也。

盖古代欧罗巴之蛮族，外形虽与其时代之文明人相类似，而不能使其与古代文明同等发达者，已在劣等之列。古代之殖民地，因未开化民族之累加，至今新在白人开放地方之居民，因生活而受自然淘汰；未开化人之住地，因白人扩殖，其社会经济组织均遭根本破坏也。

欧罗巴民族之祖先，其同化力，事实上最有力者，即经济的文化之差异。近代白人文化，与未开化人间之差异，与古代人及蛮族文化的差异，根本相同；而于经济的产业的活动，尤为特著。盖现代未开化人之产业，因白人贸易业者，输入低廉之多量产品，自然衰退。以迟滞而多劳力之未开化民族的产业过程，何能与白人机械之生产力相颉颃；不仅如此，因移住人种之人口压迫，故未开化之部族，自由其原住地驱逐而之他，使其无袭取同化之机会。从古及今，似此之诸地方，其人口之相差可以概见。

由此，可得下之结论：古代欧罗巴所同化之诸要件，在今日未开化民族文明接触地方，极为优越。可知古代欧罗巴人，较最近未受文明影响之其他人种种能力，犹觉优胜。此则可据为定论也。

# 审查刊物与心理建设

(1928年12月15日)

**【题解】**本篇原载《致力》第1卷第4期"时事述评"栏。发表时间为1928年12月15日。

陈时对于刊物审查制度,有着自己的思考。早在1915年6月,中华大学校报《光华学报》创刊号出版后,便因其中"时评多讥刺时政与妨害邦交之论",被湖北警察厅禁刊。后经陈时再三交涉,并允诺"专载学术,不涉政论"后,湖北省检察厅方核准下年可继续出版。其实在他看来,消极地禁止,远不如积极地倡导。

有关《致力》,参见前文《汉口界租的起原》题解。

十二月六日,鄂省、汉特市①两党务指委会审查刊物委员会宣誓就职,各机关团体代表到的很多,并发表许多议论。记者亦到场,因支气管炎未发言。大要不外对于恶化、腐化的,要尽量审查;且有举出许多古奥、琐碎的名目,也在审查之列的。最后,审委代表将审刊委会的职责详释一番,大家总彻底明白,在这个清党和训政工作最紧张的时期,审查刊物的积极工作,就是要完成心理建设。

以前对于刊物禁止发行,只限于消极方面。所谓禁刊者,愈禁愈神

---

① 汉特市:即汉口特别市。1927年1月广州国民政府迁武汉后,划武汉为京兆区,故有汉口特别市之设,隶国民政府行政院。1931年7月1日,汉口特别市改为汉口市,隶湖北省。

秘。审刊委会最近决议，禁刊不宣布名目，是必需的方法。我们在廿年以前，想读《民报》①和《天讨》②等，都曾体验过的。所以一切〔面〕禁刊，一面还要创作。

审委诸同志，都在学艺上著有成绩的。总理的主义与学说，最富于现代性，且合于进化律的——从三民建国到世界大同。希望审委拿出满腹精神，向两方面进：除消极审禁外，一方面对于青年，钻进他们脑子里去，把三民主义，用科学、文艺的种种方法，发挥出许多创作，满足他们的求知欲，自然不向旁门左道去了；另一方面，对于民间，要钻进一切社会里去，把村夫乡妇平时所爱读的如《再生缘》③、《天雨花》④、山歌、莲花落⑤等，都给它们以代用作品，转移他们到现代三民思想上。

这才是总理遗付我们在心理建设的积极工作，也就是审委诸同志的全盘责任。

---

① 《民报》：月刊，为中国同盟会的机关报，1905年11月创刊于东京。该刊由孙中山撰写发刊词，提出了"三民主义"，并大力鼓吹资产阶级革命，发行量高达1.7万份。被禁后，更是一纸难求。

② 《天讨》：系《民报》第12期的临时增刊。由章太炎主编，并刊发了他执笔撰写的《讨满洲檄》，影响甚巨。

③ 《再生缘》：清朝中叶弹词作品，由杭州女诗人陈端生著，讲述了元成宗时尚书之女孟丽君与都督之子皇甫少华的悲欢离合的悲剧故事。原作共17卷，近60万字。该书先以手抄本流传，后改编为弹词，雅俗共赏。

④ 《天雨花》：明末清初弹词作品。抄本26回，刻本30回。作者诸说不一，难以确考。故事围绕左氏父女左维明、左仪贞展开，将明末三大案和党争融入其中，同时描绘了左家的家庭生活和爱恨情仇。该词本后被改编为京剧、评剧、越剧等，流传甚广。

⑤ 莲花落：亦作"莲花乐""光子戏"，一种说唱兼有的传统曲艺，源于唐，流行于宋。演出形式有单曲、彩唱两种：单曲只由一人演唱故事，唱词采用叙述体；彩唱是由歌者二三人，分饰为旦、丑两种角色，分包赶角，略如戏曲，重插科打诨，以资笑乐。莲花落流行于京、津、冀等地。

# 经济学与社会哲学
## ——[日本]河合荣治郎著
（1928 年 12 月 30 日）

【题解】本篇原载《致力》第 1 卷第 5 期"译述"栏。发表时间为 1928 年 12 月 30 日。

原著者河合荣治郎（1891—1944），日本自由主义思想家、经济学者。1915 年毕业于东京帝国大学法学部，后被派赴美国考察劳动问题，又赴英国留学、德国学习。1925 年任东京帝国大学教授，鼓吹社会改良，对军国主义和法西斯主义持批判态度。著有《社会思想史研究》《社会政策原理》《格林思想体系》《法西斯主义批判》等。

有关《致力》，参见前文《汉口界租的起原》题解。

经济学为经验科学之一，其任务在说明社会经济现象。人类皆为求乐避苦而冲动，故一切皆由自然之点出发；而经济学又为类似自然科学的经验科学之一，其意则单就现象说明，不容有是非与价值批评之余地。在正统派经济学者，谓经济学有科学建设之功绩，同时经济学中，不能免除价值之批评。由此，经济学遂陷于混乱、迷惑之状态。夫自由竞争之事实，使市场商品价值有低减之结果，确系经济学内部问题；然商品价值因自由竞争而低减者，其结论意义之如何，则非经济学所能说明也。

研究社会本质与社会理想者，为社会哲学之任务。何者为社会之理想？何者为社会所愿望？在社会哲学中，法律、国家、经济诸种意义与价值，至为明显。更如经济之中，商品价值低廉，有何意义、在何时期、达何程度？其究极，则为社会哲学之问题。非借助于社会哲学，而欲认识价值低落为不可能。经济学与社会哲学，若无明白区别，而欲由经济学以究自由竞争，而定自由放任之原理者，惟正统派经济学能之。盖经济学既为经验科学之一，无论自由主义、社会主义，非有缜密之理论，不足以资考究。故社会哲学若不能判然确立，不惟阻碍经济学之发达，且足以延滞社会哲学之完成。

有依正统派经济学者之武断，而强论社会哲学者，其惟边沁①之功利主义乎？执边沁之说者，唯知盲从，毫不能辨别经济学与社会哲学之界说，乃遗后世之大错。其缺点，则在不知经济学与马尔萨斯②人口论之关系。盖马氏人口论，为社会哲学试验之一，且为否定社会改良之社会哲学。此决非经济学内部问题，乃关于社会制度全体，以经济为其一种之讨论；至其为经济学之根柢与否，须构思于经济学以外。葛德文③著《社会的正义》，谓无政府主义、共产主义，与经济学无缘者，其谬见与此相等。故正统派经济学者，至今对于人口论与经济学之关系，未能充分认识。或谓其在生产论之中，或谓其在消费论之次，或漫然为之，特设章节，单注意于人口论之位置问题，于其意义未能彻底了解。此则须社会哲学与经济学为之区别者也。

世所谓资本主义经济学者，其意在经济学之研究对象，与资本主义时代之现象，固无大误。若以之为拥护资本主义之经济学，则在严格的

---

① 边沁（Bentham，1748—1832）：英国经济学家和社会改革者。他以功利主义哲学的创立者、动物权利的宣扬者及自然权利的反对者而闻名于世。著有《道德与立法原则导论》等。

② 马尔萨斯（Malthus，1766—1833）：英国政治经济学家，提出人口学理论。所撰《人口原理》，认为人口有几何增长的趋势，而食物供应只有算术增长的趋势，主张以"道德限制"来控制人口。

③ 葛德文（Godwin，1756—1836）：英国哲学家、小说家，是功利主义的最早解释者之一和无政府主义的提出者之一。所撰《政治正义论》（1793年），详细阐述了法国革命家们的激进理论。

经济学中，决无连结某某主义之性质。又有所谓社会主义经济学者，若以经济学之对象为社会主义时代，则其误甚明。无论何人，未有以社会主义时代之经济为对象而创作经济学者。若以之为主张社会主义经济学，则与资本主义经济学之名词同一错误。

社会主义为是与非之批评，决非经济学之问题，而为社会哲学之任务；且惟社会哲学者乃能之，经济学者决无此可能。彼正统派经济学者，不能区别经济学与社会哲学，其谬误又与马克思派社会主义如出一辙。仅知说明现象，即为能事已毕，而漠视价值之批评者。马氏与正统派经济学者，可谓同工异曲。

马氏经济学上之研究，单言经济学为经验科学之改革，而不能从经济学求得自由主义之结论；与经济学之改革，不能得社会主义之结论全然相同。其改革经济学而成一经济学者，且同时并倾全力求社会哲学之改创。故马氏思想体系中，随时有社会哲学断片之散在。惜其□□，与正统派经济学者同一范畴；对于当时偶然流行之社会哲学试验抱有反感，故不能作社会哲学之创造也。马氏之空想的社会主义，假定对于经济学无若何贡献，而在经济学与社会哲学有所判别，尚多着眼于社会哲学的构想；然其根本企图，竟不如是。故觉其□□而又□□□，仅与功利主义遥相呼应耳！

更可注意者，彼以经济学为文化科学，而非经验科学；就价值观念为统一的说明，而限于经济学自身之改革。然其出发点，否认经济学为经验科学，则决不能苟同。经济学为经验科学，固与之毫无所妨，即不容价值之观念，又何所障碍？若以经济学缺价值之观念而致不满，则非经济学自身之改革，应求社会哲学之构成。若徒注意于经济学之改革，是又与正统派经济学之"经济学之万能论"，有同一之谬误也。

经济学应认为经验科学之一，并不得附以某某主义；反是则不得为经济学，而为社会哲学。此区别有明白把握，则可免经济学不当之批难。故经济学者，应各如其分，以求其本科学之发达，而完成其使命。至社会哲学之领域，吾人试放眼以观，一望无垠，应知努力也。

# 床次之泣

(1929年1月15日)

**【题解】**本篇原载《致力》第2卷第1期"时事述评"栏。发表时间为1929年1月15日。原发表时目录署名为陈时,文内署名为"时"。

床次,即床次竹二郎(1867—1935),日本政客。早年毕业于东京帝国大学政治科,历任大藏书记官、宫城县参事官、秋田知县、内务省地方局长、内务次官、铁道院总裁、内务相、铁道大臣、副总理大臣兼任递信省大臣等职,为政友本党总裁。他关注中国问题,多次来华访问。

有关《致力》,参见前文《汉口界租的起原》题解。

前几天报载,胡汉民①院长谈话,说"日本床次竹二郎来华到京,和中委交换意见以后泣谓,此来甚糟,应归补救"云云。一般人以为,床次这话有诚意,能觉悟,真彻底。观床次此回来华,再三郑重声明,不带政治臭味,是纯粹观光革命政府。

但是记者觉得,他此次完全是一个非正式的谢罪、道歉的专使。他对中央要人说话的甜蜜,到上海发表的宣言,对蔡公时②烈士的凭吊,

---

① 胡汉民(1879—1936):原名衍鸿,字展堂,广东番禺人。早年游学日本,参加同盟会,追随孙中山从事革命,时任立法院院长。

② 蔡公时(1881—1928):江西九江人。早年留学日本,加入同盟会,参加辛亥革命。二次革命失败后,再次赴日留学。归国后追随孙中山,任广州护法军政府大元帅府参议。1928年任国民革命军总司令部战地政务委员兼外交处主任,受命赴济南与日方交涉,结果惨遭杀害。

以及来华、去华、回国所发表的种种言论,有意无意中,都露出一些欲盖弥彰的马脚。若以不肖之心揣测他,确有些像和田中①暗中做就的把戏,免得将来要派人明持使节谢罪道歉,所以先抬出他来缓和空气。

至若他的泣呢,我想,一种是出于良心。他到了我国以后,看出田中的横蛮外交和济南、青岛问〔题〕,所受之非人的蹂躏,才打动他的不忍之心。一种是恐惧心。田中内阁这回对华政策,是把国民革命完全看错。依内外情势,又不能横蛮到底,眼见国民政府外交大包围政策着着成功,置日本于不理;且政府与民众的方针,对日完全一致,经济的损失已受重创。

床次是比较有政治眼光的,瞻望东亚前途,为日本设身处地,不寒而栗。但是他所说的"归去补救",未必能动田中之念。况他本人前在军阀内阁中曾作内相,现又动政权热,新由在野党走到半政府党路上去。在野心勃勃的大和魂空气中,或者又迁回到帝国主义的迷梦去了,那就不免辜负他这一掬同情之泪啊!

---

① 田中:即田中义一(1864—1929),时任日本首相兼外相。早年毕业于日本陆军大学,曾任原敬内阁陆相、山本内阁陆相,为陆军大将、立宪政友会总裁。执政期间,推行"积极对华政策",出兵济南,制造"济南惨案"。

# 武汉国货展览会中应注意的一件事

(1929年1月30日)

**【题解】** 本篇原载《致力》第2卷第2期"时事述评"栏。发表时间为1929年1月30日。

国货展览会,全称中华国货展览会,系南京国民政府与商界合作举办的一项重大活动。提议于1928年4月,经半年多筹备后,于同年11月1日,在上海市新普育堂工艺学校开幕。征集22省、4特别市展品13271件,展期64日,参观者达5万余人,极大地扩大了"国货"的影响。在上海的展期结束后,随即移师武汉继续展览。在武汉开展前夕,陈时撰写了这篇短评。

有关《致力》,参见前文《汉口界租的起原》题解。

武汉国货展览会,将于二月一日继上海而开始。这会的意义,在奖励国产、振兴实业,使命是非常重大的。尤其是在今日的我国,还有一个重要的意义,就是抵制外货,谋经济压迫的解放。

这次上海开会,经过还不错。再经到武汉的整理、增益,自然是更有可观,足以坚固国人的爱国心,鼓动人们的生产兴趣。

但是，前天偶然听到一句很矛盾的话说："日本驻沪的矢田①总领事参观展览会后曾对人讲，会中陈列品多半是日货的冒牌。"这话一听，自然觉得他含有许多挑拨性。然而有些奸商，未受过民族精神洗礼的，也许干出这种勾当。

记者在美国西雅图时，参观一家帽厂，看它制造的呢帽，凡向中国进口的，都是用"福华"的牌名。商人重利，焉有远识！

惟愿这回武汉主持会务者和观众，要拿出灼见来鉴别、审核，不使鱼目混珠，避却潜伏的矛盾，替国货前途开一条"光明之路"才好啊！

---

① 矢田：即矢田七太郎（1879—?），日本外交官。1906年毕业于东京大学法科，后通过外交及领事考试，旋以见习领事任用。1908年后，先后在汉口、天津、北京的日本领事馆任职。1914年任奉天代总领事，后调任英国、美国任职。1923年4月，任驻上海总领事。

# 图书馆的民众要求

## ——十八年年会论文

（1929年2月1日）

**【题解】** 本篇原载《中华图书馆协会会报》第5卷第1、2期合刊。提交时间为1929年2月1日，发表时间为1929年10月31日。

中华图书馆协会是全国性图书档案专业协会，正式成立于1925年6月2日，其宗旨为："以研究图书馆学术，发展图书馆事业，并谋图书馆之协助。"首任董事部部长为梁启超。会员分永久会员、普通会员、赞助会员和名誉会员四类，该会对于保证图书馆事业的健康发展有所贡献。

1929年1月28日～2月1日，在南京金陵大学召开中华图书馆协会第一届年会，有200余人与会。会议制订了组织大纲，将董事部改为监察委员会，执行部改为执行委员会，并改组了各专门委员会。陈时参加了此届年会，并提交了这份论文大纲。

《中华图书馆协会会报》，社团双月刊，1925年1月30日创刊于北京，由中华图书馆协会主办、编辑并发行。该刊以"研究图书馆学术，发展图书馆事业，并谋图书馆之协助"为宗旨。主要栏目，有论著、译述、会务纪要、新书介绍、附录等；主要撰稿人，有鲍士伟、袁同礼、沈祖荣、伦明、毛坤、聂光甫、杜定友等。1948年5月31日终刊，共出21卷122期。

从前的教育重心在家庭，故父兄之教，不肃而成；现在的教育重心移到社会来了，一切方法和设备，就没有那样简单。所以文化的进步，和个人生活上所需要的，当然是靠社会；社会教育的中心，当然是在图书馆。

图书馆的设立，在近三十年以来，一般人方才注意。但是，仅仅在各书院或比较大一点的学校，方有这种设备。在出版物贫乏的我国，国产的书籍，除掉线装的《四库全书》① 以外，难数上十万部。供给人们的参考或学生的研究尚且不够，它的效力还能说普及到民众方面去么？

照现在的社会情况，失学的人，可说是有百分之九十六七；想求学而又没有得到机会的，更占全民的大多数。一国的进步，全靠知识，方能产生力量；所以图书馆问题，可说是目下民众运动的急先锋。

现在全国图书馆协会的年会在首都开会，这是我国文化发展的好消息。我站在民众方面，作下列要求的请愿：

（1）将现在图书馆的效力，扩充到全体社会上去。除专门的图书馆以外，多多使它合于民众的要求，成为社会教育的中心机关。

（2）向中央教育行政机关请求，全国教育经费中，图书馆经费须占百分之二十五强。

（3）图书馆界应与出版界切实联合。出版界每年的计划，须应图书馆界的要求，大部分补助社会教育，并须多编民众丛书、歌曲、戏剧。

---

① 四库全书：全称《钦定四库全书》，是乾隆朝由纪昀等编纂的丛书，分经、史、子、集四部，故称"四库"。该书耗时10年，编成共有3500余册、7.9万卷，约8亿字。

# 消灭阴历的切实办法

(1929年2月28日)

**【题解】**本篇原载《致力》第2卷第3、4期合刊"时事述评"栏。撰成时间为1929年1月22日,发表时间为1929年2月28日,原发表时署名"时"。

所谓阴历,即以月亮圆缺一次的时间为一个月,时间为29天半。它与阳历相对。所谓阳历,即以地球绕太阳转一圈为一年,时间为365天5小时48分46秒。通常所称农历,实为阴阳合历,其计日与阴历相近,但有闰月、闰年的设置。阴历和农历,也称旧历或老历;阳历,也称新历或公历。1912年中华民国成立之后,便明确宣布采用公历。本文所言"阴历",实指农历。

有关《致力》,参见前文《汉口界租的起原》题解。

自总理①在南京宣布民国用公历纪元以来,已历十七整年了!何以现在还有"善用国历"口号?还要我们的党来作广大的宣传?这岂不是咄咄怪事吗?回溯十七年的经过,虽然换了一块招牌,其实事事是开倒车。若非本党有这一次的革命,又岂止阴历一件事还在盘踞,恐怕有许多怪事看不过眼了。

---

① 总理:指孙中山。他虽宣布改历时,任中华民国临时大总统,但人们还是习惯以总理(中国同盟会总理)称之。

再查阴历在十七年中还活着的缘故，教育界、商界要负一大部分责任。不是说"英国改历经过三十八年工夫"，就是说"商场结账只有阴历便利"，更说"照气候经验，也只有阴正〔历〕休息得好"。若在乡间无知识的农民说这些话，原不足怪；何以站在进化线上的人，也是这样不长进？

阴历在他的过程中，不知道遭了多少批评。最近，还有人就十七年当中最重要的节气作比例。一个是"清明"，在国历每年都是四月五日；一个是"冬至"，每年都是十二月二十二日。纵有出入，也不过一两天，决不像阴历，有一个月左右的参差。由这看来，哪里还有存在的价值？

总之，这件事是阻挠社会进化潜伏着的一个怪物。由各种公式上的纠正，自然有效；但是我们先就要教育界不放两周以上的所谓"寒假"，免得各人回到乡村的暗示，阻碍乡人观念上的进化。商界则要普遍通告，凡用阴历记账的，认为违法；阴历的债务，法院不理。民间一切在阴历年中仪式，禁止举行。照这样切实地做去，不到五年，就改正过来了。现在己巳的阴历年已经过去了，大家注意来年吧。

十八、一、二二

# 生产手段的种类
## ——节译《国民厚生学》
### （1929年2月28日）

**【题解】** 本篇原载《致力》第2卷第3、4期"译述"栏。发表时间为1929年2月28日。

《国民厚生学》的作者未详，此书或此文，当为日文著述。

有关《致力》，参见前文《汉口界租的起原》题解。

社会的生产过程，就是国民经济的过程，这名叫生产手段。我们从生产手段取得财富，其中有不同的意思三种，就是土地、资本、劳动。这个三种生产手段，为地主、资本家、劳动者，为三个经济阶级机能的根底，而作各阶级的排列。只有企业家的给付机能，无固有根底；如劳动给付，即以劳动和劳动力为根底。企业家所有的给付特性，在机能根底的有体物中，不能限制它。所以，劳动给付的必要根底，就是人格的知识和能力；肉体的势力和精神的势力，种种适用才可以限制。由此企业家给付，可以作劳动（企业家劳动）解；其他三阶级的机能，和机能根底的有体物相结合，并与共存。这等三阶级，在国民经济过程上，它的机能根底有体物，直接生产、间接分配，都有特别比例，各有特别地位和机能。在其生产中，从特有作用看来，就叫生产要素；在分配中，也就叫分配要素。

在一切生产中，这三种生产要素，有协同动作的责任。三种要素协动的关系，在具体的时候，虽然不必这样；而全体在国民经济的过程上，如果三种要素全部不协动而能生产，理则上就说不通。

土地是生产的基本，它含有自然物质和自然力两种。物质和力，与土地相结合后，一切外界自然生产的利用，受土地的支配，当然包含到土地中间去了。从这种关系着想，"土地"这个名词，也可以用"自然要素"四个字代用。自然界只能借土地的媒介生产，所以自然界也只能和土地相结合。大气压力、太阳光线、太阳温度、风，这些东西离了土地，就是它自然的自身；到了它生产无用的时候，它的生产要素、分配要素，在国民经济中，也就没有什么作用。是什么缘故呢？它缺了领有性，就不成社会关系对象，也就不是社会的全体组成分子；其外界自然的自身，更不能名为生产要素。惟有与土地结合，乃能名实相符。所以"土地"两字的概念，是包含"土地"和"自然"两种。

再谈和土地同样的劳动，是生产和一般经济本质的必然的一个要素。若劳动因为有用的经济目的，属于人格的、肉体的、精神的种种势力。说到发现的可能性——即劳动力——那末劳动对于自然的要素外，还有人的要素。但是，劳动的结局，其究极的东西，不过不根据超越经济、依赖经济的状态。若言自然的要素，也有外界、内界之分。因为要取得经济的效果，这两种自然要素，不一定要常常协力。

资本方面，就有几分异趣。从生产要素的资本来说，生产或取得财富的意思，在经济作用上，是劳动以外的总称，为土地或劳动的一生产物。有时不过仅仅如此，人及资本的生产，就是说"生产手段""取得生产手段"两种意思。所以，资本决不是经济上究极的要素。

分析来说，经济上究极的要素，应该归根到土地和劳动，资本不是生产绝对不可缺的。就生产和经济说，无资本经营的事，也可以想得许多出来；然而无资本的生产，只有在技术的观察，个别经济的观察立场上可能。

若国民经济，无论如何时候，资本是特有独立的一个作用。它是胎生在土地和劳动之中，有时却被排出；但是在经济的发展如何阶段，用资本来代土地和劳动，或用土地和劳动措换资本，都有同样的不可能。因为资本，是和土地、劳动共同存在的。资本的实在，它的自身，完全有特具的意义。资本和其他两要素所共同动作的经济，和没有资本，由其他两要素所共同动作的经济，假令把这两种效果从经济上较量一下，事实上自然不同。

资本的特别意义，是要从使用资本和使用资本的分量如何，再对于同种同量的土地、劳动和生产收益，所得生产贡献部分的差别而言。

在生产上，当资本协力的时候，再拿和资本相等的种类、数量的土地、劳动协力的时候，乃比较一下其生产收益——即经济收益——就增大了。在这个时候，生产上与资本共同动作的共同生产收益，和资本代用的共同动作，或代用资本，在以前和现在，取得资本认为必要的土地、劳动和其种类数量相等的生产收益，也自然增大了。

从这事实看来，资本是一个独立的，且有特殊作用的生产要素，在国民经济上是不可缺的。其他的团体经济，事实上如果缺乏资本，还可以得到经济或生产的地位；若是国民经济，无资本就不能存在。所以无资本，不足以言经济；无资本，就不能从国民经济全体过程上着想。资本是特别的生产要素，乃必然的事。对于社会的生产过程，在本质上，土地、资本、劳动是相等的。生产过程的所产——即生产物——其分配在国民富源上，他的要素也有相等的重要。就各个人的观点——即个人经济的观点——和单纯经济的观点看来，像这种要素的重要，恐怕很少相等的。

什么缘故呢？从个人观点上看，这三种要素对于人们的富源——这是从个人的观点立脚，所说的富源，是指人们的主观幸福状态——带有不同的意味。所以各要素间，也就觉得有等差。从外面看，似乎劳动比土地、资本重要，或者土地比资本重要；又似乎觉得，仅仅资本、劳动是富的要素，或仅仅劳动是富的要素。其结果或看出，资本、劳动，或仅仅劳动，是富的源泉。

至若土地，不须人们的工作，自然收获，不待烦言。资本则须人们的劳动，而劳动则以人的精神力和肉体力为必要条件。所以，土地又觉得没有劳、资的重要。其实不然，如果没有土地的根底，则现在资本一度形成以后，不过留得一种事实，一经随意支配，除了人格幸福的状态有时需要以外，与人们就没有什么关系了。至若劳动，则全然人格的关系。所以劳动方面，在精神和肉体，均有继续努力之必要。

从外观上说，劳动在富的取得过程上，可以看作最重要，或者是唯一重要的要素；但是照实际的见地来看，这样观点不能说是正当——照理则的见地看来，三种要素有平等的重要——劳动在富的取得过程上说，固然是很重要的要素。但是当土地、资本使用的时候，就人格的关系说，自然无关；倘使用劳动的时候讲到人格、人的努力、人力的发展，要使劳动给付增进，或劳动方法改善，欲求富力加大，都是人的关系。土地、资本和人们的意志、态度，自然看不出什么关系来。有时也觉得很密切，新资本是全靠劳动的形成、劳动给付和劳动所产；它的作用，直接与人们的态度相通，同时全体生产物也有作用。

然而，不可说劳动是唯一生产本质的要素——费用要素——就个人的见地说，实际的重要与理论的本质，不要混同。把人的关系离开，把利害关系抛去，全然由统一的社会的生产过程观点上说，土地、资本、劳动三种要素，其重要，其本质，都是相等的；纵然有不同，而社会上富的取得过程，它的重要既相等，它的本质作用也相等。在国民经济上，此等生产手段诸种类，因为本质上的作用，才有种种区别。此外，还有因生产手段的诸种类别，随而土地、资本、劳动在国民经济中所占的地位也各有差异。在这种重要的意义上，应该求特别考察的对象才好。

# 《中华季刊》创刊旨趣

(1930年1月31日)

**【题解】**本篇原载《中华季刊》第1卷第1期。撰成时间为1930年1月31日,发表时间为1930年2月。原发表时题为《创刊旨趣》,今题系编者所拟。

中华大学自1928年3月复校开课后,学校组织机构日益健全,办学经费日益丰裕,师资力量有所增强,招收学生也不断增加,学校呈现欣欣向荣的气象。1929年12月27日,教育部批准中华大学重新立案,更使办学步入正轨。为加强办学的学术性,陈时决定,在校报《中华周刊》之外,再办此《中华季刊》,并亲撰此发刊词。

《中华季刊》,学术季刊,后改半年刊或年刊,1930年2月创刊于武昌,由私立武昌中华大学主办、编辑并发行,每逢2、5、8、11月中旬发行。该刊宗旨为"介绍学术,发表本校师生相互研讨之结果"。主要栏目,有论著、研究、译述、调查、文艺、杂著等;主要撰稿人,有杨文库、段麟郊、谷春霆、唐大圆、杨观震、许达生、旦明等。1936年11月终刊,共出3卷11期。

欧、美、日本文化进步,其出版物以日计,常达百种,且多学术上之发明;吾国则以月计,平均每月尚无一种,且大多剿袭雷同,或竟借译述材料自署创作。求其堪称名著者,百或得一;即退而思得名著之译本，亦不多睹。出版界之贫乏现象，盖无过于今者也。

大学与学术团体，为著作与出版之唯一负责者。盖必学术研究之空气浓厚，著作与出板〔版〕乃有不竭之来源；再进而与社会上一般读者日事观摩，自能造成学术之环境。故大学或学术团体，恒为社会学术之前驱及实际社会之先导，社会亦自随学术而进化，二者每互为因果。

训政时期欲实现"知难"① 定义，必先从学术独立上求建设；对世界学术界各有相互的贡献，民族地位方日跻于平等。此种理想之达到，亦必课其责于大学或学术团体也。

定期出版物，为名著作或大发明之试验机关，由每个问题的讨论，经过相当时期之相质相参，遂成一有系统之创作。此种试验，足以救目下率尔浅尝之弊。

国内之专门研究学术机关，截至现在，寥寥可数。惟各大学，则以学者研讨之结晶，以定期刊物发行者，尚不少名作。循此曙光，作启蒙运动，必有良收获可以预期。

武昌中华大学在十九年过程中②，出版物不下二十种。自愧在社会上或学术界，尚无若何贡献，更觉不生任何影响。回忆前尘，引为惭悚。今次季刊之发行，乃集校内外之学术同志，矢定信念，努力赴之，冀稍有裨于学术界耳。

十九、一、三一

---

① 知难：为"知难行易"之简缩。该学说可视为孙中山的认识论，也是他从事"心理建设"的基点。他针对中国古代"非知之艰，行之惟艰"的命题，提出了"行之非艰，而知之惟艰"的反命题，进而明确提出"行其所不知以致其所知""必待行之成之而后乃能知之"的论断。这种"孙文学说"，无疑是当时学术研究重心之所在。

② 此"十九年"，系前溯自1912年中华学校的创立。

# 《中华周刊》的新生命

(1930年9月13日)

**【题解】**本篇原载《中华周刊》第355期。发表时间为1930年9月13日。原发表时署名"澄"。

此"新生命",系指《中华季刊》创刊后,凡属学术论著,皆可归之于季刊;而短小精悍之校闻及学生的创作等,则可归之于周刊。《中华季刊》创刊于春季开学之初,而值此秋季开学之初,便明确宣布《中华周刊》改版,"希望阅者多惠文稿",用以滋育此新生命。

《中华周刊》,校刊,每周一期,寒暑假休刊;1918年5月创刊于湖北武昌,由中华大学主办、编辑并发行,历任主编为黄贵谦、周保伟等。该刊旨在记录和报道中华大学的办学历程,探讨相关办学经验。主要栏目,有言论宣传、校务、校闻、教育新闻、教育法规、学术研究、学校会务、校友消息等;主要撰稿人,有陈时、严士佳、邹昌炽、张理夏、蒋济普、万濮诚、鸣佩等。1938年5月13日停刊,此期共出610期(现存338～470,472～610)。1942年曾于重庆复刊,出刊期数未详。

学校刊物凡类似公报式的,谁都知道是一种公布校务的机关。故本刊在三五四期以前,一部分是发表校务,他一部分则登师生的作品。然依据本刊的历史看来,还是一时期有一时期的改进,一时期有一时期的光彩。现在觉得又到了改进的时期了,故将内容编制、排印均加以改正。

以前每期的出品,条理、内容上均觉有急待改进之处:长篇大文,归之季刊①;短小精悍的作品,是周刊的特色;尤须注重科学及一切珍闻,助进阅者兴味,并作课外参考。

一种刊物觅得了它的新生命以后,发荣滋长,全靠阅者培养的力量。如果没有源源地寄稿,旷日持久的功夫,必仍难免有塞责充数的事。希望阅者多惠文稿,供给校闻,本刊必有风行全国的一日。

---

① 季刊:指《中华季刊》。该刊由中华大学主办,于1930年2月创刊于武昌,旨在阐扬学术,并作为本校师生研讨学术的园地。故当《中华季刊》创刊后,原《中华周刊》上连载的学术长文,均由《中华季刊》承担起刊发的任务。

# 《武昌中华大学二十周年纪念特刊》弁言

(1932年4月)

**【题解】** 本篇原载《武昌中华大学二十周年纪念特刊》一书第1～4页，撰成时间为1932年4月，刊印时间为1934年7月。原发表时题为《弁言》，今题系编者所拟。

此"二十周年"，系以1912年5月13日中华学校的开办为起始标志。中华大学在教育部立案、被正式认可的时间，为1915年3月13日，这是有必要说明的。

《武昌中华大学二十周年纪念特刊》，系由中华大学校友总会编辑并自刊，刊印时间为1934年7月。本拟在校庆日之前刊出，然编辑初成，却因经费问题而中辍有年。此刊《编辑后记》有言："校友廖君树芬于纪念期后，自其从公之地远道来校致祝，询及刊物，闻经始情形因经费有待，乃慨捐四十元以为之倡。编者感其激发，乃从事材料之整理。"于是增补1933年内容，自刊成册。该刊分载题字、照片、校史、规章、统计、课程、记事及各种名录，计十余万字。

本校草创，转瞬已届二十余年矣！动机乃在尽力为国民服务。本此一片赤忱，逐渐获同情心之扶助。作始虽简，其自然之发展，在此一小天地中，居然毕业生与前后共事者，人数近万；其寄精神以维护之者，尤不可数计，此非始料之所及也。

回忆二十余年之经过，艰苦备尝。有时潜心默祷，有时梦寐呼天，每遇年关节序，辄惊心动魄；算到难谋之时，亦曾动自杀成仁之念，旋即觉为小丈夫懦怯之行，用以自制，仍伫苦茹辛，向前迈进，山穷水尽，柳暗花明，卒得以勉渡难关。此种情景，年必数遇，未尝不叹一事之经历，若忠心耿耿以赴之，如孤臣孽子，操心危，虑患深，乃一种必然之成就。

时家本非素丰，以高曾矩矱，每喜作慈善事，修桥梁、道路，建寺观。民国成立，以教育为陶冶共和国民要图。其时，时自日本归已期年，有游美肄业馆之约，将赴海外留学。舟经渤海，以先母终日涕泣而返棹。先父乃令从事教育，愿捐家产之大半，仅留生活所需。复值先伯母衰龄乏嗣，令不肖曰："设汝能为予承禋祀①者，将以薄产助汝办学。"同堂叔父及诸昆季，皆表赞许。两家幸福之供给，皆愿牺牲为本校作基础，此时不忍不赌生命以从事者也。

时于办学之初，甫弱冠，年少气盛，视天下事太易，心雄万夫，自视过高；有时舍本业而骛外，欲以外事济校务之发展，遂因之偶受挫折②。反躬自问，成就我者实多。而校务有二十余年之小成者，时则不能贪为己之功，须向各方颂德者。

私校须仗政府之维护。本校深得政府之培植与当局赞助之力；且每值视察员来校，其指正之点，多寓善意之维持焉。

私校须受社会之扶持。本校则在社会上团体、个人，每不吝相当之援助。

私校须同事能和衷共济。本校教职员人数，先后达千余，有共事至十年以上，从无凶终隙末者；且有他处以巨薪高位罗致，愿共甘苦而不

---

① 禋祀：古代祭天的一种礼仪。先燔柴升烟，再加牲体或玉帛于柴上焚烧。泛指祭祀、香火、敬祖等。

② 此"挫折"，主要指欲向政界发展，如竞选国会参议员失败事，又如谋烟酒专卖局局长未得事。

去者。记某次以校款困窘，于寒舍中罗雀掘鼠以供校用，同事见旧衣、银屑送入质库，有相顾垂涕者。

私校须学生之爱护。先父尝命，视学生如子弟。本校学风淳朴，为人所称道；师生情感，每侪于直谅多闻之列。偶值校困，则自动募公债、加学费以济之，离校校友相助尤多。

有此各方恩惠之相加，使时不得不努力以赴之。尝自诏曰："天下事之成败，在是否以诚相感应，继以坚贞赴之，不问收获，第问耕耘。"本校二十余年之小成果，个人之力决不济事；惟办事则"诚"之一字，宜终身以之，不必计成败，自有机缘默相而玉成之耳！

特刊编辑成书，聊述所感自勉，并以谢加恩惠于本校及时之个人者；进而望当世君子优予援助，使本校日臻健全，时得卸仔肩。至其他大事，载之校史。兹将本刊内容，编目如次：

一、总理遗像、遗嘱、校徽

二、弁言、校景摄影

三、题字

四、教育部《修正私立学校规程》

五、《校董会章程》

六、组织大纲（附图）

七、学历

八、大事纪要

九、课程分配表

十、课程纲要

十一、会议通则

十二、考查学生学业及操行实施规则

十三、训育委员会规则

十四、训育标准

十五、训育实施方案

十六、旁听生规则

十七、校友总会章程

十八、统计图表

十九、本大学成立廿周年纪念庆祝大会纪略

二十、历届校董题名录

二十一、现任职教员题名录

（以上两种题名录，因以前人数繁多，卷宗不全，恐有遗漏，乃断自复校以后编入）

二十二、历届毕业生姓名录（复校以后，卷宗有一部分散失，其中如有遗漏，盼来函增补，俟再编刊时加入）

陈时谨志

# 1933 年新年的梦想

(1933 年 1 月 1 日)

**【题解】** 本篇原载《东方杂志》第 30 卷第 1 号。发表时间为 1933 年 1 月 1 日。原发表时总题为《新年的梦想（梦想的中国、梦想的个人生活）》，今题系编者所拟，原发表时署名为"武昌中华大学教授陈时"。

1932 年 10 月，胡愈之接任《东方杂志》主编，随即发起"1933 年新年大家做一回好梦"的征梦活动，并向全国各界知名人物遍发通启。结果到 12 月 5 日止，共收长短征文 160 余件，于是编辑部依照收文之先后予以摘要发表，共发表 142 则。

在所发通启中提出的问题有二："（1）先生梦想中的未来中国是怎样（请描写一个轮廓或叙述未来中国的一方面）？（2）先生个人生活中有什么梦想（这梦想当然不一定能实现的）？"

《东方杂志》，社科类综合性月刊、半月刊，1904 年 3 月 11 日创刊于上海，由夏瑞芳提议，由商务印书馆主办、编辑并发行。该刊初重新知介绍，后转重学术研讨，被称为"中国近现代史的资料库""杂志的杂志"。主要栏目，有谕旨、时论、社说、内务、军事、外文、教育、财政、实业、交通、商务、宗教、小说、文艺、时事日志、译件、丛谈、记载、现代史料等；主要撰稿人，有梁启超、蔡元培、严复、鲁迅、陈独秀、黄遵宪、纪泽长、王成祖、严钟湛、王成敬、罗念生、钱健夫、李善丰、周子亚、王仲武等。共出 44 卷数百期。

## 梦想的中国——

中国的传统思想是世界大同,我的梦想自然是趋于这一途。它的过程,可作这样的想法:在十年以内,国内总脱不了混乱的状态。可是,混乱中必定酝酿着进步。一个国家的人们,到了不得已时,或是向前冲,不计一切利害;或是立定一个计划,艰苦卓绝的全国人向前苦干。若两者合起来,实现的成分较多。

因为我国教育不普及,不能够有整个计划;即令有,也未必能逐步实行。所以,要借国人在强邻大压迫中,自求挣扎,来找出路。我相信,如果全国人被国际经济与政治侵略重压的结果,必能从愤激中、忍耐中,求得全国人心的团结和比较的计划,再等着世界第二次的大战到来,我们在内面充一要角,拼着极大的牺牲,来求得我国的平等、自由和真正的解放。

不过,我们现在的目标:第一要注重教育,第二要注重劳苦民众的幸福,将来的复兴,才能够如花的灿烂。到了我国强盛以后,再为世界上打不平。希望于百年以内,与全人类共同促进一个理想的大同世界。

## 梦想的个人生活——

我的个人生活,完全为武昌中华大学活动;我的幸福,亦纯粹为此校牺牲。我梦想,此校在五十年以内,能够达到牛津、剑桥、哈佛、耶路①、巴黎、日内瓦、庆应②各大学规模,并发挥一个最高的大同思想,来造就许多未来世界的先锋、勇士。

---

① 耶路:通译耶鲁,即美国私立名校耶鲁大学。
② 庆应:即庆应大学,即日本私立名校。据称,陈时早年留日时,曾入读过该校。

# 《第卅二届文理商各学系毕业同学录》序

(1933年6月上旬)

【题解】本篇原载《第卅二届文理商各学系毕业同学录》一书首页。撰写时间为1933年6月上旬，刊印时间为1933年7月。原发表时题为《序》，今题系编者所拟。

中华大学卅二届毕业生，系于1933年夏毕业，计有文学院中国文学系10人、外国语文学系5人、教育学系4人、法律学系13人、政治经济学系26人，理学院数学系1人，商学院工商管理学系6人，共计65人。

《第卅二届文理商各学系毕业同学录》，由中华大学应届毕业生代表编纂，编辑股干事为赖琯、熊寿农，文书股干事为邱方钧、彭崇德，会计股干事为万希梅、李振声，常务股干事为孙中岳、伍行、何小龙，庶务股干事为张金光、余之奎，交际股干事为范学美、萧焱曾，募捐股干事为孙伟、彭延龄。该刊于1933年6月编成，同年7月由武昌李荣真印书馆刊出。册前有名人题字，于右任所题为"继续努力"，蔡元培所题为"斐然成章"，马寅初所题为"江汉炳灵"，王世杰所题为"立德、立功、立言"，等等；另收有照片、校史、系史、教职员一览、历届毕业生、在校肄业生等，总计约10万字。

大学教育，为导扬文化之前锋；大学学生，则前锋之执器者。其责任綦重，无待敷陈。

吾国办理新式教育几六十年①，大学教育之有历史，亦卅载而强②，顾仍无裨于国势，岂因果倒置欤？

近岁以还，朝野忧时之彦，以民族复兴应认大学为参谋本部，于是劳作生产之思潮③应时而起；今后民族前途，固课其责于大学生矣。

本校大学毕业今已卅二届，文、理、商皆备。适丁国难，将出而作前锋。久聚遽散，谋所以永兹纪念，辑同学录，问序于不佞，人事羁牵，过时未应。

今次毕业诸同学，皆率抱大志、欲做大事者；风厉锋发，将与现社会相接，其成其败，非仅限于诸君，勉哉诸君！

吾先民遗业与民族荣辱，皆在诸君双肩，其亦知所舍择乎？是为序。

陈时，一九三三年于武昌中大

---

① 此"几六十年"，系自中国1862年创办"京师同文馆"始。
② 此"卅载而强"，系自中国1898年创设"京师大学堂"始。
③ 劳作生产之思潮：通称生产教育思潮，它在实业教育、实利教育、职业教育、工读教育、劳动教育等思潮的基础上定向发展而来，又为"民生本位教育思潮"所强化，从而为国民政府的决策者所采纳。20世纪30年代初，陈果夫在《改造教育方案》中，强调了"教育生产化"原则，主张压缩文法、艺术等科，而大力发展农、工、医等实科教育，对高等教育的走向影响甚大。

# 我对国事的希望及个人工作计划

(1934年12月20日)

**【题解】** 本篇原载《文化建设》第 1 卷第 4 期 "新年特辑·民国廿四年的准备"。撰成时间为 1934 年 12 月 20 日,发表时间为 1935 年 1 月 10 日,原发表时署名为"武昌中华大学校长陈时"。

在 1935 年将届之时,《文化建设》编辑部以《民国二十四年的准备——我们应做的几件事》为题,分别致函征文。此栏共发表征文 27 篇,"次序则一以收到之先后为准"。陈时此文,位列最后。

《文化建设》,综合类月刊,1934 年 10 月 10 日创刊,由文化建设月刊社主办、编辑并发行,为中国文化建设协会会刊。该刊以"发扬民族精神、科学精神、统一精神、创造精神为主旨"。主要栏目,有文化月旦、画报、论著、文化界、集锦录、内外大事记、编辑室等;主要撰稿人,有陈立夫、吴铁城、吴醒亚、陶希圣、章益、何炳松、许性初等。1937 年 7 月 10 日终刊,共出 3 卷 34 期。

## 国事的希望

(1) "五全大会"① 已在中全会议决,明年十一月举行。这一个会,

---

① 五全大会:国民党第五次全国代表大会的简称,于 1935 年 11 月 12~22 日在南京举行。

希望再不延期。全国党务，应该在这一年中，精诚团结，彻底振作，从文化、经济、社会各方面，深入民间，庶几宪政时期有健全的领导。

（2）"修明政治，与民更始"，已经在五中全会通过。张溥泉①先生提案，于民众利害关系最密切的，莫过于各地方的政治。一般人希望的，莫大于修明政治。现在中国任何方面看来，都觉得渐有进步，惟政治则亟待修明。本来这件事情，是不容易见功的事；但是作起来，并不见得怎样的烦难。我想，二十四年把一年的工夫，由中央到各地方，拿奉公守法的态度严惩贪污，尤其严惩大官吏的贪污。这点初步做到，民众自必欣欣向荣，逐步实现汪蒋感电②的主张。

（3）国防问题，关系中国存亡。剿□在二十四年当中必可结束，同时就应该定国防计划，应付未来国难的到临。从教育、军事、经济种种方面总动员，埋头切实苦干十年，必可维持东亚和平，收复失地。就使一九三五～三六年国际间和平破裂，我们在二十四年中，能够急起直追，全国人注重国防问题，则应付国际风云也比较有办法。

（4）胡汉民先生北来在中央服务③，大约是时间上的事。希望以后再莫有这样的事发生。

## 个人的工作

（1）我办理私立武昌中华大学达二十年以上，以这为我终身事业。

---

① 张溥泉：即张继（1882—1947），字溥泉，号以南子，河北沧县人。1899年留学日本。1904年参与创立华兴会，1905年参加同盟会。武昌起义后，任同盟会交际部主任、国民党参议。后历任参议院议长、国民党中央执委、司法院副院长、国史馆馆长等职。辑有《黄帝魂》。

② 汪蒋感电：汪指汪精卫，蒋指蒋介石；感电，系指公历27日（韵目代日）。汪蒋感电，即汪精卫、蒋介石于1934年11月27日联名发表的一篇通电，其中明确表明："盖中国今日之环境与时代，实无产生意、俄政制之必要与可能也。"即无须实行独裁，须逐渐走向民主。

③ 此"北来"，系指当时尚在广州的胡汉民北来南京，意谓胡、蒋和好，南北合作，同心抗日救亡。事实上胡汉民并未北来，而于1935年6月赴欧考察，1936年5月12日病逝于广州。

现在，还没有实现理想十分之一二。计划在二十四年中，将我们的大学，迁到一个合宜的农村当中①，使教学和环境打成一片；引导学生到内地去，先教他们立志，再教他们就农村实际情形研究，将来领导农村，谋复兴民族的出路。

（2）阅报载，行政院会议，财政部提出湖北税捐监理委员②名单，我也是其中的一个。这件事，我颇愿干。各地苛捐杂税，使民众憔悴于虐政者，比比皆是。从前有一个朋友，在湖北内地旅行，访闻全省非正式税捐的担负，略计每月有两千万。归之于公家，不过十分之一二，贪污土劣层层剥削。我想解除这种痛苦，于民众有益；农村更生，莫有比这还重大。我现在想研究捐税改良，如何使民众负正当纳税的义务；如何使地方政府，把捐税多花在建设的用途，将来到了宪政时期，地方事业自然有个样子。

《文化建设》月刊主编先生来函，督责贡献意见，特分成公私两方面，写成这几段感想，还求教正，是幸！

二三、一二、二〇，于武昌中大

---

① 此"农村"，系指计划将中华大学本部迁往武昌城外东山新校址办理。此处系武昌小东门外七甲安俊卿等乡绅，捐赠小龟山（志名东山）作为中华大学建校的土地，当时尚属乡村。其后，中华大学在此先办农学院，并兴建4栋二层教学楼房，但校本部一直未能按计划迁来此处。

② 1934年6月，国民政府行政院为整理地方财政、税收，决定设立"整理地方税捐委员会"和"税捐监理委员会"，并要求财政部与地方协商，于下半年内设立。此后，财政部拟定名单、行政院核准后，随即于报刊发表。

# 新年的紧急动议

(1935年1月1日)

**【题解】**本篇原载《中央日报》1935年1月1日第11版"元旦增刊"。

此"元旦增刊",专为迎新而出。除头条刊布陈时此文外,还刊载有沈百先的《一年来之江苏水利建设》、韩复榘的《中央日报二十四年元旦增刊题词》和亮辑的《民国廿三年大事简记·国内之部》。

《中央日报》为南京国民政府机关报,实为国民党中央喉舌。1927年3月22日在武汉创刊,未久停刊;1928年1月1日在上海复刊,同年11月迁往南京,次年2月1日在南京刊行;抗战爆发后迁往内地,1945年9月10日在南京重新复刊。该报为国民党的政治喉舌和舆论工具,旨在"阐明党义,拥护国策"。该报每日出版三张,每张四版,共计11版。主要内容,有政治新闻、党务消息、上海新闻、教育新闻、地方通信、理论介绍、商情与金融、启事、广告等;主要撰稿人,有顾孟余、潘宜之、叶楚伧、程沧波、何浩若、陈博生、陶百川、胡健中、陶希圣等。1949年4月24日终刊,在大陆出版8000余期。

二十四年(一九三五年)是一个紧要关头,世界危机的倡导、国际形势的威胁,在在都要迫起我们国人努力奋斗。

环境和历史机遇虽然这样紧迫,回顾国内却是有回黄转绿的现象。

人心厌乱望治，领袖精诚团结，□势已告崩溃，全国人忍苦耐劳，想突破这一个难关，可以说大多数同趋一致；敢大胆地讲一句，今年是我们民族复兴实际的开始。

古语云："一年之计在于春。"每当岁尾年头，人类的希望，也就和万象有欣欣向荣之势。我们要努力图强，应该有一定计划。时下最流行的所谓"五年计划""三年计划"，那是当国者的大计，不是小小短文的讨论范围；我现在姑且就联想所及，站在新年开始，提出下列几点紧急动议，可说是宋人献曝〔璞〕，也可说是代民众传声，都是人人心中所知道、所要说的。卑之无甚高论，或者有点切实用处。

一、去年的旱灾，离前三年水灾，为时相距不久。灾区的广阔，就拿人口一端做标准，约略统计在一万万以上。这些都是天天待救的人，其中虽有一部分是□区；而一般情势的严重，可谓极人世之悲惨。人们天天看到报灾的新闻，纸片上的统计，举不足以动心；若到乡村实际一看，有不惊心动魄者，必非人类。

进化的国家，全国人的患难，是整个、共同的。去年日本关西风水为灾，全国动员，自动披发缨冠往救。反观我国，仅有政府特设机关、慈善团体或少数个人从事救济，不足以拯此严重局面。灾区民众是我们民众元气所在，他们生产效用，确实高于都市居民。我们应该节衣缩食，拿"民胞物与"的精神，大规模做救人工作；不必说是无量功德，却当引为人们责任。

二、一九三五～一九三六，世界危机的传说，和事实的逼近，渐渐摆到我们眼前。国内最大问题，就是国防计划。我国科学应用和国防落后，已经相差百年，正要迎头赶上的时候；况且我们现在要从富国强兵做起，无论谁先谁后，强暴的邻邦，它是不许我们伸头的。

华盛顿"海约"既废，它在世界上是毫无顾忌地要干的。再干起来，我国不仅是不能中立，还是一个总目标。这样严重的国际情势，国防问题怎样能置为缓图！论到我国国防实际计划，不是能简单定出的，也不是可以公开讨论的。

总括一句，我们从今年起，应该把整个全国人民的所有，献给国防；尤应该在一个领袖指导之下，向国防政策迈进。剿□竣功，再无内战，民族万世之庥，根本就在这一点。

三、修明政治。蒋、汪二公，已有感电主张，至为详尽；五中全会复有提案通过，消极的是铲除贪污，积极的为生产建设。这个大目标，是不容修正的，可是有几点应该注意：

（1）贪污产生之源，自然在财政方面。税捐监理机关设置，转瞬实现；惟特税方面，是不容易廓清的。我国禁烟政策，已在国联发表；国内之厉禁，刻期可以实行。宜将此项税收先筹抵补，并减少兵额，方是根本办法。

（2）各省建设近年最有进步者，为地方公路。此于国防军事上，将来效用甚大。目前所应注意的，就是公路愈长，外货的来源愈大。拿民众血汗，灌入外人汽油缸中，这是有心人认为隐忧。应该把已成的所有公路，改为轻便铁道，长年能走，不比汽车动被风雨阻隔；另外的大利益，借此可暗储钢铁，且把输入的汽油，均贮作国防万一之备。此外，再代民众说一句话，公路是民众的工作，路成民众反不能走，痛心何如！各种公路两旁，应附修子路，作小车、牛马、人行之用。

（3）我国金融现势，一到战时，大部便要崩溃，这是有人预言过的。但是，照这样现象下去，就是平时也不免有危险。我国经济国难，潜伏得比［跟］政治国难一样深刻。近来白银出口一项，也就奈他不何，况世界强国中，都有货币革命的趋势。总理钱币革命学说实现期间，恐不在远。这种政策，政府似宜有实际规划，胜过世界的恶潮。

以上所谈，自不免挂一漏万。倘能因此引起同调讨论，更有发明，是记者的万分荣幸！

# 文化之时代性

(1935年3月15日)

**【题解】** 本篇原载《中国文化建设协会会报》第1卷第8期"会员论坛"栏。发表时间为1935年3月15日。

中国文化建设协会为有着官方背景的民间社团，由陈果夫、朱家骅、邵力子等人发起，1934年3月25日成立于上海。该会以"根据三民主义，建设新中国文化"为宗旨，主张发扬固有文化，吸收西方文化，建设一新的文化体系，此体系即为"本位文化"。该会会员，多有大学校长和知名教授，陈时也名列其中。

《中国文化建设协会会报》，社团月刊，1934年8月15日创刊于上海，由中国文化建设协会主办、编辑，系该会会员内部读物。该刊旨在发扬中国文化，吸收外来文化，建设适合现代中国的新文化。主要栏目，有总会消息、分会消息、会员论坛、文化消息、会员通讯、会员消息等；主要撰稿人，有潘公展、周寒梅、陈高佣、黄敬斋、蒋建白、刘正华、徐则骧等。1937年1月10日终刊，共出2卷17期。

近世治文化社会学者，谓文化之社会性含有历史性。文化社会之分类方法，就其组织方面叙述之，则现代社会之文化，其主要之社会性，为民族（国民）性、阶级性、时代性三种。

文化之社会性，有时不仅限于民族、阶级、时代三种，此外当有地域的特性与人种的特色。寒带之文化，与温带、热带互异；欧洲内部，北欧人之思想刚健，与南欧人之热情、朗爽亦有不同。

以言民族性，孙中山先生民族主义中海之特详；以言阶级性，在吾国颇有超现代之感。惟时代性，则今之努力于建设文化者，不可不加以研讨焉。

文化因时代而异其特征，此任何人所当承认。一民族之文化，有古代、中世、近世相异之特征；一阶级之文化，亦有勃兴期、繁荣期、衰退期各别之事实。若文化社会之时代性，即"文化统一"之谓。时代之统一，与民族、阶级相违之点，即时间之统一是。故时代者，亦即文化之时间统一是也。

兹分析其意义：

（1）时代文化与时代精神不同。时代精神只能谓之时代思潮，能支配一种，而不能支配一切。

（2）文化之时代性，必以时代意识为要件。故空想的、超现状的，非时代性之需要。

（3）文化须受时代的制限。无论如何伟大的思想和艺术，其生命虽永远，而衡之时代则有制限。

故文化之时代性，在其时代之文化中，凡有领域，均受支配。其特征，在宗教、艺术、政治、经济各方面最为显著。其未能表现特色者，必其新时代文化尚未完全成熟；苟其成熟一时代之特色，其文化自能光辉于全领域，并使其常立于时代之前锋，于经济条件、政治作用无不皆然。

所谓时代之发展，即一种文化时代，向他种文化时代进步，方式特多。大要可括之如下说：

其一为辩证法的发展。唯心的、唯物的，其问题极为简单明了；无论理想与实践，均难逃此范畴。又如自然科学法则之发展，亦其一例；生物学法则进化之观念，亦可适用于时代文化。青年、壮年、老年之生理成长观念，可以律之于文化发达；春夏秋冬季节之变化，亦可作如是观。

其二为累积的发展。例如自然科学之一体系内，前代学者所成成绩，更附加后代学者之力以完成之；科学原理之发现，机械之发明，皆许多科学学者天才之心血累积以成。即牛顿之力学与爱恩斯坦[①]之相对理论，亦不能为例外。

其三为问题之发展，乃由问题以生问题之方式。其例在哲学与科学最多。有由辩证法所得之者，有由直线累积而进步者。

上述三端，乃有意识的方式。其于无意识中发展者，无视其时代性之量与质之需要如何耳。

一国文化，自须发扬固有优点，但同时须认清时代性。如时而作超时代运动，时而起复古思潮，则既缺乏统一性，复不能表现创造精神，必无补于中国之文化建设。爰搜集原则，撮其大凡，为对文化建设者之小贡献焉。

---

① 爱恩斯坦：通译爱因斯坦（Einstein，1879—1955），犹太裔美国物理学家。他发展了现代物理学的两大支柱之一（与量子力学一起）——相对论，因而享誉全球。著有《广义相对论基础》。

# 《大学文理商学院第三十六届毕业同学录》序

(1935年5月27日)

**【题解】**本篇原载《武昌中华大学三十六届毕业同学录》一书卷首。撰成时间为1935年5月27日，刊印时间为1935年9月。原发表时题为《序》，今题系编者所拟。

中华大学第三十六届毕业生，系于1935年夏毕业。文学院中国文学系毕业生6人，外国语文学系毕业生7人，教育学系毕业生17人，政治经济学系毕业生27人，法律学系毕业生26人，理学院数学系毕业生4人，化学系毕业生3人，商学院银行学系毕业生2人，工商管理学系毕业生2人，共计94人。

《武昌中华大学三十六届毕业同学录》，由中华大学应届毕业生代表编纂，常务为熊梦，编辑为李发驹、龚子华、陈涤尘、周智，文书为刘晓川、朱致玿，事务为彭励轩、朱祖华，交际为夏更新、罗哲明、陈光渭、李先注、胡起详。该刊于1935年9月编成，同年12月自刊。册前有名人题字，林森所题为"敬业乐群"，居正所题为"合志同方，营道同术"，蒋梦麟所题为"哲匠翘材"，黄建中所题为"致知力行"，等等；另收有照片、校史、系史、教职员一览、历届毕业生、在校肄业生等，总计10余万字。

改革以还，人民困于干戈，憔悴于水旱，求一饱暖而不可得，遑论受小学、中学教育！至托父兄之庇荫，或自力奋斗，以达到大学毕业者，自一般人视之，真如班生①仙境矣！

吾校大学毕业，迄兹届三十六次。以言程度，今昔异等，可云年有进步。盖大学生之成就，半由师授，大半则在自成。由学校以入社会，乃成败之大机轴。每展一册，若者圣，若者狂，若者达，若者穷，此日之所纂辑，即异日按索之资耳。

自政府整理高等教育，标举"缩小范围、充实内容、提高程度，谋中国学术之独立"二十大字，国内大学被汰而存者无几。吾校今尚在兼程奋进中，此后之所树立，仗毕业同学出校后之建白，居一部分当事之努力，自与此同科。本届毕业同学，适丁高等教育改进途中，在校出校，其直接间接有助于校者，较前此后此，责任均有不同也。

十稔前后，学生界之风气，大都不重所学，并不重视其业；得一纸证书，既不能饮之食之，惟持此以凑机缘，得失一听之运会，如此焉能促学术之进步？

诸君智者，凡百现象当习察之。值此国势危急之秋，大学生乃国族之宝。愿同学勿徒持此作纪念，将以为入社会后之有力记载，供观摩以报国雪耻云尔。

二四、五、二七，陈时赠言

---

① 班生：通指汉代班嗣，生卒年未详，扶风安陵（今陕西咸阳东北）人。他系班斿之子，班固的伯父，班彪之兄。虽修儒学，然贵老庄之术，并以超脱人世著名。

# 汉口商业概况

(1935年9月30日)

**【题解】**本篇原载《实业季报》第2卷第3期。发表时间为1935年9月30日。

中华大学历来重视与武汉商界的联系,早在1915年6月,为抵制日货,便曾在校内设立商品陈列所,征集武汉商家的国货布展。1924年2月,陈时与中华职教社联合在汉口筹办第三届西区八省职业教育展览会时,又尽力征集本地厂商的产品参展。1929年7月,中华大学依章设立商学院,并吸纳武汉商界巨子加入董事会,更是加强了与商界的联系,经常组织商学院学生进行专项调查,并尽力服务于社会。此文即是在商学院师生调查的基础上撰成。

《实业季报》,工商业季刊,1933年9月1日创刊于上海,由全国商会联合会主办、编辑并发行,主编林康侯。该刊以"振兴实业,提倡国货"为主旨。主要栏目,有图画、言论、讨论、记述、专载、法令、调查与统计、集锦等;主要撰稿人,有刘鸿生、王介安、王云五、陶乐勤、朱义农、黄公觉、李汇川等。1941年12月31日终刊,共出7卷28期。

鄂省连年灾祸,农村经济破产,都市受其影响,亦日渐萧条,如汉口商业异常衰落。查全市各业同业公会,共一百五十四所;此次调查所得，共一百三十三〔六〕业。在此一百三十三〔六〕业中，已入公会之商店，为八千一百〇九家；未入公会商店，为一千六百九十五家。仅就已入公会各家结账情形加以分析，计盈余者六百八十五家，占全数百分之九；勉强可维持者，二千三百九十六家，占全数百分之二十九；亏折者四千〇三十五家，占全数百分之〔六〕十二。盈余暨勉可维持者，两共不过占全数百分之三十八；而亏折与歇业者，则共占百分之六十二。

## 五种衰落的原因

其衰落原因，不外以下五种：

（1）灾患相寻，购买力减少。

（2）农村破产，放账难于收回；倒搁极多，资本缺乏，周转不灵。

（3）同业不入公会者太多。对于公会行规，多不遵守；竞相减价，全体受累。

（4）捐税、运费过高。开支既巨，管〔营〕业减少，无法维持。

（5）受外货倾销影响，无法抵制，以致酿成今日之局面。

## 一百三十五〔六〕业概况

兹志各业营业盈亏概况如次：

（1）银行业。已入公会者十六家，未入公会者九家，共二十五家。大约均略有盈余。

（2）造纸业。已入公会者二百五十八家，未入公会者约百余家。盈余者十五家，歇业〔亏折〕者一百五十家，歇业者十五家。

（3）皮业。已入公会者三十二家，未入公会者五十一家。亏折者四十一家，歇业者二十家。

（4）鞭爆〔炮〕业。已入公会者十四家。全体亏折。

（5）原木油桶业。已入公会者三十八家。亏折者五家，歇业者三十三家。

（6）针织袜业。已入公会者二百七十家，未入公会者百余家。亏折者一百八十家，歇业者四十家。

（7）布匹业。已入公会者三十二家。盈余者四家，亏折者七家，歇业者十家。

（8）汽车业。已入公会者七十三家，未入公会者二家。无盈亏者十七家，亏折者三十家，歇业者二十六家。

（9）平汉路运转业。已入公会者三十三家。盈余者九家，亏折者十八家，歇业者六家。

（10）牛肉业。已入公会者十四家。亏折者四十八家，歇业者三十六家。

（11）茶业出口业。已入公会者四十九家。盈余者十二家，亏折者三十三家，歇业者四家。

（12）五金铁业。已入公会者六十四家。亏折者四十四家，歇业者二家。

（13）猪鬃业。已入公会者一百八十六家。均能维持，无盈余、亏折。

（14）绸缎业。已入公会者四十家。亏折者六家，歇业者五家。

（15）木器业。已入公会者一百零三家，未入者四十六家。盈余者六家，亏折者一百十四家，歇业者七家。

（16）参燕业。已入公会者二十五家。盈余者一家，亏折者十二家，歇业者一家，余无盈亏。

（17）汾酒业。入公会者二十四家。盈余者八家，亏折者六家，歇业者二家。

（18）茶叶行业。入公会者二十家。歇业者一家。

（19）水土果业。入公会者四十八家。盈余者二家，亏折者二家，歇业者五家。

（20）折旧屋料业。入公会者三十四家。亏折者六家，勉可维持者二十三家，歇业者五家。

（21）丝线绉纱业。入公会者三十四家。亏折者二十五家，歇业者八家。

（22）漆业。入公会者三十二家。完全亏折。

（23）什货贩卖业。入公会者一百五十四家。盈余者十家，亏折者一百二十家，歇业者二十四家。

（24）赐〔锡〕业。入公会者二十八家。亏折者十家，歇业者十五家。

（25）中西菜馆业。入公会者一百五十六家。盈余者十三家，亏折者九十家，歇业者四十一家。

（26）炭行业。入公会者二十五家。完全亏折。

（27）堆栈业。入公会者二十四家。盈余者十三家，亏折者五家，歇业者二家。

（28）食品制造业。入公会者七十一家。盈余者三十五家，亏折者五家，歇业者二家。

（29）衣服贩运业。入公会者十九家。亏折者十家，歇业者五家。

（30）京苏广货业。入公会者二百十二家。亏损者一百零三家，歇业者六十六家。

（31）鱼行业。入公会者三十九家。亏折者三十二家，歇业者七家。

（32）肉业。入公会者九十四家，亏折者六十八家，歇业者十六家。

（33）国药业。入公会者一百二十二家。盈余者一家，亏折者五十五家，歇业者二家。

（34）棉花进口业。入公会者五十八家。完全亏折。

（35）丝茧业。入公会者八家。亏折者七家，歇业者一家。

（36）湖糖杂货业。入公会者三十四家。盈余者二家，亏折者二十四家，歇业者一家。

（37）黄丝木池业。入公会者十家，亏折者七家，歇业者三家。

（38）旅栈业。入公会者一百零六家。亏折者一百零四家，歇业者二家。

（39）钱业。入公会者五十七家。盈余者二十四家，亏折者二十一家，歇业者十二家。

（40）杂货店业。入公会者一百二十四家。盈余者十四家。亏折就〔者〕八十四家，歇业者二十八家。

（41）茶叶贩运业。入公会者一百五十家。盈余者四十五家，亏折者五家，歇业者二家。

（42）棉花出口业。入公会者二十二家。歇业者九家。余均亏折。

（43）土花布印染业。入公会者四十四家。盈余者十八家，亏折九家，歇业者七家。

（44）制造衡度业。入公会者三十九家。盈余者五家，亏折者三十家，歇业者四家。

（45）麻袋业。入公会者五十一家。盈余者四家，亏折者四十七家，歇业者二家。

（46）茶叶店业。入公会者六十五家。亏折者六十三家，歇业者二家。

（47）华洋百货业。入公会者五十四家。歇业者一家，余多亏折。

（48）篾篓制造业。入公会者九十九家。盈余者三十二家，亏折者六十七家。

（49）药油贩运业。入公会者五十八家。歇业者四家，余均亏折。

（50）通籽行业。入公会者二十五家，亏折者二十三家，歇业者二家。

（51）油饼行业。入公会者八家。亏折者五家，歇业者三家。

（52）中外纸业。入公会者八十四家。盈余者三家，亏折者五十四家,歇业者六家。

（53）笔料杂皮业。入公会者二十家。亏折〔盈余〕者九家,余均亏折。

（54）煤油、面粉、火柴业。入公会者二十七家。盈余者六家,亏折者十九家,歇业者二家。

（55）江轮船售票业。入公会者五十七家。盈余者十二家,亏折者十七家,歇业者二十一家。

（56）桶篓杂件业。入公会者二十八家。亏折者八家,歇业者二十家。

（57）电料业。入公会者二百二十六家。盈余者十四家,歇业者二家,余皆亏折。

（58）西洋洗染业。入公会者四十九家。盈余者六家,亏折者十八家,歇业者十五家。

（59）色布行业。入公会者二十五家。亏折者十八家,歇业者五家。

（60）颜料业。安〔入〕公会者二十八家。盈余者五家,亏折者十一家,余可维持。

（61）染坊业。入公会者四十七家。盈余者十六家,可维持者十二家,亏折者十二家,歇业者二家。

（62）山货业。入公会者一百五十六家。亏折者九十三家,歇业者四十六家。

（63）金银首饰业。入公会者四十六家。盈余者三家,亏折者四十三家。

（64）瓷业。入公会者四十二家。亏折者四十一家,歇业者一家。

（65）药行业。入公会者二十四家。盈余者五家,亏折者十六家,歇业者二家。

（66）炒坊业。入公会者六十四家。盈余者十八家,亏折者十六家,歇业者二十三家。

(67) 代办杂货业。入公会者二十家。盈余者四家,亏折者十五家,歇业者四家。

(68) 杂货行业。入公会者八家。亏折者六家,歇业者一家。

(69) 药材业。入公会者八家。歇业者一家,余均亏折。

(70) 印刷业。入公会者五十五家。亏折者三十四家,歇业者九家。

(71) 机器杂色染业。入公会者十三家。亏折者五家,歇业者四家。

(72) 食品杂货业。入公会者八十一家。亏折者四十二家,歇业者十八家。

(73) 油业。入公会者四十四家。盈余者十八家,亏折者二十二家,歇业者四家。

(74) 石膏业。入公会者十五家。盈余者四家,亏折者一家,五〔歇〕业者三家。

(75) 豆芽坊业。入公会者二百七十七家。完全亏折。

(76) 茯苓业。入公会者十四家。亏折者十家,歇业者四家。

(77) 军服业。入公会者六十家。亏折者四十八家,歇业者十二家。

(78) 煤焦贩运业。入公会者二十九家。亏折者十二家,歇业者十家。

(79) 匹头贩运业。入公会者十七家。亏折者十三家,盈余者四家①。

(80) 色布行业。入公会者十五家。亏折者十八家,歇业者五家。

(81) 橘饼业。入公会者十家。盈余者五家,亏折者四家,歇业者一家。

(82) 西药业。入公会六十七家。盈余者七家,亏折者五十七家,歇业者三家。

(83) 药材店业。入公会者十八家。亏折者十一家,歇业者二家。

---

① 原发表时,本条标号重复标写为"七八"。编者依序订正为"(79)",并将此后标号数均加一。

（84）西北皮货杂皮业。入公会者三十三家。亏折者三十一家，歇业者二家。

（85）布袜业。入公会者二十家。盈余者十家，亏折者十一家，歇业者七家。

（86）青砖瓦行号业。入公会者三十九家。盈余者四家，亏折者十六家，歇业者五家。

（87）国货匹头号业。入公会者三十五家。亏折者二十八家，歇业者五家。

（88）瓜草薯行业。入公会者四十三家。盈余者三家，亏折者十八家，歇业者八家。

（89）钟表、眼镜、唱机业。入公会者二十四家。歇业者二家，余可维持。

（90）进出口杂货业。入公会者十一家。亏折者八家，歇业者三家。

（91）猪行业。入公会者十二家。盈余者二家，亏折者八家，歇业者二家。

（92）牛行业。入公会者十五家。亏折者三家，歇业者二家。

（93）玻璃料器业。入公会者四十五家。亏折者六家，歇业者四家。

（94）牛奶业。入公会者四十二家。盈余者十六家，亏折者二十四家，歇业者二家。

（95）芦柴业。入公会者四十五家。盈余者八家，亏折者三十四家，歇业者三家。

（96）绉纱业。入公会者九家。亏折者二家，勉可维持者七家。

（97）熏皮业。入公会者五十三家。亏折者二十五家，歇业者十八家。

（98）制造南酒业。入公会者六十二家。盈余者六家，亏折者五十二家，歇业者四家。

（99）茶馆业。入公会者五百二十四家。盈余者二家，亏折者五百一十家,歇业者六家。

（100）鄂岸淮盐业。入公会者五十五家。亏折者四十七家,歇业者五家。

（101）棉花业。入公会者十五家。歇业者一家,余可维持。

（102）鞋帽洋货业。入公会者十八家。盈余者七家,亏折者八家,歇业者四家。

（103）石灰业。入公会者七十八家。盈余者三家,亏折者十五家,无盈余者五十二家。

（104）报关业。入公会者七十三家。亏折者六十八家,歇业者五家。

（105）杂粮号业。入公会者十二家。盈余者八家,亏折者八家,歇业者八家。

（106）精盐业。入公会者六家,未入公会者六家。亏折者六家。

（107）酒酱业。入公会者五十余家。盈余者三家,亏折者四十一家,歇业者三家。

（108）号栈业。入公会者一百七十六家。盈余者十家,亏折者一百四十二家,歇业者二十五家。

（109）新式皮鞋皮件业。入公会者七十六家。盈余者九家,亏折者五十六家,歇业者十余家。

（110）棉花号业。入公会者一百五十四家。盈余者十九家,亏折者一百一十八家,歇业者十七家。

（111）海味业。入公会者三十八家。盈余者三家,亏折者三十四家,歇业者九家。

（112）证券业。入公会者四十七家。盈余者二家,余无大盈亏。

（113）丝烟店业。入公会者三十家。均亏折。

（114）煤业。入公会者一百二十家。歇业者二十一家,余均亏折。

（115）白布行业。入公会者十二家。盈余者二家,亏折者六家,歇业者二家。

（116）机器米业。入公会者九十五家。盈余者五十四家，亏折者六家，歇业者三家，余均亏折。

（117）药油行业。入公会者二十七家。新开一家。盈余者九家，亏折者十五家，歇业者二家。

（118）粮食行业。入公会者五十七家。无大盈亏。

（119）五金旧货业。入公会者十七家。盈余者十家，亏折者十四家，歇业者三家。

（120）苎麻夏布行业。入公会者十五家。亏折者十四家，歇业者一家。

（121）国产纸张行业。入公会者二十家。盈余者十四家，亏折者六家。

（122）染织纱布业。入公会者二十三家。歇业者五家，余均亏折。

（123）纱业。入公会者十九家。盈余者五家，亏折者三家，歇业者三家。

（124）铜器业。入公会者十四家。亏折者二家，歇业者〇家。

（125）柴炭业。入公会者二百七十七家。盈余者九家，亏折者二百二十三家，歇业者四十一家。

（126）鞋业。入公会者一百零二家。亏折者九十四家，歇业者八家。

（127）蛋行业。入公会者十六家。盈余者一家，亏折者七家，歇业者一家。

（128）轮船业。入公会者一百五十三家。完全歇业（收归建设厅代管）。

（129）卷烟业。入公会者一百十一家。歇业〔亏折〕者一百零九家，歇业者二家。

（130）照相业。入公会者三十家。亏折者二十一家，歇业者六家。

（131）机制红砖瓦厂业。入公会者九家。亏折者四家，歇业者五家。

（132）青布业。入公会者十家。盈余者三家，亏折者六家，歇业者一家。

（133）折药店业。入公会者三十二家。亏折者十家，歇业者二家。

（134）剧场业。入公会者十家。亏折者八家，歇业者二家。

（135）国产纸张号业。入公会者三十四家。亏折者二十五家，歇业者九家。

（136）〔国〕际贸易业。入公会者二十五家。亏折者三家，歇业者四家。

# 国庆纪念与国民自救

（1935年10月5日）

【题解】本篇原载《中华周刊》第526期。撰写时间为1935年10月5日，发表时间为1935年10月10日。

1935年10月5日，陈时启程赴上海参加第六届全国运动会，他应聘为这次运动会的审判委员；同时，又受湖北省政府之托，作为本省代表参加全国体协会议。途中，他于江华轮中撰写了此文寄回发表。

有关《中华周刊》，参见前文《〈中华周刊〉的新生命》题解。

国庆纪念在任何独立国家中，视为重大庆典。政府隆重仪式，国民尽量欢娱；可就其表现的真挚和热烈，观察其国势隆盛。

吾国从辛亥革命到现在，为廿四个国庆。在历史上双十节的意义，可与美之"七四"①、法之"七·一四"②等量齐观。顾自廿余年来，每当此佳节，既不若旧历新年、端午、中秋之尚有形式，复不能引起一般人新的兴趣。欲养成国民的民族思想和爱国观念，非使其对国庆能从心坎中表现纪念不可。

---

① 七四：美国国庆日，亦称"独立日"。1776年7月4日，"大陆会议"在费城正式通过《独立宣言》，庄严宣告美利坚合众国脱离英国而独立。

② 七·一四：法国国庆日。1789年7月14日，巴黎人民攻占了象征封建统治的巴士底狱，推翻了君主政权。1880年，7月14日被正式确立为法国的国庆日。

"衣食足而知礼节，仓廪实而知荣辱。"① 欲知纪念日之可庆祝，必先其自身经得起愉快，自救不暇，谈不到爱国。一身以外无长物，哪顾得到民族的利害？纵经偶然的刺激，提起被动的狂欢，组织力之效能既过，虽欲强欢而不可得。

国民能自觉自救，乃可言自立自强；能自给自足，方能自然地享有独乐和同乐。今后要全民在今日表现太平快乐的景象，先在鼓舞其自觉，尤其在自救。

今日国民的病根，其致命伤为愚、贫、弱、私四个大字。其实，只有愚、贫两点最重要；能够救愚、救贫，一切自然得救。

救愚的方法，根本在教育，更在普及教育。以百分之八十以上的国民，过这愚昧的生活，不知自身前途，不知国势，不知现在是何世界；同时国家政令达不到，国民意志打不通，做人尚且不够，哪能讲到建国？差幸国民革命以后，频年内忧外患，觉醒了一般国民意志，知道要建设一个三民主义的国家，要一致图强，要有组织、有领袖；若再加以工具上的普及，真可一日千里。

目前教育问题中，要全体动员、急起直追者，须认清两途：国民教育力谋普及，认识字的人，马上就传授他人认字，无孔不入的，在极短时期，增加数量到必然的程度，政府更以此意计划统制之；中等以上教育，极力使学生观念改变，认识"人"的责任，而以科学原理和新生活方式贯彻之，并应使其知道，最近的将来之世界，是纯粹科学化和机械化的，我们建国的途径，也是要走此道的。因为现在中学以上教育，仍缺少明确认识，辄随一时笼统的风气为转移。倘使将来中坚负责的人才，不先养成科学的精神，从而建立人格，是不足以权当大任的。

普及教育、人才教育双轨并进，集国家物的、人的力量赶上前去，不到五年，必有可观。故欲国民自救，须先教以自救工具。这是政府的

---

① 语出《管子·牧民》。原文是"仓廪实则知礼节，衣食足则知荣辱"。

责任,同时是人人的责任。有意义的国庆纪念,应着眼在这样的起点。

救贫的方案,莫要于生产。吾国现在国民生计,可谓在任何民族中是最低下的了!这样多数非人的下层社会生活,尚且朝不保夕,教他有何力量爱国?有何兴趣来纪念国庆?纵令有少数上层优裕生活,终日营营于环境的把住和自身的保持,亦无心于国事,更何乐于国庆?

救贫自然以民生主义为出路。现在民生凋敝情况,源于天灾人祸者大半,源于负担过重者小半。剿□瞬告结束,人祸可以驱除;而天灾之源于水旱者,则人谋之不臧,应分负其责。就水患言,黄河为民族大害,数千年无根本救治方略;扬子江夙为利水,现亦变为民害。此患不除,每年非水即旱,年年数百万的失业增加,无外患也足以亡国。水利机关早已设置,尚望主持者清白乃心,为民除此大患。昔清室康熙帝,南巡瞻拜禹陵,深赞其功,谓"昏垫既平,乃能明伦教稼"①。这种切肤之患不除,什么都谈不上、办不好。

税捐负担之烦苛,国民认为苦闷。政府知之,且屡明令废除之,无如中饱太多。亟宜顾及民力,善养税源。如多征,即宜多用之于民,使民知国之可爱;且宜依据国民生计能力为征税比例,更教以改进生产方式,增加民力。有自救余力,自然可以救国。

愚和贫两都得到自救,国民体格、种族遗传自然健康,私心自利逐渐减少。愿国民大彻大悟,自救救国;三五年后逢兹佳节,全国得自动的普遍性的高度欢娱。那时人人都情愿加入队伍中,作民族国家的检阅。

赴全运会途次,写于江华舟中

---

① 语出《禹陵颂·序》。原文表述为:"缅维大禹,接二帝之心传,开三代之治运,昏垫既平,教稼明伦,由是而起。"

# 《高中第二十届毕业同学录》序

(1936年1月1日)

**【题解】**本篇原载《高中第二十届毕业同学录》第1页。原件藏华中师范大学档案馆"中华大学类",卷宗号LS12—68。撰写时间为1936年1月1日,发表时间为1936年1月中旬。

中华大学前身为中华学校,即为中学性质。1915年升格改办为中华大学后,中华学校即变更为中华大学附属中学。1922年"壬戌学制"颁行后,始有初中和高中之分。第二十届高中毕业生,共有包月清等4人,其中包括陈时长子陈庆中。

《高中第二十届毕业同学录》,系中华大学附中高中第二十届毕业同学集资自刊,刊出时集为1936年1月中旬。内容有如后八项:(1)校史;(2)赠序;(3)校景;(4)团体摄影;(5)职员一览;(6)教员一览;(7)同学一览;(8)附录。原所征集的名人题字,因经费不足而未录。全册共计2万余字。

国难以来,学生界每遇刺激,辄血气愤〔偾〕张,不可遏抑。不旋踵即风云流散,故国事日非,青年之烦闷特多,所受之损失亦大。

高中为青年成材之正中途,事业、学问之成败,咸系之于此时。以教育不发达如我国者,能受高中教育已为幸福;更进固可以极高深,止步亦可以任大事,在人之立志耳!

本届毕业诸君，适河北有人酝酿伪自治①，幸有学界一呼，奸人胆寒；风声所树，武汉随之。同学中不以值毕业遂忘国事，更能发挥读书救国之旨，此则为历届所不同者，则兹录可作救国志士之小传存之可也。

二五，元旦，陈时

---

① 此"伪自治"，指1935年12月25日成立的以殷汝耕为首的伪冀东防共自治政府，简称"冀东伪政府"，以通县为政府所在地。该政府系日本侵略者在华成立的傀儡政权之一，因而甫一出台，便遭到全国人民的强烈反对和一致声讨。有鉴于此，殷汝耕召开记者招待会，声称不脱离中华民国，也不自制国旗，并不要求他国承认，成为名副其实的伪政权。

# 寿蒋献机是国民救国工作

(1936年10月31日)

**【题解】** 本篇原载《中华周刊》第562期"祝寿献词"栏。发表时间为1936年10月31日。

寿蒋,即为庆祝蒋介石虚龄50岁寿诞(蒋生于1887年10月31日);献机,即国民党当局发动全国各界民众捐款购置飞机,用以加强中国的空军装备,准备抵御日本的侵略。该活动自是年6月10日发起,短短数月,募款即可购买飞机百架以上。中华大学师生也曾踊跃捐款,并于10月28日,整队渡江前往汉口王家墩机场,参加献机命名典礼。陈时有感于此,撰写是文以记。

有关《中华周刊》,参见前文《〈中华周刊〉的新生命》题解。

国势当阽危之时,群愿笃生伟人作先导、负重责,艰苦卓绝,做救国救民的工作,才能将民族、国家解救过来。

这种先例,在中外历史上已属不少。即在最近之复兴国家中,如土耳其,如意大利,如苏联,如德意志,都是如此。今日是蒋公中正五旬诞辰,在寻常祝嘏排场,必极尽一二日之娱乐,牺牲无代价之金钱。此次蒋公却谦让未遑,国民亦移其祝意,醵资购置飞机,充实国防,作直接救国工作,两为盛举,两皆可传。

蒋寿之应该庆祝,自有其奋斗历程和光明人格足以证明,无须多赘；惟是一个国家遇着国难，其遭际愈严重，国民对于一个贤明领袖、负责政府愈加信仰，愈加爱护。而领袖前途愈光大，政府基础愈巩固，此是铁的原则，不问古今中外者。吾国恰逢其时，恰遇其人，故今次寿蒋，咸出于衷心，又移资于救国，人人安得不心悦诚服地输将起来！

强邻压迫力量日加重大，日趋无礼；国内沉着勇毅之态度及热烈兴奋之心情，日加沉默，日加严肃的沉默。此种情绪，在青年心理中更觉强固。此是强邻这几年来所给我们的收获，也是随着蒋公诚毅的态度，自然诚〔成〕熟的。所以，这回寿蒋与救国趋于一致了！

国民集资购机，听说总数仅六十余架①，尚未尽力到最顶点。救国工作，靠这一点成绩是不够的。现在各强国的飞机数，是由二千到五千。武装和平，武装救国，是要拥有最高武力。愿国民继续努力，这是最好的机会、最有效的工作呵！

---

① 此"六十余架"，在献机祝寿当天，捐款购回的飞机，且已命名者近60架，故此处所言"六十架"不虚。但已认捐的尚有500多万元，且正在购置中，故通常以"百架左右"作为此次献机的总数。这次捐款所购飞机，都采买自美国。

# 崇报与努力

（1936年10月31日）

**【题解】** 本篇原载《中华周刊》第562期"祝寿献词"栏。发表时间为1936年10月31日。

有关《中华周刊》，参见前文《〈中华周刊〉的新生命》题解。

蒋公今岁大衍寿辰，凡是知道的人，无问海内外，都自动地私祝或团庆。这是对于献身救国的领袖，应有的崇德报功举动。蒋公盛德撝歉，关于虚文缛节，一概辞谢。崇报者乃移资作航空建设，借以寿蒋，扩大国防力量。即所以献寿蒋公，诚属创纪录的盛事。

崇德报功的本义，是对于已努力或是正在努力的人内心信仰，自然表现，所谓"发乎情，止乎礼"①。功业愈大，表现范围愈广，也愈自然。此次献机祝典，可算得前无古人、后无来者。

我们有此表示，固然得未曾有。一个民族复兴，靠有伟大领袖创业于前。到了要垂统无疆，尤须靠有许许多多、种种色色的无名英雄，不断地从各方面努力，充实光辉建国盛业，这个国家和民族才能光大永存。

近年国难严重，仗领袖苦干实干，支撑了这几年。以往文化落后、

---

① "发乎情，止乎礼"：传说是孔子删定《诗经》首篇《关雎》的主张，意为：谈情说爱是可以的，但不能逾越礼法界限。

经济落后，乃至武力落后，多由多数人不努力和总动员的结果太差，尤其是物质建设能力太不够。要知道，仅赖领袖勤劳，多数人不从多方面一致努力，无济于事的！

今次献机寿蒋，算开了一次新纪元。单就航空建设而论，我们应该努力的地方很多；只只飞机，都是从一国或数国所购来。但我们不仅是能购，最要是能制。从这说来，第一是要促进重工业发达，工业基础建立。无论是军需工业也好，小规模工业也好，即手工业也好。从国防建设以至救济失业，可以解决许多问题；甚至海口封锁后，我们有恃无恐，这是根本之图。

其次，考查此届出资捐机来源，恐不甚普遍；大部分不出于有民族国家思想者，即出于崇拜英雄者，且总数有限。倘以每一人口计，至少总应有四万万五千万元①。现料自动乐输者，恐不足千分之一；其余懵然不知与拥资悭吝者，对此一举两得的事，必漠然无所动于衷。故应乘此时机，以扩大宣传，或按资捐输的方法，求其普遍合理。纵不一时用于购机，也要使资源开发活动，于十年之内迎头追赶，到了全国庆祝蒋公花甲时，彻底实现总理的实业计划。这才是表里如一、文质并茂的因果，才能使人把我们看作一个有出息的民族。

---

① 此"四万万五千万元"，系当时估定的中国人口为四亿五千万，若每人捐资一元，即为此数。

# 两种追忆

(1936年11月7日)

**【题解】** 本篇原载《中华周刊》第563期"文艺"栏。发表时间为1936年11月7日,原发表时署名"澄"。

其一所忆为高足易大德和徐云。易大德(1908—?),字太白,江西宜春人。早年肄业于中华附中、中华大学中国文学系,留校任附中国文教员。后历任华中军政长官公署政务委员、军事委员会政治部第一厅副厅长、国防部新闻局办公室主任、陆军总司令部政工处处长等职。1949年去台湾,历任国防研究院讲座兼教务长、中国文化学院教授、中华文化大学副校长,历兼中华诗学研究所所长、传统诗学会副理事长、中国文艺联谊会副会长等职。著有《太白诗文集》等。徐云,生平事迹未详,仅知为江西宜春人,时为中华附中学生,经常与黄侃论学,有较深的国学造诣。

其二所忆为故友姚干青(1882—1919),名汝婴,以字行,湖北黄陂人。早年毕业于湖北师范学堂,1907年在长轩岭道明小学堂执教。后参加辛亥武昌起义,任湖北军政府理财部秘书,与陈时短暂同事,加之乡谊,两人关系密切。1917年后,历任四川武胜县、安岳县知事。1918年到利川参加靖国军,任秘书。不久赴来凤,于方化南攻来凤城时殉难。

有关《中华周刊》,参见前文《〈中华周刊〉的新生命》题解。

一

余廿余年中，对于学生中优秀者，每留意希望其蔚为大器，并请诸教师加意栽成。

民十四，李沅薳①先生面示以高中有两异材，一易大德，一徐云。自是每与晤谈，均以大成相勉。

易君现以所志，贡献于教育；而徐君，则早怛化，思之泫然，兹检出其函稿刊出，以见其学养之一斑。

二

老友姚干青君，壮年折节读书，斐然有成，奔走革命，亦富血性。民三入川，河梁一别，遽被害于鄂西之役。

其孤世炼，曾抄一诗见示。藏之箧中，已廿余年。

今世炼亦故，发旧笈偶见此诗，不欢者累日，盖感旧乃人之常情也。

函及诗均录于后。

徐函——

校长先生讲席：

比承延见，询近况及所怀，期有以进而教之。

春游渎陈，想未介怀；再辱大命，放辞喋喋，事有系国运隆

---

① 李沅薳：即李镜涵（1874—1952），以字行，湖北石首人。清末秀才、廪膳生，后毕业于湖北省立师范，时任中华附中高中国文教员，曾兼中华大学舍监、武昌荆南中学校董。除赏识易大德与徐云外，还曾与恽代英建立了深厚的师生情谊。

替、世道进化。误于拘泥之徒，愈尊而愈失其真；不得所滋，适得所蔽。为忧天下才士，痛心疾首者，穷而不得其变；时有炫新奇之说，感之以情，言之成理，果若可庖代焉？执以绳诸天下，亦徒见其纷乱尔！顾嚚腾尘土，莫可喙息。苏我黔黎，能不深察宇与久乎！

先总理遂以恢复民族精神，为天下倡。海内达人，见都略同；不肖如愚，窃有是志。故抠衣江夏之始，谒蕲州于别馆，手牍一出，江右夐无骈俪，深荷赞许；并勖以古籍泽，当更有进。然古籍难究，必熟小学，自是少留意焉。

勇于进生复狂狷，蕲州之学，天下戴于日月可也。愚则既戴之余，偶作仲由之疑，盖亦什之一也。声均学承代阐之风，历章门可云集大成矣。顾其成就，均胜于声。古双声说声均亦读，究是粗处，殆初业也。

别苏州甚久，著书余想多有所得；微词察势，必有较胜于前。愚曾以傍纽之说不可信，因稽往籍、证宫商，参诸余杭、蕲州之学，得古本纽九，未敢以为信也。书告蕲州，未得复，深惧有乖音理。退更思之，莫得其纠。复稽许书，如段氏证均。然业未竟，而国变乱，言者有罪，率相驰骛。愚亦坐是废学，仆仆道途，饱受风尘苦况，仅博取一大学生头衔。

今春虚游，尤悔失策。衡门西诣，对山荆样灯高烧，偎亲服间，低语商量，足尼游踪，慨欲拼去卷恢，放元亮植枝芸籽，日出而作，日入而息，披襟凉飙，濯足清流，眠茵听月，快何如？

家大人东瀛浪迹，靡补时艰，忘情山水，颐养天和，楹书相托，弟兄何敢违教。至发皇民族精神，尤为眷眷。躬耕之议，不妨待诸卅年后。

初志奋发，又入鄂中，冀多大家指点，得毕旧业，庶不使九仞之山，功亏一篑，或能补章门所缺，而古声均全不偏矣，亦中国文化上一盛业。虽见有所蔽，迷途终可自反，愿肆力是。

惟寒家清贫，儋石微储，重闱需养，迩年灯火各费，搜刮殆尽；催租所得，又遭谷贱，岁费百金，即必举债。日形拮据，更无力久负巨款。乡愚居中大本科二年级，例于本年暑假，以专部毕业。徒以宵小害大局，池鱼之殃，良用痛心。

先生其怜而许之乎？则程门复立雪之日，即愚锥囊脱颖之时，拜赐多矣！寝馈计业课程，许不自春始。愚为维持家庭经济谋，亦为自身学业谋，请以本三复业。忌我者亮必优容之，不专事中间蹉跎，为类齐求鼎言。苟蒙布诺，得遂图南，支持之德，亦不敢忘。不然，一炉就冶，莫蒙甄别。贤者如是，社会良知。愚虽敬爱先生，窃不敢窥绛帐一步，势为经济限也。邀陶拒谢，望先生有以裁之。

附告：蕲州均玖、士佳诸师，俾明愚之梗概一二。寓舍湫隘，速待解决。毒热恕草草不宣。敬候

铎安！

及门生宜春徐云拜泐，八月十三日

《奉别陈叔澄》——

时在民国四年春，先父干青公入川时所作
举世竞荣利，天地寡颜色。
谁能毁家私，育才以固国。
卓哉陈仲举，弱冠起阡陌。
劫后感沧桑，潮流辨黄白。
广厦千万间，英俊都罗列。
连岁常过从，乐闻广坐说。
无端川蜀游，疏我程门辙。

置酒到灯阑，抵足及日出。

后会岂无时，于今一为别。

别来长相思，梦魂绕君侧。

不畏楚天遮，不惮蜀山隔。

殷勤贡一言，愿君节劳逸。

珍重百年身，宏此天下泽。

上录先父干青公《补养堂杂著》中赠陈公叔澄遗诗，今特敬奉澄公，以志先父之意云尔——世炼。

# 《师范专修科第六届毕业同学录》序

(1937年1月1日)

**【题解】** 本篇原载《师范专修科第六届毕业同学录》一书首页。撰成时间为1937年1月1日,刊印时间为1937年1月。原发表时题为《序》,今题系编者所拟。

中华大学首届师范专修科,于1930年2月与市政专修科同时开办,每届修业期限为二年;其后,每年招收一届,前五届共毕业122人。第六届师范专修科,于1935年2月进校,学生23人,分为英文、理化两组。历来任教者,有罗季林、严士佳、张安国、汪振华、张润苍、余景陶、曾庆锡、饶绍宽、方旦明等。是届毕业之期为1937年1月。

《师范专修科第六届毕业同学录》,系由师范专修科第六届毕业同学共同编辑,主编周瑾。于1937年1月编成自刊。收有序、校史及科史、名人题词、校景照片、团体摄影、教职员照片、毕业同学照片、现任校董一览、教职员一览、毕业同学通讯处、本科历届毕业同学及在校同学名籍一览和编后,计3万余字。

吾国遭逢空前未有之国难,领袖忧劳于上,民众烦闷于下;而青年学子尤为疾首蹙额,求国难之湔雪。

扰攘五年,迄今全国心理一致;必得先求"安内",故无内战,再谈攘外，贵在充实国力。中央连年埋头准备，绥远一战①已现曙光，今后惟在国人各如其分以报国。

教育为国本所系。教育职业者，又直接负建国之重责。本届师专诸同学，毕业恰当全国充满希望之时。今后如何教导青年，循《建国方略》② 以从事复兴民族大业，是在诸同学之慎所守，以达有献有为之域焉。

陈时，二六元旦

---

① 绥远一战：通称绥远抗战或百灵庙战役，系于1936年11月15日开始，到12月19日结束，傅作义军获胜，并收复了失地，打击了日伪军的侵略气焰。

② 《建国方略》：为孙中山所著《孙文学说》《实业计划》和《民权初步》三书的合称。该书凝聚了三民主义的精髓，既构建了资产阶级共和国的蓝图，又成为国民党施政的指导思想。

# 双十节在非常时期的武汉

(1937年10月10日)

**【题解】** 本篇原载《中华周刊》第593期"国庆纪念号"。发表时间为1937年10月10日。

是年双十节，中华大学依旧停课放假一天，并于上午10时，在校友会大会堂举行纪念大会，借以扩大抗敌及募集公债宣传，并敦请苏芗雨先生发表专题演讲。该刊本期除专载了陈时的二文外，还刊载了郑独步的《双十节感言》、罗列的《今年的国庆》二文。

有关《中华周刊》，参见前文《〈中华周刊〉的新生命》题解。

双十节，是二十六年前在武汉产生的。年年今日，例须庆祝。二十余年的倏忽光阴，也就在纷纷扰扰之中过去了！

人类历史的回忆，是最有趣味的事；开国纪念，尤其有非常价值。记民元武汉国庆，方在总理视察、训导以后，万方宾旅云集此地，一般人气欣欣向荣。从此以后，即黯然无色。十五年北伐军会师武汉，省垣解围，残寇消灭，即在双十节之前一天。当时欢跃状况，随蒋委员长德威而同放光明。今年今日，适全面抗战，在全国人共同奋斗中，回忆过去，瞻望将来，觉文化最古而最高的中华民族，在这划时代的斗争中，无限希望都在我们脑海中奔腾澎湃起来了！

历史上的成败，都随多数人心理趋向为转移。辛亥武昌起义，以满清帝政腐败、众叛亲离，总理以主义觉醒人心，一触即发。当时固赖仁人志士努力、牺牲，大多数民众归心，其促成之背景，力量亦殊不弱。中间经过军阀混战，其成其败，莫不先表现于多数人心。

蒋委员长北伐，义师所指，在古语谓"箪食壶浆"以迎；而当时情况，确有莫之然而然的热烈绪绪：军力未到的地方，先就有神圣精神为之前驱，如摧枯拉朽；随国民革命意义宣传所至，风靡一时。此在当年双十节庆祝会场中所经历之人，犹能隐约不忘者。

近六年国庆，在九一八以后，随时随地，人人心中都有苦闷郁积之情。七七卢沟桥炮声，八一三淞沪空中霹雳，使郁久的人心异常奋发。倭寇想以飞机、大炮压服我前方士气，威吓我后方人心。以我们精神感召，蒋委员长所孕育忠勇将士的牺牲，各地民众的民族觉悟，加以我深厚文化所蕴蓄，人类公理、正义的不可泯没，抗战将近百日，我们民族唯一国庆——双十节到来。循得道多助、失道寡助的原则，国际情势好转，增强我国民抗敌的情绪和力量。在这几天，新闻上可以证明的。

凡此种种，以民族力所表现的无限光荣，必然地移转了我们历史上，乃至东洋史、世界史空前的实迹。我们每一个国民脑筋中，无一人打算退却者，无一人愿入奴籍者。任他飞机在空中轰炸，每一个人都安静忍耐，不改常度，这就是我们胜利的础石；每一个人都相信，在蒋委员长领导抗战之下，决不至于败亡，这就是胜利的把握。心理造成事实，年年双十节，就我们所记忆的一回想，哪一回逃掉了这种铁则？

武昌首义的时候，还在帝俄时代。据说交战团的承认，俄领首先提议，英、美从之①；今次抗倭，由《中苏不侵犯条约》，延长了国际

---

① 此"提议"，系武昌起义后，鄂军都督府即与俄国驻汉口领事馆接洽，希望"交战团体地位"得到各国承认。其后，俄租界宣布保持中立，并致电北京的俄国公使团转电各国，承认鄂军都督府为交战团体，从而对辛亥革命的成功有所帮助。

的同情；英、美、法各国民间的正义主张，足以寒敌胆；胜败之数，就不必要卜之于战场了。不过，一种民族复兴的大业，不是可以侥幸得来。武汉现在成了后方要地，人才云集。愿借今年国庆机会，鼓励当地的人们，从生产建设上，立万年不拔之基，把这双十佳节的光荣充实起来。

# 我的双十节

(1937年10月10日)

**【题解】**本篇原载《中华周刊》第593期"国庆纪念号"。发表时间为1937年10月10日。原发表时署名"澄"。

有关《中华周刊》，参见前文《〈中华周刊〉的新生命》题解。

双十节，是中华民族最光荣的国庆纪念，许多先烈用心血体血所造成，与《马赛歌》①、费城自由钟②、十月革命等，有同样价值。

最伟大的事业，要有纯洁的动机、最神圣的信仰。听说当时的人们，受了总理的启示，大家都不顾一切，不辞饥饿，不畏困穷，不关荣辱，不问生死，努力以赴。

武汉双十节，虽有二十六年，热烈庆祝只有几次。民元不待言了，民十五北伐，是我们划时代的历史特笔，无论思想上、制度上都是一大转变。

今年抗倭战争，尤有重大意义。此地现成全国重心，一切后援，要

---

① 《马赛歌》：通译《马赛曲》，是法国大革命的战歌，鲁热·德·利尔创作于1795年，后被定为法国国歌。

② 费城自由钟：它是美国独立的象征，1776年7月4日，它为第一次宣读《独立宣言》而鸣响。

同首义时一样努力。我们的牺牲，震动了全世界人同情。如果读了英历史家威尔斯①预言的，我想更要兴奋。

---

① 威尔斯：赫伯特·乔治·威尔斯（Wells，1866—1946），又译作赫伯特·乔治·韦尔斯。英国历史学家、社会学家和小说家，在他所著《世界史纲》《世界五千年》中，指明了历史的大趋势。

# 《中华周刊·抗敌专号》发刊词

(1937年11月20日)

**【题解】** 本篇原载《中华周刊》第598期"抗敌专号"特一号。发表时间为1937年11月20日。原发表时题为《发刊词》，今题系编者所拟，署名为"时"。

该刊由中华大学学生抗敌工作团宣传组编辑，除由陈时撰写了《发刊词》外，还刊载了蔚云的《非常时期之总理诞辰纪念》、林三的《抗战》、黔首的《我来讲几句关于抗战宣传的话》、群照的《抗战与购买救国公债》、粒民的《对本团成立及今后工作之希望》诸文。

有关《中华周刊》，参见前文《〈中华周刊〉的新生命》题解。

全面抗战开始，举国在最高统帅指挥之下，有力者出力，有钱者出钱，全国总动员，与倭寇作殊死战，为四十年来之总清算；铲除民族复兴障碍，实现三民主义。

开战以来，全国人敌忾同仇，前敌将士为主义而牺牲，许多可歌可泣的战迹不胜记载；纵令战略上之进出，毫不足摇动坚强的人心，确信可取得最后胜利。

此一战，为最有意义、最有价值，对内在举国一致之情绪中，战后即能得到真正统一效果；对外，乃维护人道、正义与公理，替世界上打抱不平，强权消灭即能渐进大同。

此种艰巨责任加诸我国民，赖最高统帅之勤劳，尤须全国民之奋发。无论任何艰苦境遇，必应忍耐、努力以赴，方能达到我们的预期，使强寇屈膝。

# 日本的精神没落

（1938年2月5日）

**【题解】**本篇原载《申报（汉口版）》1938年2月5日第1版"来论"栏。

有关《申报》，参见前文《南洋闻见录——第一新嘉坡》题解。

抗战以来，一般人俱注意日本的力量究有多少，眼光尤在他的经济情势。张伯伦①曾著论，有如下的记载：

> 日本现有的金准备，约为美金四亿五千万元；外国的存款和有价证券，约有十五亿日金（目前约合美金十二亿五千万元）。但从此数中，必须扣除日本欠外国的七亿五千万日金。因为所握有的外国债权，仅一部分可以立刻变卖；所以日本在战时所能动用的黄金和外汇，总数能否超过十亿美金尚是疑问——像近代战争这样费钱的一种事业，这一点准备金，实在是太少了！

以上是从物质上估量，可以断定日本的最后失败。但是有些地方，

---

① 张伯伦：亚瑟·内维尔·张伯伦（Arthur Neville Chamberlain, 1869—1940），英国政治家，1937年到1940年任英国首相。任内对纳粹德国实行绥靖政策，加速了第二次世界大战的爆发。

或者还可以补救。我们认为他的致命伤，无论如何不能补救的，就是他的民族精神日趋下流。

日本在百年前，受我们祖宗文化的启导，绵延了他的岛民生活数千年。自门司叩关①而后，急起直追，迎头赶上，学到了西洋的物质文明。经遇〔过〕甲午、甲辰和欧战三役以后②，因幸胜而骄，以为它的大和魂、武士道所向无敌。其实，除了教成武人蛮勇以外，毫无内容。大正③以后，军阀法西斯继起，在它的无文化、无宗教基础的国性本来面目，道德修养、贞操观念，都不足重轻。记得三十年前，某国报章讥笑它为卖淫国，毫不羞愤。所以维新军人乃木希典④，当明治逝后，剖腹自杀，遗嘱深慨世道、人心之日趋下流，为其国之最大危机。

维新元老相继凋谢，少壮军人横冲直撞，到了二二六事变⑤，就登峰造极了！这种精神，在他们国内成了革命性的不安；对我国即尽量发挥侵略的兽欲，军行所至，奸淫掳掠，无所不为，犹腼颜对列强谓之为争生命线。立朝的政治负责者，天天为军阀弥缝，天天对国际撒谎，这种立国精神，如何能维持胜利？

日本视宗教、道德、文化等等为不足重，且摧残之。政治上已失却权威，全国在拜军的氛围中，这就是他的败征表现。我们抗战半载，精神上得到国际同情，宗教和道德上精神援助，人兽关头，就是胜败的分歧点；我们精神上奋兴，也就是我们努力的重要方向。

---

① 门司叩关：指美国海军准将培理（Perry，1794—1858），于1853年、1854年两次率舰队到日本，通过鸣炮示威等手段，逼迫日本签订《日美和好条约》，开放下田、函馆两地为通商口岸，于是日本闭关自守之局结束。

② 此"甲午"，指1894年的甲午战争或中日战争；此"甲辰"，指1904年在中国东北进行的日俄战争；此"欧战"，指1914年在欧洲爆发的第一次世界大战。

③ 大正：系日本大正天皇嘉仁在位期间使用的年号，时间为1912—1926年，共计15年。

④ 乃木希典（1849—1912）：日本陆军大将，参加过中日战争、日俄战争，被奉为"军神"。是皇孙裕仁的导师。1912年明治天皇病逝后，同其妻剖腹殉节。著有《乃木希典日记》。

⑤ 二二六事变：亦称二二六政变，系1936年2月26日日本皇道派青年军官发动的武装政变。杀死内大臣斋藤实、大藏大臣高桥是清、教育总监渡边锭太郎等人，最终被镇压。

# 对于青年团的意见

（1938年4月23日）

**【题解】** 本篇原载《血路》第15期。发表时间为1938年4月23日。

本期为"俄、意、日青年团与中国青年的组织和训练问题"特辑。还刊载有黄旭初《奉献于现代青年之前》、胡秋原《对于青年团的希望》、陶百川《苏联青年团与中国的青年组织》、薛光前《意大利青年团与中国的青年组织》、王龙章《日本青年团的面面观》等文论。

《血路》，抗战周刊，1938年1月15日创刊于汉口，由血路周刊社主办，陶百川为社长、王龙章为编辑人、杨坚为发行人。该刊宗旨，在宣传抗战，研讨与抗战相关的问题。该刊未分栏，但基本每刊一特辑；主要撰稿人，有叶青、范长江、范寿康、陶希圣、马寅初、章乃器、胡秋原、金仲华等。1938年7月23日发行第26期后迁重庆续办，又一度停刊，1940年5月11日出版复刊，复刊第15期后终刊，共出近百期。

一、青年团名称，如临时代表大会议决为"三民主义青年团"，即照此通用。或于青年团名称上冠以党徽，不标出文字上名义，更便识别。

二、青年团团员年龄，只规定一级，以十二岁至十八岁为相当。青年在此年龄中，心理上、生理上变动极大，而十八岁则为法定的成年。

若为主义计，亦可不限年龄。盖青年团之训练，既以主义为根据，只问思想，可不限年龄也。

三、加入青年团者，应采征募制；强制与志愿，皆不易推行。

四、青年团之组织，应普及于社会各阶层。训练时，以地域区分，不必照职业分类。

五、青年团之组织系统，可参照《中国国民党党章》规定；惟全国宜设一总揽机关，其余各地方机构，均采横的联络。

六、青年团应以社会服务为其中心工作。

七、童子军、学生军训及学生自治，均应为青年团事业之一部分。

八、青年团员，为中国国民党预备党员之准备，但须平时注意于党义之陶冶；故青年团宜于平日常识、学术、事业诸种讨论以外，须特设党义研究班，方能使其对中国国民党自然发生信仰。

# 五四运动的现阶段

（1938年5月7日）

**【题解】** 本篇原载《中华周刊》第609号。发表时间为1938年5月7日。

有关《中华周刊》，参见前文《〈中华周刊〉的新生命》题解。

吾国历代，每值政治窳败、社会动摇之时，辄有智能之士或其同群，以自觉的忧愤发为行动，如伏阙上书、处士横议等，常为其时代革命之急先锋。

五四运动，为历史背景与时代思潮所鼓荡，智识青年振臂一呼，汉奸胆寒，全国响应，至今成为最近时更重要之一幕。

试探讨其动源，自甲午战败，国人方有觉醒动机；中经戊戌、庚子两事变①，所能自觉者，不过仍为士大夫阶层。其普遍政治意识促成辛亥革命者，受孙中山总理革命理论之导源者实多。即五四运动之本质，亦确与国民革命相呼应。当时之所谓新文化运动，究极目的，在于政治、社会之改造，民族意识之新生，循此以求中国之自由、平等。

五四至今，已历十有九年，恰值抗倭战争最严重时期。在现阶段的责任，较发动时期尤宜有加倍之努力。析言于下。

---

① 此"戊戌"，即1898年的"戊戌变法"，或称改良维新运动。此"庚子"，即1900年八国联军入侵，后签《辛丑条约》。

《中国国民党临时代表大会宣言》及《抗战建国纲领》所明示，教育、文化今后两大目标，曰"注重国民道德之修养"及"提高科学之研究"。五四以来，凡参加此项文化运动者，咸以文艺复兴相比拟。然值此为民族复兴而战，人人应存人一己百、人十己千之负责决心。国民道德之最简要条件，即新生活运动准则之笃实践履、明耻教战、负重建国；科学研究之提高，即精研建国御侮之必要技能，迎头赶上。

吾国兴学六十年，新文化运动又届廿年，物质能力之水准太低。其间，固有不可抹煞之科学成就；然察其大体，殊难语于担当御侮建国之独立需要。如一切不假外求，而有现代国家之基本功能，乃事实之不可掩者。必使科学应用之大众化、创造化，国族力量能独立适存；且于国际间有文化的交互贡献，此乃文化运动在现阶段所宜引为重任者也。

人，最高理想在建立和平、幸福的大同世界，故必扫荡黑暗、铲除不平。此义惟循文化途径优为之。吾国之文化基础，蕴蓄独厚。因科学落后，乃招致侵略。然确信东海、西海，心同理同。今次抗倭战争之得到各国之道德援助，实为文化——公理、正义——感应。即倭军阀之劫持国民，观察各战场之奔驰者，横竖仅土肥原①、板垣②、矶谷③等数人。其国民，大都有文化、良知的潜伏。

由现阶段以检讨五四运动，即救国的三民主义运动，救世界的大同文化运动。

---

① 土肥原：土肥原贤二（1883—1948），日本陆军大将，建立满洲国和策划华北自治的幕后人物，后被定为甲级战犯，处以绞刑。
② 板垣：板垣征四郎（1885—1948），日本陆军大将，历任关东军参谋长、陆军大臣、中国派遣军总参谋长、朝鲜军总司令、第七方面军总司令，后被定为甲级战犯，处以绞刑。
③ 矶谷：矶谷廉介（1886—1967），日本陆军中将，香港日据时期第一任总督，日本昭和时期的四大中国通之一，后被处以无期徒刑。

# 《武昌中华大学第四十二届毕业同学纪念册》弁言

(1938年6月2日)

【题解】本篇原载《武昌中华大学第四十二届毕业同学纪念册》一书第14～15页。撰成时间为1938年6月2日，刊印时间为1938年7月。原发表时题为《弁言》，今题系由编者所拟。

中华大学第四十二届毕业生，共三学院、七学系，《毕业同学通讯录》载名为50人。

《武昌中华大学第四十二届毕业同学纪念册》，系由中华大学应届毕业生代表编纂，总务为钟粒民，交际为凌家葵、吕时骏，事务为方定夷、陈英，会计为彭其康、曾能沅，文书为黄天锡、邓枭群。该刊于1938年6月编成，同年7月由武昌益文印刷局刊印。册中收录有题字、照片、校史、系史、教职员一览、历届毕业生、在校肄业生等，总计近10万字。

大学文、理、商三学院第四十二届毕业同学，计有七学系，都五十余，尚有各大学借读生若干人。依《大学规程》，受殿最之试验。相与发起摄影、纪事，共谋同学录之辑，以留鸿爪。

本届诸同学，恰当所谓大时代之中。我全民族谋独立、自由，与日本军阀抗战亦既十阅月；全国民众在蒋委员长指挥之下，不问男女老幼，咸有极高度之爱国热心、最艰苦之努力，万众一心，向胜利之途迈进。

今次抗战过程中，一般人私议、公评，佥谓知识分子贡献太俭，青年学生努力不足；高等教育负责者，徒知远移边徼为避难计。本校当空袭威胁，战讯胜负交传中，犹能安然上课；本届各院系秩然毕其学程，殊为难得，在校历上允宜将笔者也！

诸同学一出校门，民族抗战重任，直接间接将加于双肩。今后如何运用所学，以担当抗战建国、复兴民族巨责，将于诸同学今后之奋斗下之。十年以后，诸同学之天下也。此纪念册，或可供国史之一部分参考资料耳！

陈时，民国二十七年天中节①

---

① 天中节：端午节的别称。

# 反侵略与打不平

(1939年7月1日)

**【题解】**本篇原载《反侵略》第1卷第10期"周年纪念特刊"。发表时间为1939年7月1日。

《反侵略》,政治周刊、半月刊、不定期,1938年9月3日创刊于汉口(后移重庆),由反侵略周刊编辑委员会编辑,国际反侵略运动大会中国分会编辑委员会出版。该刊以宣传反侵略为宗旨,对外为建立国际反侵略联合阵线制造舆论,报道各国反侵略战争动态;对内联络各抗日救亡组织和团体,报道中国英勇抗日的情况,宣传中国为维护人类正义和世界和平而战的意义。主要栏目,有社论、专载、特载、短评、时评、征求等;主要撰稿人,有冯菊坡、郑彦棻、曹树铭、包立德、徐彦之、吕志澄、郭沫若、方振武等。1942年6月15日终刊,共出4卷40期。

孙中山先生说:"三民主义是替世界上打不平的。"世界上事事物物,因有不平,自然不和。纵有种种国际政治组织和各种条约,只能弥缝于一时。中国这回的抗战,虽说是反抗侵略,实在乃有打不平的重要阶段。要世界上明白这个道理,我们要有如下两种努力:

(1)世界真正和平,应以打不平为前导。反侵略运动,虽然在中国的抗战期中有不少的工作,尚应该由各国国民自动的——尤应以反侵略会①为中心,运用民主政权,直接的、间接的,使其执政者对侵略国施以有效的制裁,如经济绝交、军火禁售禁运等。

(2)凡是有华侨、华工的地方,应组织反侵略支会。人数在五百以内者,派一联络员,专门执行与侵略国不合作的办法,尤其对于日本。

这种工作,我们应尽量是以打不平为理论基础。打倒不平,世界自然和平。

---

① 反侵略会:全称"国际反侵略运动大会"或"国际反侵略大会",该会发起于1937年底,1938年2月12日在英国伦敦正式成立。此为全世界正义人士反对法西斯、支援中国抗战的国际社团。中国也很快设立了分会。

# 国民参政会开会前夜感言

(1938年7月2日)

**【题解】**本篇原载《新华日报》1938年7月2日。原发表时题为《国民参政会开会前夜——参政员的意见》,今题系编者所拟。在该栏目或总题之下,还发表有邓颖超和陈希豪二人的意见。

陈时于1938年4月30日,被推举为湖北省籍国民参政会参政员候选人,呈报行政院核准。同年6月17日,国民政府正式公布当选者名单,陈时与孔庚、喻育之、黄建中四人当选。此后,陈时连任第二、三届参政员,第四届落选。

《新华日报》,日报,1938年1月11日创刊,由中国共产党长江局(后改南方局)主办,实际领导者为周恩来。该报以团结抗战,力争民族独立为宗旨,成为强有力的宣传喉舌。同年10月25日迁重庆,社长潘梓年,总经理熊瑾玎,历任总编辑有华岗(华西园)、吴克坚、章汉夫等。主要栏目或副刊,有新闻、短论、书评、剧评、读者信箱、团结、文艺之页、青年生活、工人园地、妇女之路等;主要撰稿人,有董必武、胡绳、林默涵、徐光霄、郑之东、李亚群等。1947年2月28日,被国民党当局查封。

政府召集国民参政会,据组织条例第五条规定,所赋予权力极大,在抗战期间,政府对内对外之重要施政方针于实施前,应提交国民参政会决议；决议案经国防最高会议通过后，依其性质，交主管机关制定法律或颁布命令行之。

而同条第三项规定，除有紧急特殊情形，国防最高会议主席，得依《国防最高会议组织条例》，以命令为便利之措施外，均须受前两项限制。

准此，则政府之谏责极专，民众之期望极殷，参政员弥感责任重大，应时刻警觉，依据《抗战建国纲领》，谋实施之贡献，整合二百人为一个共同意志①，为民族生存争取最后胜利。

---

① 此"二百人"，系指全体参政员。在第一届参政会组成时，参政员为200名。后历有增加，第四届参政会参政员为290名。

# 《中华大学三十周年纪念特刊》发刊词

(1942年5月10日)

【题解】本篇原载《益世报》1942年5月12日第4版"中华大学三十周年纪念特刊"。撰成时间为1942年5月10日。原发表时题为《发刊词》，今题系编者所拟。特刊刊头系时任国民政府主席林森题写。

在此纪念特刊上，除陈时所撰《发刊词》外，还载有龙侃《中华大学三十周年纪念感言》、余家菊《中华大学三十年史论》、允檀《抗战建国与外交》三文。

《益世报》，综合类日报，1915年10月10日创办于天津，创办人为比利时籍天主教神父雷鸣远（Vincent Lebbe），由罗马天主教教会主办，总经理为刘俊卿，总编辑为唐梦幻、马在天。该报以"提倡道德，补助社会，振励工商"为宗旨。该报为四开八版。第一、四、五版，全部刊登商业广告；第二、三版，主要刊登报馆启事、社论、时评、命令专电、欧洲战电、西电议要、特别要闻等；第六版，主要刊登本埠新闻、北京新闻、各省新闻、世界新闻、国内要件等；第七版，主要刊登谐著、小说、笔记、游记、诗词、歌曲等。主要撰稿人，有马彦祥、张恨水、老舍、罗隆基、钱端升、梁实秋、范长江、田汉、叶浅予等。1939年1月迁昆明，1940年3月迁重庆，1945年迁回天津，1949年1月15日终刊。

中华大学创立三十周年，承《益世报》社长杨慕时①先生之盛谊，发行特刊，至可感也。

《益世报》向有提倡社会事业之誉，雷神父②、于主教③久为社会领导者。自从《益世报》复刊陪都以来，于学术界及社会方面、青年方面，导扬备至；在抗战文坛中，□然□出，此非一人之私营也。

诗云："同声相应，同气相求。"④《益世报》之爱护中华大学，盖以同为社会文化事业，嘤鸣求友，气类相感，并□而为人类谋幸福，此心同，此理同，相得益彰，合力以赴耳。《益世报》之在冀北，在全国，在海外，对于文化事业之贡献，其成绩盖在中华大学之上。文化心理之成因，较任何物质为不可磨灭。所谓神圣事业，在平时然，在战时尤然。

中华大学三十年之历程，本无可多纪；惟以陈氏全家之毁产，为社会、国家服务，政府早有褒奖；所志所事，乃未遂其一二，特兹愧惧也。

凡社会事业之能由创造而发扬、而悠久，非一手一足之□所能奏事。中华大学先后毕业者逾万人，同事者达千数，其间历经患难、效死

---

① 杨慕时：生平事迹未详，神学博士、天主教司铎。抗日战争期间，在重庆办理《益世报》。撰有《刚总主教与爱国》《公进与农村》《灵修的恐慌》《谈传教工作与合法范围》《新闻记者"三真"论》《漫谈思想自由与言论自由》等。

② 雷神父：即雷鸣远（Vincent Lebbe，1877—1940），字振声，比利时天主教传教士。1901年来华，同年在北京升为神父。1912年任天津教区副主教，创办《广益录》；1914年创立中华公教进行会，次年在天津创办《益世报》。1917年被派往宁波传教。1920年被遣返比利时。1927年再度来华，并加入中国籍。抗日战争时期，率会士与教徒赴前线救护伤员，曾任国民党军队卫生连连长、华北战地督导服务团团长。1940年在重庆病故。

③ 于主教：即于斌（1901—1978），字野声，黑龙江兰西人。早年入黑龙江省立一师、吉林神罗修道院、上海震旦学院，1924年赴意大利留学，先后获神学、哲学、政治学博士，1928年晋升神父。1933年归国，任梵蒂冈教廷驻华代表公署秘书兼中国公教进行会总监督。抗战时期，在重庆主持难民救济工作，任《益世报》董事长。1946年，被罗马教宗任命为南京教区总主教。1949年赴美国，后到台湾创办辅仁大学，1969年被罗马教宗任命为枢机主教（红衣主教）。

④ "同声相应，同气相求"：此句并非出自《诗经》，而是出自《易传·乾文言》。意指志趣、意见相同的人互相响应，自然地结合在一起。

不去者，俨成一战斗体，此则非偶然能致者。

社会事业之发展，端赖环境之助力；但必办理者有一种精诚，变之意志；且必须有宗旨、信仰相同之最大热诚，不计利害，日积月累，此为铁一般之因果律。

语云"天助自助者"，从来圣贤，每□忧患。辄以前途归之于天，此中有至理存焉。精神感应，较任何力量为伟大。

中华大学之去来今，有本刊之各另稿分言阐述。□自今，愿附《益世报》之骥尾，为人类文化谋创造，□共建大□云□。

陈时，三一、五、一〇

# 《益世报·经济论坛》发刊词

(1943年3月31日)

**【题解】** 本篇原载《益世报》1943年3月31日"经济论坛"第1期。原发表时题为《发刊词》，今题系编者所拟。

在《益世报》"经济论坛"第1期上，除刊载了此《发刊词》外，还刊载有凌宪扬讲、范鸿元记《工厂管理述要》和王北辰撰《战时生产政策的要点》二文。

有关《益世报》，参见前文《〈中华大学三十周年纪念特刊〉发刊词》题解。

中华大学商学院师生组织战时经济研究会，并广邀当代学术专家讲演、指导，以其言论与国人相沟通。今得《益世报》之赞助，继行本刊，谨述其旨趣于次：近代战争，以工业发展之结果，其影响涉及多方面；双方战争力之总和，与国家总动员所支持者，成正比例。鲁察道夫在《全民战争》中言之綦详，可以稽案。

吾国抗战六载有余，自卢沟桥之开始，膺惩倭寇，迄与同盟国并肩作战，□□国力储积之丰厚，暨统帅部之指挥若定，已现胜利之朝暾。愿最后一着，集艰□□倍蓰□前，目下已□军事第一。进至经济第一阶段中，将以全民动员人力、物力、财力，与敌人决战。尤应动员脑力，自理论及事实，作多方面之探讨。在战时贡献具体方案，在战后未来永久之和平。此固政治上之使命，尤须在经济上立不拔之基。

政治之适应，在此时此地，经济之建设亦在准乎国情。方今以物价□□诸问题，举国上下，困心衡虑。其要旨□非根□□论，□□事实，以谋经济上诸种问题之解决，是期本刊之职志也。

# 《私立武昌中华大学会计专修科同学录》前言

(1944年1月1日)

**【题解】** 本篇原件存华中师范大学档案馆"中华大学类",卷宗号 LS12-65。原题为《前言》,今题系编者所拟。

中华大学会计专修科始创于1940年1月,学制二年。原计划招生一班,约50人;结果报名者踊跃,实招生百余名分为两班。1941年春,又招收第二届会计专修科一班,人数约50人。此次毕业者,为第三届,人数亦为50人。

华中师范大学档案馆有关中华大学的卷宗,共510卷。

吾校自迁渝以来,倏将六稔。会计专修科为应用人才之需要,奉部令而设立,瞬经三届,先后毕业者将达二百人。泰半服务财政金融各机关,工作成绩颇有可观;且以专业之故,其团结表现亦多可记。举凡通讯地址之调查,聚餐之踊跃,非其他者所可及,此堪特举者也。

目今物质供应不相应,印刷尤价剧而难如期发行。本届同学咸鼓通迈进,有《同学录》之付刊,在战时殊觉难能可贵。盖曩昔每届毕业,辄摄影制版,煌煌巨观;在今日而有此作,不知需耗几千百倍。故各院系每届毕业,只以摄影留念;而"会专"能有此册,殊可贵也!

会计之道,在文明国家,为整饬庶政之基;吾国行政,近年也赖此而立稽核之规模。顾自指数之升降失常，而社会道德因以退化，战后之经济后〔复〕员，必有使人才有彷徨之感，此则赖平时修养，克自树立，方不致为狂潮所卷而去。诸君共念之哉！

陈时，卅三年元旦

# 难关重重的出版自由

(1948年7月25日)

**【题解】** 本篇原载《远风》第2卷第2期"专论"栏。发表时间为1948年7月25日。

陈时在办理中华大学的近40年中，主办或支持办理的刊物多达20余种。其中于1915年首次办理的《光华学报》，并因触犯文网而遭禁。后虽经陈时再三交涉，并允诺"专载学术，不涉政论"，在停刊半年后才允许复刊。在1928年"党化教育"甚嚣尘上之时，陈时虽被解除通缉令未久，但他还是发表了《审查刊物与心理建设》一文，对当局"消极禁止"的措施颇有微词。本文发表之时，"行宪国民大会"即将在南京召开，因而本文可视为对宪政"言论自由"的期待。

《远风》，综合半月刊，1947年4月15日创刊于上海，由远风社主办并编辑，由上海商务出版公司经销。"因为人有追求文化的兴趣，社会需要创造文化"，故该刊旨在培育和传播文化。主要栏目，有风云笔、远攻篇、远视眼、特稿、风马牛等；主要撰稿人，有管城、李信德、钟唐、鲁子通、张耀辰、臧克家等。1948年12月16日终刊，共出3卷14期。

一

中国的法网实在太密，密到使你懵然不知其存在。我们每一个人的言论、行动，未必不时常触撞法网；一旦有人挑眼，你就犯了罪。

去年上海有一个小本商人，辛辛苦苦十多年，积蓄了一万多块银洋，被当局用等量的法币，一块掉一块地〔一〕古脑儿搬去，于是乎喊冤。结果当然是等于零。因为后来我们知道了，当局确是有"法"可据，那是十余年前颁布的叫什么《收兑银币条例》。

最近，南京《新民报》① 奉令永久停刊，大家才纷纷议论，这违反《宪法》的《出版法》之不当。在细针密缕的广大法网之中，《出版法》算是比较显著的一个。由于它的存在与日常生活太密切，我们对它其实并不像《收兑银币条例》之类那样漠不关心；不过，我们无力对它提出抗议，或明知抗议也无效，大家马马虎虎，只要人家不挑眼，得过且过罢。

《时代日报》② 被封之后，也以为这是一种"敌性"的外商报纸，被封是情理之内的事，各人自扫门前雪，还是不响为妙。但万不料，这一次竟从《新民报》开刀，杀鸡吓猴，使一些多少带了几分民间性的报纸、杂志大惊失色了。

---

① 《新民报》：民营日报，1929年9月9日创刊于南京，创办人为陈铭德、吴竹似、刘正华。早期接受四川军阀刘湘资助，1937年集资成立股份有限公司。抗战全面爆发后迁重庆，秉执"中间偏左，遇礁即避"方针，特邀张恨水、张友鸾、张慧剑等加盟，特约章士钊、黄炎培、老舍、巴金、朱自清等名人撰稿，声誉日隆。抗战胜利后迁回南京续办。1948年7月8日，当局以"立法院军事泄密案"为借口，勒令该报永久停刊。

② 《时代日报》：日刊，1945年8月16日创刊于上海，初名《新生活报》。系以苏联商人名义出版的中文报纸，办有多种定期栏目，以"军事述评""经济述评""国际时评"影响最大；报道国民党统治区工人、学生运动的情况，宣传中国共产党的主张。1948年6月3日，国民党当局以"歪曲军情，煽动工潮、学潮，破坏金融"为名，勒令其停刊。

政府的武器是《出版法》。自去年《文汇报》①《联合晚报》②被封以来，《出版法》的威风敛息已久。这一回，又大大地显露了一番。于是大家来谈《出版法》，嘘它，骂它，唾弃它，诅咒它，仍然无损它的威严。唯一能制服它的是《宪法》，但《宪法》不会开口说话，制宪和立法的先生们，全顾左右而言他；笑骂由他笑骂，好"法"我自为之。这情形真是尴尬。

## 二

在昔专制时代，谈不上什么言论自由、出版自由；我们仅知道，有所谓"焚书坑儒""罢黜百家"，以及一连串血淋淋的文字狱史，因此更谈不上什么《出版法》。中国之有《出版法》，始作俑者为彼"窃国大盗"袁世凯；但其前，也有一些"律例"之类可称前驱。现在，择要依次记叙如后，以见这可怕的《出版法》是怎样蜕变而来。

### （一）大清律例

清光绪二十七年所刊行之《大清律例增修统纂集成》，有"造妖言妖书"，条例于刑律盗贼类。占革命史上光荣之一页的"苏报案"③，判决时即引用之。文如次：

---

① 《文汇报》：日刊，1938年1月25日创刊于上海，中、英人士合组董事会，向上海英国总领事馆立案。经理为严宝礼，总编辑为徐铸成。创刊两个月后，销路便超过1万。后被迫停刊。抗战胜利后复刊，1947年5月24日，又因鲜明的反内战立场被迫停刊。后出有香港版，上海版也在1949年后复刊。

② 《联合晚报》：原名《联合日报晚刊》，1946年4月15日创刊于上海，是中国共产党领导下的进步报纸。由刘尊棋、金仲华、陈翰伯、冯宾符、王纪华、陆诒、郑森禹等人组成社务委员会，王纪华任发行人兼总经理，陈翰伯任总编辑，冯宾符任主笔，陆诒任采访主任；姚溱、冯亦代、王元化等分管副刊，记者、编辑有乔石、翁郁文等。因及时报道工人运动、学生运动消息，1947年5月24日与《文汇报》同时被封。

③ 苏报案：《苏报》系资产阶级革命派的喉舌，1896年6月26日创刊于上海。后因章太炎、柳亚子等的"放言革命"，清廷会同租界当局逮捕了章太炎、邹容等6人，并于1903年7月7日查封《苏报》，史称"苏报案"。

造妖言妖书：凡造谶纬妖书、妖言及传用惑众者，皆斩（监候，被惑人不坐；不及众者，流三千里，合依量情分坐）。若私有妖书（他人造传）隐藏不送官者，杖一百，徒三年。

律条：（1）凡妄布邪言、书写张贴、煽惑人心，为首者，斩立决；为从者，斩监候。若谶纬妖书、妖言，传用惑人，不及众者，改发回城，给大小伯克及力能管束之回子为奴。（下从略）

## （二）报章应守规则

光绪三十二年，巡警部订定《报章应守规则》九条。后《报律》颁布，此规则即行收回。其较重要之前四条如后："（1）不得诋毁朝廷；（2）不得妄议朝政；（3）不得妨害治安；（4）不得败坏风俗。"

## （三）大清报律

《大清报律》脱胎于日本《报纸法》，光绪三十二年十二月颁布。其第十四条云："下列各款，报纸不得揭载：（1）诋毁宫廷之语；（2）淆乱政体之语；（3）扰害公安之语；（4）败坏风俗之语。"

## （四）民国暂行报律

民国元年三月，南京政府内务部订"报律"三章。后因报界反对撤销。其二章云："流言煽惑关于共和国体，有破坏弊害者，除停止其出版者，其发行人、编辑人，并坐以应得之罪。"

## （五）报纸条例

《报纸条例》，系民国三年四月袁世凯所制定、公布，四年七月又加修改公布。其第十条谓：

后列各款，报纸不得登载：（1）淆乱政体者；（2）妨害治安者；（3）败坏风俗者；（4）外交、军事之秘密，及其他政务经该管官署禁止登载者；（5）预审未经公判之案件，及诉讼之禁止旁听者；（6）国会及其他官署会议，按照法令禁止旁听者。（下略）

## （六）出版法

系民国三年十二月，袁世凯所制定、公布。《国民公报》① 等之被封，即援引此法。民国十五年废止。其第十一条内容如次：

文书、图画有后列各款情事之一者，不得出版：（1）淆乱政体者；（2）妨害治安者；（3）败坏风俗者；（4）煽动、曲庇状罪人、刑事被告人，或陷害刑事被告人者；（5）轻罪、重罪之预审案件未经公判者；（6）诉讼或会议事件之禁止旁听者；（7）揭载军事、外交及其他官署机密之文书、图画者，但得该官署许可时不在此限；（8）攻讦他人阴私，损害其名誉者。

## （七）国民政府出版法

本出版法，十九年十二月公布施行，二十六年七月修正。内政部封闭《新民报》，即援引此法。其第廿一条条文如次：

出版品不得为下列各款言论或宣传之记载：
（1）意图破坏中国国民党或违反三民主义者；

---

① 《国民公报》：日刊，日出对开二张，1910年7月创刊于北京。为立宪派团体"国会请愿同志会"的机关报，名誉社长孙伯兰，社长文实权，编辑徐佛苏、黄与之等。梁启超、黄远生、徐佛苏、黄与之等均借此发表主张。1919年10月24日，以所刊评论违反《出版法》，被北洋政府查封。

(2) 意图颠覆国民政府或损害中华民国利益者；

(3) 意图破坏公共秩序者。

## (八) 修正出版法草案

本草案经行政院三十六年十月二十四日会议通过，并将作为行宪立法院讨论修正的张本。其第四章"出版品登载事项之限制"，全文如下：

第二十一条　出版品不得为后列言论或宣传之记载：(1) 意图颠覆政府或危害中华民国者；(2) 妨害邦交者；(3) 意图损害公共利益或破坏公共秩序者。

第二十二条　出版品不得为妨害本国或友邦元首名誉之记载。

第二十三条　出版品不得为妨害善良风俗之记载。

第二十四条　出版品不得为妨害他人名誉及信用之记载。

第二十五条　出版品不得登载禁止公开诉讼事件之辩论。

第二十六条　战时或遇有变乱及其他特殊必要时，得依中央政府命令之明定禁止，或限制出版品关于政治、军事、外交或地方治安之记载。

以上八项，大致可以看出，中国出版法成长的痕迹，就是愈往后，条文愈笼统，也愈严密，"不得"愈多，真是青出于蓝而胜于蓝。我们在这方面的"进步"是可惊的。

但是，这些或认为太不雅观了，仿佛中国不是一个民主国家似的。那末，我们加一条漂亮的尾巴以资点缀吧——《宪法》第十一条："人民有言论、讲学、著作及出版之自由。"

# 第二辑　章则·计划

# 私立武昌中华大学章程（部分）

（1913 年 7 月）

**【题解】** 本篇原载《章程》单行本第 5~8 页。自刊时间为 1913 年 7 月。原刊行时无署名，当为陈时主持拟订。此复印件，系由陈时嫡孙女陈家益女士提供。

在陈家益等编撰的《陈时与中华大学》一书（华中师范大学出版社 2021 年 9 月版）中，对此章程的介绍为："《章程》分总则（宗旨、名称、位置等）、大学部（分政科、法科、文科、商科大学四科及学科课程等）、专门部（分政治经济、法律、文学、商业科及学科课程等）、研究科（宗旨、年限、入学资格等）、大学预科（宗旨、修业期限、学科课程等）、惩戒、优待生（免一年学费、名誉奖牌、奖品等）、进级及留级、海外留学、典礼仪式、寄宿舍、图书馆及商品陈列馆、附则，共二十章。"（第 14~15 页）可见，本书所录，仅为《章程》之一小部分。

另需说明的是，所录表 6、表 7、表 8，均据《陈时与中华大学》一书。

本章程后附《本大学招考插班》内容为："本大学招考：大学预科（二年级）；游美预科甲班（三年级）；商业科专门部（本科一年级）；中学科（二年级）；小学科（均二年级）。插班生自九月一日至二十日报名，听候随时考试；各部科添招新生，俟开学后另行布告。"

第一章　总则

第一节　宗旨

第一条　本大学以教授关于政治、经济、法律、文学、商业之完全学术，并研究其蕴奥、国家需用为宗旨。

第二节　名称

第二条　本大学命名武昌私立中华大学。

第三节　位置

第三条　本大学设立于武昌省城粮道街。

第四节　学科、分部

第四条　本大学以大学部、专门部及研究科构成之。

第五条　本大学附设大学预科，并别设中学部、高等小学部及女子部。

第五节　学年、学期、休业日

第六条　本大学大学部及专门部，以八月一日为学年之始，翌年七月三十一日为学年之终。

第七条　本大学每学年分为三学期。

第八条　本大学大学部及专门部休业日如下：

（以下缺页）

业生与国立学校受同等之待遇。

第二章　大学部

第一节　分科及学科课程

第十四条　大学部分下四科：

（1）政科大学；

（2）法科大学；

（3）文科大学；

（4）商科大学。

第十五条　大学部本科，除用本国语教授外，并能以外国语教授之。

第十六条　大学部本科教授之学科课程如下。

（一）政科大学（表5）

表5　中华大学政科课程表①

| 学科目＼学年 | 第一学年 | 第二学年 | 第三学年 |
| --- | --- | --- | --- |
| 宪法 | 全部 | | |
| 行政法 | | 全部 | |
| 刑法 | 总论 | | |
| 民法 | 概论 | 概论 | |
| 商法 | | 概论 | 概论 |
| 国际公法 | 平时 | 战时 | |
| 国际私法 | | | 全部 |

（以下缺页）

（二）法科大学（表6）

表6　中华大学法科课程表②

| 学科目＼学年 | 第一学年 | 第二学年 | 第三学年 |
| --- | --- | --- | --- |
| 宪法 | 全部 | | |
| 行政法 | | 全部 | |
| 刑法 | 总论 | 各论 | |
| 民法 | 总则、物权亲族 | 物权债权 | 债权继承 |
| 商法 | | 总则、商行为会社 | 保险、手形、海商 |
| 破产法 | | | 全部 |
| 法院编制法 | 全部（一学期终） | | |
| 刑事诉讼法 | | 全部 | |
| 民事诉讼法 | | 第一、二编 | 第三编以下 |

---

①　此表表头系编者所拟。
②　此表表头系编者所拟。

续表

| 学科目＼学年 | 第一学年 | 第二学年 | 第三学年 |
| --- | --- | --- | --- |
| 国际公法 | 平时 | 战时 | |
| 国际私法 | | | 全部 |
| 法制史 | 全部 | | |
| 法理学 | 全部 | | |
| 法医学 | | | 全部 |
| 经济学 | 全部 | | |
| 财政学 | | | 全部 |
| 拟律拟判 | | | 拟律拟判 |
| 英法 | 英法 | 英法 | 英法 |
| 法法 | 法法 | 法法 | 法法 |
| 德法 | 德法 | 德法 | 德法 |
| 英文 | 英文 | 英文 | 英文 |
| 法文 | 法文 | 法文 | 法文 |
| 德文 | 德文 | 德文 | 德文 |
| 英法 | 法法、德法 | 英文、法文 | |

说明：德文为选择科目。

## （三）文科大学（表7）

表7　中华大学文科课程表①

| 学科目＼学年 | 第一学年 | 第二学年 | 第三学年 |
| --- | --- | --- | --- |
| 文学 | 上古文学、中古文学 | 近古文学、近世文学 | 文学史 |
| 经学 | 左传、公羊、穀梁 | 三礼 | 诗、书、易 |
| 史学 | 本国史 | 西洋史 | 最近世界史 |

---

① 此表表头系编者所拟。

续表

| 学科目＼学年 | 第一学年 | 第二学年 | 第三学年 |
|---|---|---|---|
| 哲学 | 哲学概论、心理学 | 哲学史、伦理学 | 美学、社会学、哲学史、伦理学 |
| 英文学 | 近古文学、英文学史 | 近世文学、英文学史 | 近世文学、现代文学 |
| 世界文学概论及近世文学 | 世界文学概论、法国文学史 | 世界近世文学 | |
| 德文 | 德文 | 德文 | 德文 |
| 法文 | 法文 | 法文 | 法文 |
| 世界语 | 世界语 | 世界语 | 世界语 |

说明：德文、法文为选择科目。

## （四）商科大学（表8）

表8　中华大学商科课程表[①]

| 学科目＼学年 | 第一学年 | 第二学年 | 第三学年 |
|---|---|---|---|
| 商业道德 | 全部 | | |
| 商业各论 | 买卖文库、税关银行 | | |
| 商业史 | 全部 | | |
| 商业地理 | 全部 | | |
| 商业算术 | 全部 | | |
| 商业英文 | 英文 | 英文 | 英文 |
| 商业英语 | 英语 | 英语 | 英语 |
| 商业实践 | | | 实践 |
| 商用文 | | 商用文 | |
| 行政法 | | 商事行政 | |
| 民法 | 概论 | 概论 | |

---

① 此表表头系编者所拟。

续表

| 学科目 \ 学年 | 第一学年 | 第二学年 | 第三学年 |
|---|---|---|---|
| 商法 | | 概论 | 概论 |
| 破产法 | | | 全部 |
| 国际公法 | 平时 | | |
| 国际私法 | | | 全部 |
| 会计学 | | 会计学 | 会计学 |
| 商品学 | | 全部 | |
| 经济学 | 全部 | | |
| 财政学 | | | 全部 |
| 统计学 | | 全部 | |
| 保险学 | | 全部 | |
| 铁路学 | | | 全部 |
| 海运学 | | | 全部 |
| 工业要纲 | 全部 | | |
| 经济政策 | | | 全部 |
| 交易所论 | 全部 | | |
| 货币及银行论 | | 全部 | |
| 海上保险 | | | 全部 |
| 珠算 | | 全部 | |
| 法文 | 法文 | 法文 | 法文 |

说明：国际私法、法文为随意科目。

# 武昌工学互助团组织大纲

(1920年1月下旬)

**【题解】**本篇原载《时事新报·学灯》1920年2月2日。前此,该大纲曾揭载于《汉口新闻报》1920年1月31日。

工学互助团,又称工读互助团,为践行工读教育思潮的代表性社团。1919年12月4日,由少年中国学会执行部主任王光祈倡议成立,得到蔡元培、陈独秀、李大钊、胡适等人的鼎力支持。1920年初,北京工学互助团成立,下分四组;主张"人人作工,人人读书,各尽所能,各取所需",用以试行"工学主义"。这种脱离家庭、摆脱婚姻、实行共产的"新生活",很是吸引当时的理想青年,上海、天津、广州、南京、武汉、广州等地也纷纷筹组此类团体。本大纲的揭载,便是以此为背景。

武昌工学互助团发起人中的陈时和恽代英,无须在此专门介绍。梁空,即梁绍文,详见前文《南洋闻见录——陈时、梁绍文通信》题解。陈昭彦,早年毕业于湖北高等商业学堂,后考取官费留日生名额,赴日学经济。1915年归国应留学生考试,获甲等并分发工作,次年获五等嘉禾章。时任汉口交通银行会计处处长。撰有《马克思主义经济学》《唯物史观研究》《马尔塞斯人口论之盛衰与资本主义》《人类原始之生活》等。

经过月余筹备,武昌工学互助团于同年3月22日,在武昌文华公书林召开成立大会，并利用原设"利群书社"，开始试行工读生活。然而试行未久，也与北京工读互助团一样，因种种实际问题难以解决而无形解体。

《时事新报·学灯》，系中国新文化运动中影响最大的"四大报纸副刊"之一。《时事新报》的前身，为1907年12月5日在上海创刊的《时事报》。1911年5月18日，改名为《时事新报》。1918年3月4日，该报创办副刊《学灯》，确立了"促进教育，灌输文化"的宗旨，力主"学术自由"，宛如学术界和教育界的灯塔。主要内容，有学术动向、教育要闻、世界文艺思潮介绍、西方最新教育理论、书报评介、读书随笔等；主要撰稿人，有傅雷、曹聚仁、张资平、胡怀琛、赵景深、刘大杰等。1929年5月16日改为《教育界》，《学灯》终刊。

## （一）宗旨

本互助的精神，实行半工半读主义。

## （二）团员

凡志愿入本团者，须团员一人之介绍，全体团员之认可，得为本团团员。

## （三）服务

团员每人每日必须工作四小时。生活费用不能支持，得临时由团员会议加增作工钟点。

凡厨中事务及打扫房屋，由团员轮流担任。

## （四）权利

团员生活必要之衣、食、住，由团体供给；团员所需之教育费、医药费,由团体供给,惟书籍系归团体公有。

**(五)工作种类**

(1)洗衣服;(2)制浆、墨汁、墨水及粉笔;(3)贩国货商品;(4)石印;(5)卫生饮料,如咖啡、豆浆、牛奶等;(6)代售各处出版的书报。

**(六)工作所得**

归团体公有。

**(七)组织**

由全体团员组织团员会,选举事务员,并讨论团中重要事务及审查新入团员。

事务员:设总会计一人,管理全体钱银出入事务;会计若干人,分管各组会计事务。

设庶务二人,管理全体买卖及一切杂务。

事务员每月末日选举一次,得连任一次。组织细则另行规定。

**(八)规则**

凡团员有怠于工作情事,由团员会提出警告。经继续三次警告仍不努力尽职,即令出团。

**(九)出团**

团员得自由退出团体,惟须提出理由书。

**(十)附则**

本团与北京工读互助团组织大同小异。惟工作一层,因地方不同,稍有改变。

本团预算及工作分配方法，另有细章。凡团员不能入校听讲者，得由本团聘请教员，每日教授二钟；或者程度不齐，得适用单级教授制。

本团简章，得由团员随时增改。

报名期限，以额满为止。俟经费充足时，再为扩充。

凡愿报名入本团者，请注明愿在本团作何项工作。

凡愿入团者，须守下列条件：（1）须能耐劳；（2）确有志愿为半工半读的独立生活；（3）完全以自由意志加入，无丝毫强迫；（4）须充分服从本团工读互助之旨趣。

凡具下列情形而诚心倾向本团者，也欢迎其加入：（1）在高等小学毕业，欲升学而无力上进者；（2）在中学肄业，因家境困难势至辍学者；（3）在商店当职或工厂作工而有志求学者。

声明：凡身染烟、赌等嗜好或体有疾病者，本团均不收留。

现在系试办时期，先设第一组。俟款充裕，再办第二组、第三组以及其他。

开办费系发起人临时捐出，不足时再向外筹募。关于缴纳捐款等事，请与汉口交通银行陈昭彦君接洽。

本团定民国九年三月开办。

通信处：武昌中华大学梁空。

发起人：陈昭彦、恽代英、陈时、梁空

# 武汉实施平民教育之计划

(1924年3月10日)

**【题解】**本篇原载《通俗旬报》第15号。发表时间为1924年3月10日,原发表时无署名,仅标"湖北"字样,实指湖北省平民教育促进会。此件当为在陈时主持下所拟定,因陈时时任湖北省平民教育促进会总干事。第一、二两部分标题,系由编者加拟。

湖北省平民教育促进会发起成立于1923年11月19日,由时任湖北省教育厅厅长宗彝任会长,陈时任总干事。其后,接待了来汉宣传平民教育的陶行知、朱其慧和晏阳初,并发起组织了武汉三镇同时举行的平民教育集会和游行,掀起了武汉平民教育运动的高潮;又拟订计划,开设平民教育试验学校,使平民教育运动得以持续开展。1925年1月13日,陈时因"大学事忙",辞湖北省平民教育促进会总干事职,改由王连翘接任。

《通俗旬报》,平民教育10日刊,创刊于1923年10月10日,由江苏省立通俗教育馆主办。该刊旨在报道通俗教育、平民教育的推行近况,交流各地经验,并作为相关研究的发表园地。主要栏目,有各县教育消息、省城新闻、各县通讯、邻省消息、文艺作品、歌谣、常识、杂载、讲坛等;主要撰稿人,有陈硕安、王瘦天、渊民、马润安、马伯雄、赵翼、唐云卿、朱幼文等。1924年7月31日终刊,共出29期。

## 一、施行概况

武、汉两地，本为军事重地与商业中心。然近年来学校教育，亦颇蒸蒸日上，所有经费亦尚充裕；但对于社会教育，则十分漠视，以致普通人民智识非常缺乏。较之长江其他省会，恐均有望尘莫及之慨。

上年冬季，陶知行、晏阳初①两君及熊秉三夫人②相继来此后，极力提倡，始有大规模之普遍平民教育运动，平民教育促进会之设立。而官厅方面，亦以平民教育为刻不容缓之举，积极推行，并划拨常年经费，委派人员，办理专责，限期成立平民读书处③若干所，以补平民教育促进会实施之不足。此为上年预定之计划。

日昨，教育厅长宗藻生，以春季开学为期甚迫，特本此已定之计划，召集各学校校长及厅内重要职员、平民教育促进会各股委员，在厅内开一会议。当由宗氏主席，说明开会情形及已筹得之经费若干，旋即议决切实办法六项：

（1）由教育厅开办省立平民学校与平民读书处若干所；

（2）各学校已经开办平民学校者，继续进行；

（3）各学校未经开办平民学校者，应积极筹备，实行附设；

（4）各专门以上各学校学生，如热心平民教育，应准增多平民校数，辅助进行；

---

① 晏阳初（1890—1990）：别名遇春，四川巴中人。早年留学美国，获普林斯顿大学硕士学位。旋赴法国，对华工提供教育。1920年归国，任职于基督教青年会，开展平民教育试验。1923年，与陶行知共同发起成立中华平民教育促进会，任总干事。曾主持"定县实验""衡山实验"和"华西实验"，获"世界平民教育之父"的美誉。著有《平民教育概论》等。

② 熊秉三夫人：即熊希龄夫人朱其慧（1877—1931），女，字淑雅，江苏宝山人。早年协助丈夫创办北京香山慈幼院，并主持女红十字会的工作。1923年，与陶行知、晏阳初共同发起中华平民教育促进会，任董事长，并亲赴各地助推平民教育运动。还积极提倡女权和女子教育，为中国女界闻人。

③ 平民读书处：陶行知所独创的推行平民教育的组织形式，即利用每一家庭、每一店铺、每一工场等随机组成读书处，利用识字者教不识字者；场所勿须固定，时间亦可自定，统一采用《平民千字课》，以达成"除文盲，作新民"的目标。若将设学校喻为"开饭馆"式的教育方式，那么普设平民读书处，则可视为"家常便饭"式的教育方式。

（5）凡任平民学校管教、职员者，均属义务职；

（6）平民学校应用课本、笔墨纸张，由校购办发给。

以上办法，即于三月一日起实行。议决后即行散会。

## 二、计划内容

同时，平民教育促进会亦拟具《十三年度平民教育计划》及《经费预算书》，交由董事部分别核议，以便即日施行。现将其计划书录如下：

### （一）实施时期

自十三年三月一日起。

### （二）准备事宜

（1）划分学区。由武、阳、夏三处主任干事，会同推行股主任及该地平民教育促进会，组织平民教育委员会。所有该区调查、劝学及实施平民教育计划，即由各该区委员会拟定，交该地平民教育促进会议决施行，并报告本会备查。

（2）设法劝导。由推行、宣传两股，分别于公共讲演场所及各新闻纸上，将平民教育之重要，及本会进行之计划发表；要求社会之同情，并引起学者之兴味。

（3）筹集经费。本会拟筹集基金至少十万元，请董事会设法劝募。每年应需经费，即由干事部拟议、编定预算书，连同计划，函请董事部核议，向省政府请求拨给的款。

（4）推广委〔会〕员。本会现有会员人数无多，拟按照会章第四条，征求各机关人员为会员，并发给正式会员证。每年征求会员期限，自三月一日至三月三十一日。

（5）函请协作。拟函请各机关、各学校，组织平民教育委员会，与本会各学区委员会协商进行。

## (三) 实施办法

(1) 本会平民试验学校。拟由本会自办平民试验学校五所。武昌、汉口各二所，汉阳一所。均用幻灯教授，经费完全由会款开支，地点应在交通便利公共场所。

(2) 各处附设平民学校及读书处。各机关，各学校，各住户、商店，劝其设立平民学校及读书处，以经费能完全自给或劝募者为最佳。如不能完全自给者，得由会员考查，按名发给课本。所有平民学校及读书处，无论书籍是否由本会发给，均须于开办时报告到会，以便发给表簿，编就注册，随时派员查视。四月习满，报告本会，会同考试；或举行全体试验，发给证书、徽章。

(3) 暑期演讲。每年暑假，由会敦请教育界名流，及各地办理平民教育有经验者，到鄂讲演。召集三镇及各县办理平民教育或愿充平民教师者，实施研究、讨论，并报告各地成绩，交换意见。

(4) 教授研究会。每月至少举行一次，由各处平民教师，就所得经验或困难具体报告，公共〔同〕研究改进方法。

(5) 编印平民月刊及通俗书报。

(6) 创设平民图书馆。武昌、汉口、汉阳各设一所。

(7) 举行全体毕业式，同时游行劝导。每次毕业，请名誉董事长发给文凭、徽章，同时举行武汉平民教育大游行。

(8) 翻印《千字课》[①]。《千字课》版权，系总会所有，本会可以翻印。拟按照省令，垫款翻印数十万册，发给各处，酌收纸价。各县如欲自印者，须先向本会申明。

(9) 办理平民教育统计。总会拟定十三年三月起，在各地报纸上，

---

[①] 《千字课》：指《平民千字课》。系由陶行知与朱经农合编，由商务印书馆于1923年8月初版。该书以1200个常用字作为选编课文的依据，共分4册、96课；每册24课，每日一课，每课一小时，大体四个月学完。该书前后印行300余万册，几乎遍布全国城乡。

宣布各地平民教育进行近况。本会自应仿照办理。兹拟由武、阳、夏三主任干事，会同各地平教促进会，将各地平民教育进行状况，按月报告到会；由注册股汇编，送交总会及各地报纸发表。

# 中华大学校董会章程

(1932年5月)

**【题解】** 本篇原载《武昌中华大学二十周年纪念特刊》一书第1～2页。拟定时间为1932年5月，刊印时间为1934年7月。原发表时题为《董事会章程》，今题系编者所拟。原发表时无署名，当为陈时主持拟定。

中华大学校董会，虽于1920年2月便拟议筹组，陈时也曾到南洋华侨中去征聘校董，但一直并未正式成立。1928年3月复校后，次月便筹组了第一届校董会；第二届校董会，于1929年5月改选成立；第三届校董会，于1930年5月改选成立；第四届校董会，于1931年5月改选成立；第五届校董会，于1932年6月改选成立。此章程，便是拟定于第五届校董会改组之前。陈时始终担任校董兼校长或代校长。

有关《武昌中华大学二十周年纪念特刊》，参见前文《〈武昌中华大学二十周年纪念特刊〉弁言》题解。


第一条　本会依照部颁《私立学校规程》组织之。定名为私立武昌中华大学校董会。

第二条　本会设置于本大学内。

第三条　本会接受黄陂陈宣恺、朴生两公私人所创立之武昌中华大学，赓续进行，依据中央颁布之教育宗旨及部定规程办理。

第四条　本会设校董九人、候补校董五人。以在学术界及社会上负有重望，热心促进本大学之发展者选充之。校董每年改选三分之一，候补校董全体改选，均得连选连任。

第一届之校董及候补校董，由本大学校友总会选充之。以后，由校董会自行改选，通知校友总会。

第一届校董会之任期，以抽签法定之。

第五条　海内外学术宏通、声望隆重、热心赞助本大学之发展者，得由本会聘为名誉校董或名誉董事长。

第六条　本会由校董互选后列各职员：（1）董事长一人；（2）副董事长一人；（3）秘书一人；（4）财务委员一人；（5）财产委员一人。

以上各职员，均称为本会之常务校董。

常务校董，每年改选一次，均得连选连任。

第七条　前条各职员，由本会用记名单计法①互选，以得出席校董票数较多者为当选。

第八条　本会职权如后：（1）本大学校长、副校长之选任，及校长、副校长满任或失职时之改选；（2）选任本会职员；（3）筹管基金；（4）计划扩充校务；（5）审议重要校务及预决算；（6）监察本大学之财务；（7）其他关于本大学重要事项。

第九条　常务校董之职权，受全体校董之付托，处理通常会务。

第十条　本会每年开全体常会二次：以元旦及本大学成立纪念日——五月十三日——为会期。常务会议每年一次。于必要时，均得开临时会议。

以上会议，均由董事长召集之。

第十一条　会议时，须全体校董三分之二以上之出席，方得开议；以出席校董过半数为表决；道远不能到会，以书面说明意见或委托其他校董为代理人者，作出席论。

---

①　记名单计法：记名，指投票者署名；单计，指各职员只能提选一人。

第十二条　本会董事长因事缺席，由副董事长代理；正、副董事长同时缺席，由全体校董推举临时主席。

第十三条　本会经费，由本大学基金项下支给，列入预算案。

第十四条　本章程，由本会呈请政府核定施行。

第十五条　本章程如有应行修改之处，经校董三人以上之提议，由全体常会议决后，呈请核定施行。

# 中华大学组织大纲

（1932年5月）

**【题解】** 本篇原载《武昌中华大学二十周年纪念特刊》一书第2～5页。拟定时间为1932年5月，刊印时间为1934年7月。原发表时题为《组织大纲》，今题系编者所拟。原发表时无署名，当为陈时主持拟定。

此组织大纲，系依据南京国民政府颁发的相关政制法令，以及本校的原有基础和未来发展计划所拟定；它所搭建者，为中华大学的制度框架，是将来学校办理的指针和准绳。此文件的拟定，当然是群策群力的结果；然而校长的牵头和主持，则更是发挥了主心骨的作用。

有关《武昌中华大学二十周年纪念特刊》，参见前文《〈武昌中华大学二十周年纪念特刊〉弁言》题解。

## 第一章　宗旨

第一条　本大纲依据教育法令，参照本校原有状况编定之。

第二条　本校以阐扬学术、造成科学人才、实现三民主义为宗旨。

## 第二章　编制

第三条　本校除大学外，得附设中学及附设小学。

第四条　本大学设下列各学院，按照实际状况，分别次递开办：

（一）文学院

分后列各学系：（1）中国文学系；（2）外国语文学系；（3）教育学系；（4）政治学系；（5）法律学系；（6）附设师范专修科。

（二）理学院

分后列各学系：（1）数学系；（2）物理学系；（3）化学系；（4）附设农艺学系。

（三）商学院

分后列各学系：（1）工商管理学系；（2）会计学系；（3）银行学系；（4）经济学系；（5）附设农业经济学系。

第五条　附设中学校分下列两级：

（一）高级中学

分后列各科：（1）普通科；（2）应用化学科。

（二）初级中学。

第六条　附设小学校分下列两级：

（一）高级

（二）初级

第七条　各学院、各学系、各科组织规程及办事细则，另订之。

## 第三章　行政

第八条　本校以校董会为最高机关，负经营学校之全责。

第九条　本校设校长一人，由校董会选充，分呈教育部暨湖北省政府教育厅备案。任期五年，但得连选连任。

校长对外代表全校，对内总揽一切校务。

校长因事故不能执行校务时，指定院长代理之。

第十条　本校设秘书室

分后列各股：（1）机要股；（2）文书股；（3）统计股；（4）出版股。

第十一条　本校秘书室置秘书二人、帮办秘书一人，由校长聘任，辅助校长办理重要文件册籍。

第十二条　本校设事务处

分后列各股：（1）庶务股；（2）会计股；（3）舍务股；（4）卫生股。

第十三条　事务处置事务长一人，因事务之繁简，得酌置股员、办事员若干人，分管各股事务，由校长分别聘委，或由事务长荐任。

第十四条　本校设教务处

分后列各股：（1）注册股；（2）考勤股；（3）图书股；（4）体育股；（5）军事训练股；（6）童子军股。

第十五条　教务处置教务长一人，辅助校长主持教务，由校长聘任之。各股置主任一人，股员、办事员若干人，由校长分别聘委，或由教务长荐任。

第十六条　大学各学院，各置院长一人，主持各院教务；各学系置主任一人，主持各系教务，均由校长聘任之。

第十七条　附设中学校及小学校，各置主任一人，主持各部该教务，由校长聘任之。

## 第四章　会议

第十八条　本校设下列各种会议：

(1)校务会议;(2)院务会议;(3)教务会议;(4)训育会议;(5)事务会议;(6)系教务会议;(7)附中会议;(8)附小会议;(9)各种临时会议。

第十九条　各种会议规则另定之。

## 第五章　特种设备

第二十条　本校除普通设备外,得次第建设下列各项事业:

(1)图书馆;(2)科学馆;(3)博物馆;(4)体育馆;(5)气象观测所;(6)商品陈列所及学校银行;(7)校友俱乐部。

## 第六章　各种委员会

第二十一条　本校设下列各种委员会:

(1)政治训育委员会;(2)中小训育委员会;(3)学制课程委员会;(4)考试委员会;(5)经济审查委员会;(6)建筑委员会;(7)学生成绩审查委员会;(8)推广委员会;(9)图书委员会;(10)学生事业委员会;(11)体育委员会;(12)各种临时委员会。

第二十二条　各种委员会之组织及办事细则另定之。

## 第七章　附则

第二十三条　本大纲由校董会审定后,呈报政府核准施行。

第二十四条　本大纲如有未尽事宜,得由校务会议决议修改,提校董会审定后,呈报政府核准施行。

# 武昌中华大学之职教概况及计划

(1935年3月15日)

**【题解】**本篇原载《湖北教育月刊》第2卷第4期"职业教育专号"。发表时间为1935年3月15日。

陈时在文末撰有如后的话:"《湖北教育月刊》发行职业教育专号,征文于伃。不伃平时与此道既无研究,任作论文,惧涉空疏,乃就本校理、农两院成序庠、柳国明二院长暨附中汪厚和主任所计划之职业生产范围,聊述大概,授周君保伟成文以应。回忆前此王醒魂先生主编时,曾有征文之约,人事倥偬,久无以应。今幸有此塞责,借以补过,并向王先生道歉耳!——陈时附记。"

《湖北教育月刊》,月刊(实不定期),1933年9月创刊于湖北武昌,由湖北省教育厅主办、编辑并发行。该刊旨在"介绍世界学术思潮,传布本省教育行政消息,研究教育实际问题,记载文化史实"。主要栏目,有专载、论著、计划、报告、史料、统计、文化消息、法规、政令、公牍、调查及统计、附录等;主要撰稿人,有王醒魂、寿森庠、高启奎、程其保、夏斗寅、郭寿华、王义周、王葆青、张群、谈锡恩、王镜清等。1936年4月终刊,共出3卷17期。

## 一、职业介绍部

本校遵照教育部令，组织职业介绍机关，以与全国学术工作咨询处通力合作。其先，组织毕业生职业介绍所；嗣依全国学术工作咨询处规定办法，改组职业介绍部，于本年元月一日正式成立。拟订简章，选定本校校长、教务长、文理商三学院院长及校董会董事长、校友总会代表一人，教授代表二人为主任、秘书及指导员，并规定本部应办事项如次：

（1）指导学生选择职业；

（2）编造毕业生登记表；

（3）筹备研究院计划；

（4）调查学术人才与职业供求状况；

（5）依据毕业生学术及其志愿，介绍相当职业；

（6）向全国学术工作咨询处及各机关团体，报告毕业生资历；

（7）编制本部工作报告；

（8）办理全国学术工作咨询处委托事件。

## 二、高级中学改办应用化学科职业学校

本校附设高级中学校，原办普通科一科，拟逐渐改办应用化学科职业学校，以造就专精化学分析，与利用国产原料制造纯净化学药品之技术人才。预定于两年内，制成最纯净之化学药品四百余种，以供国内各学校及各工厂实验室之需用。现制造业已开始，计实验成功者已达三十余种。似此精进不已，则上开两年计划，不难如期达到，逐渐将本校化

验室，变为化学药品制造厂，则不难成为吾国"怡默克"① 之基础。

自二十三年春起，开始招收应化科学生一班；二十四年春，复招学生一班。以后，拟按年各招生一班，逐渐减少普通科班次，改为应用化学科职业学校。此项计划完成，再推广其他工科。

至应化科各年级课程之支配，除遵部定之普通必修科目，如国文、英语、数学、党义、公民训练、体育等外，其关于理化学程，依照年级，循序渐进。计每周之时数如次：

一年级：普通化学及实验六时，物理及实验六时，制图二时；

二年级：定性分析及实验八时，有机化学及实验六时，定量分析及实验八时，化学药品制造实习八时，油漆及其原料制造实习四时，肥皂及化装〔妆〕品制造实习四时；

三年级：工业化学四时，木材干溜〔馏〕产品制造实习六时，工业分析（煤、油、水、矿物分析等）实习十二时，制革及实习八时，化学药品制造实习八时，机械学及电机学各三时，工业簿记及工厂管理各一时。

## 三、大学理学院设化学研究所

### （一）工业化学部

本部订有四年计划：

第一年，设立木材蒸溜〔馏〕厂。除得正产品木炭外，更研究副产

---

① 怡默克：通译默克，德国知名药厂音译。1668年创立于德国达姆施塔特，为家族企业，后兼制化工产品。1899年分析中药当归成分，制成当归流浸膏"优美露"，曾畅销世界各地。后于美国成立公司，并发展成为知名制药公司。

品之产生，如木精、醋酸、丙酮等，并研究蒸提松香油方法。

第二年，拟设盐酸厂，研究各种原料与方法，俾能以最经济之原料、最简便之方法，得最大之产量，以供化学制造之需要。

第三年，拟设依脱厂①，依据成序举〔庠〕② 院长发明之"成氏法"，进一步研究如何节省硫酸消耗量，如何增加产量，及如何缩减时间等。

第四年，拟设颜料厂，注意人造静〔靛〕青、阴丹士林③、阿力刹林、硫化青④等之制造。

现第一年计划，已于二十二年度成立木材蒸溜〔馏〕厂；研究工作，业已开始。计分四部：（1）木炭部；（2）木精部；（3）醋酸部；（4）丙酮部。第二年计划及图样，业已大部告成，本年度内可告完成。

## （二）有机化学部

本部除试验各种化合物之个性外，特别注意制造，以一学年至少能制造二十种化合物为合格。第三、四年，复有高等有机化学与实验有机分析、油类化学、颜色化学、高等合成化学等。

研究范围，先从模仿制造研究入手，制造切用之有机化合物，如人造皮革、糖精、电木、人造靛青、阴丹士林等。研究提净有机天然国产，如樟脑、鞣素、天然靛青等，然后徐图创作。

## （三）物理化学

本校物理化学实验急待实施。其范围，暂分五部：（1）气体化学；

---

① 依脱厂：依脱，英文乙醚的音译。依脱厂，即乙醚制造厂。乙醚为一种重要化工原料，可用作溶解剂、洁净剂和麻醉剂，并可用来制造无烟火药。

② 成序庠（1886—1967）：江苏宝应人。早年留美，获美国密西根大学化学硕士。时任中华大学理学院院长兼化学系主任。著有《高等有机合成化学》等。

③ 阴丹士林：一种有机染料的英文音译，有多种颜色，最常见的是蓝色。耐洗、耐晒，能染棉、丝、毛等纤维和纺织品。

④ 硫化青：亦称硫化黑、煮青、煮黑等，为化工颜料，用于棉和维、棉混纺织物的染色，也用于麻、粘胶纤维的染色。

(2) 液体化学；(3) 固体化学；(4) 热学；(5) 电化学。此类实验，予研究生以手术上灵敏与准确训练。

### (四) 煤气厂

本厂除研究供给物理、化学实验室及各厂燃料之用外，拟设法蒸提柏油及其副产品，如肥挪、班苏息、托汝因等。

其方法，则拟采用烟煤破坏蒸溜〔馏〕法。因煤气关系国防，至为重要。如柏油中所提肥挪、班苏息、托汝因等，为制造强烈火药及毒瓦斯原料；绿油脑、焦油脑，为制造各种颜料原料。即平时用以研究颜料之制造，战时则用以研究强烈火药之制造，故本校为造就此项人才，以备异日需要，并拟附设柏油蒸溜〔馏〕厂，以其副产品，给予学生以无限研究机会。

### (五) 气体分析

本校既欲造就专门研究煤气人材，并研究最新之低温低压蒸溜〔馏〕法以资比较计，故对于气体分析，同时加以研究。

## 四、大学农学院及农场

本校现积极从事于生产教育之设施，于上开三项外，现正努力于农学院与农场设备之充实。

农学院已于二十二年度成立，招生一班，并已于黄陂筹设第一农场，计二千八百余亩，注重果树园艺，改良品种及畜牧等。武昌忠孝门外，已筹设第二农场，计一百八十余亩，注重蔬菜、园艺、品种改良与乳业等。现牛乳厂已开始筹备，以备供给武汉市民之需要。同时，拟在汉阳筹设第三农场，已有田产六百余亩、山场二大段。

俟一、二两农场筹备充实后，即着手进行果树、园艺与畜牧等。

# 修定中华大学校董会章程

(1936年3月24日)

**【题解】** 本篇原载《中华周刊》第553期。定稿时间为1936年3月24日，发表时间为1936年6月30日。原发表时题为《校董会修改会章会议记录》所附《修改会章全文》，今题系编者所拟。

1936年1月5日，在中华大学校董会第十六次全体会议上，依照教育部的相关要求，须对原定董事会章程进行修订。旋推定陈光组、陈时、曾庆锡、艾毓英、陶尧阶五校董，承担此项工作。同年3月24日，专门召开了校董会修改会章定稿会。会上，陈时报告"会章起草及实施以来经过"，逐条对会章进行删改或修改，然后定稿交董事长核准，再呈部备案。

有关《中华周刊》，参见前文《〈中华周刊〉的新生命》题解。

第一条　本会依照部颁《私立学校规程》组织之。定名为私立武昌中华大学校董会。

第二条　本会设置于本大学内。

第三条　本会接受黄陂陈宣恺、陈朴生两公私人所创立之武昌中华大学，赓续进行；依据中央颁布之教育宗旨及部定规程办理。

第四条　本会设校董十五人，以在学术界及社会上负有重望，热心促进本大学之发展者选充之。每两年改选三分之一，得连选连任。

第五条　海内学术宏通、声望隆重、热心赞助本大学发展者，得由本会聘为名誉校董或名誉董事长。

第六条　本会由校董互选董事长主持会务。

为推进会务计，于董事长之下，得设常务校董助理，另以《办事细则》规定之。

第七条　本会职权如后：(1)本大学校长之选任，及校长满任或失职时之改选；(2)选任本会职员；(3)筹管基金；(4)计划扩充校务；(5)审议重要校务及预决算；(6)监察本大学之财务；(7)其他关于本校重要事项。

第八条　本会每年开全体常会二次：以元旦及本大学成立纪念日——五月十三日——为会期。必要时，得开临时会，均由董事长召集之。

第九条　会议时，须全体校董三分之二以上之出席方得开议，以出席校董过半数为表决；道远不能到会，以书面说明意见或委托其他校董为代理人者，作出席论。

第十条　本会董事长因事缺席时，由校董中互推代理。

第十一条　本会经费，由本大学基金项下支给，列入预算案。

第十二条　本章程，由本会呈请政府核定施行。如有应行修改之处，经校董三人以上之提议，由全体常会议决后，呈请核定施行。

# 战时扩大普及教育运动办法草案要点

(1938年5月7日)

**【题解】** 本篇原载《大公报(天津)》1938年5月8日。拟定时间为1938年5月7日。陈时为主要拟稿人之一。

在《新华日报》1938年4月21日发表的《全国战时教育协会发动战时普及教育运动》一文中，明确记有，在中华大学召开的该会常务理事会上，决定"发动全国战时普及教育运动，推陈时、朱启贤、戴白桃草拟发动计划"。

《大公报(天津)》记者在文前记有："全国战时教育协会昨在中华大学召开常务理事会，讨论《战时扩大普及教育运动办法草案》。当经审查修正通过，提交最近理事会议详议，兹志其要点如下。"文后还记有："闻该会日内即邀集在汉理事开扩大普教运动座谈会。"

《大公报(天津)》，日报，中国近代最有影响的报刊之一。1902年6月17日创办于天津，并先后创设了上海版、汉口版、香港版、重庆版和桂林版。由大公报馆主办，历任主编有英敛之、胡政之、张季鸾等。该报以"开风气，牖民智；挹彼欧西学术，启我同胞聪明"为宗旨。除报道时事要闻、中外近闻等内容外，还以社评、星期评论著称；所办副刊，被当时新闻界誉为"四绝"，有着很高的成就和影响。1949

年1月，天津《大公报》改组为《进步日报》；1953年重出《大公报》，1966年9月终刊。香港版《大公报》出版至今。

（一）由全国战时教育协会（以下简称协会）召集在汉理事，开扩大普及教育运动座谈会。

（二）由协会根据《中国国民党临时代表大会宣言》及《抗战建国纲领》，发表《扩大普及教育运动宣言》，说明战时教育的内容与作法，及其在抗战建国上的意义。

（三）由协会组织扩大普及教育委员会（以下简称委员会），呈请教育部、政治部，派员参加指导。

（四）由委员会商讨决定《战时扩大普教运动办法》及《战时普教计划》。

（五）由委员会详议办法，建议教育部加紧推行"成人补习教育"与"国民义务教育"，并统筹战时各种普及师资训练。

（六）由委员会详议办法，建议政治部普及士兵政治教育。

（七）由委员会发动、充实并扩大通俗文化运动。

（八）由协会函各地团体及个人会员，努力推动此项普及教育运动，并随时向各地会员提出各种作法草案，请其分别提出各种补正意见。

（九）由委员会统筹办法，呈请政府，并会同文化界，努力推行难民特种教育。

（十）由委员会统筹办法，尽力协助各地下乡青年，从事此项普教工作，并经常供给各种教材及方法。

（十一）由协会函各地团体及个人会员，协同各级教育机关，办理各种师资训练。

（十二）由委员会研究各种普教方法、普教工具，准备各种普教教材，呈请教育部、政治部采用，并经常辅助各地普教工作之推行。

（十三）由委员会编印各种普教小册子，号召全国基层教育工作人员，共同加倍努力，此项战时普教工作，并经常供给以各种教材、方法。

（十四）请全国文化界、言论界，为此项普教运动声援。

# 中华大学革新校务宣言

(1949年9月12日)

【题解】本篇原件存华中师范大学档案馆"中华大学类",卷宗号LS12-17。通过时间为1949年9月12日。由校务委员会第一次临时会议讨论通过,由时任中华大学代董事长陈时和校长严士佳、中华大学校务委员会联署发布。

1949年9月12日下午2时,中华大学校务委员会第一次临时会议在该校校友会楼上举行,由严士佳主持。会上议决:"本校校务革新宣言案,照原稿通过,并定名为《中华大学革新校务宣言》,由董事长、校长及校务委员会署名发出(秘书室办)。"(《校务委员会第一次临时会议纪录》,档案"中华大学类",卷宗号LS12-17)

有关华中师范大学档案馆,参见前文《〈私立武昌中华大学会计专修科同学录〉前言》题解。

目前中国正在进行、正在完成的革命,是三千年以来中国社会的大变革,是中国历史的彻底更生。一切旧的封建、半封建的渣滓,将被毁弃;一切新的新民主主义的元素,将生长壮大。这是历史的必然,也是我们全国人民在中国共产党领导之下所努力争取的。

中华大学已有三十八年的历史,毕业生两万余人,对社会、对国家固然有相当贡献,但更有严重的缺点。在这伟大变革与彻底更生的时代，我们对于它的过去，应有客观的检讨；对于它的将来，应有切实的筹划。

中华是在对封建的传统影响之下与反动政权压迫之下生长的，有许多缺点，是由于历史、社会的原因；而大部分，则是由于人谋的不藏〔臧〕，亦即由于主观努力的不够。由"五四"到"五卅"这一期间，中华虽然不敢说是站在时代的前面，确实是随着时代前进；无论文化上或政治上，它在华中确有其地位。1927年"大革命"失败以后，它渐为国民党反动派教育所浸染，为军阀、官僚所劫持，因而教育旨趣与学校的风格遭受严重的损害；改造环境的作用逐渐消灭，由适应环境而逐渐为环境所腐蚀、所同化。这是我们所最引为痛心的。因此基础一坏，于是校务行政、教学内容与教学实施诸方面，均日趋下乘。爱护中华的人士，常批评它腐败、封建、落后；这在我们主持教学的人说来，我们应该衷诚接受，认真反省，并努力加以改造。一切丑的丑恶，我们要用最大努力使之消灭；一切新的改革，我们要用最大努力使之实现。

怎样改革与改造，我们想从下列方向着手：

中国所需要的，是反封建、反帝国主义的文化，也就是民族的、大众的、科学的文化。我们的教育方针，自当严格以此为标准；所有课程编制与教学内容，均以此为鹄的；而教学实施，则务求手脑并用、理论与实际统一。

中华是私立大学，但教育是社会的事业，我们把这三十八年的学校贡献到社会。董事会的组织，绝不限于旧有人员，并将旧有者尽量减少；务恳有能力、资历而又热心教育事业的人士，能加入来改造它，并充实它，使之成为真正为人民服务的学府。实际主持教学的工作者，同样应依据此原则征聘。

校务行政方面，将依据民主集中制的原则，进行彻底的改造。凡过去一切因循敷衍、效能低劣与不切实际需要的恶习与办法，应该扫除尽净。遵照人民政府的教育方针与法令，依靠员生、工友的力量，应用精简节约的原则，建立起健全合理的制度。务使学校一切活动，均能规则化、制度化，庶乎师生能专心致力于学理与技能的修养，而不为日常琐事所纷扰。

新中国的建设正在开始，需要成千成万的青年建设人才。今后的中华，务必适应国家需要，配合政府政策，实事求是，毫不虚假，集中心力，使每一个受业青年能养成为通晓理论、了解政策，并具有专门技能的青年干才。这是我们为人民服务的基本内容与目的。

上举数项，是改造中华的基本方针。其实施细节，将另行拟订。中华的改造，是艰巨的工作；而使中华发展，更是艰巨的工作。我们的能力有限，愿在人民政府指导、督促之下，努力以赴。望社会人士、全体校友及在校师生，能多予协助，使中华能日进光明。这不仅是我们的私幸，也是中国人民的需要。

中华大学代董事长陈时<br>
中华大学校长严士佳<br>
中华大学校务委员会

# 武昌中华大学新民主主义教育实施计划纲要草案

(1949年9月17日)

**【题解】** 本篇油印原件存华中师范大学档案馆"中华大学类",卷宗号LS12-17。通过时间为1949年9月17日。原件无署名,当由校务委员会草拟,校董会审核,陈时始终参与其事。

该草案的酝酿,始于1949年6月。此时,武汉市解放未久(1949年5月17日解放武昌)。1949年6月12日上午,陈时主持召开中华大学董事会、教授会、校友会、学生会、工友会第一次联席会议。会上的议题之一,便是"本校大学新政策纲要如何讨论案"。相关决议为:"推选李廉方、万国钧、王季华、杜敏、夏贯中五先生为审查委员,并公推王季华先生为召集人。"(档案"中华大学类",卷宗号LS12-17)随后,陈时便主持了该"纲要"的起草工作。

1949年6月26日上午,陈时再次主持召开联合谈话会,首先讨论《革新计划草案》的定稿问题。决议为:"关于《革新计划草案》,除今日当场发表及书面提出意见外,将原草案公布,于七日内征求意见,再交起草人整理,提董事会决议后,呈文教部核定。"(档案"中华大学类",卷号225)紧接着,陈时于4天后又主持召开了第二次联席会议,并重点研讨了草案的修订工作。兹将相关记录附载于文后,或有助于了解该草案的定稿过程。

1949年9月17日,该草案历时三个余月,在中华大学第一次校务委员会通过。

有关华中师范大学档案馆,参见前文《〈私立武昌中华大学会计专修科同学录〉前言》题解。

## 第一 关于原则者

(一)本大学为实施新民主主义教育,订立本纲要,以为发展本大学教育事业之方针。除人民政府另有法令规定外,本大学教育设施,悉依本纲要施行。

(二)本大学教育之基本目标,为培养专门人才,以适应新中国建设之需要。

(三)本大学教育之实施,着重于民主方式,及与劳动生产相联系之学习,务期在教、学两方面,均能手脑并用、理论与实际结合。

## 第二 关于人事制度者

(一)本大学董事会,应即依据其原决议改组,扩大名额,聘请负〔富〕有声誉,并赞助本校之教育家、学者,与热心教育并扶助本校之工商巨子,以及对推行新民主主义教育负有指导责任之人组织之。

(二)董事会为本大学最高决策机关。其主要任务如下:

(1)决定本大学建设计划与发展计划;

(2)选聘校长;

(3)筹措经费;

(4)审核预算及决算。

(三)校长之产生,采定期选任制,任期三年。必要时,得设副校长，任期亦同。

（四）本大学设总务处、教务处、秘书室及图书馆，分别掌理校务行政事宜。

（五）本大学校务行政，采民主集中制。设校务委员会为校务行政决定机关，以校长为执行校政之首长。

（六）本大学校务委员会，由校长、总务处长、教务处长、秘书主任、图书馆主任、各学院院长、系科主任、厂长（场长）、教授会代表二人、职员会代表一人、助教会代表一人、学生会正副主席及工友会代表一人组织之。

（七）本大学员工编制，以精简为原则。

（八）本大学为审查教职员资格及著作、课程，得设评议委员会。其规则另定之。

## 第三　关于院系设置者

（一）本大学文、商两学院，均保持原有学系，暂不扩充。

（二）本大学理学院，扩充为理工学院。俟经费有相当把握，除原有学系外，得先后增设工业化学系与土木工程学系。工业化学系之设立，由开办小规模实验工厂入手。工厂成立后，招收新生。并增设农学院，以近期生产之学系，如园艺系、畜牧系、农业化学系等为主体。从开办农场入手。农场成立后，招收新生。

（三）本大学为培植各项技术人才，以应国家建设之急切需要，自下年度起，视经费情形，分别于各院设置下列各种专科：

（1）俄文专修科；

（2）合作专修科；

（3）会计专修科；

（4）统计专修科；

（5）工业化学专修科；

（6）农业化学专修科；

（7）土木工程专修科；

（8）园艺专修科；

（9）畜牧专修科。

## 第四　关于教学及考试

（一）本大学各系科课程编制，在人民政府新制未颁布以前，依现制予以修订，并加重各科之理论与专业学习分量，期合新教育之目标。

（二）本大学各学科之教学，特别是社会科学之教学，应成立各种专门研究委员会，研讨各科内容及教学方法之改进，确定各科教学纲要及进度。一面在本校试行，一面建议人民政府，作为修订大学课程之参考。

（三）凡新民主主义、中国革命与建设诸问题，及辩证唯物论、历史唯物论等重要科目，除列为全校共同必修科外，并设专门讲座，定期聘请专家学者演讲。

（四）本大学教学方法，除经常之教室、图书馆与实验室之作业外，由各科教师辅导学生，组织学习单位，发展自动集体学习。

（五）本大学除沿用旧有学年制外，并采用学分选修制。凡非本校正式学生而愿选修某种课程者，可自由选修学习。及格给予证明单，如将某系科课程选修完毕，可参加毕业考试。

（六）改善一切定期性之平时试验，期于逐步实行学科试验制。于每项学科讲授完毕后，试验一次。对于学生平时习作，如练习写作、实验报告、学习研究报告等，必须严格注意。

## 第五　关于经费者

（一）为谋本大学之生存、发展，必须建立充裕基金。此项基金，由董事会负责筹措。

（二）本大学临时费，暂定由董事会筹措。在〔相〕当时间后，应由本校之生产部门自给自足。

为实现本纲要，本年度所需经费，由各部门分别拟具计划及预算，由学校送请董事会决定，分别筹集之。

（三）本大学为培植清寒优秀青年，使得有深造机会，设置免费生名额（全免、半免各百分之五，以全校在校人数为比例）；但一年级第一学期，学生因无学习成绩依据，不得享此待遇。

另在可能范围内，如工厂与农场中，设置工读生若干名。

（四）本大学经常费，以学费收入为一部分，并须视社会经济状况，尽量减低数额，以轻学生负担。不足之数，由董事会筹募补充，或呈请人民政府补助。

（五）本大学为求经济绝对公开起见，设经费稽核委员会。由教授会代表三人，以及职员会、助教会、学生会、工友会各选代表二人，共同组织之，随时查考本校经济状况。但校长及总务人员，不得兼任经费稽核委员。

## 第六　其他

（一）本纲要，由校务委员会通过，董事会审议决定后施行，并呈报人民政府备案。如遇与人民政府公布之教育法令相抵触时，得随时修改之。

（二）为实施本纲要，各有关负责人，须于最近期间拟定各项章则，由秘书室汇总，提交校务委员会审议、通过、实施。

**随文附录　有关《革新计划草案》的报告和讨论**

一、本校"革新计划"起草委员报告

（一）夏维海院长报告

（1）课程改革重心，偏于文、商学院；教学时数不变，惟内容革新。

（2）原则在于，培养同学对于革命理论的认识，及训练同学专门技术。

（3）发挥同学自学的能力。

（4）注意教授专精研究的便利。

（二）王季华教授报告

（1）关于学校院系设置。

（2）关于经费问题。

（3）起草经过。

二、对于"革新计划"意见

（一）周子文院长意见

本校"革新计划"，必须针对现实，不能闭门造车。

（二）方衡儒同学意见

设备应积极充实，教材应设法革新，师资应妥为选择。

三、交换意见结果

决定组织革新计划及预算编审委员会。由教授会及学生方面分别各推五人，即学生会代表一人，出席学联代表一人，系级代表三人（每院一人）；教授方面，推定周子文院长、夏维海院长、胡总务长胡伊默主任、邱志成先生，并推严校长为召集人。

原件存华中师范大学档案馆"中华大学类"，卷宗号 LS12-17

# 第三辑 提案·质询

# 请求力谋收回教育权案
## ——在中华教育改进社第三届年会上的联名提案
### （1924年7月9日）

【题解】本篇原载《新教育》第9卷第3期"第三届年会议决案"栏。提案决议时间为1924年7月9日，发表时间为1924年10月，副题系编者加拟。

此案为教育行政组所提出的第13案，讨论意见为："提交学术会议公决。"在第二次学术会议上，由邓芝园对本案进行说明如后："本案为教育行政组议决，因比较重大，特提大会。行政组此次有三案性质相等，经七人审查结果，第二《取缔外人在中国设立学校案》及第一《收回教育权案》，归并成本案，本组全体通过。本案理由，略同原案，办法略有变更（详教育行政组报告）。社员对此问题颇有讨论，结果再由明日提出讨论。"在学术会议讨论后，被列为"议决案"。兹将第三次学术会议上的讨论收作本提案附录。

领衔提案人余家菊（1898—1976），字景陶、子渊，湖北黄陂人。早年毕业于中华大学，旋任中华大学附中学监。1920年入北京高师教育研究科，后历任长沙第一师范、河南第一师范教职。1922年留学英国，获硕士学位；留英期间，与曾琦、李璜等组建中国青年党。1924年归国后，历任武昌高师、东南大学、北平中国大学、北京大学、河南大学、中华大学等校教职，时任中华书局编审。著有《国家主义的教育》等。

中华教育改进社第三届年会，于 1924 年 7 月 3～9 日在南京东南大学举行，出席本届年会的代表计约 600 人，共收到提案 127 件，本案为其中"最为重要"之提案。在年会召开期间，同时举办了"全国教育展览会"，征集展品 4 万余件，面向社会展出，获得良好反响。

《新教育》，教育月刊，1919 年 2 月创刊于上海。先为"新教育共进社"社刊，后为"中华教育改进社"社刊。蒋梦麟、陶行知等先后担任主编。该刊以"养成健全个人，创造进化的社会"为宗旨，坚信"欲求此新时代之发达，教育其基本也"。主要栏目，有评论、专论、演讲录、世界教育、亚东问题、世界知识、人物志、社务报告、调查统计、要闻、国外教育消息等；主要撰稿人，有杨鄂联、郑宗海、邓恩、张宗麟、常乃德、陶行知、赵叔愚、余家菊、汪懋祖、周谷城、张仲祺等。1925 年 10 月终刊，共出 11 卷 44 期。

我国新教育，兴起于清季屡次战败之后。列强利用战胜余威，强索设立学校权；或以借以传布宗教，或欲借以买我人心，用意深远，良可畏也。当时中国，或慑于列强余威，或昧于立国大意，弃之绝无顾惜。及至今日，教会学校随处皆是。其所种恶因、所现恶果，已逐渐暴露，于是学界同人颇有觉悟收回教育权之必要者。本社为全国教育界人士所组织，于此国家生命极有关系之问题，不可不特别研究之。谨将理由及办法胪列如下。

## 理由

（一）国家设立学校的目的虽多，而国家生命之绵延与国家命运之昌弅〔盛〕，乃其目的之一，此可以各国振兴教育之历史证明之者也。若本国之内公然容许他国设立学校，势必有碍国民意识发展，此可证之国人对日与美感情显有异同而知。

（二）一国教育，有一国教育之精神。非由久受本国教化熏染者担任其事，势必摧残国性、伤害国魂，何以立国？况外国之在我国办学者，或挟于政治野心，或纯为宗教臭味，其努力所求者，明明在同化我国乎！及今不图，何以善后？

（三）国家立国之要素有三，而主权为其一。近来各国已觉夺我司法权之非，而有撤销领事裁判权之动议。司法权固重要，而关于国性存亡之教育尤为重要，我教育界岂可忽之而忍令外人长此侵夺，不加闻问乎！

（四）或谓，外人在华办学，意在助我，岂可以仇而拒之？殊不知，助吾兴学可，而夺我教育权则不可。欧美各国固有接收外人之兴学捐款者，但绝不予以学校管理权。盖其违国家教育之旨趣也。我国华侨在外国之学校，以教育自己之子弟，外国且设种种规条横加摧残，岂有外人在我国内地设学校教育，我国国民而绝不干涉之理？

## 办法

（一）请求国会及教育部，制定严密之学校注册条例；凡外人学校实行侵略或宣传宗教者，一律不予注册。

（二）凡未注册之学校学生，不得享受已注册学校所享之一切权利，如购地与津贴等。

（三）凡未注册之学校学生，不得享受已注册学校所享之一切权利，如文官考试、公费求学、转学及充教师、官吏等。

（四）中小学教科书，应将教育权之丧失，列为国耻之一，直至教育权完全收回后为止。

（五）凡不依学校注册条例注册之学校，应限期封闭，禁止招收新生。

以上所陈，仅及大要。至条约上有如何拘束，外交上宜如何进行，内政上宜如何设施，为事至繁，非请专员尽心研究，不足以策万全。因此，特请求本社组织收回教育权委员会，或权由教育行政组特加研究，以利进行。

是否有当，谨候公决。

提议人：余家菊、郑贞文、汪懋祖、左舜生、黄仲苏、陈启天、谢循初、金海观、陈时、唐谷、王兆荣、常道直。

# 请提前调整地方基层组织，附送《建议改革乡区制度之屯堡警区制》，请政府参照采行，以奠定自治及施政基础案

——在国民参政会第一届第一次会议上的领衔提案

（1938年7月6～15日）

**【题解】** 本篇原载《国民参政会第一次大会纪录》一书第162～163页。提案时间为1938年7月6～15日，刊印时间为1938年8月。原发表时总题为《提案原文及决议案》，署名为"陈参政员时等提"，副题系编者所拟。

国民参政会第一届第一次大会，于1938年7月6～15日在汉口召开，陈时任军事国防审查委员会委员。此次会议，出席参政员150人左右，共开大会10次，通过重要议案《拥护抗战建国纲领案》《改善各级行政机构案》《各级教育实施案》等。该会的召开，表明抗日民族统一战线业已形成。

《国民参政会第一次大会纪录》，由国民参政会秘书处编辑，并于1938年8月自刊。全书分国民参政会之召集、第一次大会之筹备及开会经过、重要法规、国民参政会正副议长及参政员名单、第一次大会议事纪录、第一次大会宣言、重要文电、演词、提案原文及决议案、参政员对于政府施政报告之询问及各主管机关长官之答复、第一次大会休会

期间驻会委员会委员名单、第一次大会秘书处职员名单。计约20万字。

查健全地方基层组织,奠立自治及施政基础,实为建国进程中切要之图。现在各县之保甲制度推行已久,层级相因,于执行政令上诚较从前地方政治之专集于县署者为略优。但就历年经验考查所得,此种制度组织未严、事权未分,经费之使用过嫌散漫;不能容纳较健全之人才,不能确实推办各种政计,自治基础亦无由建立。年来事实所示,业已显然,颇有亟待充实、改进之必要。

故本年一月行政院第三四五次院会,内政部即有调整地方行政机构,整顿县市以下组织之动议。近见临时全国代表大会通过之《抗战建国纲领》①,亦有改善各级政治机构,并健全民众自卫组织,迅速完成地方自治条件之决定。惟是现实之认识虽已一致,改善之要求亦同感迫切,而可为健全基层组织之具体办法,堪认为切合实际、完整适用之方案尚属罕睹。

黄陂柳君维垣②,曾以历年研讨及县政实验所得,著为《改革乡区制度之屯堡警管区制》一书。其主张之大致,系于县署以下缩减区署,裁撤保长办公处;就乡区固有适中之各市集为中心,编联附市各村以为屯,酌量配筑屯堡仓库,选立公所、学校;组设屯务委员会,以委员五人组成;一委员兼任屯长,余四委员分别兼任警卫、财务、建设、教育委员,分管各该股主管事务;并附设驻屯警察,即依屯管区为巡警区,熔合议制与分部管理制于一炉,使自治与官治之作用相配合,即以之为

---

① 《抗战建国纲领》:为1938年4月1日在武汉召开的国民党临时全国代表大会上通过。纲领除前言外,分为总则、外交、军事、政治经济、民众运动、教育等7项32条。其中有关县政改革的内容为:"实行以县为单位,改善并健全民众之自卫组织,施以训练,加强其能力,并加速完成地方自治条件,以巩固抗战中之政治的、社会的基础,并为宪法实施之准备。"(第4项第13条)

② 柳维垣(1892—1960):字叔戎,湖北黄陂人。早年毕业于湖北陆军小学,参加辛亥革命,历任军职。后入宪兵学校、警官养成所进修,进入政界;1930年任湖南浏阳县县长,1933年调任湖北黄陂县县长。任内致力研究地方自治,著述颇多。时任湖北省政府秘书处设计室专员。著有《改革乡区制度刍议》《如何建立新社会体制》等。

推行政令、办理自治事务之基干。其机构及地位，足以消纳、诱致知识分子，并能转移大量麇集都市之人才于乡村。

其编组区划，依固有各市集为中心，适于乡民之生活自然形态，故对于组织训练，乃至于联络作集团之生产、集体之活动等，均较现制确实、便利。其分部体制，使权责分别，精力专注，与现行之单任制百务集于一身者，较能迅速推定各种事业；其委员为有给制，足使乡政人员安于其位，而经费并不超过现额，在乡村财力上为可能；其会议分理之精神，足为由吏治至自治之津梁，与现在之专任吏胥者，为较易促进县政，且更适用于宪政时期。

现抗战、建国平行并进，关于抗战事业中之兵役及物资、劳力动员，建国事业中之教育、自治、户籍、地政暨经济建设各端，均须急进。柳君所设计之屯堡警区制，诚有研究采行之价值。兹特检附原书一册，提请大会转送政府参照采行，以奠立自治及施政基础。

决议案文：

本案经大会决议如后："查关于地方基层组织，已在《改革各级行政机构》一案中提出具体意见。本案精神，与前案意见不合，勿庸讨论。"

# 关于经济问题的询问及答复
## ——在国民参政会第一届第一次会议上的单独质询
### （1938年7月6～15日）

**【题解】**本篇原载《国民参政会第一次大会纪录》一书第311页。询问时间为1938年7月6～15日，刊印时间为1938年8月。原题为《参政员对于政府施政报告之询问及各主管机关长官之答复·关于经济者》，今题系编者所拟。

有关国民参政会第一届第一次大会，参见前文《请提前调整地方基层组织，附送〈建议改革乡区制度之屯堡警区制〉，请政府参照采行，以奠定自治及施政基础案——在国民参政会第一届第一次会议上的提案》题解。


## 陈参政员时询问

（1）关于重伤军士不能归队者之生产训练的可能设计，经济部已否联合军政部作何准备？

（2）关于难民教育，除振济外，经济部对于农垦移殖及小工业设备，已否与赈济委员会有预定计划，作大规模的生产救济？

（3）敌军在北部各省，独占羊毛、棉、铁等特产，经济部有无对策？在国际输出贸易上，有无对抗办法？

（4）国防工业上之特产金属如钨、铍等类，经济部已否统制输出？

（5）因战事而失业之男女工人，经济部有无统筹救济办法？

## 经济部部长①答复

（1）关于重伤军士之生产训练，事关军政部主管，须俟军政部与本部会商办理。

（2）关于难民救济中之移垦问题，政府已颁布《难民垦殖实施办法大纲》，本部并依照大纲规定，拟具垦区初步调查项目，先由各省政府就近将垦区主要情形，派员实地调查，逐项填送本部；一面已由本部派员往各省复勘。现在，陕西之黄龙山以及赣南一带，业已拨款进行开垦；其余各省，正与赈济委员会商洽，充分救济。

（3）关于羊毛、棉等项，现由财政部贸易委员会收买输出；至于华北铁矿一项，日人尚未实行开采。

（4）关于钨、铍输出，均已由政府实行统制。

（5）关于失业工人救济问题，本部已定有《分配技工办法》，逐步实行。

---

① 经济部部长：时任经济部部长为翁文灏（1898—1971），字咏霓，浙江鄞县（今属宁波）人。该部由前设实业部与建设委员会合并而成，掌理全国经济行政事务。

# 现行学制修正案
## ——在第三次全国教育会议上的联名提案
### (1939年3月1～9日)

**【题解】** 本篇原载《第三次全国教育会议报告》一书第121～125页。提案时间为1939年3月9日，刊印时间为1939年4月。提案署名者为"程其保、许恪士、陈时、陈剑翛"四人。

此案审查意见为："学制不宜多所变动，本案保留。"最后归为"大会决议送部参考案"。

领衔提案人程其保（1895—1975），原名深，字稚秋，江西南昌人。1914年入清华学校高等科，1918年留学美国，先后入芝加哥大学、哥伦比亚大学，获教育博士学位后归国。历任东南大学、齐鲁大学、中央大学教授，曾出任湖北省教育厅厅长。时以教育部部员兼任中央政治学校教授，并主持边疆学校校务。后任西康省教育厅厅长、联合国教科文组织教育处副处长。著有《教学法概要》等。

第三次全国教育会议，于1939年3月1～9日在重庆召开，由教育部主持，集中讨论教育如何配合抗战建国问题。到会代表231人，提案227件，议决125件。陈时为高等教育组成员，在3月3日第二次全体大会上，报告中华大学近况。此外，还单独或联名提案多件，又以中华大学名义提交了议案多种。

《第三次全国教育会议报告》由国民政府教育部1939年4月自刊于

重庆。全书分为如后 14 类：（1）第三次全国教育会议之召集；（2）大会宣言；（3）总裁训词；（4）筹备及开会经过；（5）重要章则；（6）第三次全国教育会议出席及列席人员一览（附履历）；（7）第三次全国教育会议分组审查人员一览；（8）第三次全国教育会议概况一览表；（9）演词；（10）议案；（11）重要文电；（12）附委员及职员名单；（13）保留案案目；（14）建议案案目。全书计约 30 万字。

## 理由①

一、现有学制之形态，虽原为单轨式，但事实上则初级教育阶段有完全小学、简易小学与短期小学之鼎立；在师范教育部门，亦有完全之师范、简易师范、短期师范（特别师范科）之并行，实与国民教育之本旨不相融洽，亟应加以补救。

二、现行学制对于青年之教育，每予以不必要之限制。举例言之：（1）对于未能在校竟其学业之青年，尚缺乏鼓励其努力升学之设施；（2）学校教育但知注重各门学科之"及格"，而未能使各个学生发展其特长，会考制度更增强此种倾向；（3）硬性的学年制，浪费被教育者之光阴。

三、由初小至高中，分节过多，至教材上多所重复。各初小与高小间，高小与初中间，初中与高中间，高中与大学间，均有非必要之重复。

四、现行学制之躯干，过去于拘执节段之区分，由中学转入他种学校，需俟初中或高中阶段修毕，中途几无分支机会，致呈异常单调之观。

五、我国中学教育开始年龄，后于欧洲多数国家之中学一年；致中

---

① 此小标题系编者加拟。

学毕业程度，不能与欧洲各国中学并驾齐驱，而需在大学中，更设置应为中学范围以内之普通修养及工具学科，致将全体学年数拖长。

六、现制高中不分科，致课程虽异常繁重，然对于大学专门研究工作之准备，仍欠充分。

七、各类学校如不能表现其特具之功能，即丧失其存立之理由。例如高级小学二年，介于初小与初中之间，殊无特具功能可言；又如专科学校之入学程度与大学同，教育目标一则"教授应用科学"，一则"注意实用科学"，亦大体相同；仅修业年限前者较短，致使一般有志升学者，多舍专科而就大学。而专科学校自身，亦每企望改称学院，足见其存立根基之欠稳固。

八、现制初级及高级职业学校之入学程度及修业期间，系比照初中、高中，而非依据各种职业本身之需要而规定，不免"削足适履"之嫌。

九、高级中学与初级中学教职人员之待遇，既显有轩轾，所需准备亦有不同。此阶段师资之训练机关，有从速分别设立之必要。

十、现制在学总年数过长，由满六岁就学，迄于取得博士学位，在法、德均为十五年；而我国则需二十年，较美国尚多一年。如此长久年月，不惟为一般经济能力所不许，且有窒塞学术研究兴趣之虞。

## 办法

兹针对前列各种缺点，拟订现行学制修订方案如后：

一、现制初级小学，正名为"国民基本学校"，肄业期间四年，在学年龄满六岁至十岁；得附设幼稚园，收四岁至六岁之幼儿。乡区儿童就学稍迟者，应设法使其于八岁至十二岁之间，于二年或三年内，完毕其基本教育。

说明：本案不同意普遍延迟小学入学之主张，以免直接拖长其上各学校之在学期间，间接加重家庭及政府之担负；惟乡区学童住居距校较远者，得展缓入学。此等儿童，因年龄较长、身心比较成熟，缩短其修业期间一至二年当无困难。最近已有试行有效者。国民基本教育应为单轨的，故不采取简易小学名目，以免徒予地方当局以避难就易之机会。

二、现制高级小学，改设"国民高级学校"，肄业期间二至四年，在学年龄满十岁至十四岁；第一年不分科，第二年以上分普通科与农、工、商、家事等先修科。得附设乡村建设干部训练班，收年龄较长之高小毕业生及初中学生。

说明：现制高级小学，介于初小与初中之间，无特殊功能可言，亟宜参酌英之中央学校（Central school）、法之高等小学（Booleprlrnalro quperlsuro）、德之中间学校（Mitelsrchule）办法，组成一种介于普通中学与职业学校间之新型学校。在未设置初级中学（□制）之地方，其普通科之课程，应与初中相当、年数相等，以便将来转入中学。修毕各种职业科者，可以就业，亦可升入相当程度之职业学校。国民高级学校，最宜兼负训练乡村建设干部人员（乡村行政、卫生、合作农业推广等部门之人才）之责。修业年限另定之。

三、现制中学分初、高二级，各三年；兹并入原属高小之二年，合为八年制之中学，分为前期、后期各四年；仍沿用初中、高中名称，惟课程上须保持一贯性。高级中学从第二年起，分为文、理两组。

说明：八年一贯制中学，原可不必分为初、高两级；但为顾及多数地方不能且不必设置完全中学，应予以专设前期四年之利便。中学高级分科，为各国中学教育上之一共通点，乃减轻学生负担、提高程度所必要。本案文理分组，从高中第二年起，而不从第一年起。因为高中新生，乃来自各别初中，若对于各生尚未认识即骤然分组，难期尤当。中学修业年限较长，生徒之志愿、兴趣每有转变，宜随时予以转入他类学校之机会。本案除修毕初中四年，可于高中、师范、职业三者择一外，并初中第二年修完及高中第二年修完，均予以转入他类学校之机会。修正之中学，因为课程是一贯的组织，年限加长，又于最高三级实行分组，必能将现时大学所有普通修养及工具学科，一概授毕。故此项修正，不仅便于课程调整，且能提高其程度一年以上。

四、师范学校分三级：（1）国民师范学校，为国民基本学校师资之训练机关。入学程度，为修毕前期中学或高级国民学校普通科相当资格；修业期间三年，得附设幼稚师范科。（2）师范专科学校（或称高级国民师范学校），为初级中学、国民高级学校，及其他同等程度学校之师范训练机关；入学程度，为修毕高级中学第二年级及其同等资格；修业期间三年，分设文、理、体育、家事及各种职业科。（3）师范学院，为高级中学、高级国民师范学校及师范专科学校师资训练之机关。入学程度，为高级中学修毕或其同等资格；修业期间四年，依中学及师范学校主要科目，分设科系；其充任专科学校之师资者，应续在研究所研究一年（师范学院毕业）或二年（普通师范毕业）。

说明：（1）国民基础教育既然必为单轨的，其师资之训练，亦须为单轨的。查现制小学之师资训练机关，有完全师范、简易师范或短期师范之别，致都市与乡村小学之师资，显呈质的差别，有失国民基本教育之本旨，亟应一律改为国民师范学校。其在学年数，虽较现制完全师范短一年，但其准备教育（四年一贯之初中），则较前为充分。（2）专科师范为一新创设。或谓初中与高中之师资，不宜分别训练。但事实上，现有之省立完全中学，与县立初中教职员之待遇差别甚巨。例如江苏省立完全中学，校长月薪为一二〇元至二〇八元；而县立初级中学校长，仅五〇元至一〇〇元。待遇既相悬殊，资格自难齐一。再，一般县立初级中学，名为小规模的，每一教员须能担任三种以上科目；现制师范学院之分系办法，不尽适用。又，师范专科学校，可与职业学校或农、工、商等类专科学校（见后）合作，造就职业科及普通中学劳作科师资。（3）现制师范学院，于中学程度提高后，免设普通修养及工具学科，可缩短修业期间一年。以上三级师范教育机关，应保持密切联贯。

国民师范毕业成绩优良者，服务一年，得升入专科师范，免除一部分教育科及实习，以所节省时间，补修所缺之专门科目（如英语、数学等）。由专科师范升入师范学院之情形，亦同。

五、职业学校造就各种中级技术人材，应比照普通中学而设之高级、初级之分。按照各种职业本身之需要，收十二岁以上之生徒；肄业期时间，以二年至三年为常。职业补习教育，为普及大多数青年初级职业训练之工具，须加重视。

说明：职业学校之构造，应顾及一切教育程度青年之需要，使凡国民基本学校修毕，未能继受教育者肄业；或毕业于初设国民学校及初级中学者，均得受与其能力及需要相适合之职业训练。肄业期间，视各生徒对于某项职业技能熟谙之程度取决，不必为硬性的规定。职业补习教育之对象，为一般已有业之少年。对其所获实际工作经验，予以学理方面之补充。授课时间，对于都市工商业少年，宜采分散式；每周约计上课二次或三次，每次二小时；最好在日间，至迟亦得在午后八时以前。农村少年，则宜集中冬令农闲时间。

六、专科学校造就各种高级技术人才。修业期间，以二年至五年为常；入学程度，二年制者，收高中毕业生；五年制者，收中学第五年级（即高中第一学年）或其同等资格，大别为农、工、商、艺术等类。

说明：现制专科学校之入学程度，与大学相等；教育目标，亦与大学无显著差别，致难表现其特殊功能，亟应另行规划。本案以专科学校承接六年中学，即从高中第三年开始。是时，学生已历文理分组学习一年，凡数理组学生兴趣偏向实用学科者，即可转入农、工专科学校。现制艺术专科学校，亦以高中卒业为入学资格，实不若提早若干年开始，俾具艺术天才者，得及时接受艺术陶冶。专科学校毕业服务一年后，得升入大学相同各院系，免修一部分初级科目及实习。以所节省时间，补修所缺学科，并得缩短其修业期间一年。现有收受高中毕业生之专科学校，应分别其性质，改订其入学程度或提高程度，改为独立学院或并入大学。

七、大学之入学资格，为高中毕业或其同等程度。各院修业期间，除医学院（师范学院另详）外，均定为三年，研究所二年（硕士学位）至三年（博士学位）。

说明：在现制大学课程中，普通修养及工具学科，约占三个学期之时间。现既改在中学修习，故大学虽减少一年，而攻究专门学科之时，反较前加多，从而硕士学位定为一年，至多二年已足；博士学位再加二年，但不必限定全时在校研究。

依修正案，由国民基本学校迄于研究所博士学位，共需在学十八年，较现制减少二年。

附修正学校系统简图（如下图）

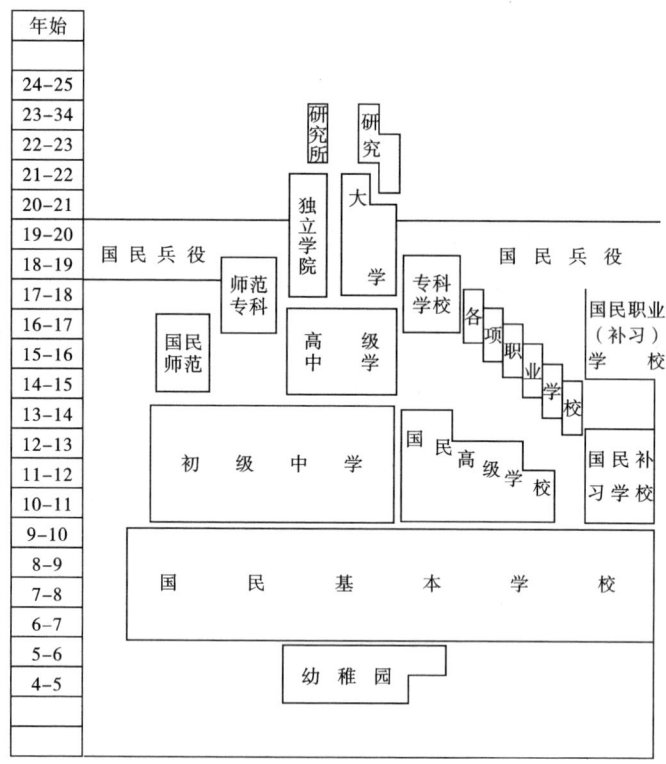

图1　修正学校系统简图

# 有关修正中学课程标准的提案
## ——在第三次全国教育会议上的单独提案
### （1939年3月1～9日）

【题解】本篇原载《第三次全国教育会议报告》一书第151页。提案时间为1939年3月9日，发表时间为1939年4月。此类提案共9件，陈时所提二案，为"附原案"第六、第七。

此两件提案，后由提案审查会与其他七案合并，整理为《修正中学课程标准案》。该案之下署有："张百〔伯〕苓、韩孟钧、鲁荡平、陈时、张志韩、黎照寰等原案，审查会拟具办法，大会照审查意见通过。"其他七案的提案人及案目为：(1) 张百〔伯〕苓《现行中学课程应行修正案》；(2) 韩孟钧《减少初级中学教学时数案》；(3) 贵州省教育厅《请将中等以上学校英文科改为选修科目案》；(4) 王捷三《初中英语应改为选科案》；(5) 鲁荡平《中等学校课程应综合组织调整教学进度案》；(6) 裴复恒、朱恒璧、萧友梅、黎照寰、何炳松、褚民谊《中学课程过繁，应加调整案》；(7) 贵州省教育厅《请变更中小学课程，增加实用科目以适应战时需要案》。为完整反映该案，兹将《修正中学课程标准案》作为本文附录。

有关第三次全国教育会议，参见前文《现行学制修正案——第三次全国教育会议联合提案》题解。

有关《第三次全国教育会议报告》，参见前文《现行学制修正案

——第三次全国教育会议联合提案》题解。

## 一、中学上课时数应求减少，以供给学生自学之机会及人格、行为之陶冶案

现在中学生上课过多，有特殊兴趣者，自无法发展，课外活动均仅留形式。此种纯重知识及上课之观念，实系错误。

如课程目标能严格、切实规定，应将上课时数减少，供给学生自修及与教员、导师个别谈论之时间。至少在高中以上应如此办理，始能训练学生自己求学。

## 二、现在中等学校之课程标准应详加审核，删其空洞，存其重要，以期努力得专、目标易达案

现在中等教育结果之不良，课程规定之不妥，实其一因。兹姑置科目多少问题不论，各科中之目标，均嫌繁重高深，以致教者、学者均感觉耗时费力，而结果并无从实现。

谨提议，将各科课程作严格审查，凡高深辽远、不易同时达到者，均应删除；重要各条，则应明白、切实规定，而努力求其实现。重要各条目标，应以多数学生应达到与能达到为原则；不应列出少数人或然之现象，为共同之目标。

**随文附录　修正中学课程标准案**

理由：详附列各案。

办法：

一、在短时期内，约集有经验之中学教育专家，订定初、高中教学

科目及时数表。初、高中每周教学总时数，以二十五年所公布之时数为准。

二、再另约各科专家，依据是项时数表，修改初、高中课程标准，分发各厅及各师范学院，会同附近之各中学及各省中学，加以批评修正。然后依据是项标准，订定各科教学要目。

三、延聘各中学各科优良教员，依据是项要目，编辑各科教科书，交由国立编译馆选其优良者，定为国立课本。

四、教材应删繁就简。其内容分量与字数，应与教学时数相符。

五、教材之排列，在自然科学，应以学生耳目所接触者列在先，以原理及抽象部分列后；在社会科学，应以切近现代生活列在先，以古代生活列后。

六、课程标准之修订，应广征各专家之意见，不宜匆促公布。

七、中学分科问题，仍照教育部二十五年修正之课程标准。惟甲、乙组之分别，希望更为显明。理由如下：

（1）大学一、二年级公共必修科目，仍有算学及理化；

（2）小规模中学不易分科；

（3）制度不宜频加更张。

原载《第三次全国教育会议报告》第145～146页

# 大学教授及导师应于专门学术外，努力于辅导工作案
## ——在第三次全国教育会议上的单独提案
### （1939年3月1～9日）

**【题解】** 本篇原载《第三次全国教育会议报告》一书第176页。提案时间为1939年3月1～9日，刊印时间为1939年4月。提案署名为"私立武昌中华大学"。

该案为"高等教育组"提案第一案，名为《高等教育改进案》之附案"七"（共附11案）。兹将《高等教育改进案》收为本案附录。

有关第三次全国教育会议，参见前文《现行学制修正案——第三次全国教育会议联合提案》题解。

有关《第三次全国教育会议报告》，参见前文《现行学制修正案——第三次全国教育会议联合提案》题解。

大学职责，当然在研究高深学术；且人格、行为的陶养，更不应忽视。大学生在求学及研究中，最易受各教师及导师之影响。故应明白规定，在大学任教者，对辅导学生为人，皆应共同负责。

办法：如主文。

**随文附录　高等教育改进案**

我国高等教育自兴办以来，发展最速；而抗战发动以后，所受暴敌之摧残亦最烈。战前百零八所专科以上学校，因战事而停顿或合并者，凡十七所；迁移后方者，七十七所。总计受战事影响而不能在原地开学者，有九十所之多，占总数百分之八十七。其未经迁移者，仅十四所耳。受影响之学校，校舍、设备或受敌人强占，或遭摧毁，其损失可计值者，约达四千万元。其迁移后方者，员生流离转徙，不遑宁处；而设备欠缺、图书损失，教学与研究之进行，困难孔多。精神上之损失，尤不可以数计。此种学术、文化上之浩劫，实为中外前所未有。年余以来，本部与此艰难之环境奋斗，未尝稍懈。对于敌人蓄意摧残之高等教育，非惟不令因摧毁而停顿，且积极加以调整与推进。举凡学校之迁移、合并与增设，与夫失业、失学员生之救济，均照预定之计划进行。惟对于抗战建国之大业，高等教育所负之责任綦重，一切设施，正宜应时势之要求，作通盘之改进。其应行改进事项，分别拟订如次。

一、学校及院系设置之合理化

专科以上学校之设置，不仅应注意培养人才，并应同时负研究及推进所在各地教育、文化，以及生产建设之责任。过去全国专科以上学校之设置，缺乏一贯之计划，多数学校集中少数都市与省份；在边远各地设立甚少，未免形成不合理之发展。各校对于各地方之文化与建设事业，亦未能有密切之联系。其所设之院系，又多互相重复，未尽能适合社会实际之需要。近数年来，教育部对于文、法科之设置，业经明令限制，各校院系之重复，亦已叠经调整。但实科人才，仍感缺乏；而院系之设置，仍未完全切合需要。兹参照各校情形，依据社会需要，拟定改进办法要点如后。

（一）教育部应斟酌各地交通、人口、经济及文化等情形，将全国划分为若干大学区，每区至少设大学一所；各大学须兼负所在区域内，社会文化及生产建设等问题之责任。

（二）每一师范学院区，设师范学院一所。各师范学院，须兼负研究及辅导所在区域内中等教育之责任。

（三）就适当地点，统筹设置农、工、商、医等专科学校。各校应与邻近区域内大学之农、工、商、医等学院及生产事业机关密切联系，并辅导本区内高、初级职业学校。

（四）增设农、工、医各学院，以就省需要酌设一所为原则。现有农、工、医各学院之学额加以扩充，并酌增设农、工、医药各专修科以宏造就。

（五）在同一区域以内，各校重复及不合需要之院系，仍应继续调整。

（六）西南各省内专科以上学校，自战区迁入者甚多，数目突然增加。此等学校在抗战结束后，应有通盘整理之办法。在抗战期内，除过分重复者应酌予归并外，余仍暂准照常设置。但在同一区域内之学校，在课程设置、设备使用及教员支配等方面，应有切实合作之办法，以求增加效率。

（七）私立专科以上学校之设置，分别情形予以限制或奖励。

二、学校程度之提高

现在专科以上学校之程度，较之过去已略提高。优良大学之毕业生，入外国著名大学之研究院者，已足与外国优秀学生相抗衡。惟就普通情形而论，各专科以上学校质量上之发展，尚未尽能与数量上之发展相应合。今欲对高等教育谋质量之改进，则不可不注意专科以上学校学生程度之提高。其办法要点拟定如后。

（一）订定专科以上学校教员职任条例，规定其资格、职任、待遇及保障与进修（如派赴欧美研究）等办法，以重师资。

（二）大学教员职任条件要点：

（1）大学教员分正教授、教授、副教授、讲师、助教五级，由教育部订定条例公布之（附大会记录：正教授资格之审查，应特别慎重；正教授最好由国家授予）。

（2）大学教员资格之规定，以学历、教学经验与成绩、品德及著作并重。

（3）大学教员，由各大学遵照条例选聘，并开具履历，呈部审核（附大会纪录：不合格者不能聘任）。

（4）教育部以学术审议委员会，为审查大学教授资格之机关。学术审议委员会，由教育部聘请大学校长及学术界权威组织之。

（5）大学教员之升格及晋级办法、服务待遇、年功加俸及进修规程，由教育部另定之。

（6）大学教员在一校任职，除不称职外，应以继续聘任为原则。其保障办法，另订之。

（三）继续整理专科以上学校课程，规定各院科系必修科目表，暨各该科目最低限度之课程纲要。规定时注意下列四点：

（1）规定务必集思广益；

（2）规定以最低限度为标准；

（3）对学分，不必有过于便〔硬〕性之规定；

（4）课程规定，务必重质而不重量。

（四）委托专家，编著大学各学院共同必修科目（如党义、国文、英语、算学及中国通史、西洋通史等）之教本与主要参考书；并另备奖金，奖励私人对于大学各科用书之编著，使学生得节省必须阅读外国文教本及参考书之时间，以增加学习效率。

（五）督促各院校在经费总数中，切实划出一定成数，作充实图书、仪器之用；并统筹外汇，分配于各校（另详经费案）。

（六）严格考核学生学业成绩，重新订定考核办法。学生平时听讲笔录、读书札记以及实习报告应加注重，教育部得随时向各校调阅。毕业考试改为总考制，不仅考试最后一学期之课业，并通考其所习专门主要学科，以期融会贯通。

（七）举行各科竞试及论文比赛。

（八）继续办理统一招生，改进其办法，务期保持各专科以上学校之入学标准。至于考试未能及格之学生，应另筹救济办法。

（九）各学校之文、法科招生，应提高标准。教育部得就事实需要，酌量加以限制。其不合标准者，应加以取缔。

（十）关于专科学校教员之名称、资格、待遇等，请教育部从速规定。

三、学校行政效能之增进

欲求教育效能之增进，必须严密学校之行政组织，使为灵活之运用。学校行政组织庞大、效率低弱，常为一部分学校所难免。如何使组织健全、增进效率，实为亟待解决之问题。兹拟订办法如后。

（一）规定专科以上学校行政组织，以健全学校机构。

（二）订定经费支配标准，使各校预算有合理之支配（以后如有新增事业，必事先筹拨的款）。

（三）督促各院校，遵照《大学组织法》，设置各种会议。

（四）规定各院校，编造每学年校务行政计划及报告。

（五）改进学校视察办法，确定每次视察特别注重之项目。

四、学风之改善

高等教育之成败，系于学风之良窳；无良好之学风，决不能培育适当之人才。目前高等教育之改进，最切要之工作，莫过于培养良好之学风，使学生涵濡浸渍，相观而善。本部对于整饬学风，致力已久。近年以来，各校学生已渐入轨道，逾越范围之事日见减少。学风之改善，在消极方面已见成效。惟欲求在学之士，人人有高尚之志趣，能抱修己善群之宏愿，以天下为己任，则尚有待于积极之培养。兹拟定改进办法要点如后：

（一）建立训育组织（另详训育改进案）；

（二）积极推行导师制，改善师生之关系，并谋训教之合一；

（三）订立训育标准及实施要项颁发各校，为施行之准则；

（四）切实施行军事管理，注重纪律训练；

（五）切实推行乡村服务及社会服务。

五、抗战军事之协助

抗战已转入第二期，吾人今后须更坚持久之决心，争取主动之战略，以获最后之胜利。当此持久抗战进行之际，即建国大业孳乳孕育之时。教育为百年大计，目前固应准备人材，为抗战结束后建国事业万端俱举时之用。然亦不应放弃其另一方面：支持抗战力量之使命。自若干学校迁至后方，在学青年形成两种现象：一为安心读书，抗战情绪渐趋冷淡；一则激烈热情，不安于学校生活，出之躁急，挺〔铤〕而走险。此两种现象，过犹不及，均非抗战建国前途之福。今第二期抗战之战略，既定为政治与军事同时进行，高等教育似应适应此种需要，而为一种新的设备，充实军事、政治及技术各方面之实力，增强抗战力量，而争取最后胜利。兹拟定办法如后：

（一）专科以上学校，应注重战时教程，培养军事工程、毒气防御、医药救护等战时人材；并应特别注重军事技术、战时生产等问题之研究。均由各校依照设备及环境，拟具办法，呈部核定施行。

（二）专科以上学校，应充实设备，加紧体格锻炼及军事训练，注意于战术战略之训练，挑选智勇较优之学生，增设军事课目，俾于必要时，能为下级军官之补充。

（三）专科以上学校，应尽量助军事机关所需之军事、军政及军医、军工等各种人才之考选或训练。

（四）订立中等以上学校学生，参加抗战优待办法。学生之投考军事学校或参加军队政治工作者，保留学籍，准予抗战结束后继续学业。

（五）专科以上学校，应于课外由教员领导学生，从事抗战宣传工作，激发民众抗战意识，增加抗战力量。

六、学术文化之整理与研究

高等教育所负之学术文化使命，至为重大。对于本国固有学术文化，应加整理与阐扬；对于外国学术文化，应加研究与采择。过去此项工作之进行，尚无一贯之政策，亦少整个之计划，遂致本国文化之优点，既不能尽量阐发、表现于世界；而外国学术思想之研究与介绍，亦缺乏体系，且不尽适合本国之需要。今后之学术文化整理研究工作，应行改进各点，拟订如后：

（一）依据全国代表大会通过之《各级教育实施方案纲要》，所定教育设施方针六、七、八三项，确定学术、文化研究之旨趣，即："对于吾国固有文化精粹所寄之文、史、哲、艺，以科学方法加以整理、发扬，以立民族之自信。对于自然科学，依据需要，要迎头赶上，以应国防与生产之急需。对于社会科学，取人之长，补己之短。对于原则，应加整理；对于制度，应谋创造，以求适合于国情。"

（二）各大学及各研究院所，应以民族立场与科学方法，研究并整理本国固有文化。

（三）得在各大学，分别设置外国文化讲座。除担任学校课程外，并负专门研究各国文化，以及政治、社会等实际问题之责。随时备政府及社会机关之咨询。

（四）国立各大学，应就其环境之需要与便利，分别设置蒙、回、藏语文及文化讲座。

（五）规定奖励学术研究、技术发明及著作办法。

（六）整理各大学研究院、研究所，其设置与研究范围，须为有计划之分配，并督促与其他研究机关或学术团体沟通、合作。

（七）拟订大学以外各研究所研究生之资格承认、考试与学位授予办法，以宏造就。

（八）对于各学术团体，应为有计划之指导，并得予以奖励及补助。

（九）扩大编译馆之工作，广聘专家，分别编译有关中外学术、文化之各种专书。

（十）规定专科以上学校各科教学，应尽量应用有关之中国材料。

学校应予教学者，以前项研究之充分便利。

（十一）设立学术审议委员会，审议学术、文化之行政事项。

七、建设事业之联系

高等教育之目标，固为研究高深学术，培养专门人才；然如所研究之学术或所培养之人才，无补于国家建设事业，不可谓已尽其职责。必须与国家建设切实联系，于社会实际有所贡献，使学校研究之问题，具合国家、社会之需要，而实际应用之人才，即能取之于学校。学合于用，用出于学，然后建国之目的可达，而教育之任务方成。兹拟定高等教育与建设事业之联系办法如后：

（一）各学校于纯粹学术研究外，应多注意研究与国家建设有关之实际问题。各科教学，应注意本国教材。学校对于所在地之生产建设等事业，应负研究及推进之责；并设推广部，使教育功能推及于一般社会。

（二）继续推进建教合作之工作，使各地方仿照中央建教合作委员会之组织，成立分会，进行地方建教合作事业。

（三）关于专科以上学校毕业生之就业介绍与训练，加以统筹。

（四）督促各专门学院、专科学校及专修科，与建设事业机关密切合作。在可能范围以内，使院校成为有关事业机关之研究部；而事业机关，成为各院校之实习场所。

八、留学制度之改进

国内大学研究院或研究所，年来虽已订立规程，规划进行；但因限于设备与师资，尚未能充分发展，且至今亦未能多作训练研究生之工作。因此，各种专任工作与多数大学师资，仍不能不取夺于留学。在此种情况之下，留学政策势不能遽然中止。留学资格，现已逐渐提高。抗战军兴，因政府统制外汇，留学资格限制更严。兹根据目前情形及战后需要，分别规定改进留学制度如后：

（一）目前改进办法：

（1）在抗战期内，公费留学生，凡非研究急切需要之学科者，一律暂缓选派。自费留学生，除资格合于留学规程之规定，而得有国外奖学金或其他外汇补助费，无需请购外汇者外，一律暂缓出国（附大会记录：所谓急切需要之学术，不限定军、工、理、医）。

（2）留学生出国已满三年，除有特殊成绩、确需继续研究者外，一律令其回国。

（3）设置留学生补助费学额，对于成绩优良而经济困难者给予补助，俾完成其学业。

（二）战后改进计划：

（1）公费留学生资格，再予提高为：大学毕业后，在研究所或国立研究机关，研究二年期满者；大学毕业后，曾在与所习学科有关之机关服务二年以上，著有成绩者；专科学校毕业，曾在与所习学科有关之机关服务三年以上，著有成绩者；具有特殊天才，有成绩证明、经考验及格者。

（2）公费留学生之派遣，一律由教育部统筹。各省市及各庚款会考选留学生，由教育部斟酌需要，核定或商定学科及名额。

（3）按年派遣服务满五年以上，而成绩优良之大学教授若干名，赴国外继续研究一年或二年，以资进修。其经费，由国库支给。

（4）按年设置国家公费留学生学额若干名，由教育部考选出国研究。

（5）自费留学生出国以前，须由教育部考核其学力。学力不足者，不准出国。

原载《第三次全国教育会议报告》第167～173页

# 请政府奖励教育学术研究，促进教育建设案
## ——在第三次全国教育会议上的联名提案
### （1939年3月1～9日）

【题解】本篇原载《第三次全国教育会议报告》一书第180～181页。提案时间为1939年3月1～9日，刊印时间为1939年4月。提案署名者为"许恪士、陈剑翛、陆殿扬、邹树文、程其保、陈时、叶元龙、余家菊、李蒸、吴泽霖、吴兆棠、杭立武"，共12人。

该案为"高等教育组"提案第四案，讨论结果为："审查意见送部采择施行，大会照审查意见通过。"

领衔提案人许恪士（1896—1967），原名本震，安徽歙县人。早年毕业于北京高师，历任北京宣武门小学教员、歙县艺仪小学校长、山西国民师范教员、安庆第一师范校长。后赴德国留学。先后就读柏林大学和耶纳大学，获耶纳大学哲学博士学位。归国后，历任安徽省立第二中学校长、国立中央大学教育系教授、中央大学实验学校主任，时任中央大学师范学院院长。1947年任台湾省教育厅厅长。著有《中国教育思想史》等。

有关第三次全国教育会议，参见前文《现行学制修正案——第三次全国教育会议联合提案》题解。

有关《第三次全国教育会议报告》，参见前文《现行学制修正案

——第三次全国教育会议联合提案》题解。

## 理由①

蒋总裁有言："现代国家之生命力，乃由教育、经济、武力三要素所构成。"此言已明白昭示，吾人以教育为建国之基础；推动一切事业之根本，而必须予以最高度之重视与加速度之推进也。

我国近年来教育事业之进步，殊不如一般人理想之速；论者往往轻言改革、妄议方案，而不图教育学术本身之健全与发展。其结果，一切方案化为无数不能兑现之支票而已。我国提倡新教育不过三四十年，故教育学术上之成就，较诸欧美，瞠乎其后。若欲迎头赶上，岂能徒托空言而无依据？吾人试思之，我国真能作育人才之教育学者，果已足供国家之用乎？针对国情之教育研究工作，果已一一进行乎？有价值之教育著述，究有几种？凡此者，皆教育建设之依据，而为倡言改革教育者所亟应注意者也。

教育不但为构成国家生命力之重要部分，且为一国最高文化及国民精神之所寄。文化优越之国家，无不以其独有之教育学术与事业见称于世。近年来，吾人习闻大学应注重理工科之论调与偏重之事实。无形中，教育学术在吾国之地位一落千丈，以致习者不精，人才日渐寥落；各大学对于有关教育之人才、设备，则因潮流所趋，充实为难。在倡议者之初衷，无非认定我国教育，应注重自然科学及应用科学，殊不知教育为应用科学之一，当然亦在重视之列；而论者不察，遂以教育为不足轻重而忽视之矣。为国家文化计，此种错误观念亟应矫正。

---

① 此小标题系编者加拟。

## 办法

一、各大学教育院系、各师范学院，应请教育部指拨固定经费，限期充实教育研究人员和设备。

二、择上述院系之已臻充实者，加拨经费，从速设置教育研究所（师范研究所应改称教育研究所，以求名称之统一）。

三、上述院系之教授服务满五年时，应轮流由教育部及各庚款机关补助，出国考察。

四、教育专门著作有价值而无销路，为书坊不愿承印者，应由教育部悉数购买，尽速出版。

五、请中央及各省市教育机关，将拟着手之教育重要兴革事宜，先行委托国立教育学术机关缜密研究，贡献意见，以求推行尽利。

六、请教育部会同各国立教育学术机关，设置一调查局，大规模调查全国教育状况，研究其结果，作为改进教育之张本。

附注：以上意见，为中央大学师范学院同人讨论所得，仅代介绍。

# 大学训育应积极推行案
## ——在第三次全国教育会议上的单独提案
### （1939年3月1~9日）

**【题解】** 本篇原载《第三次全国教育会议报告》一书第200页。提案时间为1939年3月1~9日，刊印时间为1939年4月。提案署名为"私立武昌中华大学"。

该案为"高等教育类大会决议送部参考案"之第21案，此类议案共22件。审查意见为："拟请交教育部训育委员会参考。"

有关第三次全国教育会议，参见前文《现行学制修正案——第三次全国教育会议联合提案》题解。

有关《第三次全国教育会议报告》，参见前文《现行学制修正案——第三次全国教育会议联合提案》题解。

## 理由[①]

教育之首要，在运用教养卫之原则，教学生做人。而做一个完全的人，必须于德、智、体各方面有平均之发展。中国最近几十年来之学校教育，因受知识主义教育之影响，几乎集注全力于知识之灌输，形成学

---

[①] 此小标题系编者加拟。

校中只有"教授"而无"教育"之特殊现象。此种情形，特别见之于大学教育。试问，何以能完成教育之全任务？无怪乎今之受高等教育者，虽其学足以利国，而因其德之不修、品之不讲，至于误国辱国者不乏其人。国家费巨量金钱办理大学教育，而有结果若是者。当此抗战建国之际，尚不思加以纠正乎？纠正之道，即在积极推行大学训育，而一扫过去大学有"教授"而无"教育"之积弊。

## 办法

一、大学规模，不宜过于扩大，使学生多有人格接触之机会。

二、认真推行导师制，选择优良导师，与学生共同生活，裨于生活指导上，收潜移默化之效。

三、全校宜自设法，造成一种优良学风，使其力量足以风化学生于无形之中。

四、大学职员，与学生接触机会较多，宜提高其人选品位及资养，以获得学生信任，俾共同砥砺学行。

# 积极培养童子军师资，并予现任人员以进修机会案
## ——在第三次全国教育会议上的单独提案
（1939年3月1～9日）

**【题解】** 本篇原载《第三次全国教育会议报告》一书第208页。提案时间为1939年3月1～9日，刊印时间为1939年4月。署名为陈时。

此案系"师范教育类大会议决送部参考案"，此类提案仅此一件。

有关第三次全国教育会议，参见前文《现行学制修正案——第三次全国教育会议联合提案》题解。

有关《第三次全国教育会议报告》，参见前文《现行学制修正案——第三次全国教育会议联合提案》题解。

## 办法

一、师范学院体育系，以体育为主修科，以童子军或卫生教育为辅修科；其他各系，亦得以体育、童子军、卫生教育为辅修科。

二、师范学院以及部属大学体育专修科或体育专科学校，得于体

育、童子军二者中，任择一种为主修科，一种为辅修科。

三、由教育部会同中国童子军总会，办理童子军干部人员训练班及童子军工作人员训练班。

四、各种体育训练班，酌加童子军学术科目。

# 普遍设立体育场，积极推行社会体育案

## ——在第三次全国教育会议上的单独提案

（1939年3月1～9日）

**【题解】** 本篇原载《第三次全国教育会议报告》一书第333～334页。提案时间为1939年3月1～9日，刊印时间为1939年4月。署名为陈时。

此案系"体育军训类第三案《普遍设立体育场，推行民众体育案》"之所附原案二。原案一为萧友梅提《拟请教育部会同内政部，饬令各县市镇，依照人口比例，筹设公共体育场、健身房、游泳池，以期改造国民体格案》，原案三为内政部提《督促各县普遍设立体育场案》。讨论结果，合并定题为《普遍设立体育场，推行民众体育案》，审查意见为："审查会修正通过，并增具办法。大会照审查意见通过。"

有关第三次全国教育会议，参见前文《现行学制修正案——第三次全国教育会议联合提案》题解。

有关《第三次全国教育会议报告》，参见前文《现行学制修正案——第三次全国教育会议联合提案》题解。

## 理由[1]

过去我国社会体育之设施，收效极微。考其症结所在，不外下列三点：

（一）公共体育场未能普遍设立，民众缺乏运动之机会。

（二）已经设立之公共体育场，其经费、设备与理想标量相差太远，不足应提倡社会体育之需要。

（三）体育场工作活动，不顾及大多数农、工、商民众，未能达到社会体育之真正目标。

## 办法

（一）由教育部制订《体育场规程》《各级体育场设置办法》及《场地设备最低限度标准》，颁发各省（市）、县（市）限期设立。其期限如下：

（1）省立体育场，先在省政府所在地设立一所，于二十九年度内完成。此后每三年增设一所，以每一社会教育辅导区，各有一省立体育场为度。

（2）市（行政院直辖市）立体育场，先在市中心区设立一所，于三十年度内完成。此后每二年增设一所，以全市区有市立体育场五所为度。

（3）县市体育场，先在县市中心区设立一所，于三十年度内完成。此后视经费情形，尽量增设简易体育场，分布于本县市所属乡镇。

（二）订立《各级体育场工作大纲》，令各省（市）、县（市）遵照办理。

（三）订立《各级体育场考成办法》，令各级教育行政机关严加考核。

---

[1] 此小标题系编者加拟。

# 在抗战建国大时代中，教育上应特殊注意之事项案
## ——在第三次全国教育会议上的联名提案
（1939年3月1～9日）

**【题解】**本篇原载《第三次全国教育会议报告》一书第357～359页。提案时间为1939年3月1～9日，刊印时间为1939年4月。联名提案者为"黄炎培、江恒源、廖世承、程其保、张凌高、林励儒、王宇章、李清悚、吴兆棠、李书华、胡定安、王伯群、蒋梦麟、周炳琳、沈百先、陈裕光、陈时、欧元怀、吴南轩、张家瑶、朱经农、严宽"，共22人。

此案系"临时动议"。讨论结果为："审查会修正通过，大会修正通过。"

领衔提案人黄炎培（1878—1965），号楚南，字任之，笔名抱一，江苏川沙（今属上海市）人。1901年入南洋公学，次年中举，旋返乡兴办新式学堂，先后创办和主持广明小学和师范讲习所、浦东中学，在爱国学社、城东女学等新教育团体和学堂中任教，并参与发起江苏学务总会。中华民国成立后，出任江苏省教育司长，兼任江苏省教育会副会长，发起成立中华职业教育社，创建中华职业学校，以提倡职业教育名家。后发起组织中国民主政团同盟，一度任主席。著有《黄炎培考察教育日记》等。

有关第三次全国教育会议，参见前文《现行学制修正案——第三次全国教育会议联合提案》题解。

有关《第三次全国教育会议报告》，参见前文《现行学制修正案——第三次全国教育会议联合提案》题解。

教育的原理、原则，并不因战时而变更。欲完成一面抗战、一面建国的使命，惟有从基本设施上，用正常态度，使教者努力施教，学者努力求学，此外并无其他简捷方法可以策效。但在此空前艰巨的抗战中，所需要于青年适应环境、改造环境的能力者，较之战前定有不同。尤想到大战之后，如何补救疮痍，如何扶培元气，所责望于第二代国民者，则更为严重。欲养成今后青年担当艰巨之能力，舍由今时教育当负起责任，更无他望。我中央及各地之教育行政机关、教育机关与教育团体，对此项要求已有不少实际贡献。现宜更积极推进，以宏效力。兹就若干公认为切要事项，由各当局，依其所在地状况，斟酌实施方法，付诸施行。

### （一）教育机关

（1）全国教育界人士，无论教育学者、青年、老年，应一致奋发，果敢精进，就最高领袖倡导之《国民精神总动员纲领》，随时随地，切实奉行。醉生梦死之生活必须改正，奋发蓬勃之朝气必须养成，苟且偷生之习惯必须革除，自私自利之企图必须打破，纷歧错杂之思想必须纠正。

（2）在正课以外，可视学生学力之所及，设战时讲座或时事讨论会之类，收集关于抗战图书、报纸、杂志，由学校当局敦请本校教师，或校外专家，或有相当经验者，主讲和领导讨论。其内容，除战事消息外，尤宜注重于敌方状况、国际情势。

（3）达相当年龄之学生，依其学力所及，得在课余及假期，视地方需要，领导其从事各种直接、间接有益于抗战之工作，如战地服务、后方服务、兵役宣传，以及一般宣传等等。其在后方易受敌机空袭地带，并宜注意于防护、救护等工作。上项工作，均须领导学生为有秩序与有组织之行动，以养成其良好习惯。

（4）为从事上项工作，应在正课以外，予以关于各种知识、技能的特殊训练。

（5）各部门课程，应收集直接、间接有关抗战之重要资料，作为补充教材。

（6）大学生愿在校接受特种军事训练，为初级军官及空军人员之基本预备者，如其年龄、体力合格，各校在可能范围之内，应充分设法予以受此项教育之机会。

## （二）教育行政机关

（1）各级教育行政机关，应尽量扩大，并尽力加速地推行以一般民众为对象之战时特殊教育，及足以充裕国民经济之生产教育。

（2）各级教育行政机关，应视地方需要，在正式教育以外，举办战地服务教育。

（3）各级教育行政机关，应极端注意战时急需之人才，尽量扩大、尽力加速地从事培养，并须与录用此项人才之机关切实联系。

（4）教育部宜聘调人员，特组机关，专司战区及敌后方教育上之研究、设计、推进，及有关系各方面之联络、调整等事宜。

（5）战区及敌后方教育工作人员的物质待遇，应酌予提高；同时，设法调整后方教育工作人员的物质待遇。

（6）教育部办理救济中小学教员时，应特别注意派任直接、间接与抗战有关之工作。

# 英美宣布放弃在华特权，本会宜有表示，谈判缔结新约宜有准备，谨拟要点提请公决案

——在国民参政会第三届第一次会议上的领衔提案

（1942年10月22～31日）

【题解】本篇原载《国民参政会第三届第一次大会记录》一书第131页。提案时间为1942年10月22～31日，刊印时间为1943年8月。提案署名为"陈参政员时等提"，副题系编者所拟。

在国民参政会三届一次会议召开前，曾对参政员进行换届推选。陈时依照《国民参政会组织条例》第三条丙项之规定，继续当选为第三届参政员。该项规定为："由曾在各重要文化团体或经济团体服务三年以上，著有信望，或努力国事信望久著之人员中，遴选六十名。"当选参政员名单，于1942年7月27日公布。同年10月22日召开第一次大会，会期10日，于同月31日闭幕。其间，开大会11次，讨论、审议提案225件，提出询问案182件。

《国民参政会第三届第一次大会记录》，由国民参政会秘书处编辑，并于1943年8月自刊。全书共分如后7类：（1）国民参政会第三届第一次大会经过；（2）重要法规；（3）主席团及参政员名单；（4）国民参政会第三届第一次大会议事纪录；（5）演词；（6）行政院蒋兼院长提出国家总动员，会议决定实施之《加强管制物价方案》报告书；（7）提案

原文。全书计约 30 万字。

## 理由

鉴于美、英两国均于本年国庆日平行宣布：放弃在华特权，并准备谈判缔结新约。吾国百年耻辱，雪于一旦。此皆最高统帅指挥将士浴血抗战，及全国同胞一致奋斗之收获，决非偶然幸致者。两盟国此种创时代之宣布，实为战胜暴力、维护国际秩序最适当之举措，固不仅我一国之表示欣感已也。两盟国既以共建国际秩序之平等责任相期待，吾国亦当以自助助人之旨相策励。本届大会，对此重大问题，似宜有所表示，并建议政府作必要之准备。

## 办法

（一）本届大会宜发宣言，对于美、英此种贤明之措施，□□□□表示欣感。

（二）宣言中，应认此举系罗、邱《大西洋宣言》后最适当之宣布，吾国自当极端拥护《大西洋宣言》，并愿与盟国合力贯彻之。

（三）宣言中，宜表示希望放弃特权范围，应属于广义的、全面的（就已有条约中性质，如领事裁判权及在租界与租借地之特权；上项特权以外之特权，如通商、交通、财政、军事及势力范围等）。

（四）建议政府，由行政、司法两院广集专家，组织研究机关以备顾问。

（五）美、英新约缔结后，其他享有特权国家，参据一九二八年六月十五日，王正廷外长以国民政府名义所发对外宣言办理。

（六）无约国家（如中东数国），请政府于此时再作缔约进行。

决议：本案修正通过，办法如下：

（1）本会对于英、美盟邦友好之措施表示欣慰；

（2）请政府对于缔结新约之准备集思广益，详密研究。

# 请拨发巨款购贮民食，以济灾荒并整理游击队以安灾黎案

——在国民参政会第三届第一次会议上的领衔提案

（1942年10月22～31日）

**【题解】** 本篇原载《国民参政会第三届第一次大会纪录》一书第179页。提案时间为1942年10月22～31日，刊印时间为1943年8月。提案署名为"陈参政员时等提"，副题系编者所拟。此案为"关于内政事项者"第51项。

有关国民参政会三届一次会议，参见前文《英美宣布放弃在华特权，本会宜有表示，谈判缔结新约宜有准备，仅拟要点提请公决案——在国民参政会三届一次会议上的提案》题解。

有关《国民参政会第三届第一次大会记录》，参见前文《英美宣布放弃在华特权，本会宜有表示，谈判缔结新约宜有准备，仅拟要点提请公决案——在国民参政会三届一次会议上的提案》题解。

## 理由

鄂省去岁灾荒，蒙政府俯赐赈恤，民众感戴无量。本年五六月间，霪雨连绵，田土淹没，农作物多数霉乱〔烂〕。六月下旬后，又亢旱达两三月之久，田土龟裂，禾苗枯萎，灾情较去岁更重。据省政府所发表之各县灾情实录，全省七十县，报灾者达五十八县；平均收成仅及三成，鄂北各县尤惨。

当今甫值收获之后，民间即有食树皮、草根，甚至因饥饿而投河、悬梁之事。今冬明春，其惨况将不堪设想。且承去岁灾殃之余，民间蓄藏已空，而沦陷区域及战线地带，遭受敌人蹂躏，民力凋敝又达极点。加之豫南亦复灾重，鄂北灾民即欲流徙就食，亦无食可就。

至于鄂省游击部队，统率指挥，向不统一，分子复杂，行为专恣；对于行政人员，往往任意更置，乡镇保长且每遭绑架杀害；设卡征税，强索硬派，人民痛苦，非后方人士所能想象。今值连年荒歉，若不妥为之所，影响抗战必然严重。

## 办法

（一）请拨发大宗款项，由粮食部或湖北省政府向邻省购入食粮，一面用实物放赈，一面购贮备作冬春赈济之用。最忌在灾区挤购军粮，迨险象造成、灾民糜集，再谋汲汲放赈。

（二）对鄂省游击队须加以切实整理，免令任意搜刮民食。如已订有整理办法，宜切实执行，以期安靖灾黎，勿令走险。

## 决议

修正通过,并第五十案①,送请政府迅速办理。

修正之点:(1)标题"以济"以下,加"湖北"二字;(2)办法第二项"免令任意搜刮民食"一句,修正为"免令战地征发粮食"。

---

① 此"第五十案",系由参政员孔庚等所提,亦归入"关于内政事项者",案题为《湖北省本年春收及秋收荒歉,灾情惨重,请中央迅予设法救济,以恤灾黎而固国本案》。

# 物价问题关系抗战至巨，谨拟标本兼治方法提请公决，建议政府施行案

——在国民参政会第三届第一次会议上的领衔提案

(1942年10月22～31日)

【题解】本篇原载《国民参政会第三届第一次大会纪录》一书第200页。提案时间为1942年10月22～31日，刊印时间为1943年8月。提案署名为"陈参政员时等提"，副题系编者所拟。此案为"关于财政经济事项者"第4项。

有关国民参政会三届一次会议，参见前文《英美宣布放弃在华特权，本会宜有表示，谈判缔结新约宜有准备，仅拟要点提请公决案——在国民参政会三届一次会议上的提案》题解。

有关《国民参政会第三届第一次大会记录》，参见前文《英美宣布放弃在华特权，本会宜有表示，谈判缔结新约宜有准备，仅拟要点提请公决案——在国民参政会三届一次会议上的提案》题解。

## 理由

本会自第一届第五次大会政府交议《平衡物价案》以来,每次大会均视此为要政,报告询谋,未能收预期之效果。档案俱在,可以复稽。

蒋委员长于本届开会词中,倡导经济第一。自今与军事并重,当可解救目前之严重情状。惟物价之不易平衡,有认为心理关系者,有认为人谋不威者。谨就见闻所及,拟具标本兼治之法,敬请公决。

## 办法

(一)属于治本者:

(1)以国父遗教中"人尽其才,地尽其利,物尽其用,货畅其流"为最高原则,使政府与人民尽量合位,救国自救。

(2)政府以新姿态,公布五年建设计划及其实施程序。

(3)政府宣示,以建国增强抗战,以抗战保障建国。

(4)根据国父实业计划,于西北、西南各地厉行生产建设。

(5)发行实业建设公债一百万圆。

(6)择要修筑并完成西北、西南及中央铁路系统之各重要线。

(7)改良长江上游水道,使浅水船直抵成都,以利陪都交通;并开浚各支流,以便运输。

(8)实施第五计划,以增进目前生活需要。

(9)就天然地力,择要实施第六计划,以立工业基础;并将后方已成、未成工厂,作因地合理之迁移。

(10)积极改良水利,以谋农业增产。

(11) 大量移民西北要地及西南边疆。

(二) 属于治标者：

(1) 实施总动员法。

(2) 平价应依市场变动之速度及高度定之。

(3) 平定物价应有全国性，并于各地一律执行。

(4) 厉行行政节约，裁并机关。

(5) 统一国库收支，禁止巧立名目弥补（如海关设卡、邮政加资，皆为独自弥补之计）。

(6) 鼓励技术人才，趋于生产建设工作，不使寄生，苟安于企业、机关。

(7) 举行不定时、不定地之调查。此项人员，应于主管机关职员中之廉洁素称者派任之。必要时，政府得派大员赴各地考察。

(8) 尽量减少低级检查机关及人员。

(9) 严惩贪污。

(10) 各党政机关将政府办法尽量宣传，以改正心理上之病态，并对民众宣传节约、生产及储蓄之理论与方法。

# 为棉花供不应求，纱布来源枯竭，拟请政府迅速抢购抢运，以维后方纺织工业案

——在国民参政会第三届第一次会议上的领衔提案

(1942年10月22～31日)

**【题解】** 本篇原载《国民参政会第三届第一次大会纪录》一书第269页。提案时间为1942年10月22～31日，刊印时间为1943年8月。提案署名为"陈参政员时等提"，副题系编者所拟。此案为"关于财政经济事项者"第83项。

有关国民参政会三届一次会议，参见前文《英美宣布放弃在华特权，本会宜有表示，谈判缔结新约宜有准备，仅拟要点提请公决案——在国民参政会三届一次会议上的提案》题解。

有关《国民参政会第三届第一次大会记录》，参见前文《英美宣布放弃在华特权，本会宜有表示，谈判缔结新约宜有准备，仅拟要点提请公决案——在国民参政会三届一次会议上的提案》题解。

## 理由

民生问题，衣居第一。其原料，当以棉花为大宗。我国产棉最多之河北、湖北、山东、江苏，业已先后沦陷；所余产额较多者，仅有陕西、河南一隅。陕棉年产最高额，虽曾达到一百二十万担。本年下种时，因粮食价昂，棉花减种；夏季复遇天旱，收成更不如前。据最近估计，总额不足三十万担。以此供给后方各厂及民用，不敷之数可以想见。

他如河南灵宝、□县，湖北之光化、随县、枣阳，产量亦属不少。因其距离太远，敌势可畏，后方商人大都裹足不前。敌乃乘此机会，高价大量收买。长此以往，后患何堪！

至后方纱、布，向恃申、汉转为内运。自海防、仰光相继沦陷，来源早告断绝。而内迁纱锭，至多不足廿万；较之战前，已减去廿余倍。以此而欲供给后方军需民用，所差之数骇人听闻。

物资局成立以来，管理统制严厉不堪。厂家以束缚过严，前途均抱悲观。如廿支棉纱，限定每包最高价八千五百八十元；而纱厂实际成本，合棉花、工资、机器、物料、折旧与消耗、捐税完纳，是盈是亏不难计算。如存廉价棉花较多之厂，眼前勉可支持；但存货有限，来日方长，政府如不早为设法，军需民用枯竭堪虞。

## 办法

（一）令主管部于产棉区邻近适当地点，派干员携巨款、出高价，大量抢购抢运，按所值发售各厂。不使政府受累，不令厂家吃亏。来源既多，价格自平。

（二）后方各厂既为衣被惟一产地，政府应严厉督导、细心扶持，使其蓬勃发展。即或认为有统制必要，亦应以全面统制为目的，勿单以纱厂为对象。如厂价低而黑市高，想非政府平抑物价之本意。

## 决议

本案通过，请政府参考。


**随文附录　在国民参政会第三届第一次会议上的连署提案案目（1942年10月22～31日，载《国民参政会第三届第一次大会纪录》）**

此次浙赣会战，赣省灾情特重，请特派大员前往灾区抚慰，并从速指拨巨款办理急赈、工赈、农贷，以苏劫黎而固国本案

# 第四辑 公启·函电

# 呈请代父为中华大学代表人

(1917年12月上旬)

**【题解】**本篇原载《教育公报》第5卷第3期。呈文时间为1917年12月上旬，批文时间为1917年12月31日，发表时间为1918年2月20日。原发表时题为《批武昌中华大学指定陈时为该校代表人（第一千一百二十号，六年十二月三十一日）》，今题系编者所拟。

其实，早在中华学校复办之初，校长张则川应黎元洪之召赴京后，中华学校校务实际已由陈时主持。因当时陈宣恺年事已高，且长年在黄陂养病，故学校大小事务，只能交由其子陈时处理。当时的《申报》及各种地方报纸在报道中华大学时，实际均称陈时为"总理"或"校长"。此次呈文，仅为请求教育部追认而已。

《教育公报》，教育双月刊、月刊，1914年6月28日创刊于北京，由教育部主办，由公报编纂处编辑并发行。旨在报告中国教育现状，推动教育事业的发展，集中刊载教育法令。主要栏目，有命令、法规、公牍、教育时事、评述、学说、译述、附录等；主要撰稿人，有朱胡彬夏、黎锦熙、刘清江、孙松龄、王应伟、［日］田中穗积等。1925年3月20日终刊，共出126期。

呈为私立中华大学代表人病故，请指定代表人以专责成而维教育事。

窃时父陈宣恺①，捐资设立武昌中华大学，前奉钧部指定，时父为代表人。办理已及六载，曾蒙大总统奖给四等嘉禾章暨钧部不次奖励在案。

兹时父于六年十一月二十四日病故，由时暂行代理。所遗代表人一职，未便久悬，致碍学务。除呈湖北省长外，特此呈乞钧部，俯准指定代表人，以专责成而维校务。谨呈。

批文：呈悉，该校代表人，应由该员接充，仰即遵照。此批。

---

① 陈宣恺（1849—1917）：字再平，湖北黄陂人。出生于仕宦之家，早年致力于科举功名，后中秀才、举人。会试不第后，大挑为湖北蕲州州学学正。教学认真，积累了一定声誉。1907年送第三子陈时赴日本留学，顺便考察日本教育。1908年先期归国后，于次年当选为湖北省谘议局议员，创办私立武昌中华学堂，1912年5月复办为中华学校，并主持升格为中华大学，为中国办理私立大学之先行者。

# 敬请担任中华大学名誉董事长

——致黎元洪

（1921年1月18日）

【题解】本篇原载张黎辉等编《北洋军阀史料·黎元洪卷9》一书第1104～1107页。撰写时间为1921年1月18日，出版时间为1996年2月。原发表时题为《陈时恳请担任武昌中华大学名誉董事长函》，今题系编者所拟，并将回函《辞武昌中华大学名誉董事长——致陈时函稿》收作附录。

致函对象黎元洪（1864—1928），原名秉经，字宋卿，湖北黄陂人。早年毕业于天津北洋水师学堂，曾三赴日本考察军事，历任湖北新军管带、统带、第二十一混成协统领（协统）。武昌首义后，被革命党人推举为湖北都督，后任副总统兼领鄂督。袁世凯死后，出任大总统。因其与陈宣恺系同乡，且私交甚笃，据说还为姻亲，故中华大学的创办及立案，多得其援手；且陈时父子嘉禾章的获得，也均得他暗中相助。

尽管黎元洪在回函中已婉拒"名誉董事长"之敬聘，并随函将聘状"璧还"；然而在1921年中华大学第一届董事会成立时，黎元洪还是列名为"名誉董事长"之首。其他两位名誉董事长，为前平政院院长周树模和前内务、农商部总长田文烈。其间托人转圜、说项，致使黎元洪首肯的过程未得其详。

《北洋军阀史料·黎元洪卷9》，由张黎辉等主编，由天津古籍出版社1996年2月出版。《北洋军阀史料》丛书共33册。其中袁世凯卷2册，黎元洪卷14册，徐世昌卷9册，吴景濂卷8册。黎元洪卷9，收军事、文教卫生两类文电稿，共172篇，计40余万字。

大总统钧鉴：

久违，仁宇弥切，瞻依永维，德泽时增。潭厘日懋，为无量颂，玄春瞻拜。

崇阶曾以敝校近况详禀，仰荷维持，莫名感激。

现校董会将次成立，已蒙朴老①、焕老②、隐尘③、仲膺④、乾若⑤、铸新⑥诸先生俯允常任董事；秘僧⑦先生处，亦经奉状敦请。至

---

① 朴老：即周树模（1860—1925），字少朴，号沈观，湖北天门人。早年肄业于湖北经心书院，25岁中举，29岁中进士，选为庶常。后授翰林院编修，历任两湖书院教习、监察御史、江苏提学使、官制局副提调、黑龙江巡抚等职。中华民国成立后，于1914年出任北京政府平政院院长。与恩施樊增祥、应山左绍佐诗文唱和，号称楚中三老。著作有《沈观斋诗集》《谏垣奏稿》《抚江奏稿》。

② 焕老：即田文烈（1853—1924），字焕亭，亦作焕廷或焕霆，湖北汉阳人。晚清廪贡生。早年毕业于北洋武备学堂，随吴长庆部入朝，任书记，组织执法稽查队整顿军纪。后入袁世凯幕，任营务处总文案，并历任县知事、知府、直隶巡警道、通永镇总兵、正参议、道员等职。中华民国成立后，历任北京政府总统府军事顾问、代理山东民政长、河南巡按使、河南省省长、农商总长、内务总长、交通总长等职。著有《拙安堂诗集》。

③ 隐尘：即李隐尘（1871—1929），名开侁，字英生，号颖陈、隐尘，湖北黄冈人。早年为拔贡，任李经羲幕府文案，后历任龙州关监督、广东民政长、参政院参政、黎元洪总统府秘书长等职。1918年皈依佛教，成为知名佛教居士，后在武汉弘法，任汉口佛教会会长，参与筹建武昌佛学院，曾于1923年在中华大学主持"佛诞2950纪念法会"。

④ 仲膺：即夏寿康（1871—1923），字爱之，号仲膺、仲英，祖籍江西，生于湖北黄冈。1898年进士，为翰林院编修。1907年由学部派赴日本考察，1909年任湖北谘议局副议长。中华民国成立后，历任湖北都督府参议、湖北内务司司长、总统府秘书长、平议院院长、湖北省省长等职，参与创办黄州师范、启黄中学、武昌私立法政学校。工书擅楷。

⑤ 乾若：即张国淦（1876—1959），字乾若、仲嘉，号石公、潜园，湖北蒲圻人。1902年中举，1904年任内阁中书，后历任安徽赫山学堂教习、调查局总办、铨叙局局长、总统府秘书长等职。1916年出任教育总长，后历任农商总长、司法总长、内务总长等职。1949年后，为上海文史馆馆员、中国近代史研究所研究员。著有《历代石经考》等。

⑥ 铸新：即程振基（1891—1940），字铸新，安徽婺源（今属江西）人。早年毕业于安徽高等学堂，1912年留学英国，1918年获爱丁堡大学经济学硕士。归国后，历任北京大学讲师、北京高师英语部主任、北京艺术专门学校事务长，时任武昌商科大学教授，后历任西北大学教务长、第四中山大学商学院院长、教育部秘书、安徽地方银行行长等职。著有《商业教育之重要及其本身问题》等。

⑦ 秘僧：即饶汉祥（1883—1927），字苾僧、秘僧、宓僧、屭提，号质含，湖北广济人。早年中举，后留学日本，入东京政法大学，加入中国同盟会。1907年归国，任福建学务公所视学。武昌起义后，历任黎元洪秘书、湖北民政长、总统府副秘书长、侨务局长总裁、参政院参政。著作有《珀玕文集》等。

名誉董事长一席，荷蒙面谕俯允。

谨寄呈聘状一张，恭恳钧纳为祷。肃叩崇安，并颂
春禧！

乡晚陈制时百拜谨禀
一月十八

**随文附录　黎元洪：辞武昌中华大学名誉董事长——致陈时函稿**

叔澄校长：

执事顷接来函，备纫厚意；维持学校，人有同情。惟自谢客，闲居外间，凡以各种职名相属者，均已概予辞谢；事同一律，未便独异，以致开罪他人，转滋口实。

特将聘状璧还，即希谅察。此后如有力所能及之处，自当乐为赞助，不必居此名义也。借候
新祺！

启，二月五日

附聘状乙件

原载张黎辉等编《北洋军阀史料·黎元洪卷9》第1107～1108页

# 武昌兵变后救鄂意见书

## ——与屈佩兰等人的联名通电

（1921年6月22日）

【题解】本篇连载于《申报》1921年7月3日、4日第11版。通电时间为1921年6月22日。原发表时题为《鄂议员发抒救鄂意见》，今题系编者所拟。文前记者标有："鄂议员屈佩兰通电云，天祸吾鄂。"

武昌兵变，系指1921年6月8日凌晨，湖北督军王占元所部一个团的士兵，因不满克扣军饷而发生哗变。变兵破坏了武昌电话局、电灯公司，抢劫了造币厂、沿街商铺，焚毁了店铺330余家，钱货损失共计1236余万元；居民被杀270余人，受伤300余人，被抢276家。为平息兵变，王占元补发欠饷，承诺遣散变兵后不予追究。但当变兵坐火车离开武昌、抵达孝感后，却被王占元设伏诱杀，共有1784名士兵被打死。那些饷银以及被抢来的财物，自然全部落到了王占元手里。此事披露后，舆论大哗，且在李书城等人的联络下，湖南督军赵恒惕任援鄂总司令，令湘军两个师由岳州进攻湖北。王占元抵抗失败后，被迫于8月7日辞职。此后，"鄂人治鄂""废督去兵"的呼声高涨。这份通电，正是在王占元辞职之前所发。

领衔通电者屈佩兰（1878—1928），字竞存、馨存，号耐庵，湖北麻城人。曾任湖北省议会第一届副议长，时任湖北省议会第二届议长，后任湖北商科专门学校校长。联名通电者汪哕鸾，字输恢，生卒年未详，湖北武汉市人，清解元，时任北京政府国会众议员；陈家钟等其他联名通电者，均为时任湖北省议会议员。

有关《申报》，参见前文《南洋闻见录——第一新嘉坡》题解。

阳历六月七日①，武昌惨遭兵变，劫杀焚掠，十室九空；繁盛市场，顿成灰烬。此亘古未有之奇灾，亦鄂人万劫不复之厄运。痛定思痛，不寒而栗。武汉地绾南北中枢，民国首义之邦，万国互市之地，治乱所关，动系全局。证之史乘，历历不诬。

王督②坐镇此邦，雍容七载。其平日所自期许者，亦号称能统摄所部，维持地方。乃者兵乱频闻，宜昌一隅，再罹浩劫③；甚至变生肘腋，祸延武昌。数十年所部之二师，哗变不能统摄；禁卫森严之都会，蹂躏不能维持，风声鹤唳，一夕数惊，转徙流亡，疮痍满目。

夫人类所最宝贵者，莫过于生命与财产。财产既一旦化为乌有，而劫后余生，犹不得苟延残喘、偷安旦夕；政府失保护之力，人民无自卫之谋。言念及此，可为寒心。前车既覆，来轸方遒。在当局引咎辞职，固已明其责任之所在；而鄂人以如此重大之牺牲，不能取得相当之代价，则湖北前途，将治丝而棼，永无解决之希望。不独关局部之存亡，

---

① 此"阳历六月七日"，即为农历五月初二，故亦称"五二兵变"。兵变从是日深夜开始，直至次日凌晨，故亦称6月8日凌晨的武昌兵变。

② 王督：即时任湖北督军王占元（1861—1934），原名德贤，字子春，山东馆陶人。早年投身淮军，此后选入北洋新军，历任管代、统代、协统、总兵等职。中华民国成立后，任中央陆军第二师师长，授为陆军中将。1914年后，历任帮办湖北军务、代理湖北军务、署理湖北军务、湖北督军兼署湖北省省长。治鄂期间，以贪鄙、残暴闻名。后在"倒王战争"中失利，于1921年8月7日通电下野。

③ 此"浩劫"，即宜昌浩劫，系指1921年6月4日的宜昌兵变。是日，王占元所部第二十一混成旅之一团哗变，大肆抢掠烧杀，人民死亡千余，并波及日、英、美洋行及住宅，损失达1200余万元。此次兵变，亦为拖延和克扣军饷所引发。

实影响于全国。

同人等职列议席，代表人民，痛桑梓之倾颓。为补苴之后图，谨以五事胪陈于后：

国家积年纷乱，其总因在武力割据，蔑弃法纪。促成统一，实为自治。促进自治，当以制定省宪为唯一之要图。同人等愚昧之见：鄂省于此大乱之后，速由省议会宣布制宪手续，仿湖南之宏规，师江、浙、豫、赣之先例，期以六月，纳同轨物，直接以完成自治，即间接以促进统一。此制定省宪以实行自治者，一也。

省宪未公布以前，负有军事之责者，宜组织一军事善后委员会。其委员，主客各半，分负其责，以一定期限，一面筹结饷糈，已溃者不再招募；一面整理各军，谋生计上之安集。然后，由委员会提出收束军事计划书，交由议会决议。在全国军制未统一以前，划出国税若干，确定军额与军费；省防团经费，不得再练陆军。并宣告，湖北全境为军事缓冲地，凡与自治精神相抵触之军队，一律禁止入境。此组织军事善后委员以收束军队者，二也。

省宪未公布以前，民政方面，宜结合京内外富有行政学识与经验者，组织一临时省参事会，议决执行一省之政务。其员额，依事务而定；其组织法，由议会公决。确定整理行政方针，对于议会负明确之责任，一面树省政之规模，即一面图自治之发展。财政为全省命脉，国、地两税之收支，从无明确之统计。鄂人既未滞租税，何以财政紊乱至此。非严加清理，军政、省政无由施行。此组织临时省参事会以整理省政者，三也。

兵变善后之唯一方策，在厚其地方保卫之能力。与其以兵卫民，不如使民自卫。民国国军，非若前清八旗驻防，仅防人民，不御外侮。故国军以外，当然有一种民团之组织。此种民团，在都市则谓之商团，在乡村则谓之乡团；各择其地之子弟，即各卫其地之父兄，守望相助，以安闾里。人民既无束手待毙之苦痛，国家亦不费饷糈，而得保卫地方之实力；况以简练有素，一旦遇有外侮，犹可供政府调遣，以济国军之穷，于国于家，两有裨益。此组织民团以保卫地方者，四也。

武汉为全国文化、商业之中心，舟车所至，万商云集。若六月七日之事更端再见，小之足为南北之梗，大之将贻国际之羞。况借口保商，无所不用其极，兵舰环集，是其明证①。故武汉时至今日，不但有组织市政之必要，并宜完具独立市之资格。值兹南北峙立、统一无期，商业竞争，未可卷入政治恶潮，而任其涨落。我不自谋，人将借箸。欧洲当中世纪纷乱之日，如商业中心之卢森堡等自由都市，皆能独立兵争之外，不碍商族。以彼例此，亟宜取法。若于一定期间，建立武汉市政，于以泯南北之纷争，即以保国际贸易之自由。此建立武汉市政以发展商业者，五也。

上举五项，为安集流亡、消弭隐患之入手办法。大纲既定，施行匪难。同人生斯长斯、聚族于斯，惩前毖后，义无反顾。本自决之精神，为根本之贡献，所望三千五百万父老昆季，急起直追，为正义之奋斗；尤望邦人诸友，同心协助，为公道之扶持。同人不敏，为之执鞭，所忻慕焉。

嗟乎！谁无父母，谁无兄弟？惟桑与梓，必恭敬止。设济南、馆陶之间②，果罹浩劫，如我武汉、彝陵③之今日，吾知被发缨冠而往救者，当不后于同人也。何则？为其拯亡救死之情，人心之所同具也。同人既不能奔走呼号，为申胥之泣血；复不能篝火狐鸣，为陈胜之揭竿，惟有交换意见，为同人所认为亟应善后者，沥陈于我邦人诸友、父老昆季之前。合此原则，吾敌吾友也；背此原则，吾友吾敌也。成败利钝，非所

---

① 此"兵舰环集"，系指宜昌兵变后，停泊于长江下游的英国两艘炮舰奉命西上抵宜昌，美国和日本军舰也先后抵达宜昌；英、美、日三国公使，齐向北京政府提出最严厉的质问，甚至要求将宜昌作为"国际共管区"。

② 此"济南、馆陶之间"，因参与兵变之兵均为山东籍，故言"济南"；因统领兵变之兵者为王占元，他为山东馆陶人，意谓在此二地，兵变者亦能如此胡作非为否。

③ 彝陵：宜昌古称，今称夷陵，为宜昌之一区。

敢知。谨布腹心,伫候明教。

　　　　　湖北省议会议长：屈佩兰

　　　　　国会议员：汪唠鸢

　　　　　湖北省议会议员：陈　时、陈家钟、叶兰彬、时象晋、雷宝杏、朱孔阳、张廷彦、郭　璜、皮鹤龄、王邦铨、周海门、杜瑞寿、熊维罴、谢　璟、金耀龙同叩。祃①

---

① 祃：电文中的韵目代日，系指公历 22 日。

# 致太平洋会议中国代表公电

(1921年11月24日)

**【题解】**本篇原载《申报》1921年11月29日第8版。发电时间为1922年11月24日。原发表时题为《公电》，今题系编者所拟。

太平洋会议，全称华盛顿太平洋会议，于1921年11月12日至1922年2月6日在华盛顿举行。参加国有美、英、法、意、日、比、荷、葡，中国北洋政府也派代表团参加。该会实质上是巴黎会议的继续，会议有两个主要议题：一是限制海军军备问题；二是远东和太平洋和平问题。早在该会筹备阶段，陈时便邀约湖北教育界知名人士，发起成立太平洋会议湖北协进会，发表宣言，提出诉求。该公电即由陈时等人共同发出。

《申报》编者在电文前记有："湖北太议协进会代电各报馆鉴：顷致华盛顿中国代表一电文曰。"

有关《申报》，参见前文《南洋闻见录——第一新嘉坡》题解。

华盛顿中国公使馆转施、顾、王、伍四代表①钧鉴：

---

① 此"施"，即施肇基（1877—1958），字植之，江苏省吴县（今属苏州市）人，时任中国驻美公使；此"顾"，指顾维钧（1877—1958），少川，江苏省嘉定（今属上海市）人，时任中国驻英公使；此"王"，指王宠惠（1881—1958），字亮畴，祖籍广东东莞，生于香港，系前任司法总长；此"伍"，即伍廷芳（1842—1922），本名叙，字文爵，又名伍才，号秩庸，后改名廷芳，广东新会人，系前任外交总长。

太平洋会议开幕以来，公等在会所提各案及宣言，国民一致赞助。乃近有某国在京、津、沪、汉一带散布谣言，希图破坏我国金融，以为提出共管财政案地步。连日武汉之国家银行，虽有多人兑现，因准备充足，镇定异常；人民激于爱国热忱，且多不愿行使某国纸币。他埠情形亦然，足征国民确有自行处理本国财政之能力。恐传闻失实，特电奉闻。

太平洋会议湖北协进会公叩，敬①。

---

① 敬：韵目代日，系指公历 24 日。

# 就"武昌高师风潮"质湖北省署书

（1922年2月17日）

**【题解】** 本篇原载《申报》1922年2月22日第7版。撰成时间为1922年2月17日。摘自《鄂高师风潮近讯——谈锡恩尚图恋栈，省议会提出质问》一文，今题系编者所拟，记录者为《申报》记者。

是时，陈时代表湖北省议会提出此质问书，联署人尚有湖北省议员多人。

所谓"武昌高师风潮"，系指1922年2月2日，时任武昌高师校长谈锡恩以武力开除学生一事。其远因，为武昌高师学生代表前此赴京请款后，归而高倡学生自治和男女同校，要求稽查教学不良和报销不实者；并排演新剧，旨在改良社会风俗，湖北当局对此早已蓄积不满。其近因，则为因学校拖欠电费，被电灯公司除夕拉闸停电，引发学生强烈不满，要求校长谈锡恩交出账目稽查。此事闹大后，省署于2月1日找校长谈话，扬言要解散学校，校长允开除学生以平息风潮，于是开出孙泽英等学生名单13人。次日，当局即派军警赴校，强行押解被开除的13名学生离校出城。其后，又留驻警察于校，以防其他学生闹事。此事揭诸报端后，舆论大哗，并迅即引发学界更大风潮。

在《鄂高师风潮近讯》一文中，《申报》记者还有言："武昌高师自谈锡恩酿成罢课风潮，至今多日，尚未解决。谈氏初本欲借军、省两长压服学生，不虞铸此大错。然而旬日以来，军、省两署仍无日不有谈之足迹；继又运动吴使电部，主张以为学生虽众，必无如彼何……省议会近因高师风潮事，曾提出质问书，对于教育厅长钱葆青攻击颇厉，兹录其原文如下。"

有关《申报》，参见前文《南洋闻见录——第一新嘉坡》题解。

为质问事：

民国成立以后，本省教育虽经费节经缩减，而历任行政长官，尚有爱护、维持之意。近来，贵省长对于教育厅长暨高等师范两事，一般舆论，疑虑万端。特代表民意，为贵省长言之。

本省教育厅长，自路孝植①去职以后，汪声②代理，被教职员联合会拒绝；郭肇明③代理，席不暇暖，忽有钱葆青④乘寒假散学之际，就任署理之职。闻简任官须经中央命令，乃可署理职务；其由省令委任者，仅可代理。贵省长对于教育厅长之任免，既已举棋不定，而关于钱葆青之委任，与中央法令抵触，是否有效？此应质问者一。

钱葆青就任教育厅长以来，于教育上之设施，毫无诚意，乃见报章。于召集各校长开会时，发表政见，谓中学太少、师范太多。师范为国民教育之源泉，本省义务教育应克期实行，业经前路厅长筹备有案。

---

① 路孝植（1868—?）：字壬甫，陕西周至人。晚清举人，后留学日本高等农业学校。归国后，先任张之洞幕僚，后任清廷学部员外郎。中华民国成立后，历任教育部佥事、国立北京农业专门学校校长。1919年7月，代理湖北省教育厅厅长，次年3月实任。1921年去职。与李步青合撰有《考察日本实业补习教育记要》。

② 汪声：生平籍贯未详。当时因任刘承恩的私人秘书，幸得代理教育厅厅长。刘承恩曾任北洋政府陆军师长，1920年出任湖北省省长。

③ 郭肇明（1871—1928）：号炯堂，湖北竹山人。晚清秀才，以湖北官费留学日本，毕业于东京弘文书院师范科。归国后，任两湖高等学堂教习。中华民国成立后，当选湖北省议会议员，长期担任湖北省立一师校长，兼任武汉中学董事长。

④ 钱葆青，生卒年未详，字灵孩，一字仲仙，晚号看镜老人，湖北谷城人。早年肄业于湖北经心书院，为晚清举人，入张之洞幕。1900年拣选为知县，历任湖南平江、清泉、衡阳等县知县。中华民国成立后，曾任蕲水县知县，当选第二届国会参议员。后任省长秘书，故能得署理教育厅长之任。以书法、金石名家。著有《重熹堂全集》。

山西施行义务教育以后，每年养成国民师范生两千人尚不敷用；本省人口密率较大，现有师范将来必不敷用。中学既应扩充，师范亦在应加扩充之列。

钱厅长又谓，教育偏讲自动，实属不好。查自动教育，在欧美各国实验确有价值，近且由自动进于设计教学。昔孔子云"愤悱""启发""举一反三"，实含自动之意。钱厅长纵不知现在教育为何物，读圣贤书亦应有所领悟。

尤有丧心病狂之言，谓女子无程度，女子教育之无益；并引吴巡阅使①在岳州时，无论女教师、女学生，皆曾乱事。此等言论，在引车卖浆者尚不屑道，竟出诸教育厅长之口，作为皇皇会议之发言资料，宁非怪事？吴巡阅去年莅汉，在商会与教育界十人谈话，斤斤注意于礼义与科学，绝无钱厅长此种轻薄、嫉视之态度。钱厅长既重女子程度，自应以教育之结果为救济，乃竟信口开河，不惟污蔑教育，抑且侮辱长官。

本员对于钱厅长，尚有相知之雅，并知其于旧学词章略窥门径，教育实非所长。其就任之始，以"会元""学政"等语旧梦重温，逢人便道，其脑筋中，并不知民国教育厅长为何物；任事以后，到厅之日极少，任其子侄执掌权衡，循是将扩充其学政思想，将主张复科举、八股矣！

钱厅长此等言论、丰采，贵省长是否信其有整顿本省教育相当之学识、经验？此应质问者二。

高等师范之在武昌，于本省教育上裨益良多。贵省长有监督之责，其校内风纪之整饬，只能责之校长。青年学子，因向上之血气冲动，随时代潮流，作自治文化暨经济公开诸问题之鼓吹，亦应于事先为亲切之训导。纵校内有扰乱秩序之事发生，地面警察临时维持，绰有余裕。乃如惩治盗匪，使各学校一般学生，精神上咸受其影响。近日街谈巷议，

---

① 吴巡阅使：即吴佩孚（1874—1939），字子玉，山东蓬莱人。直系军阀首领，时任两湖巡阅使。

全体解散之声浪极高，射影含沙，今日牵涉某校长，明日牵涉某教员；并谓本会屈议长①播弄此次风潮，为竞争省长之手段，更属无稽。一年以来，各校学生方潜心读书。如听高师风潮长此酝酿，则学潮势必扩充，寖假而演成政潮，本省教育益陷于不可收拾之局。贵省长有无善后办法？此应质问者三。

　　本省教育，近为国人所诟病，亟应整理、扩充，为地方恢复元气。半年来，本省之盐斤加价、盐税舞弊、厘金加价诸弊政，父老兄弟疾首蹙额，本员不能作痛苦之传声，已觉愧乡人而羞当世。倘并此未来新生命之教育问题，亦坐安缄默，则湖北人真无颜以立于中华民国也。

　　特依《省议会法》第十九条提出质问，请贵省长五日内明白答复。

　　　　　　提出人：陈　时
　　　　　　联署人：雷宝杏、皮鹤龄、陈家钟、金耀龙、
　　　　　　　　　　叶兰彬、曹昌江、何华熙、丁荣学、
　　　　　　　　　　朱孔阳、廖秩道、郭　璜、熊维罴、
　　　　　　　　　　刘德刚、王邦铨

---

① 屈议长：即屈佩兰（1878—1928），参见前文《武昌兵变后救鄂意见书》题解。

# 致太虚法师及各居士书

(1924年2月9日)

**【题解】**本篇原载《海潮音》第5年第2期"通讯"栏。撰写时间为1924年2月9日（编者推定），发表时间为1924年3月24日。原发表时署名"陈叔澄"。

陈时此次东下，除在南京金陵大学参加"教会大学会议"外，还将赴上海面晤黄炎培，商讨是年中华职业教育社第七届年会在武昌中华大学举办事。会议于7日结束，陈时于次日赴沪，应为途经苏州时写作了此函。

致函对象太虚法师（1900—1947），俗姓张，名沛林，字太虚，号华子，法名唯心，原籍浙江崇德（今浙江桐乡），生于浙江海宁。1904年在宁波天童寺受戒，师父为士达上人。1908年结识华山法师，使他产生"中国佛教亦须经过革命"的思想。次年，随寄禅和尚参加江苏省僧教育会，入南京杨仁山居士创办的祇洹精舍学习《楞严经》，后又随苏曼殊学英文。1911年被推为广州白云山双溪寺住持，次年返南京创立中国佛教会，后任《佛教月刊》总编辑。1916年赴中国台湾、日本考察佛教，随处讲学。1919年主编《海潮音》月刊，1923年创办武昌佛学院，次年筹办世界佛教联合会，被选为首任会长。后连任南普陀寺两届方丈，兼闽南佛学院院长。著有《太虚大师全书》。其他四人，均为武昌佛学院知名居士。

《海潮音》，佛教月刊（初为季刊），1920年3月10日创刊于杭州，由佛教社团觉社主办并发行。该刊宗旨为："发扬大乘佛教真义，应导现代人心正思。"主要栏目，有建言、平议、商论、批评、杂记、文苑、通讯等；主要撰稿人，有太虚、圆瑛、唐大圆、张化声、会觉、大醒、欧阳渐、章太炎、梁启超等。1949年5月迁台湾台北市善导寺继续出版，收录至1949年9月30卷9期。

太虚法师、元伯、文楼、剑农、南山诸位居士联鉴：

此次乘大学会议①之便（此会教会中人极占势力，佛学院更宜自勉），遍游南京焦山、金山，无锡梅园、惠山，苏州虎丘。一以避年中喧嚣，一则复读法师客岁小别汉皋之句，兴趣勃发，且欲借此访石庵于宝华山。

去秋闻石庵剃度，不觉日在羡慕中。以吾辈应将经手事件了后，对此世不作负债之人，即可访〔仿〕石庵办法。况东南名山、宝刹，一到即能使人入悟境；不料至镇江，遍问识宝华者绝少。方登车赴锡，乃访得之，已不及去，惟望云惆怅而已。

顷自寒山②游归，因行时未及面别，以此补意。上元③前即回鄂。

此祝

法安！

陈时顿首

---

① 大学会议：全称"教会大学会议"，于1924年2月5～7日，在南京金陵女子大学召开，特邀国内知名私立大学校长参加，主要讨论"改良教会大学"问题。
② 寒山：实指寒山寺，位于苏州市姑苏区，为中国十大名寺之一。
③ 上元：即上元节，通称元宵节，为农历正月十五。

# 为施伯高烈士家属募捐启

(1924年2月15日)

【题解】本篇原载《施洋先生纪念录》一书。该书已佚，仅知刊印于1924年2月15日。此文转录于徐明庭《关于〈为施伯高烈士家属募捐启〉》，原载《武汉文史资料》2003年第3期（2003年3月）；另载徐明庭《老武汉丛谈》一书（崇文书局2013年版）第185~187页。据徐明庭考证，此启由林育南执笔的可能性较大。陈时以"陈叔澄"联署此启，表明了对施洋的情谊。原铅印件无标点。

施伯高，即施洋（1889—1923），字伯高，湖北竹山人。早年肄业于郧阳府立农业学堂、郧阳农业中学，1914年考入湖北警察学校，次年考入湖北法政学校专门学习法律。1917年毕业后，在武昌从事律师职业，与陈时多有过从，并曾任课于中华大学。后参与筹建武汉法政学会，被推选为常务副会长。1922年加入中国共产党，参与筹建全国最早的地方总工会——武汉工团联合会，并任该会法律顾问，支持汉口烟厂工人和人力车夫的罢工。1923年2月1日，拟议发动京汉铁路全线总罢工，与林祥谦一起，被指定为江岸区罢工总负责人。"二七大罢工"发动后被捕，2月15日被执行死刑。著有《施洋烈士文集》。

此募捐启发布后，筹得部分资金，将施洋的灵柩安葬在洪山北麓。1953年因扩建马路，迁建陵园于现址。

《武汉文史资料》，文史期刊，于1980年12月创刊于武昌，由武汉市政协文史学习委员会主办并编辑，交邮局发行。旨在融统战性、资料性、知识性于一体，要求作者须亲身经历、亲眼所见、亲耳所闻。主要栏目，有人物春秋、难忘岁月、历史回眸、史海钩沉、戏剧舞台、教育史话、都市风物等；主要撰稿人，有艾毓英、吴自强、龙从启、吴先铭、汪正本、曹美成、徐怨宇、吴忠亚、樊明等。原为季刊，后改月刊续出。

敬启者：

施君伯高，鄂中英俊，具优学多才之资，赋悲天悯人之愿；生平坚苦卓绝，超然自树，奔走呼号，舍身救世。其事迹繁多，兹为略述梗概，集书传世尚待他日也。

君幼年贫困，工读兼行，因赋聪颖之资，又得勤勉之助，学绩优良，蔚为大观。在乡创办农学会，任该会会长；君长于说词，在乡演讲，动辄集数千人，听者无不感动。农学会之发展，乡民知识之增进，皆君之力也。

后以乡居无大发展，乃游学武昌。初入警察学校，后转入法政学校，勤修励进，学冠其曹。毕业后执律师业，拥护人权、主持正义不遗余力。

民国八年五四之役，武昌学生因游街演讲被军警惨杀，君愤甚，奋然而起，仗义执言，向律师公会建议提起公诉，卒能惩办凶首，而学生之爱国运动得以复振。

此后，君即奔走四方，为国呼号，组织各界联合会以争国权，创办平民教育社以培国本。对于文化运动及社会事业，无不尽力提倡，身心为之交瘁，乃反因此遭官厅之嫉视而被通缉。

然君不稍畏屈，运动益力。欧战之后，民族自决之呼声遍于世界。韩人谋独立失败，其志士奔走中国。君以中韩关紧甚密，且同处于日本帝国主义压迫之下，非两国人民互相联合，不足以打倒敌人而图自救。因此奔走各地，宣传此义；并联络两国志士，组织中韩互助社，以实行其计划。君惨淡经营，功绩大著，韩人在中国有受屈辱者，君必尽力援救;凡在中国之韩人,无不深感君之高义。

民国十年,王占元祸鄂罪恶贯盈,鄂人为自救计,而驱王自治之运动以起。君实为此运动中最有力者,君为此事奔走,不顾身家,又被明令通缉。君奔赴湖南,参与湖北自治军战役,起草《自治临时约法》,一时声名大振,遂为群众运动之领袖。

王贼被逐后,君仍回汉执旧业,然湖北黑暗之局仍故。君由此悟,单纯政治运动之无效,乃渐改变其思想,而笃信社会主义,实行社会民众组织与宣传运动。

在汉口之劳苦群众,以车夫为最;而改建社会,亦惟有在此最下层、最被压迫之群众是赖。君抱身入地狱之宏愿,乃亲参与劳苦人之队伍,指挥数千车夫,作轰轰烈烈反抗洋资本家之数次罢工运动,每次均获得圆满之胜利。

又为车夫组织工会,施以教育和训练,以提高其生活,增进其知识与能力。为建造车夫会所,事务纷繁,艰难万状。君为此负债累累,备尝艰苦;然不稍怨悔,誓力支持,卒将广大之会所告竣。而湖北全省工团联合会,亦赖此为会所;鄂省劳动运动之发展,最得力于此。

饮水思源,皆君之功也。君既笃信社会主义,又作社会运动最力,国内社会主义之同志深为敬服,乃请君加入社会主义之团体。君自加入此团体后,对于劳动运动,更为勇猛精进;湖北各工团之组织,君皆参与计划。凡工人法律上之事务,君负全责办理,故各工团均聘君为法律顾问。君之演说,尤为工人所倾倒;各工团常请君演说,君借此宣传社会主义,功效甚伟。

去年湖北轰轰烈烈之工团组织及百战百胜之罢工争斗,皆君及同志等血汗之劳所致。然君因此更触官厅之嫉忌,凡君之行动,常被监视。去年粤汉罢工,君被密令通缉。适上海开全国司法会议,君被举为汉口律师公会代表。君赴会提出为人民争自由之重要议案数则,为我国司法界放一异彩。闭会回汉,君于劳动运动之外,仍进行平民教育运动,并尽力宣传打倒军阀及国际帝国主义。因此,万恶之军阀及洋资本家恨之尤深。

京汉铁路组织总工会，聘君为法律顾问。本年二月一日开成立会，君与诸同志及工人代表赴郑州庆祝，沿途演讲，风靡一时。因军阀蹂躏约法，武力禁止工人集会，致激起京汉全路罢工以争自由。二月七日，军阀惨杀京汉工人无算，封闭各工会及其报社；君亦于是晚在汉口本事务所被捕，转解武昌陆军审判处。各方援救，终归无效，竟于二月十五日晨横遭枪毙，现停柩于武昌文昌门外江神庙。

呜呼，惨矣！君死，天下冤愤。为之谋昭雪者，颇有其人。工人闻之，无不叹息涕泣，如丧考妣。窃念君为人民争自由而死，为劳苦群众而死，为社会主义而死，死亦得其所矣，夫复何憾！

惟君家贫无产，生前虽略有收入，然君疏财仗义，不独毫无积蓄，而且负债甚巨。君家在竹山，老亲弱弟，千里迢迢；寡妻稚女①，羁留汉上，流离苦困，形影凄凉。君一棺长厝，身后萧条，凡有人心，能不为之洒同情之热泪乎？

同人等与君悉属交谊，应关休戚，用特发起筹捐，以济烈士困苦无依之家属，而慰其英灵于地下。惟同人等力薄心长，恐难有济。深望与烈士素有情谊及表同情于烈士，或与烈士同志之诸君子，念烈士为社会、国家而牺牲，为劳苦群众而流血，义勇精诚，昭然万世，将解囊输将，以襄善举。尤有盼者，则勿忘烈士未竟之志、未成之功，而必有以善其后也。谨启。

发起人：林炳炎、黄里千、刘芸生、萧竣生、陈叔澄、盛云樵、阮贤生、吴铁生、盛端樵、阮子印、马季臣、陈雨卿、林育南、任松如、邹新甫、陈子衡、钟海澄、袁达三、郑慧吾、刘功辅、许汉卿、唐爱陆、丁润伯、张功九 同启

---

① 施妻郭秀兰，独女施凤英，后归竹山县麻家渡镇桂花村的老家生活。

# 联名通电声援旅鄂湖南中学

(1924年4月22日)

**【题解】**本篇原载《申报》1924年5月6日第7版。致电时间为1924年4月22日。原发表时题为《旅鄂湘校之校址风潮》,记者署名"召",今题系编者所拟。

旅鄂湖南中学为私立性质,晚清兴学时,即由黄守琮创办,武昌起义后停办。1912年秋,受黄兴之命,由萧志仁复办,校址设武昌湖南会馆,专收旅鄂的湘籍子弟入学就读。继任校长有夏受祺、彭国钧(字泉舫)、刘作民等,知名教师有董必武、陈潭秋、汪静之等,知名学生有黄负生、何南山、孙俍工等。此诉讼案以和解告终后,罗剑以"不洽舆情"被湘政府撤换,改由邹永修接任校长职。

记者"召"在文前交代事情经过为:"湖南旅鄂中学及其附设小学,原系借用湖南会馆为校址,前月该校校长罗剑呈请湘赵,将所借校址拨为校有,以待扩充、改建运动场,当经批准,罗遂动工。讵该会馆长曾峙华被人运动,出面反对,以该校斫伐古柏、捣毁同乡会牌等词,呈请湘赵撤办。赵批不准,曾乃以前情向武昌地检厅提起刑诉。该厅票传两造,认为罗有捣毁嫌疑,竟交看守。鄂教厅长闻讯,即往取保,迨罗出厅,已被押两日矣。鄂教育界以该厅仅凭一面之词,未经侦察,遽押校长,因此大动公愤。日前在该校特开联席会议,一致援罗,该校职教员及学生,亦各推代表数人,回乡办理此事。兹将鄂教育界公电及湘赵来电录下。"

其实,早在《申报》同年4月22日的"汉口电"中,便对此事有过报道:"旅鄂湖南中学与旅鄂湖南同乡会争校址涉讼,日前在地检厅初讯,湘校长罗剑被押,次晨始保释。鄂教育界认为,蹂躏教育界人格,养(二十二)由陈时、张继煦等三十六人通电京、鄂、湘当道,请撤地检厅长袁世鉴,以伸公愤;湘校学生亦迭发宣言,为罗援助。"

有关《申报》,参见前文《南洋闻见录——第一新嘉坡》题解。

北京司法部、教育部、总检察厅、湘省署及教育司、鄂省署及教育厅、各省教育会、湖北高等检察厅钧鉴,武昌地方检察厅长袁士鉴:因旅鄂湖南同乡会与旅鄂湖南学校争校址一案,非关命案及逃亡嫌疑,仅凭一面控诉,初次传问该校校长罗剑,不问皂白,即行拘押,待同囚犯,并不通知教育行政长官,破坏学校,蹂躏人权,侮辱教育人格,同人等誓不承认,非予撤换,不足以申公愤而重法纪。谨电奉闻。

湖北教育界张继煦、陈时等三十余人公叩

# 为力争教育基金致各部门通电

(1924年9月1日)

**【题解】** 本篇原载《申报》1924年9月7日第10版。致电时间为1924年9月1日。原发表时题为《鄂学团援助基金代表会议》，今题系编者所拟。此二电系陈时主持拟定。

记者"萧"在文前记有："鄂省教育会等六团体，为力争教育基金，公推孙锦章等十代表赴京，分向财、交两部及盐务署要求，拨还米厘公股本息及盐斤附捐，已逾半月，而部、署多方推诿，迄无拨还诚意。代表等一再力争，交部且复肆其欺凌，驱逐代表，拘押警厅（此讯传来，鄂省教育界无不同深愤激）。因是，省教育会等六团体，特于昨一日，在省教育会所开紧急会议。六团体代表共到二百余人，其他以私人资格前来参加者，亦有三百余人。公推吴士崇为主席，报告开会宗旨毕，即由刘觉民报告，代表等最近寄回函件，及向财、交两部交涉困难情形。次由王芝生说明，财部以武胜门外官产担保息金交部，允于京汉南段收入内，月拨三千余元，一则以鄂产抵塞鄂人，一则令向虎口攫食，同为玩弄鄂人之手段，且复侮辱代表，是直以亡省资格待我鄂人。鄂人虽懦，何以甘此。王君演说毕，在座者益形愤慨，无不大声疾呼政府无理，全场大为震动。最后由主席提出援助代表，进行本案之意见。经众讨论良久，结果决一面致电国务院财、交两部及盐务署，请速定切实办法，拨还米厘本息及盐斤附捐，并声明不得结果，则将全体辍学北上请愿。一面公推陈时、刘觉民、张少白、周经方、张功九、陈禊亭、吴德峰、陈志纯、王芝生、蓝少琛等十人为代表，谒见萧使，面陈代表赴京交涉经过，请予实力援助。如不得当，即请饬令京汉路局备车，以便全体北上。兹将六团体致京两电原文，为录于下。"

有关《申报》，参见前文《南洋闻见录——第一新嘉坡》题解。

## 一、致财政部、交通部电

北京国务院财政部、交通部钧鉴：

　　此次公推代表赴京，要求一次偿还米股本息，实为全省教育救亡万不得已之举。前经电陈，谅蒙察纳。兹据代表等迭次函告大部答复各情，毫无正当办法。查米股本息，湘省早经发还，吾鄂事同一律，独掯而不与。前岁几经交涉，始获确定之案；又不蒙按期履行，坐使吾鄂教育陷于绝境。鄂人虽懦，势实难甘，群情激愤，誓闻全体辍学，北上请愿之再，特先行电呈，无任屏营待命之至。

　　　　　　　　　　湖北省教育会、各学校教职员联合会、
　　　　　　　　　　教育基金委员会、校务讨论会、私立各学校联合会、
　　　　　　　　　　小学校教职员联合会公叩，东①

## 二、致盐务署电

北京盐务署钧鉴：

　　顷阅贵署致吾鄂省署电，谓民三划定税率并无附捐等语，不免令人怀疑，既无附捐，何以鄂岸多征至一元五角？非贵署借税率为抵塞鄂人之计，即贵署背税率为苛征鄂人之举，二者必居其一。阳借法令，阴施

---

① 东：韵目代电，意为公历1日。

欺凌，吾鄂人士对此激愤异常，伏望贵署迅将历年多征盐款，交鄂代表携归，以泯争端而平士气。否则，将全体罢课北上，为鄂教育请命。临电不胜迫切之至。

　　　　湖北省教育会、各学校教职员联合会、
　　　　教育基金委员会、校务讨论会、私立各学校联合会、
　　　　小学教职员联合会公叩，东

# 为力争教育基金再致各方函电

(1924年9月5日)

**【题解】**本篇原载《申报》1924年9月12日第7版。致电时间为1924年9月5日。原发表时题为《鄂学团援助基金代表续记——续推代表北上》，今题系编者所拟。此电和函系陈时主持拟定。文中的两处"中略"，均为《申报》编辑的原处理。

记者"萧"在文前记有："湖北全体教职员，连日因援助在京基金代表向省署请愿、续推援助代表北上各情，曾迭志本报。省教育会于昨日（五日）上午八时，在会召集此次续推北上代表李步青等十人，在会开紧急会议。会议结果，李步青、蓝芝浓二人当夜先行北上，其余八人，大约三四日内即可续行。其故有二：一因旅费一时不能领得；二因在京代表孙云裳等电致萧使，准于日内先回数人面呈一切。是故，其余八代表须得尚待数日。并一面用电话通知武汉各校，请于是日下午六时在江干送行。届时往江干送行者，约三百余人。因夜间武昌关城，不能全体过江，乃公推十人代表全体，送至车站；汉口送行者，亦数十人。临别之时，颇现一种慷慨激昂之态度。省教育会于会议之后，即拟具各种文电，均于昨日发出（按：该会连日拍出各电，均系交由省署代拍，盖恐被电局扣留，又可免费、敏捷）。兹将文电录下。"

有关《申报》，参见前文《南洋闻见录——第一新嘉坡》题解。

## 一、致张总长、傅治芗并转旅京同乡电

北京西城红罗厂张总长①、礼路胡同傅治芗②先生转旅京同乡诸先生钧鉴：

交部殴伤代表，蹂躏吾鄂债权，曷胜愤慨。蒙大力维持，主张公道，爱护乡邦，同人至深感激。兹续推代表李步青、蓝芝浓、吴士崇、唐义精、王益昶、彭宝谦、刘荣福、徐子珩（按：尚有女师校长周敏，因周不愿去，故未列名），兼程入京协助，尚祈贯彻初衷，俯赐指导，力予赞助，俾收圆满效果。同人虽弱，愿为前驱，蹈汤赴火，不敢辞也。

湖北省教育会等六团体，歌③

## 二、致大总统、国务院、参众两院电

北京大总统④、国务院、参众两院钧鉴：

此次鄂省教育界公推十代表入京，要求一次债还米厘公股。原以米股本息，湘、鄂同一债权，湘早发还，鄂独不与，是政府对鄂已失其平。前岁派员交涉，始获定案。又不蒙按期履行，是政府对鄂已失其信

---

① 张总长：即时任教育总长张国淦（1876—1959），1924年1月12日，就任第三十六届内阁教育总长，同年9月14日去职。
② 傅治芗：即傅岳棻（1878—1951），号娟净，湖北江夏（今属武汉市）人。清光绪举人，历任山西大学堂教务长，学部总务司司长、普通司司长。中华民国成立后，升任教育部次长。后弃政从教，历任国立北平大学、私立中国学院、河北大学、北京大学、北京师范大学教授。著有《西洋史教科书》等。
③ 歌：韵目代日，系指公历5日。
④ 大总统：系指中华民国北京政府第五任大总统曹锟（1862—1938），字仲珊，直隶天津人。早年贩布，后入天津武备学堂学习，毕业后历任哨官、帮带、帮统、统领、统制，成为北洋新军的骨干。中华民国成立后，任陆军第三师师长。袁世凯死后，成为直系军阀的首领，1923年10月10日，贿选而任总统。1924年10月30日因"北京政变"而去职。

(中略)。经于江日召集全省教职员紧急大会公决：（1）请萧巡使①饬路局备车，不日全体北上待罪；（2）电恳中央，依法惩办吴、薛两祸首②，并通电全国一致声讨；（3）请萧巡使实行截留交部在汉各局收入。此外，并先行赶派李步青、蓝芝浓等代表克日入都，向前代表及京同乡表示正当主张。最后，决心一息尚存，誓不返顾，义愤所激，理合吁恳大总统俯赐威断，明令惩办祸首；并恳两院主持正义，速予提案查办，以维国法而平士气。临电不胜屏营待命之至，伏维鉴纳是幸。

湖北省教育会等六团体，歌③

## 三、致武汉各团体公函

敬启者：

顷接敝会旅京代表周鹏程等万急来电（中略），除敝会直接请府院惩办祸首吴毓麟外，相应检同原代电④稿一纸，函达贵会，务乞一致声讨，并请随时协助，以伸公愤而雪奇辱。

湖北省教育会等六团体⑤

---

① 萧巡使：即时任两湖巡阅使萧耀南。
② 此"吴"，为时任交通总长吴毓麟；此"薛"，为时任京师警察总监薛之珩。
③ 此落款，系由编者补拟。
④ 代电：系快邮代电的简称，即用邮寄形式传递简洁公文的方式，始创于晚清衙门。
⑤ 此落款，系由编者补拟。

# 国民外交之提议

## ——致国难会议会员电

（1932年2月26日）

【题解】本篇原载《大公报（天津）》1932年3月2日第5版。发电时间为1932年2月26日。原发表时副题为《武昌中华大学电国难会员，商举国民代表的国际周旋》，今副题系编者所拟。此电系陈时以中华大学名义发出。

《大公报》刊载此电时，有文前的交代语："武昌中华大学电本报转国难会员，请商举国民代表，与将抵国境之国联调查团接洽，以为政府外交之后盾。兹志原电如次。"

国难会议，系九一八事变后，鉴于国难深重，熊希龄、马相伯、黄炎培等60余人，于1931年12月组成中华民国国难救济会，发表宣言和通电，要求国民政府召开国难会议，以团结各界人士抗日救亡。1932年1月18日，国民政府决定召开国难会议，并要求各地各界推举参加国难会议的代表。国难会议于1932年4月7日至11日，在汪精卫的主持下于洛阳召开。

有关《大公报（天津）》，详见前文《战时扩大普及教育运动办法草案要点》题解。

天津《大公报》转吴达诠①、张伯苓②两先生暨国难会议会员诸公鉴：

沪战③胜利，日本虽困兽犹斗，其伎俩仅能在我国沿岸滋扰，勾结东北民贼，制造伪国或伪政权；并散布谣言，蛊惑国际视听。

我国最近因武装同志在淞沪实施抵抗，国论对外，可谓完全趋于统一。惟国际宣传尚少努力，仅凭国内报章及政府或驻外代表，收效当不普遍。日本自九一八后，最注意于国外宣传；甚至其全国小学教员，亦有向国际联盟④请愿之举。

查前华府会议⑤，九国同情于我，订定公约。其时，我国专门委员既多，而国民所推举蒋、余两代表活动尤力⑥，其效甚显。

现国联调查团，三月初即将东来。日本既及时制造满蒙伪国，对调

---

① 吴达诠：即吴鼎昌（1884—1950），字达铨或达诠，笔名前溪，原籍浙江吴兴（今属湖州市），生于四川华阳。清末秀才，1903年留学日本，入东京高等商业学校。1910年归国，历任本溪湖铁矿局总办、江西大清银行总办、中国银行正监督、天津金城银行董事长、盐业银行总经理、内政部次长兼天津造币厂厂长、《大公报》社长等职。1935年12月，出任南京国民政府实业部部长；1938年至1945年，任贵州省政府主席。

② 张伯苓（1876—1951）：原名寿春，字伯苓，直隶天津人。早年考入天津北洋水师学堂学习航海，后服务于北洋水师。甲午战败后深受刺激，立志教育救国。结识严修，共同开办南开中学，任学监。1918年增设南开大学部，1923年另办南开女中，抗战期间又创办重庆南开中学；其间，历兼中华全国体育协进会名誉会长、国民参政会副议长、国民政府中央监察委员、南京国民政府考试院院长。

③ 沪战：指1932年1月28日爆发的淞沪抗战，亦称一·二八事变。

④ 国际联盟：简称国联，是《凡尔赛条约》签订后组成的国际组织。成立于1920年1月10日，解散于1946年4月。最多时曾拥有58个成员国。九一八事变后，国联应中国驻国联代表施肇基之请，派出以李顿爵士为首的国联调查团，来华调查日本的侵略行径。

⑤ 华府会议：指1921年11月12日至1922年2月6日，在华盛顿召开的有关远东和太平洋问题的会议。会上签订的《四国条约》，对日本的军力有所限制。

⑥ 此"蒋"，系指蒋梦麟（1886—1964），字梦熊、兆贤、孟邻，浙江余姚人。早年留美获博士学位，归国历任商务印书馆编辑，北京大学教授、总务长、代校长，浙江大学校长，教育部部长等职。在华盛顿会议召开期间，国民团体选派他与余日章共同赴美，作为国民外交代表宣传中国民意，取得了很好效果。此"余"，系指余日章（1882—1936），湖北蒲圻人。曾任中华基督教青年会全国协会演讲部主席、中国青年会全国协会总干事等职。1921年受命赴美，以国民外交使节身份，对华盛顿会议有关裁军等问题协议的达成，有所贡献。此次又受命赴美，再次开展国民外交。

查团必造谣，肆其活动。我国若仅恃政府及顾代表之正式周旋①，其力量尚不雄厚；应由平、津、沪国难会议会员发起，分别商举国民代表至少九人，先行集会研究，与政府外交政策一致。俟调查团进抵国境，即以国民代表名义与之接洽；尤须对于东北及沪案情况，有极坚明之表示，庶正义得伸，外交自有相当之收获。

政府敦聘诸公，极一时人望，惟尚未定期召集。诸公中有斤斤注意于枝节问题者，在此国难紧急之时，务恳集中力量，先就救国之重要问题负责戮力，庶政府收后援之效力。诸公自得民意之皈依，特此紧急动议，即候公决。

武昌中华大学公叩，宥（二十六日）

---

① 此"顾代表"系指顾维钧（1888—1985），字少川，江苏嘉定（今属上海市）人。早年肄业于上海圣约翰书院，1904年赴美留学。1912年获哥伦比亚大学博士学位，归国任历袁世凯英文秘书、外交部秘书、外交部参事、驻美国公使；1919～1921年，作为中国代表团成员，出席巴黎和会和华盛顿会议。后历任驻英国公使、外交总长、财政总长、国务总理兼外交总长等职。当时任国联李顿调查团中国顾问，后任国联中国代表。

# 复武汉警备司令部叶蓬司令函

(1932年7月4日)

**【题解】** 本篇原载《警备专刊》1930年第5期"防禁"栏。撰成时间为1932年7月4日,发表时间为1932年10月。原发表时题为《密函武昌中华大学,为检获〈生机〉刊物,呈奉驻鄂绥靖公署指令,饬再行函达,希负责查禁文·附武昌中华大学复函一件》,今题系编者所拟。在此,将原附录收作正文,而将原"密函"收作附录。

致函对象叶蓬(1896—1947),字一衷、一中,号勃勃,湖北黄陂人。早年毕业于湖北陆军特别小学堂,1919年毕业于保定军校第六期步兵科。历任连长、营长、团长、旅长等职;1929年后,兼任湖北省会公安局局长、武汉警备司令部司令;后任铁路警察总局局长,授陆军中将衔。1939年附汪降日,官至汪伪湖北省政府主席兼省保安司令。1947年因汉奸罪被处决。著有《军国民精神教育讲话》等。

《警备专刊》,全称《武汉警备专刊》,警界半年刊,1930年10月创刊,由武汉警备司令部主办、编辑,由参谋处发行。旨在刊载警界法规、本部文件及军法案例,以助养国民的法治精神。主要栏目有军事法规、文告、防务、治安、军法、通缉案、判决案、人事、整顿事项、报告、纪录、附载等,主要撰稿人有叶蓬、李起治、余会云、罗海峰、严谷贻、罗贯群等。1933年10月终刊,共出7期。

敬复者：

　　顷接大部"参字第九一号"密函，内开因《生机》刊物奉绥署令，再函本校负责查禁等因。

　　查此案自前奉大部密函，业将所查情形密复；后续奉教厅令转省府训令，转准中国国民党湖北省执行委员会函令查复，迭由大部及省会公安局派探，会同本校职员密查；并声明如有发现，当随时鸣警拘讯，各在案。

　　本校对于各种违反本党主义之文字，向即严密检查。国难后，中央政令宽大，本校仍未敢懈怠；惟印刷品在校外之由反动者任意刊行，以此为诱惑、影射策略，有非校内权力所及者，不得不仰仗大部及党政军当局之防维。

　　犹记在一年以前，反动派每以本校或武汉大学军官分校信封混寄刊物，曾经大部令各纸店，于发售时负责注意其伎俩，遂不能再售。

　　此次情节相类，前日探警到校会商密查时，曾转请其呈明大部，严令武汉各印刷店，如有反动刊物付刊、隐匿不报者，治以应得之连坐罪，乃为必要清源之法。是否可采，仍乞卓夺。

　　至以后关于反动刊物，自当遵照严密检查、防范，以遏乱源。准函前因，相应详实函复，请烦查照、转呈为荷。此复（下略）。

　　　　　　　　　私立武昌中华大学校长陈时，七月四日

# 本校为国联调查团报告书建议外交委员会、外交部电

(1932年10月15日)

**【题解】**本篇原载《中华周刊》第422期。发表时间为1932年10月15日。原发表时题为《本校为国联调查团报告书建议外交委员会、部电》,今题系编者所拟。此电文系陈时主持拟定或审定。

国联调查团曾于1932年4月4日抵达汉口开展调查,陈时曾代表武汉学界,在汉口德明饭店面晤调查团,反映了相关情况,并提交了师生搜得的日本侵华证据多种。《国联调查团报告书》于1932年10月2日,在东京、南京和日内瓦同时发表,其中虽有若干公正、客观的叙述,但也有不少模糊是非、混淆黑白之论,因而引发中国舆论的不满。为力求辨明是非,故有此电之拍发。

有关《中华周刊》,参见前文《〈中华周刊〉的新生命》题解。

南京外交委员会、南京外交部钧鉴:

《国联调查团报告书》发表以后,各国舆论均有赞否之批评;日本外、陆两界,尤表示强硬无理论调。吾国处于利害关系最密切地位,政府与民间应有极深刻兴奋之研究与认识。

详译报告内容,如认东北为吾国领土、满洲伪国为日本军人及文武官吏所制造各节,其叙述尚不失为大体上之公允,将日本一年来之虚伪

宣传一扫而空。至其提议谓东北不能恢复九一八以前原状、满洲自治、聘用外国顾问、日本顾问且须占多数，并主张东北为无军备区域诸端，为吾国所断难承认。

调查团既知九一八发难，责任全在日本；满洲伪国非由真正及自然之独立运动所产生，则与坎①、澳诸邦由居民之自由意思成立，且有自治能力者，迥然不同。东北居民在经过之一年中，除少数傀儡外，敢云无一人有脱离本国范围之运动；义勇军之苦战不息，尤足证明。顾问制度妨碍吾国治权，日本人政治色彩极为浓厚，大连关之近事可以覆按。

东北为我国领土不可分离之一部分，调查团已确然判定；领土主权与国防息息相关，而东北为我国防之第一线，绝不能放弃军备。应请大会、部集思广益，根据国联盟约、九国公约、非战公约，向国联及美国恳切声明：首须日本撤兵，恢复九一八以前原状，先议满期之中日商约，进而本诸责任所在，解决以前悬案，及九一八以后之各种损害问题；至东北三省之地方制度，应由我政府自动制定，逐期试行，务使其备具良好政府之要件；东北军备问题，关系国防与远东永久和平，亦应由我政府自行提出方案，在军缩会议中，以公平原则共同解决。是否有当采纳？

武昌中华大学公叩

---

① 坎：国名，即坎拿大，现今通译加拿大。

# 中华大学致抗日将领电
## ——分致孙殿英、宋哲元、关麟征
（1933年3月25日）

【题解】本篇原载《中华周刊》第440期。发表时间为1933年3月25日。原发表时题为《本校致孙殿英将军电文》《本校致宋哲元主席电文》和《本校致关麟征师长电文》，今题系编者所拟，并将三电合为一篇。

致电对象孙殿英（1889—1947），字魁元（科元），河南永城人。早年任侠好斗，投身军旅，升任直系军阀张宗昌属下师长、军长。后接受蒋介石收编，任第六军团第十二军军长。盗挖清东陵案发后，虽经军法审判，仍任军政要职。1933年2月日军进攻热河时，任四十一军军长，率部进抵赤峰，展开阻击战，相持达七昼夜，从而有声于时。

致电对象宋哲元（1885—1940），字明轩，山东乐陵人。早年毕业于北洋陆军随营武备学堂，在冯玉祥部历任哨长、连长、营长、团长；1922年参加直奉战争，升任第二十五混成旅旅长，后升任师长。1931年任二十九军军长，次年兼任察哈尔省主席，1933年参加长城抗战，所部坚守喜峰口、古北口有功，予日军以重创。

致电对象关麟征（1889—1960），原名志道，字雨东，陕西鄠县人。1924年黄埔军校第一期毕业，历任营长、团长、旅长。1932年升任第二十五师师长，次年率部参加长城抗战，指挥将士坚守阵地，被枪榴弹炸伤五处，成为血人，仍不下火线，获得青天白日勋章。

有关《中华周刊》，参见前文《〈中华周刊〉的新生命》题解。

## （一）致孙殿英将军电

赤峰探投孙殿英军长并转各将士鉴：

热汤①不战而退，全国羞愤，幸贵军苦战塞北，挽回国耻。倘冀整饬师旅，即日反攻，会师承德，复我疆土，特电慰劳。

武昌中华大学公叩

## （二）致宋哲元主席电

喜峰口探投宋哲元主席并转各将士鉴：

热河全境，未十日即纷纷败退，国人痛愤交加。正盼贵军雪此奇耻，捷报飞传，喜出望外，特电祝劳，祝盼胜利。

武昌中华大学公叩

## （三）致关麟征师长电

北平协和医院转关师长勋鉴：

出师大捷，血洒关山，勋座代国民负伤，光荣莫匹。尚冀静养早痊，再赴前线，收复失地，贵师全体将士并以慰问。

武昌中华大学公叩

---

① 热汤：即时任热河省主席兼第五军团总指挥汤玉麟（1871—1949），字阁臣，奉天（今辽宁）义县人。早年从军，为张作霖部下，历任旅长、师长、军长，出任热河都统。1928年"东北易帜"后，升任东北政务委员会委员、热河省主席。1933年日军进攻长城各隘口时，闻风而逃，遭全国上下同时谴责。

# 允为"和平会"发起人
## ——复王一亭等函

（1934年11月）

**【题解】** 本篇原载《函电汇录》一书第14页。撰写时间为1934年11月（推定），出版时间为1935年。原发表时既无题头，也无署名；题为《武昌中华大学校陈时先生函》，今题系编者所拟。

复函对象王一亭（1867—1938），名震，号梅花馆主，原籍浙江吴兴，寄籍上海。早年经营海运，后为日清公司总代理，又投资于房地产、纺织、银行等业，成为著名实业家。中年以后，拜吴昌硕为师，成为"海上画派"的代表人物。热心慈善事业，曾任国民政府中央救灾准备金保管委员会委员长，晚年笃信佛教。著作有《王一亭选集》。

"和平会"，全称"阐扬孔子大同真义，祈祷世界和平大会"，由王一亭领衔发起，敦请段正元公开说大法，主持祈祷，以期达到"化干戈为玉帛，转戾气为祥和"的和平目的。为此，和平会筹备会向中外知名人士广发函电，征求该会发起人。陈时接函后，遂复此函。

《函电汇录》，系"阐扬孔子大同真义，祈祷世界和平大会"筹备会1935年自刊，其中收录该会发起、筹备过程中的往来函件数百通。全书共64页，约4万字。

大示暨附件均经领悉。

先生等发起阐扬孔子大同真义，祈祷世界和平，以挽救未来劫运，实深钦佩。

嘱为参加发起，自表同情，特此布复。即颂

道绥！

# 蒋介石五十寿辰祝电与祝联

(1936年10月29日)

**【题解】** 本篇原载《中华周刊》第562期。发电时间为1936年10月29日，发表时间为1936年10月31日。原发表时题为《祝电》《祝联》，今题系编者所拟。

祝寿对象蒋介石（1887—1975），幼名瑞元、谱名周泰、学名志清，后改名中正，字介石，浙江奉化人。早年入保定军校，后赴日入东京振武学校。归国后参加辛亥革命、二次革命，历任中华革命军东北军参谋长、粤军总司令部作战科主任、大元帅府大本营参谋长、黄埔军校校长、国民革命军第一军军长、国民革命军总司令。1927年南京国民政府成立后，历任中央政治委员会主席、军事委员会主席、国民政府主席等职，时任军事委员会委员长兼行政院院长。其生日为10月31日，是年是日为其虚龄50岁寿诞，故致此"祝电"。

有关《中华周刊》，参见前文《〈中华周刊〉的新生命》题解。

## 一、祝电

南京行政院转呈委员长蒋钧鉴：

欣逢大衍①，伟业中天，寿并冈陵，誉隆江汉，谨为民族前途作无量颂。

武昌中华大学校长陈时暨教职员、学生同叩，艳②（印）

## 二、祝联

风雨靖中原，看气象万千，世界友邦指日为盟东亚主；
河山劳再造，喜年华半百，声威远暨众星齐拱北辰居。

万千气象定中原，与日月争光，与河山并寿；
半百年华成大业，是一国之长，是一世之雄。

---

① 大衍：语出《周易·系辞上》。其中论述古易揲蓍草取卦、卜筮之法时说道："大衍之数五十，其用四十有九。"后人多以此作为五十寿诞的代称。

② 艳：晚清、民国以韵目代日的指称，即指公历 29 日。

# 武汉三大学通电
## ——致中央党部、国民政府暨全国报馆
（1936年12月15日）

**【题解】** 本篇原载《西安事变史料》第1册第285页，出版时间为1993年4月。本通电发电时间为1936年12月15日。此电出版时，电文前的介绍文字为："武汉大学、华中大学、中华大学三校联名通电中央及全国，全文如下。"

1936年12月12日，张学良、杨虎城实行"兵谏"，在西安扣留蒋介石，提出抗日救国八项政治主张，逼迫蒋介石联共抗日，史称"西安事变"或"双十二事变"。消息披露后，舆情汹涌，形势紧张，各界纷纷表明态度，陈时遂联络王星拱、韦卓民等武汉三大学校长及知名教授，拍发了这份通电。

《西安事变史料》，朱文原编，台湾"国史馆"1993年4月印行。全书共三册，第1、2册为"重要函电"，第3册为"大事纪要"。

南京中央党部、国民政府暨全国报馆公鉴：

民族自存，端须御侮；巩固国基，首重建设。然御侮必资领袖之主持，建国必秉中枢之策划。我国历年以来，敌寇侵凌，匪患滋扰，深赖蒋公戡乱奠国，励精图治，建设业具端绪，御侮亦已交绥。兹值前方奋战、举国望治之时，乃有张学良称兵作乱，胁主欺众，破坏统一，摇动

军心，国法舆情，均难容恕。仰祈我政府大张挞伐，整饬纪纲，寒憝枭心，出元勋于险境，俾抗敌战士指挥有主，建国方略措置得人；抒国难于今日，树邦本为来兹。不胜悚切待命之至！

     陈　时、韦卓民、王星拱、邹昌炽、
     成序庠、严士佳、胡竞存、黄秋浦、
     张资拱、周鲠生、杨端六、陈　源、
     邵逸周、叶雅谷

# 致上海文化建设协会电

(1937年1月28日)

**【题解】** 本篇原载《申报》1937年1月28日第10版。原发表时题为《鄂省教育会三百余人响应文化建设协会号电》，今题系编者所拟。

文化建设协会：全称中国文化建设协会，系由陈立夫等国民党要员发起组织，成立于1934年3月25日，总会设上海，各省区有分会25个。该会以"根据三民主义，建设新中国文化"为宗旨，发起"中国本位文化建设运动"。"号电"，依韵目代日法为20日，即指中国文化建设协会于1937年1月20日所通电发表的《统一救国宣言》。陈时为该会湖北分会成员，又代表湖北省教育会发出了这份通电。

中央社在通稿前写有："本市文化建设协会，顷接湖北省教育会陈时等三百余人响应该会号电。电原文云。"

有关《申报》，参见前文《南洋闻见录——第一新嘉坡》题解。


上海文化建设协会公鉴：

年来党国多故，祸变迭生，实由地方割据、政令分歧所致。今后欲言挽救危亡，当必以服从中央、巩固统一为先决条件。贵会发表谠论，毋任佩仰，特电赞同，诸维察照。

湖北省教育会陈时、王益昶、廖西平等三百五十八人同叩

# 反对伪满参加世界教育会议的通电

(1937年7月5日)

**【题解】** 本篇原载《民报》1937年7月6日第4版。致电时间为1937年7月5日。原发表时题为《反对伪满参加世教会议——陈时等昨发通电》，今题系编者所拟。

世界教育会议，全称"世界教育会联合会"。该会的成立大会，于1923年6月在美国旧金山举行；我国派出代表团参加，陈时为成员之一。会上，中国代表团团长郭秉文，被推举为该会副主席。该会第一届年会，于1925年在苏格兰爱丁堡举行；第二届年会，于1927年在加拿大多伦多举行；第三届年会，于1929年在瑞士日内瓦举行；第四届年会，于1931年在美国科罗拉多州丹佛市举行；第五届年会，于1933年在英国爱尔兰举行；第六届年会，于1936年在英国伦敦举行。而第七届年会，定于1937年8月在日本东京举行，并于6月30日决定，同时邀请伪满洲国教育代表参加。消息披露后，遭我国教育学术界一致反对。在此背景下，陈时率中华大学同仁发出了这份通电。

《民报》，并非1905年在日本东京创刊的中国同盟会机关报，而是1932年5月4日在上海创刊者。其前身为上海《民国日报》，责任人为叶楚伧，主编为胡朴安；每日发行两大张，四开八版。首版刊登沪上时事新闻和前方军事报道，第二版刊登商业广告，第三版刊登国际时事要闻，第四版则刊登国内地方新闻和国民政府命令，第五版刊登篇幅较长的时事评论，第六版辟有"法言"专栏，第七版为副刊"民话"，第八版为"行旅"专栏；主要撰稿人有邵力子、戴季陶、沈玄庐、成舍我、管际安等。1937年11月24日终刊。

北平师范大学转中国教育学会年会主席团暨会员诸先生公鉴：

阅报载，世界教育会议日本筹备负责人，允许伪满参加，莫名骇异。特正式提议，由本会决定，联合教育学术团体表示意见，拒绝参加，并向会员各国宣告。此间汉员，前曾面向孟禄博士询问、表示矣。特达。

　　　　武汉会员陈时、严绂苹等15人公叩，歌（5日）印

# 联名共慰北平二十九军全体将士电

(1937年7月11日)

**【题解】**本篇原载《申报》1937年7月13日第13版。致电时间为1937年7月11日。原发表时题为《各大学通电》，今题系编者所拟。

在这则电文之后，记者追记有："同时各校当局议决，于本日下午四时召集谈话会，讨论筹募款项之办法，以资接济前方抗敌将士云。"

致电对象二十九军，全称为国民革命军第二十九军，前身是冯玉祥的西北军，中原大战战败后被整编而成。先驻防察哈尔，参加"喜峰口抗战"；后驻防平津，在"卢沟桥事变"中勇敢应对日军的侵略，揭开了全民抗战的序幕。

有关《申报》，参见前文《南洋闻见录——第一新嘉坡》题解。

北平宋委员长①、冯主席②暨二十九军全体将士公鉴：

敌军犯境，举国愤慨。公等忠勇抗职，为国家守疆土、为民族争人格，毋任感佩。后方同人，募捐筹饷，责无旁贷，聚集成数，克日寄

---

① 宋委员长：即宋哲元，1935年率二十九军驻防平津后，兼任冀察政务委员会委员长。此处所言"委员长"，即指是职。

② 冯主席：即冯治安（1896—1954），原名治台，字仰之，直隶故城（今河北故城）人。行伍出身，在冯玉祥部历任排长、连长、营长、团长、旅长。1926年任国民联军第五师师长，次年升任西北军第十四军军长。中原大战后，任第二十九军第三十七师师长，参加喜峰口抗战，1936年兼任河北省主席。此处所言"主席"，即指是职。

上。尚希奋勇杀贼，坚持到底，保我河山，全国幸甚。

　　交通大学黎照寰，重庆大学胡庶华同，同济大学翁之龙，复旦大学吴南轩、孙寒冰，大夏大学欧元怀、王毓祥，云南大学何鲁，协和大学林景润，中华大学陈时，暨南大学何炳松、杜佐周等同叩

# 请汇发一九三七学年度本校理学院设备及教席补助费电
## ——致教育部部长王世杰
### （1937年9月11日）

**【题解】** 本篇原件存中国第二历史档案馆，全宗号五，案卷号4033。致电时间为1937年9月11日。档案原题为《为电请汇发本年度理学院设备及教习补助费由》，今题系编者所拟。

致电对象王世杰（1891—1981），字雪艇，湖北崇阳人。早年肄业于天津北洋大学采矿冶金专业，1913年赴英国留学，入伦敦大学政治经济学院，后转入巴黎大学攻读法律。1920年获法学博士学位归国，任北京大学法律系教授、系主任、北大教务长等职。1927年后，历任湖北省政府委员兼教育厅厅长、武汉大学校长。1932年任南京国民政府教育部部长，1937年底去职。后历任国民党中央宣传部部长、外交部部长等职。著有《比较宪法》《中国奴婢制度》等。

理学院设备及教席补助费的发放，始于1934学年度。1934年8月12日，《中央日报》刊载《私立专科学校补助费核定经过》，披露教育部下学年度将拿出72万元，补助32所私立高校。其中"以大半作设备费，少数为教席费"。是年中华大学所获配额为八千元。次年，国民政府教育部拟订《补助私立专科以上各校经费办法》，决定按年补助四十余校的设备费和教席费。这笔经费，虽历年数额不同，但对于中华大学的办理则多有助益。

中国第二历史档案馆,系中国国家档案局所属的国家级档案馆,集中保管中华民国时期(1912—1949年)各个中央政权机关及其直属机构档案。该馆位于南京市玄武区中山东路,馆内设有保管部、利用部、整理编目部、编研部、民国档案杂志社、技术部、计算机中心和全国民国档案目录中心等业务机构,专门从事民国档案的收集、保管、保护、整理、编目、接待利用和编研出版等工作。该馆前身,为1936年所设"中国国民党中央党史史料陈列馆",1951年更名为"南京史料整理处",1964年改隶中国国家档案局并易现名。

南京教育部部长王钧鉴:

钧部二十六年发《高壹20第一二七七七号训令》,核定补助本校理学院设备及教席费六千元。两月以来,未奉汇寄。本应静候,惟本校现已遵期开学上课,校务诸待进行。用特电请,鉴核俯准,迅予汇发,实为学便。

湖北私立武昌中华大学校长陈时叩,真①

---

① 真:晚清、民国韵目代日的符号,即指公历11日。

# 致国联咨委会制裁暴日电

(1937年10月上旬)

**【题解】**本篇原载《中华周刊》第593期"国庆纪念号"。致电时间为1937年10月上旬,发表时间为1937年10月10日。原发表时题为《电国联咨委会制裁暴日》,今题系编者所拟。

记录者在文前记有:"武汉行营上周召集各界代表讨论抗敌后援会务时,本校陈校长曾即席提议,现值国际联盟咨询委员会开会时,武汉各界似宜公电顾少川代表转咨委会,声讨暴日在国内各大小都市肆行轰炸情形,以作实际声援与宣传资料。当经一致通过。电文由陈校长起草,并与武汉大学王校长、周鲠生教务长商订就绪,经郭斌佳教授译成英文,送请省商联暨汉市商会出资拍发。其文曰。"

致电对象国联咨委员会,全称国际联盟远东咨询委员会,系国际联盟下设的临时性机构,专门负责处理日本侵略中国、威胁远东和平的问题。该委员会在接到中国政府和民间的控告后,又经多方调查、证实,于1937年9月27日通过的一项决议,就侵华日军对中国不设防城市进行肆意空袭、杀伤无辜平民的残暴行为进行了谴责。该决议,后由国联大会于同年10月4日通过,终使日本的战争罪行成立。

有关《中华周刊》,参见前文《〈中华周刊〉的新生命》题解。

日内瓦中国公使馆转顾少川①大使,烦致国际联盟咨询委员会各国代表公鉴:

日本为达其大陆政策之目的,侵略中国。我政府为捍卫国家,拥护世界人道正义而抗战。日军近更肆行残酷手段,轰炸非战地域,如南京、广州、武汉等处,以及内地较小之无防御城市,悉皆惨受无军事目的之屠杀性的轰炸。

一月以来,武汉一处,已被空袭七次,炸死劳工、学生、妇孺难民,及其他和平民众等非战斗员达九百余人。既违公法,又复乖人道。

特电奉达,务恳依据国际盟约②,给予施行有效制裁,以增强贵会通过谴责日本案之效力,俾戢凶焰而张公道。

国立武汉大学、中华大学、华中大学、<br>湖北全省商会联合会、汉口市商会、<br>湖北省教育会、武汉律师公会、<br>汉口新闻记者公会叩泣

---

① 顾少川:即顾维钧,时任中国驻法大使兼中国出席布鲁塞尔会议代表。
② 国际盟约:主要指《九国公约》。系指1922年2月6日,美、英、法、意、日、荷、比、葡、中9国在华盛顿会议上签订的国际合约,其中有"尊重中国之主权与独立暨领土与行政之完整"等条款。

# 联电致美国总统罗斯福

(1937年10月10日)

【题解】本篇原载《中华周刊》第594期。致电时间为1937年10月10日,发表时间为1937年10月16日。原发表时题为《本校与各大学团体联电美总统——请贯彻制裁侵略国主张》,今题系编者所拟。

记录者在电文前记有:"本校于双十节,与武汉大学、华中大学、省教育会、全省商会联合会、汉口市商会、武汉律师公会、武汉新闻记者公会等,致电美总统罗斯福表示敬意。其原电云。"

致电对象罗斯福即富兰克林·罗斯福(Franklin Roosevelt,1882—1945),美国第32任总统,美国历史上唯一连任4届(第4届未任满)的总统。时在第二任期内,虽受"中立法案"约束,但支持中国抗战,试图遏制德、意、日法西斯主义的蔓延。

有关《中华周刊》,参见前文《〈中华周刊〉的新生命》题解。

华盛顿中国大使馆王大使①转美总统罗斯福先生勋鉴:

拜读本月5日先生在支加哥城之演说,仰见先生关怀世界和平,主持公道,对于现世侵略国家痛加责斥,并主张依列国共同的努力,拯救

---

① 王大使:即王正廷(1882—1961),字儒堂,浙江奉化人。早年毕业于北洋大学,后赴日本留学,加入同盟会。又留学美国,获耶鲁大学博士学位。1911年回国后,历任南京临时政府参议院副议长、代理工商部长,北京政府工商部次长、外交总长、代理内阁总理。南京国民政府成立后,曾任外交部部长,时任中国驻美国大使。著有《王正廷自传》等。

世界出无法、无政府的环境。义声所播，万众欢腾。

中国以直接受日本侵略政策牺牲之国，尤深望先生的伟论立即见诸实行。现在国联大会业已一致通过谴责日本之决议，九国公约会议开会在即，伟大美国民族，原为华盛顿会议之发起者，在此次拥护华盛顿条约之会议，应居于领袖之地位。

尚祈先生贯彻芝加哥演说之精神，举所有精神的、物质的努力，促成此共同努力的成功，务使日本对华侵略之暴行早日制止，远东的国际关系复置于公约法律基础上。非但中华民族受其赐，全世界人类和平、幸福实利赖之。

# 具报理学院设备实施概况和特种教席设置状况
## ——致教育部部长王世杰
### （1937年11月1日）

**【题解】**本篇原件存中国第二历史档案馆，全宗号五，案卷号4033。呈文时间为1937年11月1日。档案原题为《为呈报二十六年度理学院设备及教席补助费收支概况祈核备由》，今题系编者所拟。

有关致函对象王世杰，参见前文《请汇发一九三七学年度本校理学院设备及教席补助费电》题解。

有关理学院设备及教习补助费，参见前文《请汇发一九三七学年度本校理学院设备及教席补助费电》题解。

有关中国第二历史档案馆，参见前文《请汇发一九三七学年度本校理学院设备及教席补助费电》题解。

教育部部长王：

案查本校理学院前呈奉钧部二十五年发《高壹26第九五二号训令》，核准补助本校二十五年度设备及特种教习补助费六千元。旋经填具设施计划表、教席费及设备费等表，呈奉核准，并按月祗领具报各在案。

现年度已经终了，各项手续均已办竣，理合遵照《私立专科以上学校补助费支给细则》第七条之规定，造具《二十五年度补助费实施概况表》《设置特种教席状况报告表》《添置设备清册》各四份，连同单据簿，赍呈钧部鉴核备案。谨呈
教育部部长王。

附《实施概况表》《设置特种教习状况报告表》《添置设备清册》各四份，单据簿一册（略）。

湖北私立武昌中华大华校长陈时（印）

# 全国莅汉教育文化界要求实施抗战教育

## ——致国民党中央、国民政府等单位的公开信

(1937年12月5日)

**【题解】** 本篇原载《战时教育》第9期"特载"栏。讨论通过时间为1937年12月1日,发表时间为1937年12月5日。原发表时标明"快邮代电",无副标题,副标题系编者所拟。

1937年11月21日,陈时参与发起的抗战教育研究会在武昌成立,推孔庚为理事长,陈时为副理事长,实负主持之责。同年2月1日,由该会出面,邀请在汉的教育文化界名人及《战时教育》《民族战线》《战斗旬刊》等杂志社代表,在汉口召开战时教育座谈会,签名通过了这份公开信。

《战时教育》,初为旬刊,后改为半月刊、月刊。1937年9月25日创刊于上海,后迁往汉口、重庆等地出版。1938年12月生活教育社正式成立后,成为该会会刊。主编为陶行知,发行人为戴邦,总经销为生活书店。旨在以生活教育唤起"全民抗战",研讨战时教育的理论、内容与方法,并倡行"集体主义的自我教育"。主要栏目有时事研究、教育短评、战时教育消息、海外通信等,主要撰稿人有陶行知、满力涛、张宗麟、白桃、张劲夫、马昌宝等。1945年5月终刊,共出9卷、百余期。

中央党部、国民政府、各院部会、军事委员会、各省市党部、各省市政府、教育部、各省市教育厅、教育局、各学校当局、各报馆钧鉴：

目前对日抗战已至最严重关头，华北沦陷，江、浙大部被占，华中已朝夕不保，要挽回此千钧一发之危局，惟有急速发动民众支持抗战，发展广泛的游击战斗，以争取最后胜利。但要做到这点，全国教育界就非总动员起来，训练民众，培养干部，提高全民族的战斗力不可。

可是全国教育，至今仍无通盘打算，毁灭者毁灭，停顿者停顿，逃亡者逃亡。在此伟大时代，不独毫无帮助，且趋破产，长此以往，前途如何设想。□□等已矢志拥护政府，为民族尽忠，不欲多言；但目睹时艰，不忍不言，敢以赤血热诚，向全国上下提出一紧急建议，立即实施抗战教育：

第一，对整个教育系统，必须根据抗战需要，建立为三民主义革命的教育系统。

第二，对学校机构，必须立加改造，由以校舍为主体的死学校，改为有组织的活团体，可使化整为零，又能化零为整，以适应战时状态。

第三，一切学校课程，必须减少时间，裁撤无用功课，以民族解放的政治教育为基础，以抗敌的游击战斗为作用，在这中间发展抗战的组织教育、技术教育、文艺教育。

时局严重至此，我们已不能一误再误，误民族、误国家、误子子孙孙万万世！惟有下最大决心，坐而言，起而行，以共挽危局。区区血泪语，愿天下共鉴之。

孔　庚、沈钧儒、张西曼、余庆堂、陈　时、
黄　溥、杜重远、张申府、孟宪章、黄松龄、
王造时、季　平、胡伊默、白　桃、胡　风、
彭　康、陈洪进、陈仁炳、李公朴、潘一尘、
陈唯实、万仲寅、寄　洪、陈纪彝、张锡昌、
宋如海、曹孟君、彭芳草、刘锡尧、余澄清、

白动生、秦柳芳、鲁明健、徐志远、吴吉罡、陈仪贞、孔罗荪、孔祥书、周书民、宋承勋、石辟烂、郭资厚、马哲民、刘萧愚、徐　步、麦售曾、刘明凡、光未然、徐矛军、马　达、战时教育社、战斗旬刊社、抗战教育研究会等

# 呈二十六年度补助费第二期收支概况表

## ——致教育部部长陈立夫

（1938年4月3日）

**【题解】** 本篇原件存中国第二历史档案馆，全宗号五，案卷号4032（1）。呈文到部时间为1938年4月3日。档案原题为《为呈报本年度理学院设备及教席补助费第二期收支概况表及缓购煤汽机可否祈核示由》，今题系编者所拟。教育部批示为："《收支概况表》送请会计室查核，关于缓购煤汽机一节拟照准。益。"

致函对象陈立夫（1900—2001），名祖燕，字立夫，浙江吴兴人。1922年毕业于北洋大学采矿系，旋赴美国留学。1925年获匹兹堡大学采矿学硕士学位归国，历任黄埔军校机要秘书、国民党中央组织部调查科主任、国民党中央党部秘书长、国民党中央组织部部长、国民政府土地委员会主任委员等职。1938—1944年任教育部部长。1948年任国民政府立法院副院长。1949年去台湾，1951年定居美国。1969年返回台湾定居，历任"总统府资政"、国民党中央评议会主席团主席、"中华文化复兴运动推行委员会副会长"、台湾中国医药学院董事长、台湾孔孟学会理事长等职。著有《孟子之政治思想》《孟子之伦理道德思想》等。

有关理学院设备及教习补助费，参见前文《请汇发一九三七学年度本校理学院设备及教席补助费电》题解。

有关中国第二历史档案馆，参见前文《请汇发一九三七学年度本校理学院设备及教席补助费电》题解。

教育部部长陈：

案查本年度理学院设备及教席补助费《第一期收支概况报告表》，前经遵章造报在案。现第二期呈报之期已届，理合造具该期收支概况报告表，赍呈钧部查核。

再查前奉核准设备补助费用途，计有燃烧炉、分光镜等仪器（礼和洋行购买），合国币一千零三十元；煤汽机一件（安利英洋行购买），合国币一千三百七十元，共计二千四百元。自去年九月份起，按七成发给，合计全年度实共领设备费一千八百元。

除礼和洋行已定仪器以现时美金计算，约需一千三百元外，其余之五百元，据安利英洋行报价，现时煤汽机约需国币二千二百元。原款尚不足四分之一，且须在香港交货。似此，拟请准予将上项余款暂行保存，候下年度呈请核准补助费时，再行并案定购。可否之处，仰祈核示祇遵。谨呈

教育部部长陈。

附呈《收支概况报告表》二份（略）。

湖北私立武昌中华大学校长陈时（印）

# 致李宗仁祝捷电

(1938年4月8日)

**【题解】** 本篇原载《中华周刊》第606期。致电时间为1938年4月8日，发表时间为1938年4月14日。原发表时题为《电李司令长官祝捷》，今题系编者所拟。

编者周保伟在电文前记有："自四月七日，我忠勇将士在最高统帅指挥下，于津浦线台儿庄歼敌二万余人，为抗战以来空前大捷。全国闻讯，莫不欢欣庆祝。本校于八日曾电李司令长官宗仁祝捷。其文曰。"

致电对象李宗仁（1891—1969），字德邻，广西桂林市临桂人。早年毕业于广西陆军速成学堂，后历任排长、连长、帮办营长、帮统，参加护国战争、护法战争和粤桂战争。1921年后，历任"广西自治军第二军"司令、桂林镇守使、"定桂军"总指挥、广西省绥靖督办公署督办、广西省第一届省党部监察委员等职。南京国民政府成立后，历任西征军总指挥、第四集团军总司令、军事参议院院长等职。抗日战争爆发后，任第五战区司令长官，驻节徐州，指挥台儿庄战役，取得歼灭日军二万余人的重大胜利。

有关《中华周刊》，参见前文《〈中华周刊〉的新生命》题解。

徐州战区司令长官李钧鉴：

前肃芜函，借表祝意，计邀荃照。溯自麾下指挥徐州战区，威德感人,早寒敌胆。昨闻捷音,获大胜利。逖听之余,为国族前途无量欣忭。非仅私衷庆祝已也,全国属望集于麾下,今后当更有重大发展,以达最后胜利。专此驰贺,并祝勋绥!

武昌中华大学校长陈时叩,齐①,印

---

① 齐:韵目代日,系指公历8日。

# 遵令造具补助设备及教席费申请书表报呈

## ——致教育部部长陈立夫

（1938年12月16日）

**【题解】**本篇原件存中国第二历史档案馆，全宗号五，案卷号4032（1）。呈文到部时间为1938年12月16日。档案原题为《为申请补助设备及教习费，遵令造具申请书表，祈核准如数补助由》，今题系编者所拟。

有关致函对象陈立夫，参见前文《呈二十六年度补助费第二期收支概况表》题解。

有关理学院设备及教席补助费，参见前文《请汇发一九三七学年度本校理学院设备及教席补助费电》题解。

有关中国第二历史档案馆，参见前文《请汇发一九三七学年度本校理学院设备及教席补助费电》题解。

教育部部长陈：

案奉钧部二十七年发《高壹21字第12547号训令：检发申请计划表式》，饬遵于本年十二月十五日以前，将申请补助事项及理由核实，造具申请补助书表十份，附具《学校概况表册》两份（除《学校概况表》另令颁发外），呈送付审等因。

奉此，本校际此抗战时期，一迁湖北宜昌，再迁四川重庆。一再迁移，需费实巨，所有各院设备及教席，均待特予补助。理合遵限，缮具《二十八年度申请补助计划表》十份，赍呈钧部鉴核，俯准照数补助，不胜恳切待命之至！

再，《学校概况表》尚未蒙颁发，俟奉到后，即行遵造补呈，合并呈明。谨呈

教育部部长陈。

湖北私立武昌中华大学校长陈时（印）

# 补呈 1937 学年度补助费第四期收支概况表

## ——致教育部部长陈立夫

（1939 年 1 月 9 日）

【题解】本篇原件存中国第二历史档案馆，全宗号五，案卷号 4032（1）。呈文到部时间为 1939 年 1 月 9 日。档案原题为《为呈报二十六年度补助费收支概况表祈核备由》，今题系编者所拟。

有关致函对象陈立夫，参见前文《呈二十六年度补助费第二期收支概况表》题解。

有关理学院设备及教席补助费，参见前文《请汇发一九三七学年度本校理学院设备及教席补助费电》题解。

有关中国第二历史档案馆，参见前文《请汇发一九三七学年度本校理学院设备及教席补助费电》题解。

教育部部长陈：

案查二十六年度理学院设备及教席补助费《第三期收支概况报告表》，前经遵章呈报在案。现第四期补助费（四月～六月）业经具领，理合造具该期收支概况表二份，赍呈钧部查核。谨呈
教育部部长陈。

附呈《二十六年度补助费第四期收支概况表》二份（略）。

湖北私立武昌中华大学校长陈时（印）

# 请恢复法律学系招生呈文

——致教育部部长陈立夫

（1939年7月11日）

【题解】本篇手迹原件存华中师范大学档案馆"中华大学类"，卷宗号LS11-31。撰成时间为1939年7月11日（据教育部部字第265号指令）。原件无标题，今题系编者所拟。

此前，中华大学由武昌迁宜昌，又由宜昌迁重庆，并于1938年12月在重庆南岸下龙门浩禹王庙复课。此时学生不足200人（附中已分出另办），因而亟待扩大规模。考虑到该校自开办升格以来，即有办理法律学系的传统，且师资力量具备，因而呈交了这份请求恢复招生的报告。教育部虽未批准恢复法律学系，然同意中、外文学分设为两系。是届中华大学各院系共招新生184人。

华中师范大学档案馆成立于1991年4月，内设馆长办公室、馆办公室、档案监督指导部、档案利用部、人事档案室等机构。该馆依照原国家教委颁布的《高等学校档案实体分类法》的要求，进行档案实体的分类管理。有关中华大学的卷宗，共510卷。

案奉钧部本年六月发高壹8字第一四三三三号尾开："……其他各国立专科学校及省、私立各专科以上学校及独立学院，仍照上年成例，应将招生科系及名数，先期呈部核准，再自行招生。除分令外，合行令仰该校知照。此令。"等因，奉此。

查本校文学院现有之文学系，系由中国文学与外国文学两系合并而成。自施行以来，课程、教学俱感困难。前蒙派员刘、李莅校视察时，曾经陈述。兹拟就该系分为"中国文学"及"外国语文"两组，各组分招生三十名。

再，文学院拟恢复法律学系。于二十七年度招生时，亦经列入呈请。奉钧部指令缓办。闻本年中政校拟不招生，则是项志愿升学者，供求必不相应；且本年度湖北省政府曾表示，为鄂境高中毕业生宽留升学余地，兹拟仍申前请。

仰请俯予核准。奉令前因，拟合拟具二十八年度招生简章，备文呈祈钧部鉴核示遵。谨呈
教育部部长陈。

附呈拟《二十八年度招生简章》一份。

全衔　陈

## 随文附录　教育部指令（部字第 265 号）

廿八年七月十一日呈一件——呈报拟招廿八年度新生、编级生祈鉴核示遵由。

呈件均悉。所请恢复法律学系一节，未便照准。

文学系仍应分设为中国文学系及外国语文系，并准其他各系廿八年度上学期照前拟名额自行招生。

招收同等学力学生，应遵照前电，录取名额不得超过录取总额百分之五。

入学试验科目，军训可暂勿列入。

又，鄂籍学生升学，仍应令其参加入学试验。

件存，此令。

部长陈立夫，中华民国二十八年七月廿五日
手迹原件存华中师范大学档案馆"中华大学类"，卷宗号 LS11-33

# 遵章呈请1940年度补助费
## ——致教育部部长陈立夫
### （1939年12月13日）

【题解】本篇原件存中国第二历史档案馆，全宗号五，案卷号4032（1）。呈文时间为1939年12月13日。档案原题为《为拟申请二十九年度补习费，呈请示遵表式及注意事项由》，今题系编者所拟。

有关致函对象陈立夫，参见前文《呈二十六年度补助费第二期收支概况表》题解。

有关理学院设备及教席补助费，参见前文《请汇发一九三七学年度本校理学院设备及教席补助费电》题解。

有关中国第二历史档案馆，参见前文《请汇发一九三七学年度本校理学院设备及教席补助费电》题解。

教育部部长陈：

案查《省私立专科以上学校补助费分配办法大纲》之规定须经申请手续，其申请时期，原定每年四月底。上年因会计年度改为历年制，补助费申请期亦改于十二月十五日以前。例蒙钧部先期颁发《申请表式》及《令知注意事项》各在案。

现会计年度行将终了，已届补助费申请之期。本校关于下年度应申请补助事项，业经规划就绪，惟未奉钧部令知申请。深恐应用表式及注

意事项有所变更之处,未便擅呈,理合具文,呈请指令祗遵,俾得遵章申请补助,发展校务,实为至祷!谨呈

教育部部长陈。

湖北私立武昌中华大学校长陈时(印)

# 申请商学院会计专修科招生呈文
## ——致教育部部长陈立夫
### （1940年1月8日）

【题解】本篇原件存华中师范大学档案馆"中华大学类"，卷宗号LS11-33。原题为《为呈拟于本年春季招收商学院会计专修科祈鉴核由》，今题系编者所拟。此呈系陈时拟定或审定。

中华大学西迁重庆后，学校元气大伤，不仅系科缩减，而且学生流散甚多。故当学校在重庆南岸米市街禹王庙安定后，徐图恢复和发展便成为当务之急。又因了解到当时重庆和四川等内地急需会计人材，加之当地工商界又有所请，故专呈增设会计专修科。此呈获准后，原定招收一班50人，结果实招两班百余人。

有关华中师范大学档案馆，参见前文《请恢复法律学系招生呈文》题解。

案查本校为秋季始业，春季除招收编级生及借读生外，例不招收新生。惟各地寒假高中毕业生及战区退出失学学生，均纷纷请求入学；且贸易委员会与财政金融机关，多来函征用毕业生。为适应急切需要，拟于本年春季招收二年制（上课一年，实习一年）之会计专修科新生一班约五十人,隶属商学院,已由校董事会推选闻亦有①校董为主任。

可否之处,理合具文,呈请钧部鉴核示遵,一切遵照部定规程办理。

再,本学期即将举行考试结束,春季始业时,现常有因战区及由远道来此之曾肄业他校学生请求救济,拟就现在各学期在准名额范围内,招收编级生及借读生若干名。并恳教育部部长陈。

私立武昌中华大学,二九年一月八日

**随文附录　教育部指令**

二十九年一月十九日辰字第十号呈一件——呈请于本年春季招收商学院会计专修科暨大学各学系三、二、一年级下学期编级生请鉴核由。

呈悉。该校商学院准自二十八年度下学期起,添设会计专修科。该科主任,应另选专任人员充任。招收该科新生及其他各学系转学生,应俟补呈招生简章,并补报各学系拟招名额到部,再行核办。此令。

部长陈立夫

手迹原件存华中师范大学档案馆"中华大学类",卷宗号 LS11-33

---

① 闻亦有(1899—1966):字理天,湖北浠水人。1919 年毕业于武昌商业专门学校,1922 年参与创设上海正明会计师事务所。1928 年后,历任南京国民政府中央财政委员会审计员、中央监察院审计二厅厅长,历兼特种文官考试典试委员、中国实业银行董事、重庆大学教授等职,时任国民政府主计处会计局局长。曾参与创设中国会计学社,一度担任理事长,并主编该社社刊《会计季刊》。著有《计政法规》《商算》《成本会计学》等。

# 遵章造报《二十七年度补助费实施概况》等件
## ——致教育部部长陈立夫
（1940年2月19日）

**【题解】** 本篇原件存中国第二历史档案馆，全宗号五，案卷号4032（1）。呈文时间为1940年2月19日，到部时间为1940年2月22日。档案原题为《为遵章造报二十七年度（半年）补助费实施概况、设置特种教席状况报告表、补助原有教员状况报告表、添置设备清册，连同单据赍呈鉴核由》，今题系编者所拟。

有关致函对象陈立夫，参见前文《呈二十六年度补助费第二期收支概况表》题解。

有关设备及教席补助费，参见前文《请汇发一九三七学年度本校理学院设备及教席补助费电》题解。

有关中国第二历史档案馆，参见前文《请汇发一九三七学年度本校理学院设备及教席补助费电》题解。

教育部部长陈：

案查前奉钧部二十七年十月发《私拾陆26字第九一二七三号训令》，核定本校二十七年度（半年）补助各学院迁校充实设备费三千五百元，理学院化学教席及设备费二千一百元，经造具设施计划表奉呈核准，并分月领讫各在案。

兹遵照《私立专科以上学校补助费支给细则》第七条之规定，造具《二十七年度（半年）补助费案实施概况表》《设置特种教席状况报告表》《补助原有教员状况报告表》暨《添置设备清册》，连同各项单据，备文赍呈鉴核、备案。

再，丁兹抗战之际，国内货运不畅，向各商店订购之物品，常不能如约定期限成交，致呈报迟期，合并陈明。谨呈
教育部部长陈。

附呈《补助费案实施概况》四份（略）、《设置特种教席状况报告表》二份（略）、《补助原有教员状况报告表》八份（略）暨《添置设备清册》及《单据粘存簿》各一册（略）。

湖北私立武昌中华大学校长陈时（印）

# 遵令造报《二十九年度补助费案设施计划》等件

## ——致教育部部长陈立夫

（1940年4月20日）

**【题解】** 本篇原件存中国第二历史档案馆，全宗号五，案卷号4032（1）。呈文时间为1940年4月20日。档案原题为《为遵令造具二十九年度补助费案设施计划及上年度实施概况，并呈明支配缘由，恭恳鉴核、俯准实施由》，今题系编者所拟。

有关致函对象陈立夫，参见前文《呈二十六年度补助费第二期收支概况表》题解。

有关中国第二历史档案馆，参见前文《请汇发一九三七学年度本校理学院设备及教席补助费电》题解。

教育部部长陈：

案奉钧部本年三月发《高壹21字第七六六六号训令》略开："查二十九年度省私立专科以上学校补助专款，经审议分配，核定本校本年度补助费二万二千元；补助理、商学院教席各一暨设备，文学院扩充设备。附发表格，限文到半月内填造，送部审核。"汇转请发，并提示本年度补助费，为增进效率计，特种科目教席费可提高至百分之四十，设备费暂支百分之六十等因。附发表格两种。

奉此。本校自前年奉令西迁后，校产沦陷战区，孳息全无；社会金融涸竭，捐款难募。至于学生缴费，因战时每名减收原额六分之一；且学生籍贯多在战区，大都滞纳，并须筹划贷金。而对学生直接支出，如津贴茶水费一项，即年增四十余元（本校未征收学生茶水杂费）之巨。所恃以维持经常费者，惟钧部暨湖北省政府补助费是赖。湖北省补助费为数既微，且七阅月未领。若不请求钧部逾格救济，势难维持现状，延续校命。

谨就本校本年度实际需要情形，拟具补助费支配用途如下：

一、理、商两学院，遵令延聘特种教席二员。文学院拟遵照前年度变更办法，请移设备费，补助原有教员二员。其人选，理学院仍继续延聘上年呈准之李家光①一员，商学院拟由教授方宗汉②一员改任，文学院仍恳继续补助上年呈准之原有教员邹昌炽③、严绂苹④两员。下学期如有变更，再行另案呈核。

二、本校原有教职员待遇本微。现因战时经济紧缩，已减至最低限度。乃近来渝市物价暴涨，原之薪俸实不易维持生活。本校经费奇绌，

---

① 李家光：生卒年未详，湖北宜昌人。早年留学比利时，肄习应用化学，获化学博士学位。归国后，历任暨南大学、东南大学、东吴大学、震旦大学、华中大学教授，为中国化学会会员。1939年任教于迁渝后的中华大学，担任有机化学及实验、高等有机化学及实验、胶质化学、生物化学等课程。后任湖北师范学院理化系教授兼系主任。

② 方宗汉（1905—1951）：字淡明，安徽芜湖人。1919年考入清华学校中等科，1927年赴美留学，获西北大学经济学硕士学位。1929年归国后，受聘为中华大学教授兼商学院院长。1941年秋辞职后，历任国立中央工业学校和中央工业专科学校教职、国立重庆大学管理学教授兼工商管理系主任、重庆私立相辉文法学院教授兼银行会计系主任等职。1951年因精神病英年早逝。

③ 邹昌炽（1888—1973）：字允中，湖北宜昌人。早年毕业于武昌文华大学，留校任教。后留学美国，获西北大学法学博士学位。归国曾任英文报社社长，后历任中华大学教授，后任文学院院长、外国语文系主任。主教英文，教法多样，要求甚严，尤重口语训练，被学生尊为严师。一度担任教务长，1947年被中华大学校董会推举为中华大学校长，未就任。著有《国语文法概要》等。

④ 严绂苹（1894—1962）：字士佳，湖北黄冈人。早年考入北京清华学校，1919年赴美留学，先后肄业于密西根大学、普渡农科大学和哥伦比亚大学，获职业教育硕士。1923年归国后，担任中华附中主任兼教育系教职。1927年中华大学停办后，任锦州东北交通大学英文教员。1928年中华大学复办后，回校任教育系教授、教务长。始终与中华大学共进退，深得师生敬重。1947年后，任中华大学代理校长、校长。著有《中国职业教育》等。

又不克提高待遇，势难潜心研究学术。拟请援行政院第四三六次会议对于各国立大学给予津贴之例，移补助费之一部分，津贴原有教员暨专任教员作学术研究费用，以歆起私校人员研究学术之努力。

三、本校播迁来渝，百端待举。现时虽就特别补助费项下，建筑图书室、实验室、体育场告成。但因经常费关系，普通设备均不完全，致原有专门性之图书、仪器存储箱笼，未获陈列备用，体育设施更为简陋。拟请将补助设备费之一部分，作图书室、实验室之普通设备及体育设备。

上开本校本年度补助费支配各点，乃基于战时状态，在经费困难情形下，实出不得已之请求，非敢违反补助原则。

素仰钧长对于本校维护倍至，欲求校务进庶，允宜实事求是，用敢冒昧渎陈，恭恳钧长体念私校维持之艰，战时颠沛之苦，俯赐成全，准予所请。特造具本年度补助费案设施计划及上年度实施概况，备文赍呈鉴核，准予实施，俾舒校困，以期增进教育效率。不胜迫切待命之至！

再，本案因校董会校董居住远近不一，除会议外，尚须往返函商，稍稽时日，合并呈明。谨呈

教育部部长陈。

附《本年度补助费案实施计划》及《上年度实施概况》各二份、共六纸（略）。

湖北私立武昌中华大学校长陈时（印）

# 吁恳增拨补助以资救济
## ——致教育部部长陈立夫
### （1940年9月20日）

【题解】本篇原件存中国第二历史档案馆，全宗号五，案卷号4032（1）。呈文时间为1940年9月20日，呈文到部时间为1940年9月25日。档案原题为《为校费万分困难，筹划力竭，缕呈实况，吁恳增拨补助以资救济由》，今题系编者所拟。

有关致函对象陈立夫，参见前文《呈二十六年度补助费第二期收支概况表》题解。

有关中国第二历史档案馆，参见前文《请汇发一九三七学年度本校理学院设备及教席补助费电》题解。


教育部部长陈：

案查本校上年度，蒙钧部呈准行政院，拨给一次补助费四万元。祗领之后，已依照前呈请之案，建筑教室、办公室、实验室等次第竣工，另案呈报鉴核。

本校一再迁校，幸值钧长主持邦教，倍荷维护，全体衔感，曷敢再渎？惟自流离转徙以来，原有校产均在战区，收入毫无，募集捐款，集腋不易；学生籍贯，三分之二以上咸属战区，不惟无力纳费，且须为之筹划衣食。近来物价迭涨，人人怀自危之心。综此数因，实已智虑俱竭。虽恒引总裁《告全国教师书》暨钧座平日诰诫，相勉于造次颠沛之间，教学、研究及学生精神、秩序方面，逐有进步；而现实所迫，不能不以上闻。

本年蒙拨给经常费，较前已有增加，但仅能维持经常费三分之一。谨作如下之恳求：

（1）本校经常费支出，每月至少须五千元，请加给经常补助费五万元。

（2）本年度招生，投考生增加，原居住设备不足供用，请拨给临时补助费壹万元。

（3）物价日涨，学生火食贷金①，请准比照时价拨给。

方今抗战至最后胜利阶段，凡属从公者，自应仰体时艰；惟维持现状，实感万分困难，不得不吁恳救济。

又查钧部前拨给复旦、大夏、光华等校②，一次性补助费皆为八万元。本校上年度蒙拨给者，只为半数。为此缕呈实况，恭恳鉴核令准，是为至祷。谨呈
教育部部长陈。

湖北私立武昌中华大学校长陈时（印）

---

① 火食贷金：亦称膳食贷金。1938年2月5日，国民政府颁发《公立专科以上学校战区学生贷金暂时办法》，旨在救助从战区撤离并在后方求学的青年学子。此贷金分全额和半额两种。全额包括膳食贷金与特种贷金，每月法币8元或法币10元；半额只有膳食贷金，每月法币4元或法币5元。贷金制为无息贷款，偿清期限至多为20年。

② "复旦"，即上海私立复旦大学，抗战期间迁至重庆北碚东阳镇夏坝；"大夏"，即上海私立大夏大学，抗战期间迁至贵州贵阳；"光华"，即上海私立光华大学，抗战期间一部迁至四川成都，一部坚守上海租界办学。

# 再恳令准增加补助费
## ——致教育部部长陈立夫
### （1940年10月5日）

**【题解】** 本篇原件存中国第二历史档案馆，全宗号五，案卷号4032（1）。呈文时间为1940年10月5日。档案原题为《为再恳迅予令准增加补助费祈鉴核由》，今题系编者所拟。

有关致函对象陈立夫，参见前文《呈二十六年度补助费第二期收支概况表》题解。

有关中国第二历史档案馆，参见前文《请汇发一九三七学年度本校理学院设备及教席补助费电》题解。

教育部部长陈：

案查本校经费困难，迭经缕陈：本年九月专案呈请增加补助，奉钧部九月二十八日《高字第三二〇七二号指令》："应俟《省立专科以上学校补助费追加案》奉核定后酌予补助。"等因。

奉此，理应静候钧命，曷敢多渎。惟本校现蒙钧部补助，月仅一千八百余元。前呈所云每月经常费至少须五千元，系照实际支出之最低额，毫无虚伪。此数在全国大学中，匪特为最少，即渝市公私立中等学校现支额，亦不仅此数。

前读《令颁专科以上学校教师待遇条例》，具仰盛德，顾念教师生活，实符百年树人之旨。本校各级教职员，月支薪资，距此标准远甚；纯借与校中历史感情及私谊关系，艰苦奋斗。然近因渝市生活高涨，均惶惶不安，枵腹从教，势所不能。值此抗战时期，本校稍可维持，无不激发天良。

仰体政府度支之艰难者！惟事实所迫，不得不再作恳切之请求，务恳垂察本校实况，迅予明令，准如所呈之数，加给补助，俾维现状而图发展。无任屏营待命之至！

再，本校迁渝以来，一切设置因陋就简，急待补充。前请拨给本年度临时费一万元，及援例补给上年度一次补助四万元之数，并祈鉴核，汇案拨给，以资改进。谨呈

教育部部长陈。

湖北私立武昌中华大学校长陈时（印）

# 恳请借款二万元以渡过办学难关
## ——致教育部部长陈立夫
（1940年11月25日）

【题解】本篇原件存中国第二历史档案馆，全宗号五，案卷号4032（1）。呈文时间为1940年11月25日。档案原题为《为校费困难无法维持，恳借给贰万元，由补助费陆续扣还由》，今题系编者所拟。在该档"拟办栏"写有："此次分配临时费，该校已有补助，当未发出，似不准予借拨。"在该档"批示栏"写有："准先借拨贰万元。"

有关致函对象陈立夫，参见前文《呈二十六年度补助费第二期收支概况表》题解。

有关中国第二历史档案馆，参见前文《请汇发一九三七学年度本校理学院设备及教席补助费电》题解。

敬呈者：

本校经费困难情形，曾两次呈恳救济，奉指令体恤备至，自应静候，曷敢多渎。惟本学期开学以来，物价逐日高涨，教职员及其眷属，日常生活无法维持。学生来自战区者，达总额三分之二以上，现正严密考查，另案呈请贷金。原在校学生未领贷金者，已达四阅月。本年度新生入学以来，个人自筹者又已用罄，全恃本校之零星接济；而平价米之购买，又须由校垫用。

因此种种原因，仅赖钧部补助之每月一千八百余元，实难挹注，万分拮据，罗掘俱穷，本学期已负债达两万元以上，委实无法再行挪借，本月底即有断炊之虞。情迫，只得仰恳钧长俯允，借给国币贰万元以济眉急。将来即在补助费内，如数陆续扣还。冒昧上陈，不胜迫切待命之至！谨呈
教育部部长陈，次长顾、余。

湖北私立武昌中华大学校长陈时（印）

# 呈请将特种教席补助费移作添置理学院设备之用

——致教育部部长陈立夫

（1940年11月26日）

**【题解】** 本篇原件存中国第二历史档案馆，全宗号五，案卷号4032（1）。呈文时间为1940年11月26日。档案原题为《为呈报理学院补助化学教习李家光解职，新聘浦洁修继任，请核备并呈明将八月份教席费结存，移充理科设备费由》，今题系编者所拟。

有关致函对象陈立夫，参见前文《呈二十六年度补助费第二期收支概况表》题解。

有关中国第二历史档案馆，参见前文《请汇发一九三七学年度本校理学院设备及教席补助费电》题解。

教育部部长陈：

案查本校本年度补助费案，蒙钧部补助理学院化学教席一员，遵即延聘李家光充任，造具《补助费案设施计划》奉呈钧部。本年七月二十三日发《高字第二四〇八八号指令》，核准在案。兹李家光于上学年结束时解去本校教职，所有理学院特种教席，业经延聘浦洁修[①]女士接充。现浦女士于九月份到校，十月份开始授课，教学优良，理合造具该员履历及所授课程表，备文呈请鉴核备案。

再，该两员交代期间适值暑假，所有八月份薪金二百四十元结存未付，拟请移作理学院设备之用。合并呈明，仰祈令遵。谨呈

教育部部长陈。

附《理学院新聘特种教席履历及课程表》二份（略）。

湖北私立武昌中华大学校长陈时（印）

---

[①] 浦洁修（1907—2000）：女，字逸清，江苏省嘉定县（今属上海市）人。1931年毕业于北京师范大学化学系，历任北京师范大学女附中、商业中学、志成中学教员。1932年，赴德国学习化学，并从事研究工作。1937年归国，任北平私立中国学院化学系教授、代理主任。全面抗战爆发后，在重庆市历任大同制革厂、益民织造厂厂长，兼任中华大学教授。

# 恭恳俯准增拨经常费和临时补助费
## ——致教育部部长陈立夫
### （1940年12月27日）

**【题解】** 本篇原件存中国第二历史档案馆，全宗号五，案卷号4032（1）。呈文时间为1940年12月27日。档案原题为《为本校经常费困难，并急须添建校舍暨安全设备，造具经、临支出概算表，备文赍呈，恭恳俯准拨给由》，今题系编者所拟。

有关致函对象陈立夫，参见前文《呈二十六年度补助费第二期收支概况表》题解。

有关中国第二历史档案馆，参见前文《请汇发一九三七学年度本校理学院设备及教席补助费电》题解。

教育部部长陈：

案查本校自创设以来，经费向极困窘；迁渝而后，更形支绌。仰荷钧部两次拨给临时费，俾得维持现状。全校员生，无任铭感。

惟临时费仅能暂济一时，而大部分须用于建筑、设备；经常费收支不敷，每月均难解除罗掘之窘象，实不易力图进展，勉副战时教育之需求。教职员薪给向低，物价逐腾，常为水准生活而分心；加以年来战区学生请求救济升学者日益增加，因校舍狭窄、设备不敷，录取名额不能应其踵至之请求。

此外，每值夏秋季敌机袭扰频仍，幸赖钧部前特别补助所掘之防空洞，维护员生安全。而设备方面，如图书、仪器等购置不易，宜谋保障。拟扩建防空洞收藏应用，亦乏术筹款，百计思维，只得呈恳钧长，拨给经常补助，俾可维持现状以图发展；并恳俯准，另拨扩充校舍及防空〔洞〕扩建费，以资充实而策安全。

兹当年度将届，理合造具《三十年度经常支出概算表》暨《添建临时校舍、扩建防空洞临时支出概算表》，备文赍呈鉴核，俯准如数拨给，不胜迫切待命之至！谨呈
教育部部长陈。

附呈《概算表》两份（略）。

湖北私立武昌中华大学校长陈时（印）

# 遵章呈报《二十八年度补助费设施概况》等表册
——致教育部部长陈立夫
（1940年12月30日）

**【题解】**本篇原件存中国第二历史档案馆，全宗号五，案卷号4032（1）。呈文时间为1940年12月30日。档案原题为《为遵章造报二十八年度补助费实施概况、设置特种教席及补助原有教员状况报告表、添置设备清册连同单据，赍呈鉴核由》，今题系编者所拟。

有关致函对象陈立夫，参见前文《呈二十六年度补助费第二期收支概况表》题解。

有关中国第二历史档案馆，参见前文《请汇发一九三七学年度本校理学院设备及教席补助费电》题解。

教育部部长陈：

案查前奉钧部二十八年六月发《第一三九七二号训令》，核定二十八年度捐助本校理学院化学教席及设备费七千五百元，各学院充实设备费一万二千五百元，经造具设施计划表，先后呈奉。

钧部二十八年八月发《私十六26字第二〇九三二号》及同年十二月发《同字第三二八九号指令》，核准并按月给领各在案。

兹遵照《私立专科以上学校补助费支给细则》第七条之规定，造具

《二十八年度补助费实施概况表》《设置特种教席及补助原有教员状况报告表》并《添置设备清册》，连同各项单据，备文赍呈鉴核、备案。

再前奉，令筹备防空设备、建造防空洞呈请补助，奉钧部二十八年十月发《庶一日字第二五三二六号指令》，准予补助二千元。嗣因款项不敷，呈奉钧部二十八年十二月发《私十六26字第三二二八九号指令》，准移各学院充实设备费之一部，完成防空洞在案。兹因单据有连带关系，〔为〕便于审核起见，并案呈报，列入补助费案实施概况中，合并陈明。谨呈
教育部部长陈。

附呈《补助费实施概况》四份（略）、《设置特种教席及补助原有教员状况报告表》六份（略）、《添置设备清册》一份（略）、《各项单据粘存簿》一本（略）。

湖北私立武昌中华大学校长陈时（印）

# 遵令呈报《二十九年临时补助费使用计划》等件

——致教育部部长陈立夫

（1941年1月16日）

**【题解】** 本篇原件存中国第二历史档案馆，全宗号五，案卷号4032（1）。呈文时间为1941年1月16日。档案原题为《遵令呈报二十九年临时补助费使用计划及补具前领贰万元印领祈鉴核由》，今题系编者所拟。

有关致函对象陈立夫，参见前文《呈二十六年度补助费第二期收支概况表》题解。

有关中国第二历史档案馆，参见前文《请汇发一九三七学年度本校理学院设备及教席补助费电》题解。

教育部部长陈：

案奉钧部二十九年十二月发《高壹21字号第四一四六七号训令》，略开核发本校临时补助费五万元，应以大部分充实设备；余款按实际需要，樽节支用，仍须拟具详细使用计划，呈报核备，并补具前拨发贰万元印领等因。

奉此，遵就本校目前迫切需要之实际情形，造具二十九年度临时补助费详细使用计划，并补具前拨发贰万元印领，备文赍呈鉴核。

再，前拨贰万元，所呈临时收据一纸，恭恳发还或予注销。合附呈明。谨呈

教育部部长陈。

附呈《二十九年临时补助费使用计划》及印领各一份（略）。

湖北私立武昌中华大学校长陈时（印）

# 呈送《三十年度补助费案设施计划》

## ——致教育部部长陈立夫

(1941年6月10日)

**【题解】** 本篇原件存中国第二历史档案馆，全宗号五，案卷号4032（1）。呈文时间为1941年6月10日。档案原题为《呈送三十年度补助费案设施计划祈鉴核由》，今题系编者所拟。该档"拟办栏"批示为："特种教席教员资格，查未送审。"

有关致函对象陈立夫，参见前文《呈二十六年度补助费第二期收支概况表》题解。

有关中国第二历史档案馆，参见前文《请汇发一九三七学年度本校理学院设备及教席补助费电》题解。

教育部部长陈：

  案查本校三十年度补助费数额及用途，奉钧部本年三月二十七日《高字第一一九三七号训令》，核定为七万元，并开列应行注意事项，饬即遵办等因，附发表式二种。

  奉此，兹遵式拟具《三十年度补助费案设施计划表》及《拟购设备清单》，备文赍呈鉴核。

  查本校前拟扩建防空洞，以谋图书、仪器安全，曾列入《临时概算书》内，呈请增拨补助。奉钧部一月二十八日《高字第三四七〇号指令》，准俟支配时予以注意在案。现为应事实之迫切需要计，拟撙节开支，约需一万一千元。理合列入设备费项下，恭恳核准，实为学便。

　　本案因审慎具拟，稍稽时日，合附呈明。谨呈
教育部部长陈。

　　附呈表二种，计四纸（略）。

私立武昌中华大学校长陈时（印）

# 呈复特种教席履历及各项设备清单
## ——致教育部部长陈立夫
（1941年10月27日）

**【题解】** 本篇原件存中国第二历史档案馆，全宗号五，案卷号4032（1）。呈文时间为1941年10月27日。档案原题为《呈复特种教席业遵章送审，并呈明方宗汉离校，延聘姚铁心接充，及申复各项设备不克先行开列详细清单情形，请核备由》，今题系编者所拟。该档"拟办栏"批示为："特别教席姚铁心资格，未经呈送审查。"

有关致函对象陈立夫，参见前文《呈二十六年度补助费第二期收支概况表》题解。

有关中国第二历史档案馆，参见前文《请汇发一九三七学年度本校理学院设备及教席补助费电》题解。

教育部部长陈：

案查本校本年度补助费，前奉钧部本年三月《高字第一一九三七号训令》，核定七万元。当遵令拟具设施计划，计设备费二八七二〇元，教席费二〇二八〇元，自行支配部分二一〇〇〇元。呈奉钧部。

本年八月《高字第三一〇三三号指令》，略开"拟聘特种教席各员，均应依规定先行申请审查；拟购各项设备，仍应开列详细清单补报备核"等因。

奉此，查特种教席邹昌炽、严绂苹、方宗汉、余家菊、黄超①，均经专案申请审查在案。现商学教席方宗汉于八月间辞职，延聘姚铁心②接充，业于九月到校授课。除遵章另案申请审查外，理合造具该员履历及担任课程表，呈请鉴核备案。

至前拟购各项设备，理应遵造详细清单。惟因汇率过高，物价涨度靡定，本校补助设备费，除防空设备费一万一千元外，仅一万七千余元，其数不克向国外购买货物。图书、药品拟就国内各大药房及书店或私人所有零星购置。增压机由本国厂仿造，打字机向渝市拍卖行征购，均不能预定购买处所及式样、价格。

总之，当兹国难严重之际，本校一切支应，当以爱护公帑及适合急需应用为主旨，决不敢丝毫浪费，有负钧长维护私校之德意。用特缕陈，恭恳鉴核，免予先行造报详细清单，实为公便。谨呈
教育部部长陈。

附呈《商学教席履历表》一份（略）。

湖北私立武昌中华大学校长陈时（印）

---

① 黄超：生卒年未详，字淡如，湖北武汉人。早年留学德国。1940年专任中华大学理学院教授，主讲工业分析、工业化学、国防化学、工厂实习、德文等课程。1942年去职。
② 姚铁心（1893—1959）：江苏吴县人。早年就读于东吴大学，是苏州平民教育运动的领袖。毕业后赴美国留学，获范德弼大学（一说哥伦比亚大学）经济学硕士。归国后，历任上海沪江大学教授、东吴大学经济系主任、中央银行专员等职。1941年受聘为中华大学教授，后兼任商学院院长。著有《战时经济论》等。

# 遵令赍呈《特别补助费使用计划》
## ——致教育部部长陈立夫
### （1941年11月25日）

【题解】本篇原件存中国第二历史档案馆，全宗号五，案卷号4032（1）。呈文时间为1941年11月25日。档案原题为《遵令赍呈特别补助费使用计划请核备由》，今题系编者所拟。

有关致函对象陈立夫，参见前文《呈二十六年度补助费第二期收支概况表》题解。

有关中国第二历史档案馆，参见前文《请汇发一九三七学年度本校理学院设备及教席补助费电》题解。

教育部部长陈：

案奉钧部本年九月四日《高字第三三四〇〇号代电》，准拨给本校特别补助费贰万五千元，仰派员持同印收赴部洽取，仍应造具使用计划呈核等因。

奉此，除当派员具领外，遵将使用计划编送，呈请核备。

惟该计划中，物理实验室因建筑费不敷三分之二，现由校董会向外筹募。一俟捐款募集，即行开工建筑。合附呈明。谨呈

教育部部长陈。

附《特别使用费使用计划》（略）。

私立武昌中华大学校长陈时（印）

# 请再拨给特别补助费以济校困
## ——致教育部部长陈立夫
### （1941年12月9日）

**【题解】** 本篇原件存中国第二历史档案馆，全宗号五，案卷号4032（1）。呈文时间为1941年12月9日。档案原题为《请再拨给特别补助费以济校困由》，今题系编者所拟。

有关致函对象陈立夫，参见前文《呈二十六年度补助费第二期收支概况表》题解。

有关中国第二历史档案馆，参见前文《请汇发一九三七学年度本校理学院设备及教席补助费电》题解。

教育部部长陈：

案查前奉钧部本年九月四日"高支代电"，拨给本校特别补助费贰万五千元。业经具领，并呈报使用计划在案。鸿施迭沛，厚惠常叨，校长暨全校员生，惟有感激图报，曷忍再渎。

惟自本学期始业以来，学生人数较原额增加三分之一，而物价则较春夏时倍增；在设备方面，既需逐图补充，教职员之生活亦须保障，每月经常费须一万五千元之支出；而临时设备所需，则三倍之。除经常、补助及学费十分之一收入外，惟赖零星捐款及借债维持现状。

学生所住之地拥挤不堪，冬季尚勉可维持，春暖则必须疏散。经、临两费，日在罗掘之中。校长责任所在，自当戮力。特在骈幪①，惟有再向钧长呼吁：兹值万分拮据之际，仰恳俯准本年度再拨给特别补助费贰万五千元以济校困。不胜屏营待命之至！谨呈
教育部部长陈。

私立武昌中华大学校长陈时（印）

---

① 骈幪（píng méng）：本指古代帐幕之类的物品。后亦引申为覆盖、庇荫、庇护。

# 赍呈二十九年度等补助单据俯准审销
## ——致教育部部长陈立夫
（1941 年 12 月 22 日）

**【题解】** 本篇原件存中国第二历史档案馆，全宗号五，案卷号 4032（1）。呈文时间为 1941 年 12 月 22 日。档案原题为《为遵章造报二十九年度补助费实施概况、设置特种教席状况报告表、添置设备清册连同单据，赍呈核销由》，今题系编者所拟。

有关致函对象陈立夫，参见前文《呈二十六年度补助费第二期收支概况表》题解。

有关中国第二历史档案馆，参见前文《请汇发一九三七学年度本校理学院设备及教席补助费电》题解。

教育部部长陈：

案查本校二十九年度补助费，前奉钧部二十九年三月份《高壹21第七六六六号训令》，核准补助本校文、理、商学院教席及设备费二万二千元。经呈准计划实施，按月给领在案。

兹遵照《支给细则》第七条之规定，造具《二十九年度补助费案实施概况》《设置特种教席状况报告表》并《添置设备清册》，连同各项单据，备文赍呈鉴核、备案。

再查前呈，准以补助费五五〇〇元，津贴原有教职员研究费用，系附加薪金内支给，未另行取具收据；谨就领受各员所研究学科及领受费用数额，造具明细表附呈鉴核、审销。实为公便。谨呈

教育部部长陈。

私立武昌中华大学校长陈时（印）

# 呈报 1942 年度经常费支出概算书

——致教育部部长陈立夫

（1942 年 2 月 9 日）

【题解】本篇原件存中国第二历史档案馆，全宗号五，案卷号 4032（1）。呈文时间为 1942 年 2 月 9 日。档案原题为《呈报本年度经常费支出概算书祈鉴核补助由》，今题系编者所拟。

有关致函对象陈立夫，参见前文《呈二十六年度补助费第二期收支概况表》题解。

有关中国第二历史档案馆，参见前文《请汇发一九三七学年度本校理学院设备及教席补助费电》题解。

教育部部长陈：

查本校自迁渝以来，逐年蒙钧部增拨补助，使校务赖以维持，无任感奋。近以生活高涨、物价有增无已，经常费之支应更感浩繁；且人数增加，一切物质建设与临时设备均属必需，在在需款甚巨。

本年度支出概算原已厘订，旋奉钧部十二月二十二日《总字第四九九二一号训令》，转奉层峰电令，饬体察国家财力之艰难，按照业务需要切实编列等因。

奉此，本校历年均仰体战时政府度支之艰难，极力节用。兹奉前令，特再加撙节缩编，计全年度总数为七十六万五千四百元。除三十万元特别部分修建费正由校董会设法筹募外，至常时部分三十万元与特别部分图书、仪器及公物购置费十六万元，恳请钧部补助。

理合造具《三十一年度经常费支出概算书》，备文赍呈鉴核，增拨补助费以维校务。至深感祷！谨呈
教育部部长陈。

附呈《三十一年度经常费支出概算书》一份（略）。

私立武昌中华大学校长陈时（印）

# 请借支教育补助费两万元

——致教育部总务司司长蒋志澄

（1942年2月22日）

【题解】本篇原件存中国第二历史档案馆，全宗号五，案卷号4032（1）。致函时间为1942年2月22日。档案原题为《私立武昌中华大学请借支补助费两万元案》，今题系编者所拟。

致函对象蒋志澄（1895—1949），谱名绳祖，字养春，浙江诸暨人。1923年毕业于北京大学，获工学学士学位，历任杭县、海宁县、嘉兴县县长。1931年留学德国柏林大学。1933年归国后，历任"新生活运动促进会"干事、庐山管理局局长、四川省教育厅厅长。1938年任重庆市市长，次年重庆大轰炸后引咎辞职。1940年任教育部总务司司长。后历任江西省民政厅厅长、上海正中书局总经理等职。1949年4月服毒自尽。

接陈时函后，蒋志澄2月26日的批示为："私立武昌中华大学请借支补助费两万元案：查省私立专科以上学校本年度补助费，正在支配中，拟准予先行垫发壹万元，是否可行，理合签稿并呈，敬请部长、次长核示。"结果，中华大学依议借得一万元。

有关中国第二历史档案馆，参见前文《请汇发一九三七学年度本校理学院设备及教席补助费电》题解。

养春先生阁下前闻：

台从入城，专诚趋部致候，未值为怅。教有难者，敝校现因春季始业，百端待费。一月起，因补助预算未定，未曾给领。拟请借支补助费两万元，并借三月份贷金万元，并请于月底前发给。公私咸感，尚候

春安！

陈时

# 呈报本年特别补助费五万元分配情形
## ——致教育部部长陈立夫
（1942年4月22日）

**【题解】** 本篇原件存中国第二历史档案馆，全宗号五，案卷号4032（1）。呈文时间为1942年4月22日。档案原题为《呈报本年学校行政及教职员特别补助费五万元分配情形祈鉴核由》，今题系编者所拟。

有关致函对象陈立夫，参见前文《呈二十六年度补助费第二期收支概况表》题解。

有关中国第二历史档案馆，参见前文《请汇发一九三七学年度本校理学院设备及教席补助费电》题解。

教育部部长陈：

案奉钧部三十年十二月《渝字第五一六号代电》，核给本校本年学校行政及教职员特别补助费，共计五万元，饬酌予分配具报等因。

奉此，查本校以校费困难，教职员薪给较薄，值此百物高昂之际，蒙钧部特别补助，感奋益深。

此款拟以百分之三十，计一万五千元分配各教职员，每人一次支付三百五十元；又百分之三十，计一万五千元，就各教职员年功、劳绩与

家庭负担，按月摊付薪俸；余百分之四十，计贰万元，作本校行政经费。除款已另具据领取外，理合将分配情形备文呈报鉴核。谨呈
教育部部长陈。

私立武昌中华大学校长陈时（印）

# 遵令呈报《训育补助费支配计划》等件
## ——致教育部部长陈立夫
### （1942年4月22日）

【题解】本篇原件存中国第二历史档案馆，全宗号五，案卷号4032（1）。呈文时间为1942年4月22日。档案原题为《遵令呈拟训育补助费支配计划并预定训育进度祈鉴核由》，今题系编者所拟。该档"拟办栏"批示为："该项经费，应作各种训育活动之用。所拟支配计划，殊有未妥。至预定训导进度，经核尚合，拟姑予备案。"

有关致函对象陈立夫，参见前文《呈二十六年度补助费第二期收支概况表》题解。

有关中国第二历史档案馆，参见前文《请汇发一九三七学年度本校理学院设备及教席补助费电》题解。

教育部部长陈：

案奉钧部三十年十二月二十三日《高字第五〇〇四一号训令》，拨发本校训育补助经费贰千元，饬拟具支配计划，并预定训导进度呈核等因。

奉此，除款已另具据领取外，理合分别拟具支配计划，订定本年度

第二学期训导进度表,备文赍呈鉴核。谨呈

教育部部长陈。

  附呈《计划》及《预定进度表》一份(略)。

私立武昌中华大学校长陈时(印)

# 遵章呈报《三十一年度补助费案设施计划》等表册
## ——致教育部部长陈立夫
（1942年5月10日）

【题解】本篇原件存中国第二历史档案馆，全宗号五，案卷号4032（1）。呈文时间为1942年5月10日。档案原题为《遵章造具三十一年度补助案设施表册赍呈鉴核由》，今题系编者所拟。该档"拟办栏"批示为："该校特种教席人员之资格，请三科审核。"该档"批示栏"写有："该校特种教席，均经送部审查资格。"

有关致函对象陈立夫，参见前文《呈二十六年度补助费第二期收支概况表》题解。

有关中国第二历史档案馆，参见前文《请汇发一九三七学年度本校理学院设备及教席补助费电》题解。

教育部部长陈：

案查本校三十一年度补助费，奉钧部本年四月份《高字第一四五一〇号训令》，核定本校本年应支壹拾伍万元；并开列《使用应行注意事项》，附发表式二种，今仰遵照等因。

奉此，遵式拟具《三十一年度补助费案设施计划表》《设备清单》《特种教席履历表》《教职员增加薪金清册》各二份，备文赍呈鉴核，俯准实施。

本校特种教席，除原聘邹昌炽、严绂苹、余家菊、黄超、姚铁心五员外，本年增聘中国文学教席鲁济恒①一员；并拟于下学年开始时，增聘数学、经济教席各一员。俟聘定后，再行补呈鉴核。

再，《设备清单》中，图书及化学药品两项，因国内书店、药房货品时缺，且物价靡常，均不能预定购买处所及价格。修理仪器，应报估单。俟开箱时工人检查后，方可列报。恭恳俯准，免予先行详报；候年度终了，遵章报销时补呈核定，合并呈明。谨呈
教育部部长陈。

附《三十一年度补助费案设施计划》《添置设备清单》《特种教席履历表》《教职员增加薪金清册》各二份（略）。

私立武昌中华大学校长陈时（印）

---

① 鲁济恒（1896—？）：字韵玖、润九，湖北黄陂人。早年肄业于湖北存古学堂经学科，又曾游学日本，国学根底深厚。辛亥革命后，曾任湖北军政府秘书，后历任湖北一师、武昌商科大学、湖北一中教职，20年代初任教于中华大学。1927年中华大学停办后，任教于武昌中山大学、武汉大学。抗战期间，转任国立社会教育学院教授。1942年后，回任中华大学教授兼中文系主任，主讲历代文选、文字学概要、中国文学专书选读、声韵学、历代词等课程。

# 敬呈《训育补助费支配计划》
## ——致教育部部长陈立夫
### （1942年6月19日）

【题解】本篇原件存中国第二历史档案馆，全宗号五，案卷号4032（1）。呈文时间为1942年6月19日。档案原题为《遵令改订训育补助费支配计划赍呈鉴核由》，今题系编者所拟。

有关致函对象陈立夫，参见前文《呈二十六年度补助费第二期收支概况表》题解。

有关中国第二历史档案馆，参见前文《请汇发一九三七学年度本校理学院设备及教席补助费电》题解。


教育部部长陈：

案奉钧部本年本月发《高字第二一八三三号指令》，内开"查训育补助费应作各种训育活动之用。所拟支配计划，应另行拟订呈核"等因。

奉此，兹遵将《训育补助费支配计划》改订，备文赍呈鉴核。谨呈教育部部长陈。

附呈《训育补助费支配计划》一份（略）。

私立武昌中华大学校长陈时（印）

# 呈请补助特别建设费及拨给教职员救济费

——致教育部部长陈立夫

（1942年12月8日）

**【题解】** 本篇原件存中国第二历史档案馆，全宗号五，案卷号4032（1）。呈文时间为1942年12月8日。档案原题为《呈请补助特别建设费及拨给教职员救济费由》，今题系编者所拟。

有关致函对象陈立夫，参见前文《呈二十六年度补助费第二期收支概况表》题解。

有关中国第二历史档案馆，参见前文《请汇发一九三七学年度本校理学院设备及教席补助费电》题解。

教育部部长陈：

窃查本校因感教室、宿舍不敷，曾于本年春间向渝市商界募款三十余万元。原冀此项捐款，除用于建筑及设备外，对本年经常费亦能稍资挹注。

乃施工以来，物价逐步增涨，原估计不足三十万元者，竟达四十余万元。现以超额过巨，不能支付，无法竣工；而设备费不能照预定计划进行，经常费更感罗掘俱穷。本拟仰体钧部经费困难，以免迭次渎请之烦。刻以事非得已，惟有缕呈鉴核，恳俯准补助特别建设费贰拾万元以应急需。

再查本校教职员待遇较为微薄，且不能享受战时公务人员生活补助。值此生活指数高涨之际，均有枵腹之苦。前虽蒙钧长转函赈济委员会予以救助，而每人匀支为数仅三百余元，杯水车薪，确属无济。

现届年关，百物较去年涨至数倍。务恳钧部尽量予以救助，拨给救济费贰拾万元，俾各安心教学，实为德便。谨呈
教育部部长陈。

私立武昌中华大学校长陈时（印）

# 遵令呈报《三十一年膳贷结存解款单》等件

——致教育部部长陈立夫

（1943年4月16日）

**【题解】** 本篇原件存中国第二历史档案馆，全宗号五，案卷号4032（1）。呈文时间为1943年4月16日。档案原题为《遵令赍呈三十一年膳贷结存解款单及三十二年元月膳贷印收，恳予印收批回由》，今题系编者所拟。

有关致函对象陈立夫，参见前文《呈二十六年度补助费第二期收支概况表》题解。

有关中国第二历史档案馆，参见前文《请汇发一九三七学年度本校理学院设备及教席补助费电》题解。

教育部部长陈：

案奉钧部三十二年三月《总字第一三一〇七号代电》，尾开上年膳食贷金结存三一三五.〇一元，移入本年一月份计算。仰填具三十一年结存膳贷三一三五.〇一元缴部解款单，及三十二年膳贷三一三五.〇一元印收各一份呈部等因。

奉此，遵即分别填具三十一年结存缴部解款单、三十二年一月份膳

贷一部分印收，备文赍呈鉴核，俯准批回，实为公便。谨呈
教育部部长陈。

　　附解款单及印收各一份（略）。

　　　　　　私立武昌中华大学校长陈时（印）

# 请准重庆各剧院附加票价一月以维校务电
## ——致重庆市市长贺耀祖
（1944年9月11日）

**【题解】** 本篇转引自《中华大学在重庆》一书第74~75页。该书所据，为重庆市档案馆存中华民国全宗，中华大学卷，档案号0053001300105020025900。致电时间为1944年9月11日。档案原名为《重庆市政府来函处理登记表》，表中称所呈为"陈时代电"，今题系编者所拟。

电呈对象贺耀祖（1889—1961），湖南宁乡人。早年毕业于日本陆军士官学校，1916年回国后，在湘军中历任团长、旅长、师长；1926年后，历任国民革命军独立第2师师长、第40军军长、第1集团军第3纵队总指挥、湖南省政府委员兼建设厅长、徐州行营主任、参谋本部第二厅厅长、兰州行辕主任；1938年后，历任国民政府军事委员会调查统计局局长、驻苏联特使、军事委员会委员长侍从室主任；1942年12月，调任重庆市市长兼重庆防空司令。正因为他当时主政重庆，故陈时有此呈请。

除陈时有此公呈外，时任中华大学董事长何成浚、副董事长贺国光，也联名致函贺耀祖，并附"陈时代电"和"计划及说明书"，终于促成此事。兹将《重庆市政府文件处理备档》收作随文附录。

"剧院附加票价",即在指定剧院影剧票价之外加增一定数目,说明此数为专项募捐,由观众自愿认购后观影或观剧。中华大学此次计划,在重庆八大影剧院募捐一个月,每票加捐款30元,计划募款300万元,用于建筑学生宿舍、运动场以及工学院建设费。一月募捐后,效果远非理想,故想将此活动延长一周,然而却被重庆市社会局婉拒。

在《重庆市政府来函处理登记表》中,在录载"代电"前记有:"事由:请批准在本市各剧院附加票价一月,每票三十元,以维校务由;湖北私立武昌中华大学代电;渝字第七〇二号;中华民国三十三年九月十一日。"

《中华大学在重庆》系由周挥辉、董中锋编著,华中师范大学出版社2020年2月出版,全书共分如后7章:(1)中华大学西迁的背景;(2)中华大学西迁的过程;(3)中华大学在重庆的办学经费;(4)中华大学在重庆的教学;(5)中华大学在重庆的招生考试;(6)中华大学在重庆的学籍管理和毕业生工作;(7)中华大学在重庆的校园文化活动。全书27万字。

重庆市政府贺市长钧鉴:

本校迁渝六载以来,幸荷维护,感奋同深刻。因经费支出不易维持,学生大多数来自战区,增收学费势不可能。现胜利在望,建国需材,亟应遵照主席所著《中国之命运》① 所昭示,充实现状,增设院系,拟在本市各剧院计八所,举行联合募捐一月。期自十月一日起,每张门票附加三十元。特此拟定计划及说明书报请批准,分令知照,至为感荷!

中华大学校长　陈时叩

---

① 《中国之命运》:时任国民政府主席蒋介石的著作。实际由蒋介石授意,陶希圣执笔完成。全书共8章,视三民主义为"国民革命不变之最高原则"和"民族复兴唯一正确之路线"。

附：私立武昌中华大学三十三年度筹募建设经费计划及说明书

一、事业计划

本校为经费所限，一切进展极为困难，本年预算相差极巨，战区学生太多，不能加增学费。现抗战将届胜利，原有学系设备之扩充与医、工学院之增设，桩桩均需巨款，兹拟具计划如下。

二、收支预算

（1）收入之部：三百万元；

（2）支付概计：三百万元。

建筑学生宿舍及南岸运动场一百万元，补助本年度预算五十万元，创设工学院建设费一百五十万元。

三、地点：国泰、新川、民众、唯一、升平、一园、第一、第二等八剧院。

四、时间：十月全月。

五、票价：每票附加三十元。

六、片名、剧目。

# 赍呈三十一年度等补助单据俯准审销
## ——致教育部部长朱家骅
（1945年1月23日）

【题解】本篇原件存中国第二历史档案馆，全宗号五，案卷号4032（1）。呈文时间为1945年1月23日。档案原题为《赍呈三十一年度补助费案实施概况清册及设备费补助款项单据请准核销由》，今题系编者所拟。该档"拟办栏"批示为："实施概况及设备清册核准备查，余移请会计处核办。"

致函对象朱家骅（1893—1963），字骝先，浙江吴兴（今湖州市吴兴区）人。早年肄业于上海同济德文医学校（同济大学前身），1914年赴德国留学，入柏林矿科大学研究地质。1917年回国，在北京大学教德文。次年公费赴瑞士研究地质学，后转学德国柏林大学。1922年获地质学博士学位后归国，历任北京大学、广东大学教授，广东省民政厅厅长、教育厅厅长，中央大学校长等职。1931年首任教育部部长，次年转任交通部部长。又任中央研究院总干事、浙江省政府主席、中央调查统计局局长等职。1944年11月，再任教育部部长。

有关中国第二历史档案馆，参见前文《请汇发一九三七学年度本校理学院设备及教席补助费电》题解。

教育部部长朱：

案查本校三十一年度补助费案，蒙钧部三十一年四月《高字第一四五一〇号训令》，核准本校三十一年度补助费总额一十五万元。内补助设备费六万二千六百四十元。当即造具设施计划及添购设备清册呈奉。同年六月《高字第二五四七六号指令》核定在案。

兹遵照该年度《使用补助费注意事项》第一项之规定，关于设备一节，并应于年度终了，将设备部分款项照章报销。仅造具三十一年度本校补助费案实施概况暨补助费案设备清册，连同该部分款项单据，备文赍呈鉴核，俯准审销，实为学便。谨呈

教育部部长朱。

附呈《三十三年度补助费实施概况》一份（略）、《设备清册》十五页（略）、《单据档存簿》一本（略）。

私立武昌中华大学校长陈时（印）

# 董事会改选已提大名
## ——致曹美成（未完件）
### （1949年9月）

【题解】本篇手迹复印件，由陈时嫡孙女陈家益女士提供（原件存武汉博物馆）。原函用"武昌中华大学用笺"竖行毛笔书写，无题，今题系编者所拟。

在武汉市解放后，中华大学除发表和拟订《革新校务宣言》《新民主主义教育实施计划纲要草案》外，还进行了董事会重组工作。1949年8月13日，在中华大学召开了董事会第二次临时会议，除重申了前次会议的决定（将已逃离武汉的董事除名，由陈时代理董事长）外，又决定由原候补董事递补为董事，并不再设候补董事；还决定将董事会扩大为21人，拟增补武汉经济界知名人士华煜卿、陈经畲、高光达、曹美成、周苍柏为董事。

不过，从此函所提到的张难先、李晓园（书城）、陈昌浩、刘绪贻等人来看，此函当写于1949年9月秋季开学之后。因此时董事会与校友会、教授会又联合召开了一次会议，在会后提出的董事名单中，方有上述诸人及曹美成。

致函对象曹美成（1913—1989），号勉功，湖北武汉人。曹南山之孙、曹云阶之长子，武汉老字号杂货店"曹祥泰"的第三代传人。早年就读于设在香港的私立广州大学政治系。喜交游，投牒于柳亚子门下，习诗文、书画，有声于时。后加入三民主义同志会，参加民主运动。

1946年接手家业，建立了行市、财务、总务、业务四大日志，每次都亲自圈阅、签字，使商号顿见起色。后任湖北商联常务理事。中华人民共和国成立后，兼任民革中央团结委员、武汉参事室参事。

武汉博物馆于1984年7月开始筹建，2001年新馆落成开放，位于湖北省武汉市江汉区青年路373号。该馆共有藏品10万余件，涉及陶瓷、青铜器、书画、玉器、竹木牙雕、珐琅器、印章等众多种类，集文物收藏、学术科研、宣传教育、文化交流以及休闲娱乐诸功能于一体，为首批国家一级博物馆。

勉功仁仲勋鉴：

近日未晤，光仪每于报端得睹。

活动为社会服务，甚慰。

校友会前商讨改组董事会人选，已提大名，及张难先、李晓园①、耿伯钊②、沈碧舫③诸公，及校友陈昌浩（中央宣传部

---

① 李晓园：即李书城（1882—1965），字晓园，湖北潜江人。晚清秀才，肄业于湖北经心书院，1902年赴日本留学，先入东京弘文学院速成师范科，后入东京振武学校、日本陆军士官学校第五期，加入同盟会，从事反清革命。1908年归国，历任广西陆军干部学堂监督、清政府军咨府科员兼官报局副局长，参加辛亥革命，"二次革命"后流亡日本。袁世凯去世后，历任大总统黎元洪顾问、护国军总司令、摄政内阁陆军总长、国民革命军总司令部顾问。南京国民政府成立后，历任湖北省建设厅厅长、民政厅厅长等职。中华人民共和国成立后，历任中南军政委员会委员、首任农业部长等职。

② 耿伯钊（1883—1957）：曾用名杨宝泰，字觐文，湖北省安陆人。晚清秀才，后留学日本，为陆军士官学校第六期生，并肄业于早稻田大学，加入同盟会。中华民国成立后，历任临时政府军事秘书长、上海讨袁军总司令部参谋长。1926年后，历任国民革命军总司令部高等顾问、湖北省电信监督、国民政府军事参议院参议。中华人民共和国成立后，任湖北省政协副主席、武汉市人民政府参事室主任。

③ 沈碧舫：即沈肇年（1879—1973），字碧舫，号鼍庐，湖北天门人。1908年任安陆府中学堂学监兼教员，武昌首义爆发后，加入同盟会，任起义门第一警察署书记。1913年任湖北省政府财政司科长、秘书，1926年任国民政府财政部库藏局科长、代局长，1932年任湖北省政府委员兼财政厅厅长，1940年任湖北临时议会议员、议长。中华人民共和国成立后，历任中南地区及湖北省财经委员会委员、湖北省人民政府文物整理保管委员会第一主任委员、省文史馆馆长等职。著作有《艺甄初集》。

长)①、刘绪贻（武大教授)② 等，日内当有所决定也。

昨晚趋访闻。（未完）

---

① 陈昌浩（1906—1967）：曾用名苍木，湖北汉阳（今武汉市蔡甸区）人。1923年毕业于中华大学，旋留校任物理实验室实验员。后加入共青团，任共青团湖北省委宣传部干事。1927年9月，被选派赴莫斯科中山大学学习；1930年回国后，加入共产党，历任中共鄂豫皖中央分局委员兼革命军事委员会委员、共青团鄂豫皖中央分局（少共特委）书记、中共鄂豫皖中央分局常委、革命军事委员会政治部主任、红四军政委、西北革命军事委员会副主席、红四方面军总政委兼总政治部主任等职，后在支持张国焘成立伪"中央"问题上犯有严重错误。西征失败后，辗转到苏联治病。1952年归国，任中央宣传部副部长，后长期担任中央编译局副局长。

② 刘绪贻：湖北黄陂人，时任武汉大学历史系教授。主编有《美国通史》，译有《世界编年史手册》。

# 第五辑 演讲·谈话

# 南洋募款回鄂后的演说

(1920年11月29日)

**【题解】**本篇原载《大汉报》1920年12月1日。演讲时间为1920年11月29日。本文系演讲记录，摘自《陈时募款回鄂》，今题系编者所拟，记录者"雷丙"。

记录者在所记录的演说词之前，还写有如后的话："武昌中华大学校长陈时，前以该校学款无出，经费困难，特于暑假后赴南洋群岛，在华侨方面募款募捐，以资接济。兹闻该校长已于日昨（二十九日）下午回鄂。据云，已募得银二十余万元，其随身带归者仅十一万元，余者尚未齐集，已拟定由邮局寄归。又，该校长既归以后，即吩论〔咐〕司铃者摇铃，齐集礼堂，听候演说。爰将所演语气略志如下。"

雷丙，即包惠僧（1894—1979）。

《大汉报》，1911年10月15日创刊于汉口，由胡石庵主办。

鄙人此次别了各位到南洋那边去，中间约〔的〕期间是很久的，辛苦也是难说的。然至为各位吃了辛苦，为教育受了风尘，这也不必深说；单说我到了那里的时候，那些华商见了我是为没有学款到那边去的，是如何亲切，是如何热心。

凡足迹所到的〔去〕处，说到是为学款的事，个个都乐捐几十至几百不等，所以得了这大的款子。各位要晓得，这钱虽说是他们乐捐的，究竟来得是很艰难的。

以这批艰难的款子来培置〔植〕各位,各位总要宜乎用心用力去求学,将来收个好好的结果,方才对得起南洋群岛的父老、昆弟、姊妹。鄙人所说的这番话,各位可以各人去想想。

# 在宴请杜里舒博士酒会上的致词

(1923年1月2日)

**【题解】**本篇原载《申报》1923年1月8日第7版。致词时间为1923年1月2日。本文系演讲记录，摘自《鄂教育界欢迎杜里舒博士》，今题系编者所拟，记录者为《申报》记者。

宴请对象杜里舒（H. A. E. Driesch, 1867—1941），德国生物学家、哲学家。早年专攻生物学，1889年毕业于耶拿大学，获生物学博士学位。后对哲学发生浓厚兴趣，提出"生命自主律"。1905年出版《生机主义之理论与历史》一书，从而奠定了他在哲学界的地位。后又出版《生机论》《秩序论》等书，从而使"生机哲学"风行一时。1922年10月，他应讲学社邀请，来华在上海、南京、杭州、汉口、北京等地讲学，由张君劢及瞿菊农担任口译。讲稿经过整理后，汇集成《杜里舒讲演录》，1923年由商务印书馆出版。

杜里舒夫妇抵汉后，湖北教职员联合会于1923年1月2日下午2时，在武昌黄鹤楼举行欢迎会，出席者有湖北省教育厅厅长宗彝、教育名宿李廉方、在汉德籍教授格拉塞等。欢迎茶会后，齐赴奥略楼前露天摄影。下午3时，移步中华大学"寒期演讲会"，讲题为《达尔文主义之批评》。讲毕，陈时备筵招待，并首先致词，由梅经言翻译，大要如下文。陈时致词毕，杜里舒起立致答词，由陈介翻译，大要见附录。宾主欢洽，晚9时方散席，又于"大学之前院，放烟火三架以享来宾，火光变幻，观者称奇"。

有关《申报》，参见前文《南洋闻见录——第一新嘉坡》题解。

首叙大学创办经过情形，及毕业学生服务于社会之状况；次叙中国从前对于德国，只有政治上及外交上之关系，自博士今日惠临以后，中德两邦于文化上又生密切之关系。

**随文附录　杜里舒博士答词**

到湖北，系经过中国之第四处。初不料中国文化进步之区尚有湖北，湖北尚有中华大学；而大学之招待，又复有如此之厚谊，鄙人今于感激之余，观察现状，知中国为极有希望之国家。从此以后，甚愿亚东之中华民国与欧西德意志民国两共和国，友爱愈笃，以德意志之新文化与中华民国之旧伦理互相补益，以资臂助。

原载《申报》1923年1月8日第7版

# 介绍华中运动会组织经过

(1923年5月4日)

**【题解】**本篇原载《申报》1923年5月8日第7版。报告时间为1923年5月4日。本文系演讲记录，摘自《华中运动会之第一日》，今题系编者所拟，记录者为《申报》记者。

有关华中运动会之筹组，该文记者在篇首即有交代："湘、鄂、赣、皖四省为欲选出参与远东运动会之选手，遂有华中运动会之发起。因运动地点决在武昌，故鄂教育界于一月前，即已着手筹备。至五月初，湘、皖、赣三省选手陆续到鄂者共有四百余人。昨四日遂在武昌公共体育场开始比赛，各界人士前往参观者几及万人，洵空前之大运动也。"陈时为此次运动会的主要筹备人和组织者，在开幕式上，他报告了该会的筹备经过。

有关《申报》，参见前文《南洋闻见录——第一新嘉坡》题解。

上届远东运动〔会〕，即有"中部会"之发起。主其事者，为吴任之①博士。陈君以校务讨论会推举，与路前教育厅长壬甫②躬与其事，

---

① 吴任之，即吴健（1875—？），字任之，江苏上海人。早年毕业于圣约翰大学，热衷体育运动。先后留学英国、美国，专研矿冶和机械。归国历任圣约翰大学教职，时任汉阳铁厂工程师、厂长。热衷体育、公益，后历任汉冶萍公司技术总管、国民政府工商部工业司司长、实业部汉口商品检验局局长等职。

② 路壬甫：即湖北省前任教育厅厅长路孝植。

比以会期迫促，体育界复无准备，草草而毕；与会者仅湘、赣两省选手，尚不及百人也。

本届远东会，于本年一月开议于南京。闻大会决定，华北仍旧进行，华东则开会于南京，华南开会于广东，而以华中会指定武昌。其区域，则为湘、鄂、赣、皖四省。

职员之组织，据华东先例，名誉会长、会长，均就开会所在省之军民长官或教育界中人，由大会推定。于是，以名誉会长推鄂督萧耀南，而以陈时君任会长。陈君接此通告，力辞不就，并主张变更组织，取分工主义；四省教育界，各举相当数之执行委员，以会长请萧担任之。同时，并函请湘赵、赣蔡、皖吕均为名誉会长①；四省教、政、商界之特别赞助者，为名誉顾问。均得许可。

远东会之总干事格雷②博士，商之于陈君，以宋君如海③负往各省任联络之责。就当时所接洽者，暂为临时执行委员。武汉各学校联合运动会，于前周举行。本省教育界中人，均为此奔走，未暇顾及华中会事。

迨本省会毕时，乃着手与教育界协商，公同选定执行委员及办公处要职。女界招待，以女界领袖任之。裁判方面之组织，托之各体育家。至会前一晚，各省代表群集，乃开一执行委员会，实行职权，会之精神乃一振。

---

① 此"湘赵"，即时任湖南省省长赵恒惕；此"赣蔡"，即时任江西督军蔡成勋；此"皖吕"，即时任安徽省省长吕调元。
② 格雷：又译葛雷，美籍青年会体育家。
③ 宋君如海：即宋如海，时任武昌基督教青年会干事。

# 介绍出席万国教育会实况
## ——在武昌佛学院的演讲
### （1923年10月19日）

【题解】本篇原载《海潮音》第4年第10号"事纪"栏。演讲时间为1923年10月19日，发表时间为1923年12月5日。本文系演讲记录，摘自《陈仇二先生在佛学院讲记》，今题系编者所拟，记录者"圣功"。

记录者在文前记有："十月十九号，本城千家街佛学院，延中华大学陈叔澄校长讲演出席万国教育会实况；长沙佛教正信会仇亦山会长，演讲佛化大旨。下午三时，在大讲堂内举行。首由院长太虚法师，介绍二君演说。来宾中，有孙文楼、赵南山、杨显丞诸居士等数十人，均在旁恭听终席。学人中，亦静肃异常。演讲毕，乃共集素餐而散。"在陈时赴会前，太虚法师曾拟一案，倡扬"大同的道德教育"，委托陈时在会上宣布。

有关"万国教育会"，参见前文《世界教育会议中国代表团报告》题解。

有关《海潮音》，参见前文《致太虚法师及各居士书》题解。

鄙人代表出席万国教育会议后，归来鄂渚，承各机关招请演讲，已历十余次。但多半系普通报告，无甚足述；独此次本院院长太虚法师，嘱鄙人演述会议情形之真相借资考研，仿佛一卷在手，有不得不缴之势。第〔弟〕所以迟迟未遽应者，正以此间非普通之论调，足餍学者之欲望与推究。今兹卷中论点，乃就我个人对于佛学院将来之趋势，有与该会新计划上联络进行之希望者言之也。

欧战以还，怵极大惨杀，根据人道主义，咸欲思一足息此惨杀浩劫永不复发之绝妙方法，爰借助于外交的、政治的国际会议。历巴黎、华盛顿二大会议，和平声浪虽迷〔弥〕漫全球，一时亦不得谓非息争之动机；但政治、外交着着筹划，即着着流入失败之途，仍为一二霸国主义，若法、若日者所把持。

乃回头来，着眼到思想之根本教育上，以谋万国之和平。将企图世界和平之责任，从资本、劳动、军事、政治诸家，而移到教育家。此今年六月美国旧金山所以有发起万国教育会之胜举。到会者，大小计四十一国；各派代表，列席与议。纵强如英、法、美、日本等，弱如印度、安南、朝鲜、坎拿大诸国，一视同仁，悉有所论列。故其公平诸点，超越前届各会议者良多。以外议决四十三件公案中，如：

（1）筹设世界教育联合会，当公推正、副会长各一。结果，美国人为正，而我国代表郭秉文先生为之副。本案由我国代表提出，尤属荣幸云①。

（2）前清光绪二十五年，海牙和平会于五月十八开世界恳亲会庆祝和平。各国于每年是日，都悬世界旗志庆（即于本国旗上添一白纸边）。本届我国代表亦重申前请，而比较上更有确当办法，厘订周详，得列席

---

① 此"本案"，为甲组研讨问题，总题为"万国协助"，"世界教育会"分题目之三。该案提出理由为："增进个人幸福，发达国家与保护社会，为世界教育之宗旨。欲施行此种教育之宗旨，须有适当与有效之方法，使全球教育机关与五百万教员，生有互相帮助之关系。"研究问题为："本会应否进行设立一永久世界教育联合会与何种方法最为相宜？"审查大会议决案为："本会应即进行组织永久世界教育联合会，其组织之章程如左（略）。"结果为："当日举定临时职员名单如下：正会长汤穆恩博士（美国教育联合会国际委员会长与梅阴省教育厅长），代表美洲部；副会长郭秉文博士（中华教育改进社国际委员会主任与东南大学校长），代表亚洲部；副会长山阴思培博士（Dr. T. Sinsbury，英国全国教员联合会会长），代表欧洲部……"（殷芝龄：《世界教育会议之经过》）

人员之通过焉①。

（3）又提议，世界无论何种宗教、学术，宜互相交换、训练和实验。如比较宗教学、世界公民学，并世界历史、世界地理诸科，总期以一和平种子为之播植，而盼其发芽、滋长，生生不息。但于世界公民一案提议时间，美国代表曾起反对。谓此之世界公民，权利何在，义务安属。经我国代表释以彼此民族之间，一以爱国为主，一以不害他国为辅；至权利、义务，即今置不必谈。惟如是说、如是行，将来定有兆端之一日，克冀于成功。故该代表亦无异议，爰一一通过焉②。

上列诸端，关于教育上根本问题，乃出于我国代表之笔端与舌底，而悉数通过，洵足为向来国际地位间至高无比者。

先是在轮舶中间，曾结一团体，讨论议案。计本届我国代表七人中，鄂省教育厅长宗藻生③先生本亦在内，旋有事以余为之代。

余等既历兹盛会，饱尝胜果，此际亦感受两大痛苦，为国人所当深味者：（1）酬酢时，外宾多有询临城案件④之办法。仓卒间，无言可答，于国际地位颇为降低不少。（2）普及教育，就日本报告，百人中九十七八；美国报告，百人中九十二三，余降次相仿。独我国退至百人

---

① 此"提案"，为丙组研讨问题，总题为"国际人格"，"万国亲善日"为分题目之五。审查大会议决案为："（1）五月十八日，为世界和平会之鼻祖海牙和会开幕之第一日，故该日最宜研究世界公道与友爱之理想。（2）每逢该日，各学校对于学童，当述海牙和会之历史，与此后谋求世界和平之企图，并演唱本国与万国歌乐与戏剧，借表是日万国亲善之精神。（3）人类之经济、社交与知识等利益，须世界各国不断之协助。欲有各国不断之协助，须以正理公道为万国亲善之基础。欲达此目的，各国教育精神，均须有高尚文化之意义，为促进世界高尚道德之基础计。凡此理想，各国学校均须采用。"（殷芝龄：《世界教育会议之经过》）

② 此"提案"，似为丙组研讨问题，总题为"国际人格"，"世界公民与道德学"分题目之二（殷芝龄：《世界教育会议之经过》）；又似为丁组研讨问题，总题为"万国理想""品性教育"或"公民学"之一、二（殷芝龄：《世界教育会议之经过》）。因未知其详，故列此备考。

③ 宗藻生：即宗彝（1875—1935），字藻生，湖北汉阳人。晚清举人，先后肄业于武昌两湖书院及贵州法政学堂。历任贵州抚署文案、学务处坐办等职。1912年任汉阳晴川中学校长，次年任黎元洪秘书。后办理侨务、政务，兼省长公署秘书。1921年，任湖北省教育厅厅长。工书法，作品为时人所重。

④ 临城案件：即临城火车大劫案。1923年5月5日，津浦线上的第二次特快，被孙美瑶率领的"山东建国自治军"所阻截，劫走外国旅客39人（打死一人），中国旅客71人，酿成国际事件。

中，仅居十七而尚不足。故列席四十，仅比印度差胜一筹云。

故我国本届所得议决要案之地位，实可谓侥幸而得。宜持以镇静，力求实际之进步；并发明学说，有所贡献于世界学者，庶乎其有望，否则将殆。

世界学说，荟萃宗教及科、哲诸端。本届列席人士，关于学说讨论方面，我国中有举佛教为超越各宗教，及兼摄科、哲诸学之长者。别代表亦大致赞同，允推为巨擘。但用英语一宣读，太虚法师鸿著①，若辈都莫之能解。非不能解，乃末由深解耳。顾此亦足为弘法之导火线。

外如演述东亚文化以"忠恕""大同"之说相传播者，亦皆叹为新颖出希腊之上。盖欧美人士，大战前后，久处学说烦闷中达于极点；只管向前去求物质上之发展，而人生问题置之不讲。而今则时机一转，西洋人领纳我东方文化，已若针之吸于磁石，有极端融合之势。

第就佛化以言，虽发源印度，但印度受英国政治之牵制，其潜势力已多数归入希腊化及婆罗门教派。大乘至教，乃悉无有。即当世至赫奕之太戈尔②氏，亦为吠檀陀派③之余流。到欧美时，得彼都人士空前绝后之欢迎。法总理至为之行抱足礼，余者可推想而知。其实，彼派所宗，尚不及小乘之余绪耳。印度佛化，即散败至此，日本亦多束之狭小的国家主义及欧化。真正佛化，都未能发展。故此伟大责任，还不得不推诸我国，尤不得不推诸本院各学者，认真策勉，以期进行。

时哉不可失！乃为余列席前会一种弘扬佛法之感想，而披露于今日焉。至此会开幕日期，用祷告式。吾首先怀疑，以为倘采宗教仪式，亦应择其公同研究之至佳者，不应昧用一种规定。其一切公案，亦应就己国文字宣述，用示公道，绝不当专用英文。怀疑此端者，乃复不少，聊述之以作余谈云。

---

① 此"鸿著"，系指太虚法师委托陈时向大会提交的佛教教育论文。
② 太戈尔：通译泰戈尔，印度诗人、文学家、社会活动家。
③ 吠檀陀派：亦译吠檀多派，梵名 Vedānta，意为"吠陀的终极"，原指奥义书。此派为印度婆罗门教六派哲学之一，是印度哲学史上占统治地位的唯心主义哲学派别。

今当归纳作一最后之忠告，本届会议，乃力求和平；和平方略，既历经政治诸端而鲜效，故归而求诸教育。在教育上，尤注重学校、教员、寺庙僧尼、宣教师等，是则本院各学者前途之责任，顾不远且大欤？但视其于设化方面，须与实际社会联络。用法若何，手段若何，历经试验、实习，才达到弘法目的，以应世界上今日人们必要之需求与渴望之和平，庶不致画饼以充饥耳！

诚能真真实实，在学说上有所贡献于世界，而见诸实效，斯万国教育会今日之谈判侥幸而得者，当赖之以不堕于危机之中。在本院学人，有发扬踔厉之责，幸各勉自为之。今兹所述，已算缴卷，再请法师指教。

# 在湖北省教育会秋季大会上的发言

(1923年12月14日)

**【题解】** 本篇原载《申报》1923年12月20日第7版。发言时间为1923年12月14日。本文系演讲记录,摘自《鄂省教育会秋季大会纪——通过驱逐教育厅长及增加教育经费等要案》,今题系编者所拟,记录者为"萧萧"。

湖北省教育会早在宣统元年(1909)始设,会址在武昌巡道岭江汉书院原址。1912年中华民国成立后,又改组重设于原址。后基本无活动,由重新筹组的湖北省教职员联合会取代其功能。1923年春,湖北省教育会重新改组设立,陈时被推举为干事部负责人,李廉方被推举为评议部负责人,会址仍设武昌巡道岭老教育会旧址。新会设立后,志在刷新湖北教育,故有这次"秋季大会"的召开和若干重要提案的通过。

萧萧在文前记有:"鄂省教育会成立将近一年,所有会务,均以无人负责,概未进行。即本届应行召集之秋季大会,亦因到会者不及法定人数,流会两次。昨十四日,又举行第三次召集,幸是日男女会员到二百余人,超过法定人数,始行成立。午后三时,振铃开会,公推黄兆兰主席,彭少夔、蓝芝浓记录。"会上共提出8案。由于第三案提案人未到会"均主保留",第八案起纷争"动议保留"外,余6案均通过。

讨论毕,萧萧在文后记有:"斯时已至六时许,各案均已讨论完毕,会员纷纷退席。女子补修学校校长姚素琴,因该校校址争执问题,准备临时动议。经纠察员查点出席会员,已不足法定人数,将姚君动议保留。最后,由记录蓝芝浓将议事录报告一过,由主席黄兆兰盖章、签字负责,乃摇铃散会。"

有关《申报》,参见前文《南洋闻见录——第一新嘉坡》题解。

第一案,王益昶等提《增加各学校经费及教职员薪俸案》付讨论。由王益昶登台,略谓,增加各校经费及教职员薪俸理由,已详提议书内,兹不再赘。惟所谓增加者,抑就法洋(鄂省以一串五百文为一元法洋)改为现洋,抑另行加增。上述两办法,究以何种为是,请众公决。

会员发言者甚多,最后陈时主张,改现与加薪并行,办法分三步:(1) 由本会咨教育厅,转呈省署要求照准;(2) 由各校推定代表,会同本会委员向官厅交涉;(3) 全体教职员请愿。

(主席付表决,照原案及陈时主张通过)

第二案,蔡滨等提议《教育厅长溺职案》,主席请蔡滨陈述教育厅长溺职案理由。蔡滨登台略谓,教育厅长宗彝人格破产,嗜好鸦片,吞款溺职,鼓动学潮,任用私人,种种劣迹,罄竹难书。倘不驱去,湖北教育何堪设想!今为我辈教育界争人格,计非驱逐宗彝不可,请众公决。

全体一致赞成,遂讨论驱逐办法。张荫远主张,组织驱宗团体。毕楚翘主张,由本会照案咨呈省署撤换宗彝;如再恋栈不去,仿照安徽办法,全体教职员直接到教育厅实行驱逐。

(主席付表决,原案及毕楚翘主张通过)

第四案,吴士梁提议《筹办全省县乡市教育联合会案》,由吴士梁登台略谓,本案理由已详原提议书,请众公决。

陈时谓,本案曾经教职员联合会议决,毋须详加讨论。主张本年寒假期内召集，于民国十三年正式成立。

（全体赞成，照陈时主张通过）

第五案，《筹办全省教育成绩展览会案》，由提案人陈述理由毕。

陈时略谓，吾鄂教育成绩从无比较，不足以增长竞争之精神，以致教育日形退化，此项展览会亟宜举办。其间，以明年五月为妙，因该时系全国运动会在武汉举行之期，借此时机，可以表彰吾鄂教育之成绩。场所，以抱冰堂、黄鹤楼诸名胜地点为宜。

（全体赞成，照案通过）

第六案，毛家祺提议《修改本会会章案》，由毛登台谓，本会章程第十七、十八及三十一、三十二等条，均有修改之必要。理由已具提案书内，请众公决。

（全体赞成照原案通过）

第七案，吴嗣璋提议《一师校长伪造毕业证明书案》，原提案人请王凤藻代表，登台说明理由。

（主席付表决，多数通过。除由原提案人向法庭起诉外，再由本会呈请省署彻底〔查〕）

第八案，叶光祖提议《奖励教员成绩案》，叶光祖登台说明理由毕。

陈时主张，保奖有名无实，宜从缓议。

继唐君云，教育为最神圣事业，教职员又具有高尚人格，亦欲如彼辈政客、官僚，博得不值半文钱的奖章、嘉禾章，纽佩胸前，不惟毫无荣宠，反足污辱人格，此案应完全打消。

（叶光祖颇为失色，大众起而调停，主张暂从缓议，然已无异于无形打消矣）

# 在湖北省教职员联合会春季大会上的发言

（1924年4月6日）

**【题解】**本篇原载《申报》1924年4月14日第7版。报告时间为1924年4月6日。本文系演讲记录，摘自《鄂省教育团体之近况——教育会形同虚设，教联会尚能活动》，今题系编者所拟，记录者为"召"。

湖北省教职员联合会，地方性教育社团，发起成立于1921年10月，用以代替长期不作为的湖北省教育会。参加者为武汉地区50余个大中小学代表，陈时、董必武、王义周等为该会骨干。该会成立后，代表湖北省参加学制会议，并在要求教育经费独立等方面多有作为。

记录者"召"在文前记有："湖北省教育界本有二团体，一为省教育会，一为各学校教职员联合会，教育会为法团，教联会为私团。在理法团应较私团活动，而事实上竟大谬不然；不但不活动，且形同虚设。盖该会自去岁举行冬季大会，闹出殴伤委员，涉宪法庭，数月以来，非徒应时之春季大会不敢举行，即干事会亦未召集一次；总务组虽有按日轮流到会之规定，亦未实行。除由三数人支消每月所领数百元之经费之外，欲求只字片纸之表示，亦不可得，更无所谓会务。其现象之怪，至如此极，真谓教育界之奇耻大辱也。而教职员联合会因时势之需要，尚能按照会章，于4月6日举行春季大会。"

有关《申报》，参见前文《南洋闻见录——第一新嘉坡》题解。

是日到会者达百余人，午后二时开会，公推中华大学校长陈叔澄主席。

陈叔澄要求变更议事秩序，先提议两事：一为全国运动大会；一为中华职业教育西北八省展览会。两会均于下月在鄂举行。向例本省教育事项，均由各校推举代表一人加入协助，此次可否援例办理，须请公决。再，拟于展览会毕，将展览物品可否截留若干部分，陈列于本会及省教育会供人参观，亦请公决。

众赞成，遂按议事秩序，由值月干事主任余景德，报告"加薪改现案"进行概况。谓奉省署批令，以鄂库支绌，谓难照准；而教厅来文，但称候转呈省署，应请大家讨论办法。结果，议决三项办法：（1）呈复省署，仍申前请；（2）请省议会提议；（3）请省教育会合作。次议催索欠薪问题，当经在场会员详加讨论，皆谓本省教育薪金向来按月发给，至迟不过出月数日，今竟欠至两月，应责成校长向教厅催索。又次讨论干事各股轮流值月问题，结果：另召干事会再议。此外系临时动议，当杨君提议在本会附设平民学校，众赞成。会毕，摄影而散。

# 报告第三次全国运动会筹备情形

(1924年5月12日)

**【题解】**本篇原载《申报》1924年5月17日第10版。报告时间为1925年5月12日晚。本文系演讲记录,摘自《全国运动会筹备会纪》,今题系编者所拟,记录者为"召"。

有关第三次全国运动会,参见前文《第三次全国运动会筹备经过述要》题解。

记者在《全国运动会筹备会纪》中首先交代说:"第三届全国运动会定期于本月二十二至二十四日,在武昌公共体育场举行。现鄂省教育界因日期迫近,特于昨夜(十二)在公共体育场开筹备会议。到会者,有教育厅长程鸿书、科长姚嘉谷、省署教育科长熊世玉及省立私立各校校长。公推程鸿书为主席,一中校长郭宪章为记录,由中华大学校长陈时报告经过筹备情形,略谓。"陈时报告毕,与会者的讨论结果为,各校学生入场不买票,对公众卖票以一万五千张为限。

有关《申报》,参见前文《南洋闻见录——第一新嘉坡》题解。

现在办事处已组织成立,聘图书馆长王式玉为主任,武汉中学校

---

① 王式玉:女,生卒年未详,湖北安陆人。早年留学日本,学师范。民国初年,任湖北省教育厅第一科科长。1919年,任湖北省女子师范校长。1922年,因"女师学潮"而辞职。时任职于湖北省图书馆。

长刘树仁①为副主任，各校校长为顾问，各校代表（每校一人）为文牍、庶务、会计等职员，省教育会评议干事为招待与纠察。俟各省代表到齐后，另由各省各推一人，组织一最高评议会。

日前萧督军②，特为此事约谈一小时，殷殷以招待等事为重；并拟对于各省代表及选手，各赠古式黄鹤楼银质金色纪念章一座〔枚〕。至招待各省代表及选手，均由童子军担任；现已由武汉童子军挑选二百人，专任招待及运送行李等事。所有京汉、粤汉两车站及招商局码头，均有人执旗担任招待。童子军总会曾会议一次，推定严家麟③、林寿恺④、程抱真⑤、饶志安⑥四人，为武汉童子军长。此皆筹备经过之大略情形也。

惟入场券一事，照前两次全国运动会之先例，均系卖券。然以湖北习惯，向无卖券办法，故各校均反对卖券。昨省教育会开评干联席会议，亦不以卖券为然。究竟卖券与否，应请大家讨论。

---

① 刘树仁（1887—1952）：字觉民，湖北蒲圻人。早年毕业于京师大学堂译学馆。民国初年，任湖北省临时参议会参议员，时任武汉中学校长，后历任武汉大学讲师、成都行辕少将参议。

② 萧督军：时任湖北省督军萧耀南。

③ 严家麟（1890—？）：号嘉林，湖北武昌人。1906年考入武昌文华书院预科，1910年升入正科后，兼教中学部英文，任文华学校青年会幼童部部长，开始关注欧美方兴未艾的童子军事业。1912年2月25日，率先创立文华童子军，发中国童子军之先声。后留学美国，专门考察美国童子军教育事业。1935年美国童子军成立25周年纪念会，严家麟率中国童子军代表团参加，任团长。编有《童子军桥梁建筑法》等。

④ 林寿恺：生卒年未详，广东香山人。时任华中大学教员。

⑤ 程抱真：生平事迹未详，时任武昌县立初级中学教员。

⑥ 饶志安：生平事迹未详，湖北人。时任"中华圣经公会华中区会"干事，抗战时期任"中华圣经公会西南区会"干事。

# 在湖北省教育会等六团体紧急会上的提议

(1924年9月3日)

【题解】本篇原载《申报》1924年9月9日第10版。提议时间为1924年9月3日。原发表时题为《湖北大规模之请愿——请愿者千余人，为赴京代表受伤被捕事》，今题系编者所拟，报道者"召"。

此事之始末，缘于是年6月湖北省教育界发起的"改现加薪"运动。其后，湖北教育会等五团体合组湖北教育基金委员会，主张争回盐金赋税、米厘公股和摊分庚子赔款作为办学基金，并派出代表10人进京，向交通部、财政部和盐务署催讨落实，于是引发此次冲突。

报道者"召"在文前记有："鄂教育界迭接赴京代表函电，报告在交通部被殴受伤，在旅馆被拘受辱各情形，特于本月三日正午十二点钟，在省教育会开学界全体大会，筹商对付方法。是日到会人数之多，将近千余人，为向来所未有之大会。午后半点钟开会，公推李步青主席，由刘觉民报告情形，并发表赴京代表所来之急电……"因此电由陈时转交各团体，故陈时有必要明确表明态度，故有此四项主张之提出。

有关《申报》，参见前文《南洋闻见录——第一新嘉坡》题解。

陈时主张，援助事宜速，并宜扩大范围：

（一）应全体教职员均挂车北上，誓死力争；

（二）应全体向省署请愿，将中央在鄂之收入一律扣留；

（三）请惩办吴毓麟①、薛之衍②；

（四）官票危险，亦须于请愿时附带。

（中略）

讨论历两时之久，结果即刻全体赴省署请愿，其余随后再从容讨论，并推陈时、刘觉民、李步青、周敏为发言代表，请愿书随后补呈，并请韩玉宸一同带去。于是千余人，浩浩荡荡，直到省署……当推李步青、陈时、刘觉民、周敏四人，并请韩玉宸一同往军署见萧。

萧对请愿代表所请求各节，答复如下：（一）全体北上，一时无此多车，请暂推代表数人先去，如无结果，其余再去不迟；（二）惩办交部总长吴毓麟等，须先电京询问情形，再定办法；（三）请将中央在鄂之关余、盐余、电报等款截留，闻中央多已抵押，须调查明悉后，始能实行，并表示愿意尽力援助。

请愿各代表，对萧答复认为满意……拟定电文各稿，当夜分别拍发，直至夜半始散。兹将各稿录下：

（一）北京西城礼路胡同傅宅，转湖北代表钧鉴：代电奉悉，交部摧残吾鄂教育，致诸公受屈，曷胜愤激。此间同人，拟克日一

---

① 吴毓麟（1871—1944）：回族，字秋舫，安徽歙县人。早年考入北洋水师学堂，毕业后赴德国深造。归国后，历任海军部科长、大沽造船所所长、津浦铁路局局长，为海军轮机少将、中将。1923年出任交通总长，为直系保定派代表人物。次年直系失败后，退居天津，经营盐务，多行善事，且拒绝与日伪合作，保有晚节。

② 薛之衍：生平事迹未详，时任京师警察总监。

致入都,严重交涉,以伸公道而雪奇耻,誓达目的,特电奉慰。湖北省教育会,江。

(二)北京西城礼路胡同傅治芗先生,分送旅京诸长老钧鉴:此次交部摧残吾鄂教育,殴辱代表,蒙力予维持,大张公道,爱护乡邦,嘉惠庠序,曷胜感激。尚乞贯彻初衷,俾得圆满效果,同人虽弱,愿作后援,赴汤蹈火,不敢辞也。湖北省教育会,江。

# 接待来汉调查"汉案"代表王造时的谈话

(1925年6月26日)

**【题解】**本篇原载《申报》1925年7月1日第10版。谈话时间为1925年5月26日。本文系演讲记录，摘自《京代表与武汉各团代表谈话——在武昌中华大学开联席会议》，今题系编者所拟，记录者为《申报》记者。

此次谈话会，于1925年6月26日午后举行。是日中午，陈时以"湖北教育界反帝国主义大联盟"委员长身份，邀约湖北省议会、武汉学生联合会、湖北省教育会、武汉商会和公会、沪案研究会等代表，来中华大学午餐，专为迎接由京来汉的"北京沪案后援会"代表王造时。在聚餐会开始前，陈时发表了这番谈话。

陈时讲话毕，王造时起身报告，谓此次来鄂之目的有五："(1) 调查汉案情形；(2) 慰问伤亡同胞；(3) 劝告萧督办保护爱国运动；(4) 与湖北各团体交换意见；(5) 报告北京情形，极希望将来全国有一大团结之组织，以应付时局。"餐后，各团体代表也先后发表了意见，午后2时散会。

"汉案"，系指武汉青年学生及爱国人士，为抗议五卅惨案中英捕滥杀无辜，酿成"沪案"，于6月11日前往汉口英国领事馆门前示威。结果，英捕再次开枪，枪杀华人多名；并命泊汉海军登岸，继续助纣为虐。此汉案，引起全国各界人士的一致愤慨，纷纷要求调查真相，对英交涉，以维护国尊。

谈话对象王造时（1903—1971），原名雄生，江西吉安人。早年就读于清华学校中等科，1919年参加五四运动，后任清华学生会评议会主席。时受"北京各校沪案后援会"之托，来鄂调查"汉案"真相。1925年8月，入美国威斯康星大学深造；1929年6月，获政治学博士学位，任伦敦经济学院研究员。次年归国，担任光华大学教授，继续参与爱国、抗日等活动，为著名的"七君子"之一员。全面抗战时期，担任江西省政治讲习院教育主任兼教授；抗战胜利后，在上海创办自由出版社，同时兼任私人法律顾问。中华人民共和国成立后，任复旦大学历史系教授。著有《荒谬集》《世界近代史》等。

有关《申报》，参见前文《南洋闻见录——第一新嘉坡》题解。


此次沪、汉惨案发生，本人适在病中，未能尽责，抱歉之至。今天所到各代表，均系此次爱国运动主要人物，相聚一堂，务望为国家外交前途交换意见。此次交涉，不能全靠政府折冲，必须国民自作种种准备，尤贵工、商、学有大联合，作有秩序之行动，方能持久。

# 国家教育协会学术讲演会开场白

(1926年6月13日)

**【题解】** 本篇原载《申报》1926年6月19日第9版。发言时间为1926年6月13日。本文系发言记录,摘自《鄂中华大学之一场武剧——因陈启天演讲而起,捕去学生二十余人》,今题系编者所拟,记录者为《申报》记者。

记者在文前记有:"十三日上午九时许,有国家教育协进会假中华大学开学术演讲大会,到会旁听人数甚众,当振铃开会时,首由中大校长陈时向众报告。"陈时报告后,即由陈启天登台报告"新教育政策"。发言约十余分钟,台下有外校学生多人闹场并散发传单,结果引发两派冲突,打斗致十余人受伤,学校设备受损。后武汉警备司令部军警来校,捕去外校学生11名。此事件迅速引发全国舆论关注,并使中华大学因此停课。

此事背景,因国家教育协会的基本立场与时代潮流不合而起。该派主张"民族至上""国家至上",由国家全面控制教育,教育为民族独立、国家富强服务,因而明确反对社会主义,并对国共合作后实施的"党化教育"予以猛烈抨击,因而引发各校进步学生的深刻不满;国共两党,当时也正是因此而一致反对国家主义派。陈启天系中华大学毕业生,又系国家教育协会的骨干,而在北伐已节节胜利的敏感时刻举办演讲会,当然会引发进步学生的抵制。

流血冲突发生、学生被捕后,"该校长陈时为避免责任起见,特于十五日午后一时,出席学生代表大会解释误会;并谓校中发生此不幸事,不论对何方面均极抱歉,自当设法竭力营救,以期化险为夷云云。十六日午后三时,陈时遂邀同武昌大学陈总务主任、高级中学梅经言校长、模范小学王芝生校长,在模范小学聚齐,同往谒陈嘉谟督理,请求从宽保释"(《武昌中大流血捕人案续志》,《申报》1926年6月21日第9版)。经陈时等人的合力营救,被捕学生均被释放。但中华大学此后停课,又提前放假;乃至陈时被革命政权通缉,中华大学停办、改组等后续事件,实际均与举办这次演讲会相关。

为客观了解此事件的经过,将对立双方的"通启"和"通电"收作本文附录。

有关《申报》,参见前文《南洋闻见录——第一新嘉坡》题解。

今日系国家教育协进会假本校地址开学术讲演大会,公推鄙人为临时主席。对于此次演讲,会场秩序当尽力负责维持,务请诸君各守安静,幸勿扰乱喧哗。

且本校乃讲学之地,无论任何党派,关于讲学事宜,均得假用地址。前如康有为、江亢虎及以〔以及〕各党重要人物,纷纷曾经假地演讲,秩序甚佳。

希望在座各位,特别维持秩序,保守人格。并谓恐有流氓混杂其间,故意扰乱本校。已令校役严防,驱逐出校。

## 随文附录一 武昌中华大学教职员通启——为十三日演讲流血事

敬启者:

敝校于本月九日晚接到国家教育协会武昌分会函开:"迳启者:敝会为学术上之研究,现已函请陈启天等四先生,于本月十三日午前九时,假用贵校讲演厅公开演讲。至希俯允是荷。"云云。

敝校为讲学机关，自民国十一年讲演厅建筑以来，凡有公开讲演之借用为会场者，靡不报可。此次国家教育协会来函借用，且讲者多系校友，照向例自无庸推却，爰即复函允之。十三日八时，陈启天君等来校，九时开讲，到会听讲者约八百余人。敝校陈叔澄校长，出席报告借用会场之原因，并申明不作主席，所有言论、主张，均由讲者负责，愿大众维持秩序，静听讲演。言毕即行下楼，旋由陈启天君出席讲"中国教育政策"。

不及五分钟，突见听讲人中纷纷起发传单。敝校中学部主任严君士佳，在场以维持秩序婉言劝告，不意多数暴徒蜂拥而起，手持凶器，叫嚣呼打，登时全场秩序大乱，立将严君头击伤，血流如注；并将会场桌凳、窗扇、玻璃捣毁净尽，吆喝下楼，逢人便打，遇物便碎。其时，陈君启天避匿校长室中，该暴徒等遂肆意冲击，将校长室、应接室及总、教两处办公室，东西两廊所有门扇、器具，又复全行捣毁。学生宋训信，职员吴筱舫、江禹功，杂役陈筱腊、李华灿等，均受殴伤，而宋训信受伤尤重。

该暴徒等凶横肆虐历两小时之久，出进打毁至四次之多。敝校无法制止，听其所为。幸警察四署闻警而来，保安队、警备司令部先后派队驰救，该暴徒等始纷纷散去。当被四署警察，在校门内外捕获暴徒数人。该暴徒等尚恃强拒捕，刀伤警士数名，方行押解至署。事后，即由敝校函请地方检察厅派员勘验，所有受伤人员及捣毁物件，均有检厅勘实填单在案。此十三日事变之经过实在情形也。

窃维敝校成立十余年来，只知讲学对于任何主义无党无偏，早为国内各界所公认。此次变生意外，诚恐暴徒等畏罪嫁祸，不免捏造事实、颠倒黑白，借以淆惑观听。特将当日实在情形及经过，缕陈以明真相。至以后如何办理之处，悉听官厅依法主持，社会达人评判，敝校自无容置喙之地。专此露布，即希鉴察是幸。

武昌中华大学校教职员公启，六月十六日

原载《申报》1926年6月22日第10版

## 随文附录二　武昌各学校通电

国家教育协进会会员陈启天，于本月十三日上午在中华大学演讲。事先由中华大学布告，欢迎各校学生参与。届时听讲学生七百余人，该校校长陈时宣布开会，谓本校欢迎名人演讲，不问派别，惟会场秩序紧要。今日未请军警到场，已雇神圣劳工百余人维持秩序。如有不守秩序者，即对付之。

开会毕，陈启天登台演讲，即有少数国家主义分子散发传单，欢迎其来鄂。会场秩序依然安静，随后复有少数人散发反对国家主义传单，陈时即谓扰乱秩序，呼其所雇工人持械向群众殴打；该校教员严士佳，并持刀杀伤第一师范学生杨某群。众逃走，则校门紧闭，已被把守。军警旋至，陈时复指挥军警，按签到簿捕拿听讲学生，以图抵赖。计被捕学生十余人，重伤者三人，轻伤者无数，此当时经过大概情形也。

查此次各校学生听讲，乃陈时布告招集而来。陈时对于国家主义有若何关系，对于听讲中有何仇敌，概不得知，亦不必过问；惟陈时惟请流氓辈准备殴杀，已为公认之事实。陈时以议员而兼校长，为宣传主义殴杀仇敌，乃不顾听讲群众，指挥殴杀至十余人；更指挥军警，大肆搜捕，任意诬害，以图抵赖。无论法律、人情，陈时对此次流血，应负完全责任。

各学校学生等为拥护学生利益、保障学生生命安全计，誓以全力与陈时周旋，尚希各界主持公道，一致救援。

省立法大、高商、一师、高级中学、私立法政、国立商大等学生会暨国立武昌大学救济被捕同学委员会公叩

原载《申报》1926年6月22日第10版

# 在元旦庆祝会上的致词

(1930年1月1日)

**【题解】** 本篇原载《中华周刊》第338期。发表时间为1930年1月18日。原发表时题为《陈校长致词》,今题系编者所拟。

1930年第一天,全校师生举行喜迎元旦暨大学立案批准(1929年12月27日获教育部批文)庆祝会,并欢送本届毕业同学。到会师生、校友达千余人。上午为第二十七届毕业生举行毕业典礼,董事长、校长、校友会代表分别致词,又为成绩优秀和运动优胜者发奖;下午为第一期游艺会,有国乐、国术、舞蹈、魔术等表演;晚间为第二期游艺会,表演有四声合唱、双簧、新十八扯、五幕喜剧财迷等。进茶点后散会。陈时主持了上午的大会,并恳切致词。

有关《中华周刊》,参见前文《〈中华周刊〉的新生命》题解。

## 一

蔡元培先生有云:"中华大学为有历史性之学校。"盖以本大学就时期言,十有九载;就数量计,五千余人;就设备论,各级完备;就人才讲,各界中坚。同人等费尽心血,博得名人奖誉。于此可见,今朝同乐,非述此以自豪,特借此以自警;更应力图良策,俾维持此种状况与世长存也。

## 二

世界潮流，群力合作是尚。民治精神，端赖众志成城。本校大学立案虽获批准，然内容欠缺之处甚多。本人一身之力量有限，合全校各部之力量则无穷。已往成绩，固由校董、校友、全体同学爱护努力之所致；将来效果，仍赖继续前此之精神。若得一心一德、各方兼顾，则学校之进步迅速，文化之优美可立而待。如此较之本人一身扶助，自非可同日而语；且本人亦不致有精尽力绝、于事无济之慨叹也。

## 三

欧美各国国立大学，能左右文化、培养学者固属甚伙；而□□□□□为多。盖私立学校若非精益求精、实事求是，则不克成立。本校虽不能骤与英国之牛津、剑桥，美国之哈佛、哥伦比亚等大学相比，然我总理有云"有志竟成"，心窃向往，希望其实现于将来。如能从此更加力量，遇事革新，一致赞助，全体支持，俾本校能成为东方文化之枢纽，彼时再从事庆祝，则较之今日庆祝元旦、立案、毕业之价值，自高出亿万倍以上也。愿与全体校董、教职员、校友、同学共勉之！

# 在韦棣华女士追悼会上的演讲

(1931年6月13日)

**【题解】** 本篇原载《文华图书科季刊》第3卷第3期"韦棣华女士纪念号"。演讲时间为1931年6月13日，发表时间为1931年9月。本文系演讲记录，摘自《韦棣华女士追悼大会纪略》，今题系编者所拟，记录者为董铸仁。

韦棣华女士追悼会，于1931年6月13日下午1时，在武昌文华公书林司徒厅举行，出席者共600余人。首由主席崔幼南报告女士生平，次由沈祖荣报告追悼会筹备经过，再次由湖北省教育厅厅长黄建中、武汉大学校长王世杰、中华大学校长陈时、华中大学校长韦卓民先后致词，最后宣读各学校、社会团体或个人所致挽词，5时许方散会。

韦棣华（Mary Elizabeth Wood，1861—1931），女，美国纽约州人。早年在美国任图书馆馆员。1899年来中国，任文华书院英语教师兼管图书馆。1910年在武昌设立文华公书林，开中国公共图书馆之先河。1920年在文华大学创立了图书科，致力培养专业人才。1929年将图书科独立为文华图书馆专科学校，次年捐款发起成立"韦棣华基金会"，旨在资助中国图书馆教育。她终生未婚，大半生献身于中国的图书馆和图书馆教育事业。1931年5月1日病逝于武昌。

有关《文华图书科季刊》，参见《文华图书专科学校董事会讨论与议决事项》题解。

本人与韦女士相处二十余年，每次晤谈，女士只以教育文化事业，尤其图书馆事业为谈资。其言不及私，具见生平专精竭虑，殆全为其所经营之事业，而忘却一己者。本人为文华图专董事，于图专之进展，当竭尽绵薄，继续努力，并希望社会人士对于韦女士手创之事业，予以极大之同情与赞助。

# 谈本校地理位置的重要

(1931 年)

**【题解】** 本篇原载《中华周刊》第 491 期。讲话时间为 1931 年，发表时间为 1934 年 5 月 13 日。本文系讲话记录，摘自光球《本校的前途》一文，今题系编者所拟。

记录者是在论及中华大学所处的地理位置时，忆及陈时所说的这段话的："三年前，我曾经听过陈校长下面的一段话。"谈话的具体时间和地点，均未详。

有关《中华周刊》，参见前文《〈中华周刊〉的新生命》题解。

据教育的调查，湖南明德中学①办得很完善，天津南开大学②办得也很好。南开与明德，都是私立的；然而这两个学校成绩，已得了教育界极好的赞誉。本校地位楚北，适居长江的中流；将来的发展，正能与南北两校媲美。

---

① 明德中学：前身为 1903 年创设的明德学堂，系私立性质，由胡元倓所创，位于长沙。该校不仅当时知名，现今亦为湖南省首批示范性高中。

② 南开大学：前身为 1904 年创设的南开学堂，1919 年增设大学部。该校系私立性质，由严修和张伯苓共同创办，位于天津。无论是南开中学或南开大学，历来均为中国私立学校的样板。

# 与国联调查团谈话要点

(1932年4月5日)

**【题解】**本篇原载《中华周刊》第406期。谈话时间为1932年4月5日,发表时间为1932年4月9日。原发表时题为《本校代表与国联调查团在汉之周旋》,今题系编者所拟。

国联调查团系国际联盟所派出的以李顿爵士为首的特别调查团,故也称"李顿调查团"。在九一八事变后,中国驻国联代表施肇基请求来华调查日本的侵略行径。1932年1月21日国际联盟筹组了此团。团员有英、美、法、德、意代表5人,中、日代表为顾问。该调查团于1932年3月14日到达上海,于4月4日抵达汉口,开展了频繁的调查活动。

早在调查团抵汉之前,陈时便在日文报章中搜得资料:"侮辱国联者三件,侮辱调查团者一件,侮辱政府领袖者一件,侮辱政府及学生者一件,造谣及东北独立计划者一件。"另有师生搜得日本侵华证据多种,准备一并交与调查团。4月5日上午10时,陈时与饶光荣、徐先麟三人代表湖北教育界,在汉口德明饭店面晤调查团,并发表了这番谈话。

记者在发言后还记有:"旋李顿爵士及麦考益、马利迪、秘书长哈斯四人询学界代表。关于中国过去抗日运动有所询问,答以日本自强筑安东铁路起,中国人民以其侵略中国领土主权,故对日始有不良印象,现在抵货即为日本向华侵略之结果云。各调查员听毕及阅毕诸证件后,极为动容,乃互祝健康而别。"

有关《中华周刊》,参见前文《〈中华周刊〉的新生命》题解。

第一,述欢迎之意。

第二,我们教育职业者,最希望世界和平;我们的职务,也是谋世界和平。我们教育宗旨最高的目的,是"世界大同";我国经书中的政治哲学,是"协和万邦"。世界有长久的和平,文化才有不断之进步;人类相亲相爱,日趋大同,这是教育的理想和本务。

第三,中国与日本之起恶感,其原因皆在日本。在日俄战争①以前,中国留日学生最多,亦最亲善;日俄战后,日本陡起大陆野心,所以冲突最多。日本说中国排外,何以我们与世界各国亲善,而与日本不同?因为日本不许我们生存,处处以武力,事事用武力。即以汉口而论,日本于一九一一年中国革命出兵到汉,就筑起营防,到华府会议②后才撤。还有一点,与国命最有关系的煤和铁,在湖北的汉冶萍③,被日本垄断完了。东三省煤、铁,都被日本占住。

第四,日本说中国有排日教育,但是中国教育部所审定之教科书,绝无此事实。日本地理、历史地图,无不有侵我之事实;鼓吹侵略我国之著作,有三百余种。自九一八事件发生以来,我国拥护国联,信赖国联,日本报则侮蔑国联,有报为证。日本干涉我国内报章言论自由,面对我蒋主席侮辱,对我政府侮辱,均有报为证。日本说我排外,他对于英国庚款发展纺织业,报章说是英实业家在长江有野心,以大借款为

---

① 日俄战争:1904年到1905年间,在日俄两国间所爆发的战争。此次战争,在朝鲜半岛和中国东北进行,是对中国神圣领土主权的粗暴践踏,激起了中国人民的普遍不满。日本取胜后,承袭了沙俄在中国东北的特权,并加紧了对中国的侵略,更是激起了国人的愤怒。

② 华府会议:华盛顿会议,亦称太平洋会议。会议于1921年11月12日至1922年2月6日在华盛顿举行,会上签订了《九国公约》,对日本在中国所享特权有所限制。

③ 汉冶萍:汉冶萍公司,它由汉阳铁厂、大冶铁矿和江西萍乡煤矿三部分组成,是中国最早的钢铁联合企业。该公司因多次向日商借款后无力偿还,故从1911年起,便由日商控股。

饵。日本说他未帮助满蒙伪国,事先他的报章鼓吹甚力,均有证据呈阅。此外我国前撤兵锦州时,日本报章竟说英、德的计划,足见日本对挑拨中国与国际间的感情,无所不用其极。

第五,日本以为武力万能,欲以威权独占,进展其政治独占,中日冲突之原因在此,各国在华商务之受影响亦在此,有田中①的奏折为证。从民元以来,我们所知道的,日本在华暴行,可写出一百四十余件之多。

第六,贵团诸公是和平使者,一到上海,沪案②即现和平。所以我们今后希望贵团诸公,为我国民及世界人类幸福计,本诸条约公理、正义,从速赴满调查,令日本于最短间撤兵,恢复九一八以前的原状,然后定一公平原则,解决中日间全部悬案;再进而从教育立场,以诸公卓识,指导两国间和平思想,则国际联盟之最高理想,由诸公实现矣。否则,希望根据国联盟约第十五、十六条,加日本以制裁。

---

① 田中:前任日本首相田中义一(1864—1929),日本山口县人,日本陆军大学毕业,为陆军大将,政友会第五任总裁,日本第26任首相。任内进呈"田中奏折",提出"新大陆政策",主张进一步侵略中国,进而称霸世界。

② 沪案:指一·二八事变后的中日上海停战谈判。国联调查团抵达上海后,即要求中日军队在上海停火和日本撤军,认为否则便会影响调查团的工作。这种调停尝试,实以失败而告终。

# 在中华大学第三十一届毕业典礼上的致词

(1933年1月9日)

**【题解】**本篇原载《中华周刊》第435期。致词时间为1933年1月9日，发表时间为1933年1月21日。原发表时题为《本大学举行第三十一届毕业典礼详纪》，今题系编者所拟，记录者"少东"。

此届毕业典礼于1933年1月9日下午3时，在中华大学总理纪念堂举行，由陈时主持并率先致词。到会来宾，有教育厅厅长夏元瑮、武汉大学校长王世杰、华中大学校长韦卓民、湖北教育学院院长罗季林、文华图书馆学专科学校校长沈祖荣、湖北省立师范学校校长王镜清，以及湖北党政界代表，连同本校毕业生、教职员、校董和校友，共计三百余人。陈时致词后，来宾也纷纷致贺。

有关《中华周刊》，参见前文《〈中华周刊〉的新生命》题解。

本届毕业学生人数，计大学文、理学院各系科，共计三十五名。内中国文学系三人，外国语文系二人，教育学系一人，法律学系七人，政经系十二人，数学系一人，师专九人；高中普通科三十四名，初中甲乙二组共一百零二名，附设高小二十三名。

在今日举行毕业典礼时，正我山海关噩耗传来时候。各同学毕业后，所负的使命至为重大。现请各长官代表暨来宾分别赐训，俾有遵循。

# 全国运动会归来的报告

(1933年10月30日)

**【题解】** 本篇原载《中华周刊》第461期。报告时间为1933年10月30日,发表时间为1933年11月4日。原发表时题为《全运会归来陈校长在总理纪念周报告》,今题系编者所拟。

原发表时,编者在文前记有:"此稿系由罗向阳、罗鹏飞、徐绍志、周学谦、韩昌瀚诸君所记综合而成,附此致谢。"

"全运会",系指1933年10月10日在南京开幕的第五届全国运动会,陈时担任是届运动会裁判委员会委员,中华大学有8名选手代表湖北省运动队参赛。在运动会期间,发起成立了全国体育协进会,陈时被推举为该会名誉董事。

有关《中华周刊》,参见前文《〈中华周刊〉的新生命》题解。

全国运动大会之举行,由国民政府办理,于今已得两次——首次在杭州;由民间或教士发起者,即属第五次矣①。此次全国运动大会是在首都举行,这是大家所知道的;但是这次参加的人数异常的踊跃,极其

---

① 此"五次",系指清末民初所举办的五届全国运动会,分别是:第一届于1910年10月18日至22日,在南京南洋劝业场举办,由美国传教士爱克斯纳(D. T. Max Esner)发起并组织;第二届于1914年5月22日至24日,在北京天坛举办,由北京体育竞进会组织发起并组织;第三届于1924年5月22日至24日,在武昌公共体育场(阅马场)举办,由熊希龄、张伯苓等9人组成筹备委员会发起并组织;第四届于1930年4月1日至11日,在杭州梅东高桥举办,由南京国民政府主办;第五届于1933年10月10日至20日,在首都南京中央体育场举办,由南京国民政府主办。

热闹，实为空前未有的盛举。余此次担任大会审判委员的职务，亲历其境，故关于此次会内的概况，〔了解〕当然是比较详细。兹略就鄙见，向大家作一简单的报告。

中央运动场是蒋委员长所计划新建筑的，位于总理陵墓之东，宽约数百顷。其中，以田径赛之场所为中心，其四周有看台，可容观众十万余人；跑道周围四百米，男女运动员休息之处，可容四五千人。至于运动场之计划及建筑，异常完善，计共费百四十万元。该场现由总理陵园管理处接收管理之。

此次全国运动会，关于加入者，为卅三个单位，人数二千八百余，就是东北及巴达维选手亦不少①；至于各省之选手，以上海、广州、北平为最多，辽宁即以刘长春②为首选，各省选手亦较上次为踊跃。

成绩方面，最值得注意的，女子的田径赛，均打破了全国的纪录；男选手刘长春百米赛跑十秒零七，其成绩与远东③相平。其余各项运动之成绩，较之上次，均大有进步；比较起来，打破上次的纪录者，已有十分之八。如女选手孙桂云④之纪录，现已毫不为奇矣。

秩序方面，各位在报纸上所看见的，虽有小小纠纷，然以实际看

---

① 此"东北"，即东三省在九一八事变后，已被日本扶植成立伪满洲国，故此东北选手，实指流亡到内地的原东北籍选手。此"巴达维"，亦称巴达维亚，为"荷属东印度"的别称，即今印度尼西亚，在此实指由印尼归国参赛的华侨运动员。

② 刘长春（1909—1983）：辽宁大连人。1927年就读于东北大学体育系，1929年参加在沈阳举行的第14届华北运动会，打破100米、200米和400米三个短跑项目的全国纪录。1932年参加在美国洛杉矶举行的第10届奥运会，成为第一位正式参加奥运会的中国运动员。1933年在第五届全国运动会上，10.7秒和22.0秒的成绩再创100米、200米两项全国纪录，夺得冠军。1936年再次代表中国，参加在柏林举行的第11届奥运会。历任东北大学和长春师范大学体育系副教授、大连工学院教授。著有《田径指导法》。

③ 远东：即远东运动会或远东奥林匹克运动会。1913年，由菲律宾、中国、日本发起和参加的一个区域性国际比赛，至1934年，分别在三国举办了10届。

④ 孙桂云（1913—？）：女，原籍山东胶县，自幼客居哈尔滨。早年就读于东省特别区女一中（现哈尔滨市第七中学），展露出田径才能。1929年参加第十四届华北运动会，荣获田径个人总分第一名；在同年举行的东北四省运动会上，包揽了女子几个径赛项目的第一名。1930年在杭州参加第四届全国运动会，获得50米、200米跑第一名。后代表中国，参加了在日本东京举行的第九届远东运动会。九一八事变后，先后在上海大夏大学和沪江大学读书，嫁与胡某，并同胡某去香港开办银行。未久过世。

来，亦不过是一点枝节问题。如此的大会，在所难免。这次总算是得到圆满的结果。

经济方面，此次运动会规模甚大，用费自亦不少。建筑运动场，共费百四十余万元；举行运动会，共费十余万元；职员用费、招待费及各省选手用费之统计，各种总计不下三百万元。此次大会虽然费了如许多之经费，可是在全国精神方面，却受了很大的裨益。那么这种裨益，可以超越那种代价。因为我们可以看到，精神方面，此次全国运动大会参加者，为各省之优秀选手，大家齐集于一场，表演这大规模的运动，互相亲爱，各自努力，这也可以说是表演我们民族的精神。就是一班观众的踊跃，莫不悴〔淬〕励精神，肃然起敬，受了不少感动。所以此次运动大会，引起了民众的注意，发扬了民族的精神，实为我们中国民族之一幕光荣。其次，关于中央建设方面之成绩，我们也可以看到，也值得我们注意。就是运动场旁边所建筑马路，可以通杭，所〔可〕以通芜，这也是值得我们赞美的。

优点方面，此次大会各项运动之表演，都有很优良的精神。其中，以北平、香港足球与北平之女子篮球为最。比赛时，双方选手均疾如柔猱，捷如速马。这种活泼之精神，真是语难形容。男子球类比赛及游泳比赛，观众拥挤，掌声如雷。这时候我处于万众的欢声中，看着这种的热闹，真是无限的愉快。其次关于全能运动，以广东、北平参加者为最多。选手方面有两特色如：一为纪律整齐；一为躯干强大。

至弱的方面：（1）公共汽车之发生障碍。因为京市至运动场甚远，凡属大会职员，均备有公共汽车。嗣以乘车人数拥挤，故发生了小小纠纷。此种小争斗发生的原因，系因为职员乘车以徽章为据，有一个职员有几个职务者，其徽章或给予友人，或被人拿去，因此由三百个职员产生了二千余人之多；加之军人又争乘汽车，因此发生了小小争端。此种事情，也算是意中事，不能算是什么大的弱点。（2）新闻方面所登载的批评，常不满于招待方面，且以未另设席为憾。（3）比赛篮球时，有某军队下级军官，因为与中政校①的学生争观比赛发生冲突，该军官乃殴打某学生，结果和平解决。此种事情，都是大会当中应有的现象，也不算得什么一回奇事。

再关于华中方面的成绩，虽然是没有得到锦标，然而各选手之精神及其在大会之努力，均已尽其所能，此亦足见各位运动员之修养。据大会结果，此次关于华中方面各选手成绩，较之上次均大有进步；湖北方面之足球，初胜赣，再胜川，及至第三次的比赛，始失败于平。结果，只有湖南之女选手一人之跳高，获得三分而已。

此次运动大会，计每日共到人数常达五万人以上，会场异常热闹。我记得在三十年前，上海曾举行一次足球比赛，当局请人参观，并备茶点，结果观众寥寥无几，并中途退席。就是二十年前第一次运动大会举行②，参观者仅得二千数百人。及至现在，观众竟达如此之多，足见我国人民对于运动观念的认识。假使我们从此提倡下去，将来定能够得着很大的结果。尤其是我国当着这种外侮日迫之秋，每一个人都应该要具有健强的体格。因为我们无论做什么事情，假使没有健全体格，是没有用的。故现在政府对于运动一项特别提倡，是要使全国的人民都具有健全的体格，即是要普及运动，那么我们民族的精神才能振作，才能发扬光大。

谈到这里，我还有一点观感值得向大家谈的，就是这次我在中央参加全运时，关于中央各要人，我有些看到，并且谈过了话。我从那谈话的当中，可以看得到各领袖的意志。那么，现在是注重精神团结，以国家建设为前提，并且大家对于国事一致努力，共谋复兴民族，实施总理主义，这是一个值得我们注意的地方。

---

① 中政校：全称中央政治学校。其前身为1927年创设的中央党务学校，校址设在南京，校长为蒋介石。1929年改名为中央政治学校，1946年改名为中央政治大学。该校是国民党培养党政干部的摇篮。

② 此"第一次"，系指1914年在北京举办的第二届全国运动会。因再不是由传教士主办，而是由国人首次举办，故称第一次。

其次就是我国的中心领袖蒋委员长，现在驻赣剿□，节节胜利，此次忙于军务，所以这此〔次〕运动大会无暇参加；他已电告大会，言词恳至，这是大家在报纸所看过的。还有一层，不管内政、外交，蒋委员长都是重心，一般领袖中如汪院长者，亦异常尊重他。由此看来，我国前途，现在算是具有新的希望。至于三民主义的认识，现在已是深入人心了。关于这些消息，是我从客观得的，并不是我故意作这样的宣传。那么，现在国际日益紧张，日俄形势如箭在弦，即假使我们中国上下从此一心一德，国家前途定有新的希望。

以上所说，拉杂的一片，就是我这次参加全国运动大会所得到的。报告完结。

# 报告校务改进要点

(1934年3月13日)

**【题解】** 本篇原载《中华周刊》第474期。报告时间为1934年3月13日晚,发表时间为1934年3月17日。本文系演讲记录,摘自《复校六周年纪念盛会》,今题系编者所拟,记录者为"印"。

撰稿者在文前记有:"三月十三日,为本大学复校六周年纪念日。是日上下午,仍照常上课。晚七时,在新建大厅内开全校师生恳亲会以表纪念,并欢迎本学期新教员及入学新同学。届时,首先陈校长举行仪式后,即报告校务改进重要各点。"报告校务之后所记内容为:"次由蓝少弥校友演讲纪念复校与同学今后应有之努力。最后殿以清唱。全体师生济济一堂,九时尽欢而散。"

有关《中华周刊》,参见前文《〈中华周刊〉的新生命》题解。

(一)校务综合报告及新生活指导。

(二)教学改进办法。

(三)考勤方法(附制服考查)。

(四)总理纪念周出席考查方可〔法〕。

(五)军训考查应注意事项。

(六)校外寄宿考查方法。

# 在总理纪念周上的报告

（1934年10月1日）

**【题解】** 本篇原载《中华周刊》第491期"国庆纪念号"。演讲时间为1934年10月1日，发表时间为1934年10月10日。本文系演讲记录，摘自《陈校长十月一日在第三次总理纪念周报告》，今题系编者所拟，记录者"则中"。

总理纪念周，简称纪念周，为纪念孙中山、恭读总理遗嘱的一种仪式。1925年4月，粤军总部率先制定了《总理纪念周条例》七条，定每周一早上举行纪念周，除向总理遗像鞠躬、诵读总理遗嘱外，还须由主持者阐释其义，并运用于具体工作之中。1926年国民党"二大"上，又制定了《总理纪念周条例》八条，要求各级党务部门执行；1927年南京国民政府成立后，则普遍在各机关团体和各级学校中推行，成为施行"党化教育"的重要方式。

有关《中华周刊》，参见前文《〈中华周刊〉的新生命》题解。


各位先生、各位同学：

本人今天在纪念周要报告的，除开普通事项外，还有关于新来的同学要注意的几点。

## 高中以上军事训练的重要

本校总教官为周教官。高中以上为黄教官,因为教育部准军事训练总监部咨开,以黄调京,另请彭教官国权接充。彭教官办事认真,已于前日到任;一年级的同学在编队时,大家要与彭教官见面,现在无庸我在此处介绍。

本人有必要介绍的,是军训的过去和现在。自从国难以后,在全国学校方面,不用说,都曾对于军事训练的实施注意;但实际上,几年以来的成绩如何?可惜成效很有限,不能和外国曾经受过军训的学生比较。考察失败的原因,多由于学生未能深切了解。教官的聘请,或系政府所委,或由学校自聘;严格实施的固有,专门敷衍其事、掩蔽政府耳目的很多,这是最大的缺陷。

湖北自从今夏暑期集中受训以后,加上训练总监的规定:"不受军训之学生,不得升级或毕业会考。"一般学生对于军训观点,始渐有转移的趋向;但仍有少数同学未能彻底了解,甚至做父母的也多未"深明大义",以致姑息其子孙,实为可惜!

各位同学,须知受了军事训练以后,将来就会要把我们派到战场去作战吗?军训的目的,在使各人尽一份国民义务,获得一些人格上的训练。外人常说:"中国人民是一片散沙、毫无组织的国家。"这便是人民没有受过严格的军训。今日应该认真训练自己,免得再受旁人的讥笑。注意思想、人格的训练,强健有用的身体。一方面获得军事知识和经验,将来替国家、社会服务;一方面,充实军人基础。中学生有志投军的,不妨再住陆军学校以求深造。希望少数未了解军训意义的,重新觉悟起来。

在过去,教官和学生每到军训钟点,一闻号令,都视为苦途;自中央派潘处长①亲赴各地检阅，加紧训练，因此获得新的方案：中学受训期间加长，课程另编；自明年四月起，继续受训三月。

至于大学方面，近闻亦有变动，目前还不能确定。本期大学部的周总教官，将以全副精力主持本校军训。希望大学部受训各同学，切实注意，使将来有很好的成绩表现出来。

## 童子军是军事训练的基础

初中的童子军训练，是军事训练的基础生活。他的目的，是完全学做人，锻炼体格，陶冶德性，使能刻苦耐劳，尚服从，守纪律，所以教员负有人格感化的责任。

湖北童子军的历史，约有三十年之久②。在全国没有童子军以前，湖北就有了。但是直到现在，对此负责的人员却很少呢！这是因为，大多数人为着种种的关系，不把它当作终身事业。因此推行以来，少有显著的成效。最近，教育厅将又在本月六日派员检阅了，但因各校开课未久，一切尚待整理，闻有另行改期一说。

希望受童子军〔训练〕的同学，彻底明了。除开以上所讲守纪律、负责任以外，关于学做人的要点还很多，正如以前所学习修身③，同公民一样重要。

## 英文和数理化的重要性

师专一下同学的课程，要注重师资的训练。在过去十年以前的师范

---

① 潘处长：时任国民政府训练总监部国民军事教育处处长潘祐强。
② 此"三十年之久"，恐系二十年之误。湖北率先创立童子军，为严家麟于1912年2月25日，在武昌文华书院创建了中国童子军第一团。其后，各地才纷纷仿建。
③ 修身：晚清学部所定基础教育课程名称，属德育或训育范畴。中华民国成立后，在1922年制订"壬戌学制"时，更定为"公民"课。

生，已经是到新陈代谢的时期；我们理想中的师资，是要有一番专门的知识。

现在一班中等学校所缺乏，为英文和数、理、化的教员。已经毕业的一部分大学生出来，都做公务员去了，他们却忘掉本人终身应尽职责——教学。此刻我们急待要提倡、鼓励的，就是英文和数、理、化，务必引起各同学对于这几科发生兴趣；逐步解决我们师专所负特别使命，选习专门课程，打破毕业生出路的难关。

本人希望，师专各同学除掉受严格军训外，对于以上所举，拿着研究的态度去探讨，将来毕业出来服务社会，定能达到无量发展的希望。

## 培养成学校良好风气与创造学校悠久历史

关于新来同学，有几点还要报告给各位的。

各同学，有的是来自本省他校，有的或是来自外省。当然，一校有一校特殊的风气，正如一个民族，受着环境影响而有它的特性一样。本校也不能例外。

古人说："入国问俗，入境问禁。"诸君新到本校来，当然应该了解学校的情形，认识个人的地位。本校是私立性质，各位是为读书而来，不是享受物质生活的；所以学校当局、学生家长唯一目的，除使同学得到一安静求学环境，外无他求。

现在教育的普通毛病，很多是很喜欢物质享受，吃不得苦，耐不得劳。这种教育，实在是件极危险的事。欧洲有三百年前成立的牛津大学（Oxford University），它以守旧风气著闻于世，所以它能创造悠久历史。

本校正要培养良好风气，向学问方面努力，将来到社会上去，获得好的观感；社会因此感应，校誉日向光荣之途前进，以创造学校久远历史。

各位同学，我们到学校里来，不是挥霍金钱，专来荒废光阴的；我们为着是要培养成高尚人格、深远学问。中国现在虽是如何衰弱，但我们还有许多新的希望。同学们立身处世，只要认清本分，尽力尽忠本身的工作，所事虽殊，收效自然相同。

有人况〔说〕，一九三六年第二次世界大战快要到临，人类将会要毁灭了！各同学也许怀疑，岂不是中国没有救吗？不，并不！我们尚有新希望，我们同学只要坚苦卓绝，抱着"革命基础在高深学问"① 的遗训，潜修高深的学问、伟大的人格；同时，朝夕锻炼你们有用的身体。总理说过："学生要立志做大事。"② 在这国难严重期间，同学应该深自警惕，负起救国责任来。如此，对于民族和国家，不但可以灭掉"灭亡之祸"，且有复兴之望。各位同学，切勿着急未来世界第二次大战的毁灭，至于偲偲侃侃，或是苟安偷生、妄自菲薄。

本人要说的话，还有关于新来同学应当了解得很多；但是受着时间的限制，不能尽言，只好留待下次纪念周继续报告好了。

---

① 此引语，系依据孙中山演讲《革命军的基础在高深的学问》点化而来。该演讲系孙中山 1924 年 6 月，在广州陆军军官学校开学典礼上的训词。

② 此引语，系依据孙中山在岭南大学的演讲精炼、点化而来。1923 年 12 月 21 日，孙中山先生偕夫人宋庆龄到岭南大学视察，并在怀士堂作长篇演讲，勉励青年学生"立志要做大事，不可要做大官"。

# 纪念国庆之意义

(1934年10月10日)

**【题解】**本篇原载《中华周刊》第492期。演讲时间为1934年10月10日，发表时间为1934年10月20日。本文系演讲记录，摘自《校友总会立础典礼志盛》，记录者万濮诚。

记录者在文前记有："校友总会自筹建会所以来，进行颇为顺利，因各校友之慷慨输将，及负责人员之努力实干，故为时两月，该会即已筹得巨款。于本年国庆节上午十时，在本校大礼堂举行立础典礼。是日到会者，有陈校长、全体教职员、全体学生及武汉各校友。济济一堂，满呈蓬勃气象。开会程序，系先举行国庆纪念，次举行立础典礼。仪式颇为隆重。爰将是日各项情形缕述如次。届时齐集总理纪念堂，由周秀冬先生司仪，陈校长主席，行礼如仪，即席由陈校长报告《纪念国庆之意义》。"

有关《中华周刊》，参见前文《〈中华周刊〉的新生命》题解。


各位先生、各位校友、各位同学：

今天是我国的国庆纪念日，中央规定庆典仪式，系各处单独举行，力求简单。因为在这国难期间的国庆日，我们要从内心上去纪念它，方可以达到我们的愿望。

我们的国庆纪念，只有民元第一次国庆日，湖北是最热烈的举行。

从十月一日就开始筹备，各省都派代表到湖北参加庆典。那时候湖北满现着朝气，总理四月初旬到达湖北①，看见了这些情况，在曾公祠②演讲，很欢喜地说："湖北像这样努力下去，可有首都资格。"可见得那时湖北的兴隆气象了。

但是在以后，有袁世凯和军阀们的摧残，国民政府成立，强暴国家又压迫我国，阻挠我国的发展；加以天灾、匪患纷至沓来，政府致全〔力〕于平乱。自九一八事变后，国庆仪式不及从前隆重；然而内心纪念，比以前强健得多。这是我们可以乐观的一点。

法、美诸国，视国庆为全民族整个之生辰。中国有些媚外的人，在上海法租界对于法国举行国庆纪念，他很热烈地参加，但是他对于本国国庆却无表示。这种无知无识的举动，很使我们痛恨。

所以我们须认识，国庆纪念为整个民族的精神之表现；内心诚恳，恢复以前的朝气，人各安其职业，健全其身体，来努力复兴民族。那末，我们方明了纪念国庆的意义，可以做一个中国的全〔国〕民。

---

① 此"总理"，系指孙中山。他在辞去临时大总统后未久，便受湖北都督黎元洪之邀，于1912年4月9日抵汉，同行者有汪精卫、胡汉民、廖仲恺、孙科等。他在汉参观访问4天，受到武汉各界的热烈欢迎。

② 曾公祠：为纪念晚清重臣曾国藩所建的专祠，修建于曾国藩去世后未久，位于武昌。1896年邹代均创设舆地学会于其中，1905年在其中创设湖南师范学堂，1907年又改办为湖南旅鄂中学堂。

# 普及教育私议

## ——在湖北地方政务委员会研讨班上的讲演

（1935 年 3 月 2 日）

**【题解】** 本篇原载《湖北地方政务研究半月刊》第 15 期"专家讲演"栏。演讲时间为 1935 年 3 月 2 日，发表时间为 1935 年 3 月 15 日。本文系演讲记录，原发表时题为《中华大学校长陈叔澄先生讲〈普及教育私议〉》，今题系编者所拟，记录者为廖鲁苎。

记录者廖鲁苎，生平事迹未详，时任湖北省民政局秘书，以速记术知名。1937 年曾出版《中文速记术》一书。40 年代被派任西藏专员，负责公文、译电等工作。

在《湖北地方政务研究半月刊》第 19 期"会务消息"栏载有："三月二日，中华大学陈校长时苾会讲演《普及教育私议》。"

《湖北地方政务研究半月刊》，原名《湖北地方政务研究周刊》，1934 年 6 月创刊于湖北武昌，1933 年 10 月以后改现名，由湖北省民政厅主办并发行，由湖北地方政务研究会编辑。该刊"以研究地方政务问题，宣传地方自治为宗旨"。主要栏目，有创业始纪、批判公牍、政治名论、专家演讲、问题讨论、会员演说、会员论文丛录、法令、会务消息、附录等；主要撰稿人，有蒋树人、胡彦圣、何德温、张登平、周祖佑、李继膺等。1935 年 10 月 31 日终刊，共出 34 期。

各位会员先生：

在前两个星期，孟厅长①要我来演讲。各位中有的是我的前辈，有些是老同学，经验、学问都是比兄弟高明得多。兄弟虽然是办了二十多年的教育，但是天天都在教务中忙迫，对于学理毫无研究。所以今天的演讲，只能贡献一点事实，以供各位将来做事的参考，实等于向各位上一个条陈。

今天讲的题目，是《普及教育私议》，这是我个人的一点意见。我国自从九一八以后，大家都说要全国总动员。但是要全国总动员，是不是百分之八十以上有目不能看、有口不能言的国民可以做得到呢？当然是不行的。要想能够全国总动员来抵抗外侮，首先就要普及全国的教育，所以普及教育是中国目前的存亡问题。

现在各县的县政，是分为三部分——行政、教育、保安。这三部之中，是以教育最为重要。但是中国办了三十多年的教育②，只有学校教育一部分的青年可以享受；其余广大的群众，没有受教育的机会。

而且学校教育又是失败的。学校教育失败的原因，一半是由于教育的自身，一半是由于社会的环境。环境上的失败，是社会不良。譬如学校教学生不要赌博，而他的家里天天打牌；学校教学生不要吸纸烟，而他的家里还要抽鸦片。学校里每天几点钟的教育，等学生一出校门到社会，或是回到家里去，就完全推翻。所以没有良好的社会、家庭，教育是要失败的。

自身的失败，是制度的不良。我们看见日本好，就学日本；看见美国好，又学美国；看见德国好，又学德国，并没有拿中国的历史来看一看。所以教育制度，始终不能适合中国的国情，这是我们的学校教育失败的原因。

---

① 孟厅长：孟广澎，生卒年未详，字剑涛、仲晦，河南商丘人。早年毕业于直隶高等学堂，后任开封道尹。1928年任山东省政府秘书处科长，1933年任湖北省民政厅厅长，后任四川省政府秘书长。

② 此"三十多年"，系自清廷1902年颁布《钦定学堂章程》，开始注重系统设学以来。

就是不失败的话，全国受教育的人也不过七百万。以四万万人的国家，只有七百万人受过教育；以这样少数的人，如何能够撑持这样大的国家？所以我们要想振兴国家，在过去说是要靠教育，就是现在说也是要靠教育，将来还是要靠教育。

现在大家都知道教育的重要，所以有许多人在各地办理民众教育，如定县①、邹平②等处。各位这次出去考察，各处的办法彼此不同：听说定县是靠经济的力量，闻每年开支约十八万元；邹平是靠政府的力量。现在大家都在试验，但是他们试验出来的办法，是否可以全国通行，还要斟酌各地方的情形，才能说到推行尽利。所以他们的试验方法，我们还要加以体察。

张主席③说："办理教育，是要因时、因地、因人而异。"本来，各地的人情、风俗彼此不同，所以我们现在要干普及教育，是要看看地方的情形，看看乡村的制度；要利用我们固有的优点，来改良中国的教育。所以我对于普及教育的意见，有两个最重要的基础。

第一，要注意原来的乡村制度。我国的乡村制度，是经过几千年的演化，从周朝的比、党、邻、族，秦、汉的亭长，宋朝王安石的保甲，明朝的乡约，这是地方上一个整套的制度。这些制度，都是从本身的需要演成的。现在我们要普及教育，就要利用固有的制度，否则就要行不通。

第二，要改良乡村的不良风俗。我国的乡村风俗，原来有许多优良的地方，如守望相助、疾病相扶持。这种的美德，我们就要保存他。至于不良的地方，如赌博、吸鸦片等等，我们就要用三育——智育、德育、体育，与现在所提倡的三化——军事化、生产化、艺术化来改

---

① 定县：指晏阳初在河北定县办理的"平民教育实区"。
② 邹平：指梁漱溟在山东邹平举办的"乡村建设试验区"。
③ 张主席：即时任湖北省政府主席张群（1889—1990），字岳军，四川华阳人。早年留日，在振武学堂与蒋介石同学。归国历任军职。1927年后，历任同济大学校长、上海特别市市长、湖北省政府主席、国民政府外交部长、行政院副院长、四川省政府主席等职。著有《谈修养》。

良他。

至于普及教育实施的办法,可分做三点来说。

第一,经费问题。

要办教育,自然是要钱。但现在中国农村破产,游资都集中于都市。在这种状况之下,我们就要用穷的办法,以符合乡村的经济状况。

我们再就湖北来说,还希望二十三年度以后的财政预算,要弄成合理化。现在各县的经费,分为行政、教育、保安三项。现当剿匪时期,保安经费不免太多。譬如阳新县的保安经费,全年多至十七万元;来凤县的保安经费是最少的,全年也要四万九千元。而教育经费,少的一万元,多的也不过四万元。全省三项经费的百分数,县政经费占百分之三十,教育经费占百分之二十,保安经费占百分之五十。

将来我们要从支配合理之中,找一个出路。全省保安经费,每年约五百万元至七百万元。经过层层的征收,实际上老百姓所出,恐不止此。如政府能够加以统筹,使老百姓负担涓滴归公,于保安经费丝毫不必减少,而教育经费每年即可增一大部分,各县的教育经费就有办法。

第二,师资问题。

现在全国要受教育的人,大约是二万万。我们现在要急于普及这二万万人的教育,是要用最简的方法,以三个月为一期,一年办四期,至少要三十万个教员。一个教员,约教六十个学生;三年之内,就可以普及。这三十万个教员,在我想起来,是很容易的。

欧美各国所谓普及教育,水准线是很低的;能够写自己的名字,和投票时能够写人家的名字,就算是受了教育。我们能够把普及教育的水准线降低一点,那么找教员也就容易。只要能够认识一千字的,就可以做教员。我想,全国认识一千字的,还不止三十万。

最近,教育厅拟《普及识字教育计划》,主张采取陶行知先生的

"小先生制"①，用"往教"的方法，把教育送上门去。这个办法，若是交到学校去实行，或尚有商量余地。因为往教，不是与家庭有关系的人，跑到人家家里去，人家是不会接受的。

我觉得，从前山西有一个办法倒可以采用，即是由商店管账的负责。譬如今天要教一个"茶"字，凡是来商店买货物的，就先问他认不认识"茶"字。不认识的，就教他认识；认识之后，再来拿货去。这个办法，把范围扩大起来，凡是茶馆、工厂以及人力车停留场等处，都可以利用起来。

第三，教材问题。

普及教育所用的教材，现在最通用的是《平民千字课》②。但恐怕应用上还是不够，所以还要再找一种工具。

在前清的时候，如劳乃宣③等提倡简字，以为普及教育工具，后来在事实上不能通行。现在，又有许多人提倡简体字和注音字母。在我想来，注音字母和简体字，是可以作补充教材。不过有些人以为，中国的文字还是要原来的好，注音字母拼音不准确，而且不容易记忆。实在讲起来，注音字母是能够帮助文字的读音，很有采用的价值。

最近听说，张主席想用无线电播音机④以传达政令。我想，播音机不但可用以传达政令，并可利用以传达教育，这也是普及教育的一种工具。

今天所说的，是一些拉杂的事实。我想，推行普及教育，首先要利

---

① 小先生制：陶行知所独创的普及现代生活教育的方法。即利用小学生的课余时间，教自己家人或邻家不识字的人识字。当时曾形成一种运动，在全国23个省市推广。
② 《平民千字课》：由陶行知、朱经农合编的平民识字教材，由商务印书馆于1923年11月出版。全书分4册，每册24课；每日教授一课，16周即可学完。该书作为民众识字课本，风行十余年，前后总印数超过300万册。
③ 劳乃宣（1843—1921）：字季瑄，号玉初，浙江嘉兴人。同治进士，历任直隶知县、政务处提调、浙江大学堂总理、江宁提学使、京师大学堂总监督。为音韵学家，主张普及等韵（是音韵学上分析汉字字音结构的一种方法）字母之学，推行汉语简字拼音，曾奏设简字学堂于南京。著有《简字丛录》等。
④ 播音机：即无线电广播，亦指收音机的播放功能。

用固有的制度，注意社会的环境，才能使教育适合国情，才能收得效果；至于实施的办法，犹在其次。现在国际情形日益险恶，不但日本人积极地向我们侵略，就是欧美各国，也急于要来解决所谓远东问题。我们要想救亡图存，惟有赶快来推行普及教育。如能在三两年之内，把百分之八十以上不识字的人民教育成功，到国家危急的时候，所谓全国总动员，也就可做得到。所以普及教育，将来一定在县政上占重要的地位。

兄弟学问浅薄，向各位上这一个条陈。各位如有什么意见，可再用书面来彼此讨论。

# 东京政变概观

## ——在湖北省区政训练班演讲记录

### （1936年3月下旬）

【题解】本篇原载《中华周刊》第545期。演讲时间为1936年3月下旬，发表时间为1936年4月11日。本文系演讲记录，原发表时副题为"中华大学陈时校长在区政训练班讲"，今副题系编者所拟，速记者为廖鲁艿。

有关速记者廖鲁艿，参见前文《普及教育私议——在湖北地方政务委员会研讨班上的讲演》题解。

有关《中华周刊》，参见前文《〈中华周刊〉的新生命》题解。

各位官长、各位学员：

在上星期吴主任打电话来，邀兄弟于本星期纪念周来同各位讲话。但是那天因为有事，不克前来，所以改在今天。

本人平日对于各种问题，原来是没有什么研究。就时下来讲，最新鲜而最重大的问题，是无过于日本的政变。所以今天的讲题是《东京政变概观》，即是把此次政变①之前的原因和现在的情形，今后的推演等

---

① 此次政变：即"二·二六事件"或"帝都不祥事件"。其时在1936年2月26日，由日本帝国陆军的部分"皇道派"青年军官发动，率军千余名，对政府及军方高级成员中的反对派进行捕杀。政变最终遭到扑灭，参加者或被处死，或被监禁，或被降职。

材料，作一概括的叙述。

此次东京发生政变，不仅我们东亚为之震动，就是世界各国也非常注意。现在，我们先来看看日本的情况，再来考究它造成现在的原因。

日本是一个岛国，自然要受着许多天然的限制。

第一，土地有限，本部面积只有三十八万平方公里。拿破仑①说："政治的情形是与地理有关。"日本地面狭小，于政治上当然是有很大的关系。

第二，工业动力和原料的缺乏。水力虽然是有，但是各种工业原料，如煤、石油、棉花、铁矿等都是缺乏。原料缺乏，是工业上最大的缺陷。

第三，耕地和粮食的不足。日本全国的人口有七千万，而可耕之地，只占全国土地面积的百分之十五。以这样少的耕地，要养活这样多的人口，粮食当然不足。

第四，日本全国的海岸线二万八千公里。从内地到海岸上，最多的不过一百公里。所以，它的国民性是岛性。岛性的国民是好斗、狭隘，与大陆性的国民完全不同。

日本的情况既是这样，而它的政策不外三种：

第一，闭关自守。但是闭关自守是百年以前的情形，自从一八六五年经美人强迫通商后，已不能再关门了。

第二，海洋政策——南进政策，即是向南洋群岛发展。但是困难很多，最大的敌人是英、美，次之尚有荷兰。

第二个政策既是行不通，于是第三用大陆政策——北进政策，即是向中国侵略。它的计划是，首先夺取高丽，将来是预备把国都由东京迁到汉城或平壤，实行囊括满蒙，蚕食我国。

日本的情况与其政策既如上述，而近年以来对于我国加紧侵略，尚有一重大原因：因为它的大陆政策自九一八事变之后，在满蒙得到不劳

---

① 拿破仑（Napoléon，1769—1821）：法国军事家、政治家，法兰西第一帝国的缔造者。

而获之利益，国内军阀即起而支配一切；日本海军看见陆军在中国得了胜利，便也想来耀武扬威，因此即发生"一·二八沪战"①。但是，结果还是陆军来收束。

现在，日本陆军在国内支配一切；其势力中心，即是青年将校。他们发动的原因：

第一，日本士官及户山等陆军学校，每年毕业的学生在七百人以上。他们要想升官是很难的，尤其是从大尉升少佐、大佐升少将更加难。至于大将，明治维新后，规定至多不过七人至十人。所以要想从少尉升到大将，照陆军的升迁规定，至少要二十五年。这是青年将校最感困难的，所以他们要起来另造机会以谋出路。

第二，自从欧战后，各种新兵器发明很多；一般老军人都不明白，青年将校对于他们便有点不满意。

现在日本军人，思想是极右的，而行动却是极左的。因为自欧战后，国内农村破产，得到我国东北四省②，资本投出七百万资金，政府用去三万万的经营费，想把朝鲜人移到东北四省，再把日本的贫农移到朝鲜。至今还没有达到目的。

对于国内破产的农村无由恢复，一般青年将校都烦闷不过，所以便想以极右的方式，而达到最左的思想。现在最右的方式，就是法西斯蒂。参加这种组织的，不仅是军人，政治家，学者、农民都有。这种团体很多，大日本生产党、神武会、新日本国民同盟、皇道会、明伦会、国民协会、大日本国家社会党、爱国政治同盟……全国在十个以上。他们所标榜的，是"一君万民""君民一体"，一方面是要把天皇从"无为"而变为"有为"，一方面是仇视现在。

最近数年以来，日本军人对于历届内阁不满意的地方，第一是伦敦

---

① "一·二八沪战"：也称淞沪抗战或上海事变，即1932年1月28日晚，日本海军第一遣外舰队侵略上海的战争。

② 东北四省：当时中国东北除辽宁、吉林、黑龙江三省外，还包括热河省。

海缩会议①，滨口②内阁接受"五五三"的海军比例。在日本昭和五年，伦敦举行海缩会议，英、美联合压迫日本，限制日本海军；在比例方面，英、美、日为五五三之比。是因为欧战后，世界各国比较有危险性的是日本。那时，日本代表在伦敦不利，首席代表若槻③，是与内阁一致的。经过几次会议，方要接受。但是日本的陆海军大臣，一方面为内阁的阁员，一方面可以直接〔向〕天皇上奏；海军军令部长加藤宽治④大将，即准备帷幄上奏。侍从长铃木⑤即设法阻止，劝他隔一天。到了第二天，令首席代表签字的电令已经发出。签字之后，全国物议沸腾。

再则历届内阁，关于军费及农村救济等，也都未能容纳军人的意见。九一八事变后，币原、井上责南陆相独断，⑥调动军队未经通过内阁。因此种种不满意，所以一九三二年发生"五一五"事件，杀死犬养毅⑦。次年七月间，又预备暗杀此次被杀的一些重臣。当时计划不成，所以又发生此次事变。

日本青年将校的目的，是要以天皇的极权对某宣战、侵略某地。要完〔成〕他们的目的，第一是要除元老。日本的元老，在政治上是有重要地位，内阁大臣要由元老提出。在维新以后，日本元老有西园寺、松

---

① 伦敦海缩会议：亦称"五强海缩会议"。1930年4月22日，英国、美国、日本、意大利、法国在伦敦召开的海军军备会议上，最终英、美、日签署了《限制和削减海军军备条约》（即伦敦海军条约）。

② 滨口：即滨口雄幸（1870—1931），日本政治家，第27任首相（内阁总理大臣），1931年被暗杀。

③ 若槻：即若槻礼次郎（1866—1949），日本政治家，日本第25任、第28任首相，1930年任伦敦海军裁军会议首席代表。

④ 加藤宽治（1870—1939）：曾任海军军令部次长、第二舰队司令、横须贺镇守府司令、连合舰队司令长官兼第1舰队司令长官。1929年升任海军军令部长，在签署伦敦海军条约时，主强硬态度。

⑤ 铃木：即铃木贯太郎（1868—1948），日本政治家、海军大将，时任侍从长兼枢密顾问官。

⑥ 此"币原"，即币原喜重郎（1872—1951），时任日本外务大臣；此"井上"，即井上准之助（1869—1932），时任日本大藏大臣；此"南"，即南次郎（1874—1955），时任日本陆军大臣。

⑦ 犬养毅（1855—1932）：通称仙次郎，号木堂。日本政治家，为明治、大正、昭和三朝元老、第29任首相。1932年5月5日，被右翼军人刺杀身亡。

方、清浦等①，现在只有西园寺一人。此次没有杀着他。

其次是重臣。

其三是财阀。日本人认为，农村破产是由于财阀的剥削；在金解禁、金再禁的时候，日本财阀在汇兑上发财两万万以上很多；财阀愈大，以下的人民当然是（愈）痛苦。

其四是政党。日本的政党，是资本主义，与资本家、财阀是一而二、二而一的。政友会是与三井相连②，民政党是与三菱相连③。他们反对政党，即是反对财阀。日本的政党，从前是政友会与民政党。现在是由政友会分出一部，叫昭和会；由民政党分出的，是国民同盟。小的是无产、大众各会。他们一部分是与军人接近，其余都是与资本家接近。

其五是官僚。日本的官僚，与中国的官僚不同，不是一个坏名词，是不从政党出身而终身做官的。元老、重臣、政党、官僚，都是青年将校所反对的，所以要杀他。首先要杀的，就是渡边④。因为从前的陆军总监是真崎甚三郎⑤，是青年将校中的激进分子。当时，林陆相⑥倡陆军统制化，想把军人的风气转移过来，即叫真崎辞职。他不肯辞，即下令免职，以渡边继任，所以首先要杀渡边。

---

① 此"西园寺"，即西园寺公望（1849—1940），曾任文相、枢密院议长、内阁总理大臣，为日本政坛元老，有权决定首相人选；此"松方"，即松方正义（1835—1924），明治时期政治家、财政改革家，日本内阁总理大臣（首相），为"明治九元老"之一；此"清浦"，即清浦奎吾（1850—1942），曾任法相、农商务相、内相、枢密院议长、内阁总理大臣，亦为日本政坛元老。

② 此"政友会"，全称立宪政友会，日本政党，1900年由伊藤博文创立；此"三井"，全称三井集团或三井本社，为日本四大垄断财阀之一。

③ 此"民政党"，全称立宪民政党，日本保守政党，系由宪政党分化而来；此"三菱"，全称三菱集团，系由众多的独立公司组成的团体，为日本四大垄断财阀之一。

④ 渡边：即渡边锭太郎（1874—1936），日本陆军大将。1935年真崎甚三郎被罢免后，继任教育总监兼军事参议官。次年"二二六"事变中，被叛军所杀。

⑤ 真崎甚三郎（1876—1956）：日本陆军大将，皇道派巨头，在与"统制派"的争斗中失势，去陆军总监职，被任命为军事参议官。

⑥ 林陆相：即林铣十郎（1876—1943），日本陆军大将，原皇道派骨干，1934年1月23日～1935年9月5日任陆军大臣。

其次要杀的，是斋藤、高桥、冈田等①。冈田是海军大将，家里很清寒。去年组阁的时候，想在家里开一个会都不成，因为家里房子不大、椅子不够。大藏（财政）大臣高桥是清，现在年纪已经八十多了，是天皇最相信的。他小的时候是卖报，后来到美国去留学，回来以后，曾经在大学里面当过教授。他以这样高的年纪，为什么还要出来？因为财政上非他不可。

日本的财政，上年度支出预算为二十二亿一千五百万。其中有所谓赤字预算，是不足的。对于赤字预算的办法，普通是加税，但是财阀不赞成；至若发公债，是要看消化力如何。日本近年以赤字预算已达七万万元以上，财政上非有声望的人来不可。高桥是一面可以同军人说话，一面又可以同资本家说话，他有这种资格，所以要他来做大藏大臣。他见天皇的时候，天皇是要他坐下来讲话。

最近十余年来，日本首相被杀的，综要者计有五人。第一原敬②，第二滨口雄辛，第三犬养毅，第四斋藤实，第五高桥是清。犬养毅在三十年前，是政府反对党。后来加入政友会。闻当青年将校杀他的时候，他对一个军人说："日本的国难不是这样找出路呵！"那个听了，要把枪放下来了，结果另外一个军人把他打死。日本许多重臣被杀，自后内阁大臣是不易找人。现在天皇把西园寺找出，听说预组阁的约有十人以上。

阅报知道，此次事变的最大原因，是青年将校认为，政府对外不积极。在青年将校的意见，首先要屈服我国，占领华北，以后即对某宣

---

① 此"斋藤"，即斋藤实（1858—1936），日本海军大将，第30任首相，因主张遵守《华盛顿海军条约》，被激进派认为是保守势力，在"二二六"事变中被杀害。此"高桥"，即高桥是清（1854—1936），日本政治家，日本第20任首相、第7届日本银行总裁、大藏大臣，因反对为扩军而增加财政支出，而被日本陆军所嫉恨，在"二二六"事变中被杀害。此"冈田"，海军大将（1862—1952），日本海军大将、海相、第31任首相，在"二二六"事变中幸免于难，后内阁倒台。

② 原敬（1856—1921）：号一山，日本政治家，日本第19任首相，为日本第一位平民出身的首相，在任内被暗杀。

战。经过此次事变，日本国都不满意，而发动的人都已自杀。以后对外政策，或要缓和一下，或者竟硬到底。

我们对于日本此次政变都很关心，所以兄弟把它的前因后果拿来报告一下，以供各位参考，并请吴主任指教为幸。

# 在中华大学校友聚餐会上的
# 报告概要

(1937年3月21日)

**【题解】** 本篇原载《中华周刊》第576期。报告时间为1937年3月21日，发表时间为1937年3月27日。本文系演讲记录，摘自《校友餐会志盛》，今题系编者所拟，记录者为周保伟。

记录者在文前记有："本校二十一日正午十二时，校友会举行聚餐大会，并欢宴本校校董会董事长及各校董。所有筹备情形，迭见前各期本刊。是日上午十一时以后，武汉各校友联翩至校，共计二百四十余人。十二时，何董事长及丁柄权、陶尧阶、黄文植、杨揆一诸校董先后莅至。先集校内大操场共同摄影。摄毕，齐至大礼堂聚餐。此次集会，人数众多，为历来所未有，足见各校友对于母校情绪之热烈。餐时，首由陈校长代干事会登台报告。"

有关《中华周刊》，参见前文《〈中华周刊〉的新生命》题解。

首代各筹备委员报告，此次筹备聚餐会情形与提前举行原因①。

继代本届干事会〔报告〕，办理会务经过及改选下届干事办法。

---

① 此"原因"，系指校友会聚餐依例当在每年校庆纪念日（5月13）日举行。今年适值建校25周年纪念，因纪念日中活动甚多，不便安排，故校友会决定提前举行此餐会。

最后报告，本人任本校代校长与第二任校长各五年①，现第三任校长改选期近，要求校董会及校友会遴选下任校长，俾本人得卸仔肩，借资继续求学与修养。

---

① 此"二任"，系指1928年中华大学复校新设董事会后，推选的第一任校长为黄建中，陈时为副校长。后因未久黄就任湖北省教育厅厅长，便由陈时代理校长；1932年后，陈时方由董事会任命为校长。

# 大学地位与国家前途

## ——答记者建宇问

### （1937年5月8日）

【题解】本篇原载《中华周刊》第385期"创校廿五周年纪念专刊"。答问时间为1937年5月8日，发表时间为1937年5月13日。本文系谈话记录，摘自《本校成立二十五周年纪念》，今题系编者所拟，记录者为"建宇"。

提问并记录者建宇，似为中华大学校友。但遍查中华大学历届毕业生名录，并无名建宇者。一则可能为肄业生，二则可能为笔名或化名。

建宇在文前记有："我在汉口做记者的时候，访问本校陈校长关于校史及发展计划，承告颇详；并征询大学在国家地位上的评价，他曾说这样的话。"

有关《中华周刊》，参见前文《〈中华周刊〉的新生命》题解。

大学为一个国家的最高学府、作育人才的地方，它有启导社会思想、转移时代风尚、阐明学术、推进文化的功能。在欧洲，自中世纪以来，他的国家的形成和发达，差不多完全是随着大学的进步才那么繁荣的；就是近代东西富强的国家，也都是有他的大学在做文化的基础。大学在一个国家的地位，其重要可想而知了。

中国是世界上最老而有五千年历史的国家，可是教育的落后，说来真正可怜。像法国的巴黎大学、英国的牛津大学和意国的意大利大学，都是有三百年以上的历史；就是立国不过两百年的美国，哈佛大学、耶鲁大学开办也有百来年了。而我国的北洋大学、南洋大学（现在的交大）、北京大学等校办的年数，虽然久些，但是都不满五十年。这般看来，就可知我国的一切学术，都不如人家的了。

处在二十世纪的时代里，一切是宜适应时代的需要。何况是次殖民〔地〕的中国，若不陶铸人才来弥缝缺乏，挽救危难，国家前途更属不堪设想。所以本校就于民元应运而生。承社会君子的极力赞助和校长、先生苦心孤诣的惨淡经营，为时不觉二十五年了。

不过，个人的力量有限，必须要师生们联合起来，作一种发扬"中华"精神的运动。除当局设法巩固基金之外，还有两点希望：

（1）当先生的，负起当先生的责任；

（2）做学生的，要做个像读书的学生。

先生负责任，学生肯努力；互相勉励，教学认真，校誉日上，社会自然给予同情。物质的帮助，精神的安慰，我想是可预期的。这样，才尽到大学的使命，才不辜负我在这个纪念中说的几句话。

二十六年五月八日于武昌

# 欢迎张伯苓来校演讲时的致词

(1937年5月18日)

**【题解】**本篇原载《武汉文史资料》总第13辑。讲话时间为1937年5月18日，发表时间为1983年8月。本文系演讲记录，摘自《陈时与中华大学的几个片断》，今题系编者所拟，记录者为吴先铭。

欢迎对象张伯苓（1876—1951），原名寿春，字伯苓，直隶天津人。早年毕业于北洋水师学堂，服役于海军。甲午战败后，矢志兴学，创办了南开中学、南开女中和南开大学，任校长，为中国知名教育家。又曾与陈时共同服务于中国体育事业，有着良好的私交。

"片断"撰著者吴先铭（1917—2004），湖北监利人。1933年在中华大学学习，1937年中央军校第十四期结业，并参加国民党。历任国民党湖北松滋县、咸丰县党部书记长，湖北省荆州专区党务督导专员，湖北省参议会参议员。1951年因历史原因，被错判徒刑10年，1980年纠正撤销原判。后任武汉市文史研究馆馆员、武汉市人民政府参事。撰有《陈时与中华大学的几个片断》等。

《中华周刊》第584期载有《张伯苓先生莅校演讲》短讯："南开大学校长张伯苓先生，于日前因公来鄂。本校于本月十八日聘请其莅校讲演。于是日午前十时，在本校校友会大会堂举行；大学各系科及高中学生，全体参加听讲，讲题为《川游的感想》。至十一时半讲毕，听者无不感奋异常。"陪同来校者，有时任汉口市市长吴国桢。

有关《武汉文史资料》，参见前文《为施伯高烈士家属募捐启》题解。

我们热烈欢迎张伯苓先生来到我校。凡是留心时事的人，凡是关心中国近代教育史的人，都知道张先生的功绩……南开大学和中华大学是姊妹学校，中华大学在各方面远远落后于南开大学，南开理所当然地应该是中华的姊姊；中华愿在南开的带领下，跟着南开前进。

**随文附录　张伯苓答词**

我和陈校长相比，自愧不如：办南开，我只是出了点力；陈校长办中华，既出力，又出钱。我在北方，经常想到华中，就想到"中华"；想到中华，就想到陈校长。中华大学有恽代英，南开大学有周恩来，这都是杰出的人才，是我们两校的光荣！我们两校确有许多共同点，正如陈校长所说，中华、南开是亲如姊妹。最近我乘船过三峡，过滩时，船上和坡上的人，同心协力动手绞滩，平安渡过险关。我有感如此，回来写了信给周恩来同学；我说，国共两党只有同舟共济、协同努力、战胜恶浪，才能冲破难关，获得胜利。

原载《武汉文史资料》总第 13 辑（1983 年 8 月）

# 在为严士佳庆生聚会上的讲话

(1947年10月)

**【题解】** 本篇原载《武汉文史资料》总第13辑。讲话时间为1947年10月,发表时间为1983年8月。本文系演讲记录,摘自《陈时与中华大学的几个片断》,今题系编者所拟,记录者为吴先铭。

在该文陈时祝酒前,吴先铭记有:"严士佳和陈时并肩战斗。陈长于进取,严善于守成;陈敏感,严谨严;陈能量大,严生性质朴。他两个人取长补短,相辅相成;互相依存,互相促进。抗战胜利后,有年该校假校友会大礼堂,为严士佳举行六十岁祝寿会。在欢乐的气氛中,陈时致词。"据吴先铭所撰《清苦的教育家——严士佳》,认定其生年为1888年,因此有"举行六十岁祝寿会"之说。然而据大多出版物载,严的生年为1894年,这也大体符合他的求学经历。笔者认为后者大体可信。

有关撰著者吴先铭,参见前文《欢迎张伯苓来校演讲时的致词》题解。

有关《武汉文史资料》,参见前文《为施伯高烈士家属募捐启》题解。

严先生毕生主持中华大学,不问收获,但求耕耘,做出了显著成绩。刚来时他头发乌黑黑的,如今白发苍苍。严先生和我共事,我只是像哥伦布一样,发现了一块荒地。以后从小到大的发展,与严先生的关注分不开。严先生具有如同华盛顿、林肯一样的功劳。

**随文附录　严士佳答辞**

　　我到中华大学来,确实排除了一切外来引诱。高官厚禄,非我所求。抗战转进,中华大学由武昌粮道街迁到宜昌,又由宜昌迁到重庆南岸米市街。其所经过道路,何等坎坷不平。在粮道街缺粮,在米市街无米,我这个教授,越教越瘦。有人劝我转业,以优厚待遇相罗致,我不为所动,愿和中华大学与共甘苦而不去。我想,如果换一个位置,可能钱多一些。可是"袁大头"(指光洋)不会对我发笑;而我的学生,在街上碰到我,老远就笑眯眯地向我打招呼,他们高兴地喊:"严老师,我陪您老人家干一杯吧!"我自得其乐,其乐融融。

　　　　　　　　　　原载《武汉文史资料》总第13辑(1983年8月)

# 第六辑 陈述·检讨

# 在中华大学扩大会议上的说明

(1951年3月上旬)

【题解】本篇手迹原件存华中师范大学档案馆"中华大学类",卷宗号LS12-57。发言时间为1951年3月上旬。原记录时题为《报告事项》,今题系编者所拟,记录者未详。

会议主席的会前发言为:"现值土改期中,关于本校及农民间问题,亟待合理解决,特召开扩大会议征询意见,希望大家尽量发言。"接着是"陈副董事长"说明,之后还有湖北省农协齐先生等人的发言。

有关华中师范大学档案馆,参见前文《请恢复法律学系招生呈文》题解。

(一)先父辈曾捐田产壹百石作学校开办费,壹百石作经常费,壹百石作修建费;并经呈报前教育部,承奖以一等嘉禾章①。

(二)学校每季经费不足时,曾以田产作抵,由贺校董②担保,借款维持。

---

① 此"一等嘉禾章",不确,当为四等嘉禾章,颁奖时间为1915年4月14日,详见《申报》1915年4月17日第2版。
② 贺校董:时任中华大学校董贺衡夫(1888—1968),名良铨,以字行,湖北黄冈人。早年在汉口荣昌油行当学徒,由摆摊而租店。1912年后,合股经营"衡昌号",逐渐发家。1928年后,转而投资工矿、银行、纱厂、化工厂、水电公司以及房地产,获利更丰。曾任汉口商会主席,为汉口孤儿院董事长。1932年6月,兼任中华大学第五届校董会董事长,并提供捐款,支持办学。

（三）廿六（一九三七）年，便以"中大经租处"名义收租。

（四）我拥护土改，对农〔民〕要求应当设法满足；但以清算数目太大，无力负担。

（五）我愿学习、改造，希望大家指示、教育。

# 致校董会报告

(1951年3月24日)

**【题解】**本篇手迹原件存华中师范大学档案馆"中华大学类",卷宗号LS12-57。撰成时间为1951年3月24日。原题为《报告》,今题系编者所拟。

有关华中师范大学档案馆,参见前文《请恢复法律学系招生呈文》题解。

任主任委员①、黄秘书长②请转李董事长③:

这次黄陂县高庙区五里乡三个庄的农民代表李才货等,和我清算土地问题,在武昌城乡联络处及省农协,先后商议五次。经过情形,已迭

---

① 任主任委员:即时任中华大学校务委员会主任委员任启珊(1890—1973),字松如,湖北黄陂人。早年毕业于湖北道明学堂,后留学日本,肄业于早稻田大学政治经济系。归国后,历任上海文化学院、持志大学、中山大学、中正大学教授,《国民日报》社社长兼主编。1946年后,历任中华大学教授、教务长、校委会主任。后任湖北省教育厅副厅长。著有《中国外交史纲要》《四库全书答问》等。

② 黄秘书长:即时任中华大学校务委员会秘书长黄先,生平事迹未详,他同时还兼任该校董事会秘书。

③ 李董事长:即时兼中华大学董事会董事长李实(1903—1983),原名抱一,又名魏维凡、魏抱一、苏华等,湖北襄阳人。1920年就读于湖北第二师范,1925年加入共产党,后参加南昌起义,历任中共随县县委书记、红九军鄂北总队政治部主任、满洲省委代理书记等职。1935年任教于武昌艺术专科学校,抗战期间主办《解放周刊》,1942年任鄂豫行署教育处处长。1949年后,历任湖北省教育厅厅长、湖北教育学院院长、教育部高教司司长、湖北文史馆副馆长等职。著有《俄国革命运动全史》。

第六辑 陈述·检讨

次择要报闻,并随时向领导上请示。

农民代表在最后一次清算时,我曾提出中南军政委员会规定及学田关系。奈农民代表坚执照他们所提办法清算,结果数目为一亿二千余万元(四十石田),须即时分三期(每期十天),由我个人名义具保交付;并谓你与学校关系,应由你与学校去解决。无法再谈,因即照办。

就我所提供文证,在前校董会卷内,已有一百石田属于学产;另一百石田,因文证不足,我自有应负之责。

现第一期限已过,急待解决。特要求您们克日召开校董会予以讨论,决定解决办法。至详细情形,开会时另行报告。此致

敬礼!

陈时<br>一九五一、三、二四

# 一九一一年至一九二六年经费情况

(1951年4月11日)

**【题解】**本篇手迹原件存华中师范大学档案馆"中华大学类",卷宗号LS12-59。撰成时间为1951年4月11日。

在1949年武汉解放前夕,陈时婉拒了伪教育部将学校再次西迁的提议,又谢绝了张群南逃台湾办学的邀请,坚持留在武汉迎接解放。当1949年5月17日解放军入武昌城时,陈时组织全校师生上街欢迎。当中华人民共和国成立后,他先后致函或致电省人民政府、中央人民政府,以及周恩来、董必武、李先念等,表示要将学校完整交与国家。党和政府也给予了他充分的信任,在中华大学1949年12月新一届董事会成立时,依旧选举陈时为董事长;并担任湖北省政府委员、湖北省政协委员,同时兼任湖北省土改委员会委员。

但是,当1950年冬湖北开始进行土改后,陈时故乡黄陂的农民便找陈时"清算",控诉地主陈时通过承租人对他们长期的剥削和压迫;学校部分师生员工,也认为他在学校长期的主管中,经济上公私不分,交际开支过大,致使学校发展受制。正是在面临两方面的巨大压力之下,陈时撰写了这份有关学校经费的报告。由于1928年复校后尚有账簿可查,所以此报告只涉及停办前的概况。

有关华中师范大学档案馆,参见前文《请恢复法律学系招生呈文》题解。

## 一、开办时捐资

已在检讨书叙及①。

## 二、一九一一至一九一六

班次。有男子、女子两部，分地分办（女子部在昙华林，现湖北军区原址）。男子部有大预（原名留美预科）、政治别科、法律别科、商业别科、中学各一班，后来又收江汉大学、中华法政共两班②；女子部有文学、职业两组。一九一六年起，伪政府不许办法政，开办大学本科，先后有中国哲学、经济学、交通学各门。

人数。大预及各别科，多的百余名，少的三十名；中学多的五十名，少的十余名；大学本科各门，至多不过十名，少的四五名。女子部办了一期（两年毕业），因风气初开，有半数系公费，不能支持，停办。

收费。大预及别科，每名收费二串四百文（作洋两元），中学一串八百文（作洋一元半），女子部一串二百文（一元），大学本科六串（五元）。

薪水。专任一百二十串（即昌炽先生最高）至一百串（寇惠序先生），兼任每少付一元至五元（每元一串二百）；职员最高六十串，最低二十串；工友四串至六串。

经费。收入只够每学期四个月，每个月差两千串。

---

① 此"检讨书"，似指当时正在撰写而尚未完稿的《我的检讨》（见后文）。此检讨的完稿时间为1951年4月14日，即晚于此报告三日。是否在之前还另写有检讨，未详。

② 此"两班"，系指1913年秋，私立江汉大学（原名江公学）和中华法政学校奉命停办，两校部分学生并入中华大学，张知本、胡文玉等名师也一并来校。

## 三、一九一七至一九一九

此数年是最困难时期。大学只有本科，中学每学期毕一班、招一班。全校学生数，至多四百名，至少二百余名。

收费仍以串为本位，但串价由一二至一五～二〇①。每学期相差到一半，卖田从这时开始。

## 四、一九二〇到一九二六

自一九二〇年起，开始改为银本位。原学费数目不变。

这时开始新式建筑。自"中大楼"起至"华大楼"止，都是这时建筑成的。

这时起，大学改新制，分学系（陆续办中文、外文、教育、经济、工商、数、物、化等，因经费，各系时增时减），增加设备，如实验室、工厂、图书等。

学生人数：大、中、小（此期已有小学）多时七百余人，少时也有五百人。

一九二一年起，学杂费定为十元；一九二三年起，增为十五元。

薪水：教员最高二百元，最低五十元；职员最高一百元，最低四十元；工友最高十元，最低四元。

这时经费情况，因建筑、设备同时开始，大批田产都是这期间卖的。有一次费了九万元。建筑、设备总数，曾报伪省府备案的，达三十万元。

经常费，仍是每学期差两个月，学〔田〕租收入补助差额。因年岁运输盘缴种种关系，每年至多能有三千元。

---

① 此"一二"，实指120串值一银元；此"一五～二〇"，实指150～200串值一银元。

募捐只有数次。南洋的数目①，只有如检讨书所谈的，叻币②贰千元。用这做"中大楼"不足用，所费大养山田十石补充。包工营造人姓胡，尚可查访。贺衡夫先生募过八千余元（原拟万元，未达到），徐荣廷③壹百元（此人系办纱厂，□了我一顿，只捐此少数），萧耀南壹万贰千元（按月付）；此外零星的，不到叁千元。

夏维海④先生通知我本人，大会通知要我供给资料。第一次所送一九二六起的收支对照表等，系存保管室，看是大箱开敞无益，略一翻阅，恐有遗失，检出保存。1949账据，则系我所保存的。第二次交出的，系校董会卷宗中清出。

至〔自〕一九一一至一九二六年，则片纸难以清出。因三次搬迁，实不易清理。兹将记忆所及，拉杂写出，以供考核。若许我约集当时各阶段的教员、职员、毕业同学、工友分别聚询，想可得较正确资料。此不过一鳞半爪耳。此上

任主委、黄副主委、熊秘书、各位委员

陈时<br>一九五一、四、十一

---

① 此"募捐"，系指1920年5～11月，陈时偕校友梁绍文赴南洋群岛考察华侨教育和实业，并聘任校董或名誉校董。1920年12月1日《大汉报》所载《陈时募款回鄂》一文记有："据云，已募得银二十余万元，其随身带归者仅十一万元，余者尚未齐集，已拟定由邮局寄归。"此处所记，与当时所报称者相差悬殊。

② 叻币：为新加坡币的名称。当时一叻币，约合0.35美元。

③ 徐荣廷（1857—1949）：名笃伦，湖北江夏人。幼年随父打鱼，后到汉口药材行当学徒，发家后经营百货、棉纱、匹头、桐油、药材、猪鬃、牛皮等于长江沿线，时任武昌裕华纱厂董事长、武昌总商会会长。

④ 夏维海（1896—1979）：字长青、长卿，湖北武汉人。早年就读于中华大学预科，与恽代英同班。1917年6月毕业后，应教育部留学选拔考试，位列第二。旋赴日本庆应大学留学，与郭沫若相知较深。归国后，历任武昌商科大学教授、中央军教官、政治部参事、西北长官公署少将高参、新疆学院教授。1943年，任湖北省国民党第二届临时参议会参议员。时任中华大学经济学教授兼财经系主任、教务长。参编有《黄埔军校校史》，译有日本高岛素之《地租思想史》。

# 我的检讨

(1951年4月14日)

**【题解】**本篇手迹原件存华中师范大学档案馆"中华大学类",卷宗号 LS12-59。撰成时间为 1951 年 4 月 14 日。

有关撰写此检讨的背景,参见前文《一九一一年至一九二六年经费情况》题解。

本检讨中所言,理当结合当时的政治环境和陈时的个人遭际来阅读和理解。即是说,其中多有自泼脏水或唾面自干的情况,而非真切的事实。

有关华中师范大学档案馆,参见前文《请恢复法律学系招生呈文》题解。

时代洪流的激荡,群众力量的推动,使我彻底认识了,四十年来思想意识上的模糊和生活行为上的错误。我现在带着兴奋的心情,把从前的过失深刻检讨出来。从今以后,我决心在中国共产党和毛主席的正确领导下,改头换面,从新做人。

## 一、我与中华大学

阶级成分和早年所受的教育,决定了我的思想意识。我是一个地主家庭出身的子弟,十六岁以前,受的是半殖民地、半封建的教育;十六岁到二十岁,在日本受的帝国主义的奴化教育。因此我在当时,犯严重的个人英雄主义的毛病,满脑子里所装的,尽是"扬名显亲,光前裕后"的糊涂思想。因此创办中华大学,乃是从"功利"这一个不纯正的动机出发。

因为我家是大地主,至少在生活上,可以不发生问题;利用已有的经济基础,换得一个"大学校长"的金字招牌,就可在旧社会招摇,结交权贵,炫耀乡里。我在旧社会,虽然没有做过官;但思想意识上,完全是从保存个人"名位"出发。因为我眼见旧社会里"一朝天子一朝臣"的现象,倒不如装出一个"教育家"的身份,反而可以做一辈子"不倒翁"。

几十年来,中华大学在我手里控制着,对国家、人民实在是有罪无功。我办事,全凭主观出发,遇事不走群众路线;用人的标准,以"绝对服从"为原则,并不问其办事能力。对学校,从来不求根本改进;有时前一步,后退两步;师资良莠不分,校内搞得一塌糊涂,只要在我的控制下相安无事,学校的招牌能够保持,对我个人的"名位"就毫无影响。中华大学过去在社会上被人所轻视,主要是由我个人的能力薄弱、思想糊涂、脱离群众等缺点所造成。

中华大学不能走上制度化的路,应当由我负全责。因为我一向采取包办代替的作风,遇事不愿受制度的束缚,觉得自由应付比较来得便利。我对学校行政管理上的不得法,办事没有计划、没有步骤,在经济一方面,表现得尤为突出。

从开办以来,就一直没有大宗固定基金,也没有一个强有力的经济后台。反动统治时期,政府对学校不但不予补助;而军阀、官僚们,一向是不择手段,尽量摧残文教。学校最初开办时候,我唯一的经济靠山是先父。要用钱,就找先父筹措。先父去世以后,学校经济重担,落在我的肩上。在客观条件限制下,只求暂维现状,以免学校停办,影响到个人的"地位"和"面子"。因此在经费方面,一向采用公私不分的方式,头痛医头,脚痛医脚。

一九二六年前,学校在社会上的信用没有建立,筹捐工作无法进行;纵然进行,收获亦不多。学校的开支,除了学费与田租收入一部外,不足的部分,就靠借债来维持。当时因为息金很低,借债易于到手,而且老是用"扯东补西"的方式来维持借债的信用,这个办法在这一期间就经常地采用了。

写到这里,我要向当时的同事们,致深切的谢意。他们都是拿最低的生活费,有时还几个月不发薪,而他们对学校的热爱从来不曾减低,大家都在困难的环境中艰苦支持着。纵然我和会计人员,有时典卖衣物,也只能济一时之急。由于同事们的同舟共济,才使这个基础脆弱的学校,在风雨飘摇中向前发展。

在计划改建校舍兼还积欠债务时,开始卖田。当时我为了竞选伪国会参议员,曾动用一万五千元①。这是应该提及的。

一九二六年以前的账,到现在是片纸无存。因为刘贼玉春关城②,校内驻军,将校物□毁净尽。可焚之件,都□葬火。这一宗账,遂不曾慎重地保存下来,就任它失散了。

现在若全凭记忆,既非仓卒可办,即列出亦不切实,欲人证、物证两皆适合,更难。因此,我请求比照一九二七年以后的实际情况来推算。

一九二八年以后,学校的社会关系较多,募捐也较有办法。其数

---

① 此"竞选",系指1917年初,湖北省议会开会选举北京政府参议院议员事。在是年1月4日的选举中,陈时曾高票当选。但其后,湖北省议员赵光弼等提起诉讼,认为其所报年龄,系冒其亡兄;而实际年龄仅27岁,不符合参议员须满30岁的法定资格。前此,又有多家地方报纸披露,陈时之父有"金钱运动"此次选举之嫌,即行贿有投票资格的省议员。经高等审判厅调查、控辩后,判决此次选举无效。

② 刘玉春(1878—1932):字铁珊,河北玉田人。早年投军,后入东北讲武堂。毕业后,历任营长、团长、旅长、师长,授"玉威将军"。1926年率北洋陆军第八师镇守武昌,当北伐军进攻武昌时,曾下令"关城"死守,并驻军中华大学,在困守孤城的45天中,致使学校设备破坏殆尽。

目，只求依账簿记载查考。尚有两点说明：

（1）在伪国民党反动统治时期，伪教育部对各私立学校的列报，只照他所规定方式，即准备案，所以校董会每年所报田租数目及商帮的补助，皆为官样文章，年年照抄，并非实数。询之贺衡夫、陈经畲①诸校董，遂可证实。

（2）每年收租完粮及所有用费，似未列在校账内，请求查核。

一九三八年学校迁渝，一切故乡来源断绝，全仗补助及捐款维持。除建有砖房四栋、绑扎房五栋外，经常不足的，全由此出。

至我个人在学校□粮及日用品，照教职员标准分配。募捐酬应所须，皆由校内开支。所有抗战期间及胜利复员后王震寰②任内账簿，王氏皆推之何成浚，全未移交。

抗战期间在渝，我的生活最腐化。伪政府及社会，从官到商，昏天黑地，我在其间一起混，吃喝牌烟，样样都做。当时学生的揭发③，不是无的放矢的。

一九四九年田租，除校账外，另送有租账十本，分类誊清中式账乙本，请核对。

根据几十年来具体情况，在经济上，我和学校是公私不分的；而且学校用田租的数目少，我浪费校款的数目多。每年收租期间，曾有很多不必要的消耗，我从来没有加以纠正。我个人生活虽简单，但用之于交际式的社会活动，则不吝惜。有时，固然可说为发展学校，但无论如

---

① 陈经畲（1880—1967）：回族，江苏南京人。早年在汉口经营百货业，并支持慈善和教育事业，创设汉口孤儿院、汉口江苏小学，兼任中华大学校董。1933年任汉口市商会主席；抗战初期，任汉口抗敌后援会副会长，为国民参政会第一、二届参政员。中华人民共和国成立后，先后任中南军政委员会委员和财经委员会委员、武汉市副市长、武汉市工商联主委、中国伊斯兰教协会副会长、湖北省政协副主席、湖北省副省长等职。

② 王震寰（1903—1984）：字铁生，湖北武汉人。1924年毕业于湖北外语专科学校，后任善导中学校长。1929年后，赴英、美、德留学近10年，获化学博士。1937年归国后，历任重庆大学、中华大学教授。1945年出任中华大学校长，1948年7月辞职。后任湖北师范学院院长。1949年去台湾。

③ 此"揭发"，系指在1945年春中华大学所爆发的学潮中，学生指称陈时公私不分，有贪污之嫌，陈时因之引咎辞职，由刘文岛接任校长这件事。

何,我个人是必须负对公款挥霍浪费的责任的。

## 二、从农民得到的觉悟和教育

我二十一岁就在中华大学工作。几十年来,对乡间收租,从没有亲身经理过。先父在时,由先父经营;先父逝后,我就以租事交之"狗腿"照料。我幼年时候,既是犯了个人英雄主义的毛病,对"问舍求田"根本不感兴趣。当时,还有一般纨绔子弟的作风,用钱不问来源。

我因为学校内工作忙,不仅收租,连卖田都交"狗腿"去办。我对他们是采取放任态度,只求多得到一点收入,可以补助学校经费上的困难,就不大过问他们收租的方式。有时也告诫他们,不要欺压农民。他们有几次要求我"票租",我加以拒绝,并要他们好好说服。因此我主观上总觉得,"狗腿"们对农民也许不会过火。

等到这次农民来省找我清算,把他们过去所身受的,坦白、具体、诚恳地告诉我,我才知道,学校经租,只可以向伪县府作报告的;他们曾经票过租,曾使差役骚扰过农民,曾过分欺压过农民,例外需索过农民。我过去对这些残酷的事实,竟一无所知,今天我才醒悟了。我在痛心疾首之余,除了诚恳请求农民宽恕外,实在再也说不出其他的话来。

几十年来,由于农民的血汗养活了我,成就了中华大学,但我却从来没有和农民多直接接触过。他们当中,有许多长者,至今和我还一面不识。这次经过他们对我的教育,使我对他们发生深切的敬爱。他们的作风,是守法、认真;他们的态度,是公平、合理。我今天才明白,只有劳动人民做了国家的主人,中国才有前途。

我过去和他们相处的时候,还感到不自然;今天和他们在一起谈话时,感到意外地亲切;和他们在街上边走边谈,觉得光荣、愉快。我现在才切实体会到,毛主席的指示:"只有做群众小学生的人,才能做群众的先生。"我过去总以"教育家"自居,通过这次农民给我的教育,我才知道，过去的作风是不能"为人师表"的。

我今后如果在教育工作群中学习，必须靠拢劳动人民，向工农群众学习。只有生活在劳动人民当中，和他们的情感打成一片，才能入学习马列主义之门。

## 三、我的政治关系

我在日本留学时，加入同盟会。民初改组为国民党时，曾登记。一九二七年后，即未登记，从未作过党务工作。中统①、军统②、青年党③、民社党④，因人格关系，坚决不与它同流合污。

蒋匪时，凡大学校长，都须在浮图关⑤受训得证，我称病避脱；大学校长，都须兼伪国民党中委、三青团指导员，我都托词避掉。蒋匪所制造的训政时期国民会议，选伪总统的伪国代、伪立委，照例题名，我都避免当选。凡此种种，可具甘结⑥。

现在登记民革⑦，纯为学习政治与时事，为人民服务。

---

① 中统：全称中国国民党中央执行委员会调查统计局，是国民党CC系领导人陈果夫、陈立夫所控制的全国性特务组织。其前身，为1926年国民党在中央组织部中设立的专职情报机构"党务调查科"。1937年4月设立专局，由陈立夫任局长。
② 军统：全称国民政府军事委员会调查统计局，是中华民国情报机关之一。1938年成立，首任局长为戴笠。
③ 青年党：初名"中国国家主义青年团"，1923年成立于法国巴黎；1929年正式定名为"中国青年党"，骨干成员有曾琦、李璜、陈启天、余家菊等。抗日战争后，依附于国民党，持反共立场。
④ 民社党：全称中国民主社会党，1946年8月14日成立于上海。其前身，为1932年张东荪与张君劢组织的中国国家社会党，通称"国社党"；1938年取得国民政府的承认，并且公开政党活动，参加重庆国民政府的国民参政会。
⑤ 浮图关：亦称佛图关，位于重庆市城西的一个重要关隘。因李商隐曾在这里写下诗句"巴山夜雨涨秋池"，故而后人便在这关内修了一座夜雨寺。抗战时期，国民党的中央训练团就设在寺里，分批轮训各方面骨干。
⑥ 甘结：中国古代诉讼中受审人出具的画押字句，多为担保供述属实，否则甘愿接受处分的文书。
⑦ 此"登记"，系指陈时1950年登记加入民主党派"中国国民党革命委员会"这件事。

我一向不入仕途。在人民政府中，李主席①要我在省府工作，我欣然受命，也是因为人民服务。

## 四、群众教育了我

通过这次土改和农民清算，及校董会扩大会议，深深地教育了我，使我认识人民力量的伟大，"群众眼睛是雪亮的"这句话的正确性。农民帮助我克服"超阶级"观点，全校师生帮助我建立了群众观点，我今后决心朝着以下的方向前进。

（1）坚决靠拢人民，学习马列主义、毛泽东思想，彻底改造思想，使思想无产阶级化；在群众帮助下，全心全意为人民服务，以补偿过去的错失。

（2）尽其所有，尽其所能，还献农民，以表示忠诚拥护土改的决心与诚意。

（3）在抗美援朝的高潮中，站在爱国主义的战斗线上，为世界人民革命前途而奋斗。

陈时<br>一九五一、四、十四

---

① 李主席：即时任湖北省政府主席李先念。

# 我的检讨（补充）

（1951年4月19日）

**【题解】** 本篇手迹原件藏华中师范大学档案馆"中华大学类"，卷宗号LS12-59。撰成时间为1951年4月19日。

有关撰写此检讨的背景，参见前文《一九一一年至一九二六年经费情况》题解。

在1951年4月14日提交了《我的检讨》仅5天之后，陈时又补交了这份检讨，并自谓"进行了激烈的思想斗争"，从而提交了这份"彻底反省的结果"。对于其中所言，也理当结合当时的政治环境和陈时的个人遭际来阅读和理解。

有关华中师范大学档案馆，参见前文《请恢复法律学系招生呈文》题解。

这次通过群众的教育，使我进行了激烈的思想斗争，把以往的错误思想和行为，作了深刻的批判。但思想改造是一个长期艰苦的过程，经过近几天来彻底反省的结果，我又搜集、记忆了一些具体事实，可作为上次检讨的补充。

## 一、我和中华大学的经济关系

关于一九一二年至一九一六年的账项，确已寻找不出资料。近从

《中华大学二十周年纪念特刊》中所能找到的材料加以推算,列表附上①。

一九一〔二〕七年学校停办②。在停办期间,校舍及设备,因关城时受到很大的破坏,图书、仪器、校具毁坏得干干净净。一九二八年复校以后,花了一笔修建费。除用去一九二七年田租的全部收入外,还卖了两栋黄陂城内市屋,借了一批债。

一九二八年到一九三七年的账目,只有根据已有的账簿。不过,在这个阶段中,正值蒋匪的反动统治下,天灾人祸流行,年岁荒歉的时候多,纳粮和杂用消耗也很大;田租的收入,仅有一部分供给校用。

一九四六年和一九四七年的田租,部分供作复员后校舍修建费。前书已叙及。

一九四八年,曾向伪合作金库贷款,作为农民春耕之用。此款未要农民负担,由田租代还。其为□(每斗田三十万元)返还款,系会同当时伪县署办理。

一九四九年乡间收租,系由经租人经手,收据系照账(以前仅凭账)补具,多系在乡间使用,具收据人可以负责。

每年收租时,下乡人员自农历七月至年底方能办清,伙食开支很大。运输费用,由县粮行或米厂及运输工人,照实际情形计算。

每年学费的收入,只能作为用费的一部分。一九一二年至一九一四年,曾办女子部,学生有三分之一享受公费待遇,因此收支经常不够。一九一六年至一九一九年,为最困难时期。因班数多,而学生人数减低;又正值学制趋向变更③;学生人数,中学多于大学,故大学负担特重。

---

① 此"表",在相关档案材料中未能寻得。
② 此"停办",系指自1926年夏,刘玉春所部进驻学校后,学校遭损毁,至北伐军攻占武昌后,陈时被当局以"反动派教职员"罪名公开通缉,并将中华大学归并为"武昌中山大学"第三院这一时期。
③ 此"变更",系指新学制的酝酿及试验。1922年"壬戌学制"出台后,学制才渐趋稳定。

一九四九年初，因北城角有一粉丝厂基址很好，拟租作化工实验厂。旋因不合用，乃提校务会议，以合作社方式办理。又因员工无力交股，由王季华等五人集资试办劳动生产。亦因交股不足，向民主路人民银行借款实单位四千个，折合币贰百八十余万元。借到后，单位通通上涨，计到九千余万元。厂中招架不下，省行经理邹丘农先生亲往视察，再三扶助，终于不支。当时恐国库受损失，遂用变卖田产部分清还。

在一九二八年至一九三七年的阶段中，我所负担的，是一个大家庭的生活，全家人口达十余人；有生产能力的人少，子女年幼，均在求学，还要帮助戚友子女就学。我因为与旧社会中官僚政客们往来，染上了以麻将为应酬的恶习。几十年来，因变乱频繁，全家经过多次的流离转徙，个人生活虽简，全家用费颇大。田租有时到了我手里，就动用了大部分。等到交与学校时，为数年年递减；而且当时学校稽核制度未建立，我在"公私不分"的方式下，挪用校款，差不多是不可掩的事实。

抗战在渝期间的收支，已有几年度送核。最后三年的，移交王任①。我记得，每年公粮照实具领。伪政府还欠学校应领粮五百二十余石。再三交涉，仅允付十分之一，交何成浚洽领；并借四联总处②贰千万元，交王接任之用。

几十年来，在旧社会当中，我幸得了"毁家兴学"的虚名。虽然有时有人说我是"因学起家"，我总觉得对我是恶意的毁谤。通过这次群众对我的教育，使我深切反省，觉得"借学养家，欺世盗名"这八个字，可作自我的鉴定。

## 二、我的政治关系

我最初期办学校，少年时期当然存在着政治欲望。自从一九一六年

---

① 此"王任"，指后任校长王震寰任内。
② 四联总处：全称为"中央银行、中国银行、交通银行、中国农民银行联合总办事处"，是南京国民政府控制的全国金融机构，创设于 1937 年 7 月，1948 年 10 月撤销。

竞选伪国会参议员失败后①，对政治活动就不感兴趣，存着"清高"思想，想不谈政治，专办教育。

"五四""五卅"，也和青年站在一起；不过，为了适应当时环境，曾任几次公职：

（1）一九一八年，任伪财部谌家矶造纸厂协理一年。目的在技术上考验，作实业的营谋。

（2）一九二八年，任伪武汉政治分会秘书一年，专管文教部门。目的是为了使中华大学复校易于实现。武汉大学开办，我亦参与筹划。

（3）一九一九年至一九二五年，当选伪省议员②。当时全站在反对伪省政府方面，并作驱逐王占元运动。

（4）一九四七年，在省教育界及武昌市当选伪国民大会代表③。

自被教育界选为省教育会干事长，任事二十三年间，对蒋匪阴谋的剿匪戡乱诸暴行，从未参加附逆。

解放后，全国人民对中国共产党和人民政府，都表现出热诚的拥护。我参加"和平运动"后，湖北省人民政府成立。李主席要我参加工作，我欣然受命，目的是想在李主席为首的省人民政府中，为人民服务；在革命的大时代中，贡献出自己的一切力量。另借这个良好的机会参加集体学习，用马列主义、毛主席思想来改造自己。

## 三、我在这次土改中所犯的错误

一年以来，我虽参加过多次关于土改问题的学习和座谈，但理论没

---

① 此"竞选"，系指国会参议员，准确时间为1917年1月3日。据《申报》1917年1月5日所载"汉口电"："王督军与民党之接洽既经妥协，遂于昨日午后一时开会，选举参议员。出席议员总共百人，投票之结果，陈时得五十六票、周兆元五十五票、廖明如三十九票当选。"

② 此"当选"，系指湖北省议会议员。陈时当选湖北省议会议员的时间，似当在1917年以前。因为竞选国会参议员的资格须为省议员，并且须由省议员票选。

③ 此"当选"，系指国民大会代表。1947年11月17日，陈时被推选为全国性职业团体及妇女团体国大代表候选人，次年3月7日正式当选。

有联系实际,等于未学。当这次农民找我清算时,我以为如为数不多,我打算尽其所有来担负,而不愿事情扩大。后来数目越算越大,我就起了恐慌,才手忙脚乱起来,把解决的办法寄托在幻想上面,以为学田可以减轻负担;又以为我在政府工作,可以求得适当的照顾。因此,就造成了拖延的局面,一面累及领导方面,因受我的请求而影响威信;一面引起了省农协方面的严正批评和农民代表的愤怒。这都是由于我不能站在农民的立场,仅从个人主义出发看问题的旧意识所造成。

四十年来不堪回首的往事,在我脑海中浮泛着千丝万缕,提起笔来,总有"不知从何处说起"的感觉。但我总觉得,我是正在从头学起的过程中。我已下定了最大的决心,一点一滴地认真批判过去,在群众的帮助下,彻底改造思想,全新建立起全心全意为人民服务的人生观。

陈时<br>一九五一、四、一九

# 忠诚老实的陈述

（1951年6月20日）

**【题解】**本篇油印件存华中师范大学档案馆"中华大学类"，卷宗号LS12-59。撰成时间为1951年6月20日。此检讨书以及此前的检讨或报告，亦合称为《陈时自述》。

有关撰写此检讨的背景，参见前文《一九一一年至一九二六年经费情况》题解。

在陈时油印散发这份陈述后，当局认为他的态度极不"忠诚老实"，于是对他的批判陡然升级：6月24日上午9时，中华大学召集历届曾任本校会计、出纳、庶务工作人员来校，座谈陈时历来在经济管理方面的问题；自6月26日起，中华大学连续邀请武汉各校学生代表、教工代表暨校友等来校，座谈并揭发陈时的种种问题。会后，中华大学呈文湖北省政府和政协，要求对陈时"迅即派员彻查究办"，陈时冤案由是定谳。

有关华中师范大学档案馆，参见前文《请恢复法律学系招生呈文》题解。

我是一个地主家庭出身的子弟，又是一个旧社会中的知识分子；几十年来，存在着许多不正确的思想和作风。解放以后，通过了不断的政治学习,最近读了、听了邓副主席、李主席和张书记的报告①,使我得到了很大的启发。前些时,我虽然对中华大学的师生员工和农民作过了几次检讨,但思想改造是一个长期艰苦的过程;因此在这次展开忠诚老实运动②中,我愿进一步地把自己的历史和过去的思想作风,作一个忠实坦白的叙述。因为根据我最近思想上的体会,使我充分认识到,一个人必须有大胆批判过去的勇气,才能在新社会里全心全意地为人民服务。

## 一、政治关系

一九〇九年我在日本留学时,加入同盟会;未担任工作,仅在《民报》上投过几篇稿。一九一三年同盟会改组为国民党,我重新加入③。一九二一年,因伪湖北督军王占元兵变,我参加各民众团体的"驱王运动",被其通缉。为了得到孙中山先生的领导,乃加入中华革命党④,志愿书是在汉口旧日租界填写的。驱王以后,即无联系。一九二六年,在汉口市重行登记为伪中国国民党,仅履行手续,并没有担任党务工作。此后伪国民党的历次登记,概未加入。这一次在"民革"登记,完全是为了参加中国共产党所领导的统一战线,从集体学习中提高自己思

---

① 此"邓副主席",即时任中南军政委员会(后改为中南行政委员会)第一副主席邓子恢(1896—1972),当时主持中南局工作;此"李主席",即时任湖北省政府主席李先念(1909—1992),同时担任中共湖北省委书记、省军区司令员兼政治委员;此"张书记",即时任中共湖北省委第二书记张平化(1907—2001),当时兼任中共武汉市委书记。

② 忠诚老实运动:全称"忠诚老实政治自觉运动"。1951年5月,中共中央发出《关于在学校中进行思想改造和组织清理工作的指示》,要求在所有大、中、小学校教职员和高中以上学生中普遍进行思想改造工作;并在此基础上,组织忠诚老实交清历史的运动,清理其中的反革命分子。按照"运动"的规定,每人都必须将自己的隐私全部讲出来,既包括政治问题,也包括感情问题和家庭生活。

③ 此"同盟会改组为国民党",是1912年8月25日宣布的,并即刻举行"重新登记"。陈时重新登记的时间,当在1913年7月"二次革命"爆发之前。

④ 中华革命党:系中国国民党的前身,是孙中山于1914年在日本东京发起成立的,并自任总理。此后,国内18个省成立了支部;海外建立了39个支部和45个分支部。该党以实行民权、民生两主义为宗旨,以扫除专制统治,建设完全民国为目的。

想上的认识，得到新生。

在旧社会中，我因恐学校受到政治波动的影响，所以决心不让学校和个人卷入政治漩涡；但又怕得罪反动统治阶级，因此处处表现出八面讨好，以求苟安的作风。伪国民党和伪三青团的党务、团务，我都没有担任过工作。对日抗战期间，蒋匪在重庆浮图关召集各大学校长受训，我设法称病避掉。因此，反动派都说我"圆滑"，对我不加重视。当时多数大学校长，被指定为伪国民党中央委员及伪三青团指导员，这些名义都没有我。蒋匪帮直接控制下的私立大学，所能享受的权利，如特别补助费及英、美庚款的分配等，中华大学都没有份。

反动派还尽量设法用各种方式打入学校，拉拢校内重要干部，如训导长、总务长、教务长、注册主任，并布置军事教官、党义教师、伪三青团员在校内活动；另外，在传达室常有便衣警察往来。在重庆每年招生时，反动派用宪兵化装学生投考。在此种情况下，我唯有暗中保护进步学生，使其不受迫害；学生当中被保全的，大有人在。

我一向同情进步青年，恽代英、王亚南①、陈昌浩、李文龙等等，都是我最敬爱的学生。一九二四年湖北女师闹风潮②，我从中调解。为

---

① 王亚南（1901—1969）：湖北黄冈人。早年肄业于湖北省立一中、武昌中华大学教育系。1926年在长沙参加北伐军，在军中任政治教员。1927年在杭州期间，开始钻研马克思主义政治经济学，与郭大力共同从事《资本论》的翻译工作。1928年留学日本，1931年归国，在上海以翻译和教书为业。1938年《资本论》三卷中文译本出版，是马克思主义在中国传播中的一件大事。1949年后，长期担任厦门大学校长。著有《中国经济学原论》，著作有《王亚南文集》5卷。

② 湖北女师风潮：1921年春，湖北女师学生20余人，组成武汉妇女读书会，阅读进步书籍。同年秋，陈潭秋、刘子通、黄负生等先后到该校任教，宣传俄国十月革命的胜利，介绍马克思主义学说和妇女解放、男女平等思想，进一步拓宽了读书会成员的眼界。次年初，时任校长王式玉以"宣传赤化，贻害学生"为由，将刘子通解聘。读书会成员徐全直、夏之栩、杨子烈、庄有义、陈媲兰、袁溥之、袁震之等涌进校长室，要求王式玉收回成命，遭拒绝后发起罢课。结果暑假前，校方挂牌开除了领头的5位女生。9月开学后，武汉各校组织"湖北女校后援会"，纷纷举行罢课，声援女师学生，酿成更大风潮。后在社会名流李汉俊、李廉方、陈时、袁达三、刘觉民等人调停下，以王式玉辞职，保留徐全直5人学籍，使此事获得较圆满解决。

避免进步学生遭受反动派的迫害,曾把徐全直①、夏之栩②、杨子烈③、庄有义④、陈媲兰⑤等五个学生接到家中住了几个月,并向原校交涉,照常供给他们的伙食用费。现在他们当中,还有人在领导党任重要职务。

一九二六年,反动派陈启天借中华大学礼堂讲演,被革命学生打击,当场发生冲突。伪湖北督军陈嘉谟⑥派军警捕去学生李守章、周延塽等五人。我约同耆老时槐阶、黄翼生、万文甫诸先生⑦,与陈嘉谟交涉。一星期内,被捕学生就交保释放了。这段事实,现在一定有人还能记忆。

一九二五、一九二六年间,武汉各教会学校,因反文化侵略运动,被开除的学生,我都予以收容。文学中学⑧有四班学生全体退学,都转

---

① 徐全直(1902—1934):女,湖北沔阳人。湖北妇女运动领袖,1922年加入共产党。后成为陈潭秋夫人,在上海从事地下工作时被捕,牺牲于南京雨花台。

② 夏之栩(1906—1987):女,浙江省海宁县人。1923年加入共产党,后历任中共中央秘书处秘书、中央社会部干部处副处长、中央直属党委副书记等职,为赵世炎夫人。1949年后,历任郑州市委组织部部长、武汉市委秘书长、第一轻工业部副部长等职。

③ 杨子烈(1902—?):女,又名杨毅,湖北枣阳人。1922年加入共产党,后就读国立法政大学预科;1924年在北京与张国焘结婚,后与张国焘共历浮沉,20世纪90年代病逝于加拿大。

④ 庄有义(?—1945):女,湖北应山人。1923年赴安源煤矿从事工人运动,与陆沉结婚。1928年赴南昌,任中共江西省委"妇委书记"。1931年陆沉因"托派"问题被开除党籍后,夫妇二人投靠国民党,加入"中统"。抗战爆发后,曾任保育院院长。抗战胜利后病逝于上海。

⑤ 陈媲兰:女,生卒年未详,湖北黄陂人。后加入社会主义青年团,为武汉青年运动和妇女运动的骨干。与彭述之结婚后,成为"托陈取消派"。1949年后寓居香港。

⑥ 陈嘉谟(1883—1927):字岘亭,河北任丘人。早年毕业于北洋陆军武备学堂,后长期追随吴佩孚任军职。1926年2月,接萧耀南职,任湖北省军务督办兼湖北省省长,授陆军上将衔。后与刘玉春死守武昌城,阻止北伐军攻城。城破被俘,释放后寓居天津,未久病卒。

⑦ 此"时槐阶",生卒年未详,湖北枝江人,时任湖北省议员、武昌荆南中学校长。此"黄翼生"(1848—1933),名福或复,字雨田,号翼生,湖北沔阳人,早年任枝江、蕲水、江夏、黄州等府县学官,两湖书院和存古学堂经史文学主教,湖北高等师范学校和国学馆经史教习,并曾任教于中华大学,著有《诸经补正》等。万文甫,生年事迹未详,当为湖北学界名人。

⑧ 文学中学:系天主教武昌教区主办的一所教会中学,位于武昌花园山,系为纪念传教牺牲的传教士董文学,故名文学中学。该校系由意大利传教士田瑞玉所创,创设时间为清末。

入中华附中继续学业。

我可具结，绝对没有参加过伪青年党、伪民社党、伪中统、伪军统等一切反动组织。伪青年党中，有我的几个学生，如余家菊、陈启天等。他们领袖欲很高，平时看我不起，我也不屑于做他们的尾巴。伪民社党于一九三五年（？）组党时①，曾电约我到北平，要我加入发起，在石板坊头条汤宅谈了一次，吃了一餐饭，在座有张东荪②、梁秋水③、陈博生④、张君劢⑤、汤铸新⑥等，拿出裱好的横幅。发起人中签名者，有知名之士数人在内。我当时婉言谢绝，说我只办教育，不作政治活动。

蒋匪帮所办的报纸《社会新闻》屡次造谣，说我是国家主义派，我曾郑重地去函更正过。这些反动组织，当它们依附蒋匪帮，在反动派的政治舞台鬼混时，我都不在其内，可以作为我和他们没有政治关系的事实证明。

解放后约两个月，有名韩阳初者，持邱鸿钧⑦的介绍信，说李任

---

① 此"民社党"的组党时间，为 1934 年 10 月，而非"一九三五年"，陈时因记忆不确，故在文后加有"（？）"。

② 张东荪（1886—1973）：名万田，字东荪，浙江杭县人。知名学人、教授，当时在北平主编《再生》杂志，宣扬国家社会主义。

③ 梁秋水：生卒年未详，广东人。曾任《京报》编辑、外交协会秘书，为张东荪老友，后为民社党骨干。

④ 陈博生（1891—1957）：字渊泉。福建闽侯人。历任《晨钟报》编辑、《晨报》总编辑，时任《北平晨报》社长兼总主笔。

⑤ 张君劢（1887—1969）：名嘉森，字君劢，号立斋，江苏嘉定人。早年留学日本，又留学德国，攻读政治学博士学位。归国创办政治大学、学海书院和民族文化书院，历任北京大学、燕京大学教授，为知名学人。

⑥ 汤铸新（1885—1975）：名芗铭，字铸新，湖北蕲水（今浠水）人。汤化龙胞弟。早年留学英、法，专习海军。归国任海军统制萨镇冰参谋，参加辛亥革命，后历任海军部次长、湖南军务督理兼巡按使。时寓居北京，研究佛经，并试图东山再起。

⑦ 邱鸿钧（1878—1958）：湖北黄陂人。早年从军，参加日知会。事发被通缉，亡命南京，入江南陆军讲武堂深造。1907 年加入同盟会，任军事团干部。辛亥革命后，任湖北军政府参议。后历任沪军炮兵营营长、陆军第四师团长、旅长、大元帅府少将参议等职。南京国民政府成立后，历任南京市警察局长、禁烟督办等职，为军委会中将参议。抗战胜利后，赋闲居家武汉。

潮①先生组织"民主自由联盟",要我加入任职。我与他初识一面,当答以到汉口会到邱先生再谈。次日到三教街邱寓,见了韩,他说另有一韩姓是我的学生,以前曾在路上碰见过我,是日在新生花园候我;他又说,姓韩的学生在警备部办公去了,稍迟就来。我见他言语支吾,谢绝而去,以后即未见面。此事曾由夏石农②先生转一报告,送张执一③部长,并接有回信。

我过去在校外曾兼任过以下的一些职务:一九一八年,任湖北谌家矶造纸厂协理一年。一九一七年竞选伪国会参议院议员,因年龄不合被取消。一九一九年起,当选为伪湖北省议会议员,任职七年。一九二八年,任伪武汉政治分会秘书一年,专管文教事业。一九二五年起,连续当选伪湖北省教育会理事长,任职二十三年。一九三七年,当选湖北省教育团体及武昌市二处伪国民大会代表。对日抗战期间,任伪第一、二、三届国民参政员,因列名弹劾孔贼祥熙,第四届即未续任。

蒋匪帮所制造的训政时期的伪国民会议,及选举伪总统的伪国民代表大会和伪立法委员、伪戡乱委员等,均曾提过我的名字征求同意,我都坚决拒绝,有当时的报纸可以查考。

从五四运动到五卅运动,中华大学师生都有很热烈的表现。五四运动时,伪湖北督军王占元说我鼓动学潮,派其参谋长何佩瑢及军法课长程定远,来劝我将学校停办,他愿送我八万元,并愿派我(任)征收局

---

① 李任潮(1885—1959):名济深,广西苍梧人。早年肄业于广州黄埔陆军中学、陆军速成学堂、保定军官学校,后追随孙中山,参加辛亥革命、护法战争和国民革命,历任粤军第一师长、西江善后督办、国民革命军第四军军长、黄埔军校副校长、北伐军总参谋长等职。1933年参与"福建事变",领衔反蒋。抗日战争期间,任军事参议院院长。中华人民共和国成立后,任中央人民政府副主席等职。

② 夏石农(1908—1981):湖北鄂州人。1924年入读中华大学,加入共产党,任湖北省委宣传干事,四一二事变后脱党。1930年留学日本,归国后编辑《战时乡村》《战地生活》,后任教于湖北师院、中华大学,为湖北省参议员。中华人民共和国成立后,历任武汉市教育局局长、武汉市政协副主席等职。

③ 张执一(1911—1983):原名谨唐,又名忍,湖北汉阳人。1928年加入共产党,历任共青团湖北省委书记、武汉特委委员。抗日战争时期,历任鄂北特委委员、新四军第五师第一纵队政治部主任等职。中华人民共和国成立后,时任中南局统战部部长。

长，遭到我的拒绝后，即通缉我和当时领导运动的学生恽代英、林育南、冼震等。一九四〇年，伪湖北省政府主席陈诚，派严立三到重庆南岸，劝我将学校迁往恩施，与伪湖北省政府合办，并保证聘我为长期（二十年）校长。我觉得，这对我是一种莫大的侮辱，坚决拒绝。此事徐育华①先生知道。

我因为羡慕北京大学学术自由的风气，在旧社会中，是采取广大范围。康有为、梁启超、章太炎、李大钊、黄炎培、太虚诸先生，都在校讲过学。李大钊先生于讲演之暇，和我同舟游弋江中，曾对我说："武汉形势，是革命最重要的地方，交通方便，工业发达最容易。"对日抗战初期，曾请冯玉祥、邵力子、范长江、陶行知、李公朴诸先生，作过演讲。学校迁重庆后，因请郭沫若、邹韬奋、邓初民、杨杰诸先生讲演，受过反动政府的警告。到了约定马寅初、张志让、罗隆基诸先生讲演时，就被反动党团干涉，不能举行。此事马、张诸先生都是知道的。当时张君劢、余家菊、陈启天等，也都在校演讲过；余、陈并曾在中文系担任过功课，是伪教育部以特约名义介绍的。解放的前一年，伪湖北省政府主席张笃伦②约胡适、张君劢、余家菊等来鄂讲演，派定日程到各大学，中华大学亦在派定之列。

我在中华大学任职甚久，先后的教职员、学生为数甚多，我和他们不能毫无来往，平时对反动的教职员和学生，虽然警惕性不够，但我和他们是绝对没有政治关系的。

据第一次校董会扩大会议中，有一未具名的信中所说各点，事实真相如下：

万大山系王震寰任校长时所用，被捕前在校任助教，并在中苏友协

---

① 徐育华：生卒年、籍贯未详。早年留学日本，专攻商贸金融。归国后，任职至省级银行副行长。时任湖北省参事室参事。

② 张笃伦（1892—1958）：字伯常，湖北安陆人。早年肄业于武昌陆军中学，加入同盟会，后升入保定军官学校。参加辛亥革命，历任沪军都督府司令、鄂军总司令部参谋、湖北靖国军第一军参谋长、汉口特别市公安局局长等职。南京国民政府成立后，历任国民党西昌行辕主任、重庆市市长、湖北省政府主席等职。1949年去台湾，赋闲家居。

和教工会任职。杨若霞系严士佳任校长时所用，为校友会所推荐，离校前在图书馆任职。俞惕系王震寰任校长时所收的学生，解放后，我在进步学生方恒儒、林克学、刘果、雷光鹏等所发动的斗争大会中，才见到他，当时方听说他用醒魂社的名义，冒充地下工作人员在外宣传。斗争会以后，他曾在教务处拘禁过。我参加那次会，乃是被"要列席"，在座的有严士佳、胡伊然、刘达伦及职教员数人。我和教职员们都主张，把他送交政府审讯。但此事系由学生会所发动、主持，我与学校行政当局，因对情况不明，所以疏忽于麻痹状态当中，未能加以督促，这实在是一件很大的过失。

一九四九年秋季开学时，总务长刘达伦要我把补收学校的交通费作为清寒工读学生的学费，得到我的同意。到校后，看见名单中有进步学生周万铣等数人，而反动派的俞惕也在其内。因学生会曾向我提过意见，我就请校长严士佳、总务长刘达伦取消俞惕的名字。根据学校底册，那一学期的学费，是他自缴的。一九五○年春季，他的学费系由当时注册主任魏麟武担保的，校务会议对他也没有免费的决议。他毕业后，曾找我为他谋事，我没有答应，劝他受人民政府的统一分配。后来有一次在校遇见他，他对我说，他在天主堂任秘书，我对他非常鄙视，更谈不上政治关系了。

解放前，我曾参加和平运动①，并列名出布告维持武汉秩序，欢迎人民解放军。解放后，我曾电董必武副总理，请其指示中华大学的改造。他回电指示我，为新民主主义的教育事业而努力。此后，又在中南军政委员会教育部及中南统战部张执一部长的指示下，使中华大学走上了新生的途径。一年以来，中华大学在张部长、李主席、邝部长、李厅长等的正确领导下，经过了全校师生员工们的共同努力，已有了飞跃的进步。此次在四十周年校庆纪念中，更表现出显著的成绩。我实感到无

---

① 此"和平运动"，系指1949年2月7日参与发起成立"七省市人民和平促进会"这件事。该会恳请国共双方停战，陈时当选湖北人民和平促进会常务干事。

比地欣慰。

去年李主席要我参加湖北省人民政府工作，我毫无犹预〔豫〕地答应了。因为解放以来，具体事实的表现，使我体会到，现在才是我自少年以来所理想达到的美满社会。在中国共产党和毛主席的光明旗帜下，参加到人民革命的行列中，是最荣幸的事。

在校董会第二次扩大会议中，刘年规说我对他和胡楚藩、万邦燮谈过，第三次世界大战要爆发，和不相信共产党的话。我平时谈论时事，向抱着慎重的态度，关于第三次世界大战的问题，从来没有作过预言。即令有时谈及，也是根据报纸上的材料出发。至于说我不相信共产党，我可以宣誓的态度来表示，我连做梦的时候，都不至于说出"共产党靠不住"的话。那一天刘年规的发言，我想群众一定可以根据事实来判断：

（1）我一向没有和别人站在街上谈过时事；

（2）一个人如何能把过去别人对他说的话的年、月、日、时、街、巷都记得清清楚楚，这是不近人情的。

这次学校改组以后，任主委①因为他们三人群众关系搞得不好，根据群众的意见把他们解职。他们总是大发牢骚，胡楚藩在校，动辄开口骂人；刘年规并托我代他向任主委说话，我没有答应，仅劝过他一次。后来听说，他怪我和任主委一鼻孔出气，对我不满。他说这是帮助我的，我希望能够像这样才好。

解放以后，我和台湾的反动派，从未有片纸只字的来往，香港九龙方面，我曾接到三次邮件。两次是美帝国主义新闻处寄来的宣传品，曾缴统战部；一次是学生要证明书的，曾交中华大学。此外，我没有片纸只字寄往港九。我绝对没有参加任何反动派的活动。如经查出，愿负一切法律责任。

---

① 任主委：即时任中华大学校务委员会主任委员任启珊。

## 二、我与中华大学

四十年来,我对中华大学毫无贡献。我一向不走群众路线,遇事包办代替,对学校不求根本改造,师资良莠不分。因此,中华大学不能走上制度化的路,应当由我负全责。经济上的"公私不分",就是一个最突出的例子。

一九一二年初开办的时候,当然需要一笔大的款项,作为开办、经常等费。我当时唯一的靠山,是祖上的遗产。先父拿出田一百石、家藏书籍三千余部、白银三千两、官票五千串作为开办费;两年以后,我又得到先父的遗产一百石及兼祧我伯父名下所得到的遗产一百石。我捐田的事实和为学校遭受困难的情形,这次教职员二三十余人曾有证明,并有记录可以作为参考。至处理的办法如下:

开办费一百石,是过了户的,有学校的案卷和县府的粮柱可查。另外二百石,卖了一百石,作为学校的修建费;详细的数字,后面一并交代。

剩下的一百石,我和学校是公私不分的。每年的收入,除个人和家庭生活必需外,就交给学校。

收租的时间,从当年七月到次年正月,要费半年的工夫才可办完;运输、完粮及经租人伙食、工资等用费,超过收入的一半。一九四九年,由乡区代收,是最认真的一年;除维贽外,也只得到一半,可以证明。荒歉年份收入更少,而且谷价甚低,不能等到涨价就卖完了。

一九一九年,借考查实业教育之便,赴南洋募捐。当时因橡胶跌价,而我又不是广东或福建人,人地生疏,所以结果仅得到叻币二千余元,合当时国内货币四千余元;同时赴南洋募捐的人甚多,亦有徒劳往返者。这种情况,当时很多人知道。这件事,有现在中央人民政府侨务部任职的庄希泉先生、同去的梁绍文校友及南洋各商会,均可询问。

回国以后，改建校舍，先从"中大楼"起，因南洋募捐款项不足开支建筑费，乃将大阳山田十一石，直接抵卖于包工人胡研生作价，完成第一期建筑。人证物证，尚可查访。后来又继续建筑"成、德、达、材"四斋、华大楼、礼堂及附设工厂、发电厂等，是由汉兴裕承造的，经手人杨玉山，至今尚在，不难询问。因此，曾先后卖潘家庄、余家塝、小园庄、许家田、夏家冲等庄田，共九十五石余，及黄陂县城内房屋三大栋。

一九四六年对日抗战胜利后复员，校舍毁了百分之六十以上，图书、设备只存一半，又卖张家山、朱家小砦、杨家前园田十八石三斗八升，充修复费。历次卖田，都有中证人载在契约，可以查考。

中华大学自开办以来，因学生收费最低，伪省政府的补助费，最多时不过每月一千元；伪教育部仅补助了三四年，每年不过五百元；英、美庚款，因被反动派的学阀把持，对中华大学除补助教学讲席外，毫无分润。加上土地的收入在内，每年收支的差额，总在一半以上。

因此，时常采用向银行透支和借债的办法，开学时再偿还。其间虽设法募捐，无如号召力不强，反动政府又不提倡，私立学校总是没有多大结果。这种情况，陈经畲、贺衡夫诸校董都是知道的。

一九二六年以前募捐的情况，就所能记忆的如下：贺衡夫、周星堂诸校董经手一次，约八千元；徐廷荣一百元；萧耀南一万二千元（系按月付给，每月一千元，作一年付清），有案卷可查。此外零星捐款约三千元。在校学生曾自动发起募集校债，此款陆续作为学费扣抵。

一九二七年后，有账目存在校内，不必另有说明。

一九三八年抗日战争期间，学校在渝所募得的捐款，建筑了大小校舍九栋。这些数字，都有账可查。

抗战复员后，募捐修复校舍，系校友会发起，由滕昆田校友直接报当时校董会。

王震寰任内的账目，他把责任推在何成浚身上，未曾移交，这是应当说明的。

历年来,中华大学的民主制度未建立,行政组织不健全,经济上又没有稽核制度,在每年收支不敷的情况下,我只求渡过难关,一切自由作主,主观上总认为,我不拿学校的薪水,私人没有过分的享受,一切有建筑、设备存在。甚至又有两次因战事损毁修复,及几次搬迁的用费,就不难作为我和学校经济关系的事实证明。因此,社会上对我有"教育上功罪参半,经济上公私不分"的批评。我从来不加警觉,直到今天,在廉洁的人民政府之下,由于群众的帮助,才使我彻底认识了从前的错误。

这次中华大学对我的清算和批评,是具有教育意义的。中华大学的基础,是建立在劳动人民的血汗结晶上。相反地,它却替反动统治阶级服务了几十年。今天用新的阶级观点来看,在旧社会里"行乞兴学"的武训,已经根本被否定了,我当然更是毫无价值可言。这次在群众的启示下,我曾作过"借学养家,欺世盗名"的自我鉴定,今后我愿彻底和中华大学斩断一切关系,以免妨碍了学校的前途的发展。

## 三、我的思想情况

我在旧社会中,一向是不满意现状的,总希望能有一个理想的社会出现。幼年时,最羡慕中国儒家所鼓吹的"大同世界";在日留学期间加入同盟会,就是受了孙中山先生"排满革命"号召的影响。一九二五年(?),有一个苏联的青年朋友,他说中国名字姓李,曾到中华大学和我谈过一次,我又去看过他一次,地点大概是旧俄国领事馆。他谈到共产主义和苏联建设的情形,我才知道,除了中国的大同思想以外,还有马克思主义是世界人民革命的领导原理。可惜在反动政府统治之下,受到当时环境的限制,不能大量阅读进步的书籍。但我在讲演和说话中,从来没有发表过反共的言论;所引为遗恨的,是我没有拿出实际的行动来参加革命工作。

我对反动派不能表现出深恶痛绝的态度,虽然和他们没有政治关系;但在表面上,和他们私人还是保持来往。然而到了重大关头,我是决不马虎的。如民社党约我当发起人,被我辞脱;余日章劝我信基督教、太虚劝我信佛教,被我谢绝。对日抗战以前,日本帝国主义外务省,曾约国内各大学教授到日本去参观,我亦在内。但抗战爆发,我痛恨日本帝国主义的侵略,在万分困难中,决心把学校和全家迁往重庆。

武汉解放前,中华大学校董会和校友会的联席会议决定,将学校迁往桂林,推我为迁校主任,并在报上发表。我认为这是附逆的行为,断然加以拒绝,并发动全校师生组织保校委员会,使学校可以顺利地走向人民怀抱。

我一向存在着"超政治"观点和"教育万能"的思想。一面觉得从事教育,可以不卷入当时黑暗政治的漩涡;一面又认为,教育可以作为社会进步的推动力。因此,我在旧社会中所抱定的态度,是不问政治,专办教育。

我因为中心思想不明确,又喜欢卖弄小聪明,所以行动上处处表现出混乱的现象。比如中华大学有时遭到了重大的难关,我为了怕学校垮台,总是不顾一切地来支持,但又采取公私不分的作风,破坏了学校的行政制度。我虽认为教育可以作为社会进步的推动力,但又不能拿出指导性的原则来教育学生。个别的学生,对人民革命事业有所贡献,完全是他们自己努力的结果。

在这次土改中,充分表现出我是理论不能联系实际的。我虽然通过了多次的土改学习,在理论上认识了土改的重要性,体会到土改是人人应尽的责任,但又不能拿出实际行动来,主动地争取完成自己应尽的责任。

从以上可以看出我的思想情况,是超政治观点、教育万能、不彻底性、爱弄小聪明、爱恨不分和理论不能联系实际。

近来，我思想上得到了以下几点觉悟：

（1）教育是不能超政治的。一定的教育，是为一定的政治而服务。我因为存在着超政治观点和教育万能的思想，所以替反动统治阶级服务了四十年而不自觉；甚至有时还认为，教育是"清高"的事业，这是我今天感到非常惭愧的。

（2）应当有坚定的革命立场和忠诚老实的态度。我过去因为爱弄小聪明和爱恨不分，所以从事教育工作四十年，不能对人民革命事业有所贡献。

（3）理论必须联系实际。斯大林说："没有行动的理论，是空洞的理论；没有理论的行动，是盲目的行动。"革命的理论，必须经过实际行动的考验。我今后决心把马列主义和毛泽东思想，奉为做人处世的指南针，加强革命理论的学习，并把理论贯穿到实际的行动当中。

## 四、土改中的反省

在这次土改的过程中，我的表现完全是昏愦糊涂，这是我今天最感追悔莫及的事。土地改革，是摆脱几千年来中国劳动人民身上的枷锁，使人民的新中国走向和平、民主、幸福、光明境界的中心环节。我应当站在劳动人民的立场，主动地完成我所应尽的光荣任务。但是，阶级成分决定了我的思想意识。我在土改当中，不能放弃地主阶级的剥削思想，一切从个人利益出发。今天除了感谢农民对我的宽大以外，应当对自己的错误行为提出深刻的检讨。

自从土改工作开始以来，我就存侥幸心，以为农民或许不致找我清算。不知今天是农民翻身的日子，他们的阶级觉悟大大地提高了，他们决不会容许，曾经剥削过了他们的地主阶级逍遥法外。当农民开始找我清算时，我仍然没有放弃幻想，一面对农民把时间拖延，一面希望能够得到学校和政府的照顾。结果愈弄愈糟，农民因感到我对他们缺乏诚意而引起愤怒，领导上及学校对我提出严正的批评，这些不良的后果，完全是由于我的错误认识所造成。

我从前没有下过乡，根本不了解农民的痛苦；在农民的养活中，寄生了几十年。这次从农民口里，才知道我家经租的人，过去曾有不少剥削、压迫农民的事实。我平时对他们的行为不加警觉，今天除向农民表示万分忏悔外，应当对这些罪行负完全责任。

我得承认，我家三代以来，生活、享受、受教育、得科名，都是由于剥削农民。在这次清算期间，我觉得农民对我有无比的公正和宽大，使我对他们发生深切地感激和敬爱。省农协的清算，是合理合法，而且与宽大相结合的。这给我以很好的教育，我愿用具体实际行动，拿出一切力量来酬答农民的恩惠。

以下是我所可能采取的办法：

（1）把武昌县华林十七号的住宅一栋及所有衣物变卖，还与农民。

（2）黄陂县城内有瓦房一栋、地皮五段，已向农民报告，愿交出处分。

（3）我家现有工作者的工薪，已在调查组登记。除生活必需外，均愿交付农民。

（4）我大儿现在广州华南化学厂工作，大女现在上海中央工业部工业试验所工作，他们的生长和受教育的来源，均由于农民的恩惠，都愿把自己的工薪除生活必需外，还与农民。

除此以外，我实是一无所有。我和我子女，都愿接受任何方式的调查。如查出我确有分散和隐匿财产的情事，除财产全部充公外，愿受法律制裁。

我曾有向亲戚、校友请求借贷的计划，但借款必须偿还；没有力量偿还，借贷自然无效。至找亲友帮助的办法，我曾试过几次；商量时，常因立场问题亦无结果。

省农协田部长代表农民所提出的四点意见，我愿全部接受。除中华大学校董会及湖北省人民政府方面,已分函请求撤职以外,准备向社会公开检讨,承认错误,并请求组织上予以教育。

## 五、结语①

以上是扼要的叙述,不敢有一字的隐瞒。这次的忠诚老实运动,是一种治病救人的仁政,也是说老实话的好机会。我希望通过这个运动以后,改头换面,重新做人。

我在思想没有经过彻底改造以前,在新社会内担任要职,能力和学识都是不够的。为了对人民负责,我请领导上核准我以下的请求:

(1) 请批准我向省人民政府和中华大学校董会所提出撤职的请求。

(2) 请予我以学习的机会,进行长期思想改造。

(3) 请就我能力所及,予我以适当的为人民服务的机会,任何工作都愿接受。

一九五一、六、二〇(陈时签章)

---

① 此小标题系编者加拟。

# 检讨书

(1951年9月1日)

**【题解】** 本篇手迹原件存华中师范大学档案馆"中华大学类",卷宗号 LS12-59。撰成时间为 1951 年 9 月 1 日。

有关撰写此检讨的背景,参见前文《一九一一年至一九二六年经费情况》题解。

在这次检讨提交后,陈时并未得到宽大处理。湖北省政协、农协等单位曾组成联合调查组,仿武训调查组方法,赴陈时故里黄陂调查,回后建议省政府撤销了陈时所任公职。其后,中华大学在对陈时进行了多轮批判后,又经校董会议决,撤销陈时在校内担任的公职。兹将校董会、校务委员会于 1951 年 10 月 6 日向湖北省教育厅呈交的报告收作本文附录,以供参照。呈文报厅后,湖北省教育厅的批示为:"中华大学副董事长陈时,在土改运动中抵抗土改,坚决不向农民低头认错,其所任董事会副董事长职务应予撤销。特函达查照。"

1952 年,黄陂县人民法院以"抗交农民清算果实罪",判处陈时有期徒刑 12 年,缓刑 2 年。次年 4 月,陈时郁郁病逝于武昌。1978 年十一届三中全会召开后,陈时案得以复核和平反。黄陂县人民法院经重审,认定原案不能成立。1984 年 9 月 12 日,中共湖北省委在武昌洪山礼堂召开"陈时先生纪念大会",石川副省长主持大会,公开宣布了平反决定,并在报刊、电台、电视上为陈时恢复名誉,充分肯定了他在中国近现代高等教育史上所作的贡献。当年的偏激批判以及陈时在"检讨书"中的自我否定，理当进行更为客观的再审视。

有关华中师范大学档案馆，参见前文《请恢复法律学系招生呈文》题解。

这次省各届人民代表会议协商委员会的建议案，对我提出了四项处理办法，业经省人民政府讨论批准。我除了全部诚恳接受外，并遵照决议第四项办法，提出深刻的检讨。

## 一

这次土改期间，我犯了严重的错误。

主要原因，由于我站在个人主义立场，想用旧社会里的办法，把这件事情应付过去；没有想到，应当从农民的利益出发，竭尽我自己的力量，来完成这一个光荣的任务。我当时的错误思想是这样：

（1）我主观上认为，一向是在教育界服务；农民的宽大，或许不致找我个人清算。

（2）我未下乡收过租，对不起农民的事，是经租人的罪恶，与我无关。

（3）在旧社会内，我曾有"毁家兴学"的虚名。即令农民找我清算，我就往"学田"上一推，请求减轻负担，甚至妄想有适当的照顾。

当农民开始找我清算的时候，我仍然没有放弃幻想。因此，一方面对农民把时间拖延，一方面妄想照顾。结果愈弄愈糟，使农民因感到我对他们缺乏诚意而引起愤怒，领导上及学校发出严正的批评。这些不良的后果，完全是由我过去的错误认识所造成。但农民、省农协、城乡联络处和全校师生员工，实在对我进行了很大的帮助，而且具有很好的教育意义，使我深刻反省。"借学养家，欺世盗名"八字，可作自我鉴定。

我家从祖父起，生活、享受、受教育、得科名，都是由于剥削农民来的。最近，农民代表在省农协所谈各种情节，及调查团赴黄陂所得农民代表报告，来省的农民代表和我当面所谈前前后后，我家经租人各种压迫、剥削，如农民谢姓，因坐牢残废；买钱姓屋基，拆卸葬坟；刘明西、张清高以及调查团所得的农民代表举出因收租而受到压迫，所蒙各种意外损失，如卖房子交租，取用猪、牛、布匹、刚〔钢〕洋和大斗风车等等残酷事实，都是我对于农民所不可饶恕的罪恶，应由我负责向农民认罪。我愿向他们，个别用书面悔过。农民和省农协对我的清算，是合理合法而与宽大相结合的，我对农民有不可脱卸的责任。我深深感谢他们，我一定服从政府的处理。

## 二

我没有捐田给中华大学，田地的收入，完全是由我个人支配。农民说："多年以来，一直知道是陈时的田，收租也是陈时派的人。"这话是千真万确的。

中华大学的经费经常不敷，一切由我负责。有由田租来的，有由捐款来的，有由银行透支的，有的是欠支教职员工薪的；东挪西扯，我采取包办代替的作风成了习惯，实在学校用我的钱为数甚微。省农协田部长根据清算委员会初步意见，只收到我田租项下为六千余元；推算捐田五石，并不算我在学校用的一切款项。这种算法，实属异常宽大。校内清算委员会实事求是的精神，是我所敬服的。所以我在第二次扩大校董会时，已表示诚恳接受。

汉兴裕营造厂杨玉山经理，他是学校的功臣，是我个人的恩人。他自从承包学校建筑以来，一种负责和热心教育的精神，任何人都比不上。学校经过几次的变乱，每到重要关头，他都不避艰险，为保存学校财产而努力。他对于建筑校舍，屡次受到经济上的损失，从不锱铢计较。这种精神，实在值得感佩。

我创办中华大学的动机，是不纯正的。因为我是一个纨绔子弟出身，十几岁就留学日本，受了帝国主义和资产阶级的教育。到了自己办教育时，当然存在着个人英雄主义，拿办教育做政治资本。所以尽量夸大宣传，盗窃了"毁家兴学"的空名，忘掉了办教育的本旨。而学校一切建设，是工农、人民血汗的结晶，更得全校师生员工多年艰苦支持，学校得以保存，而基础始终不能使之巩固和发展。

若非解放后师生员工共同请求，得到人民政府领导与改造，则贻误中华大学，不知伊于胡底①。想到这里，实觉无面目对政府、对人民、对中华大学前前后后的师生员工。

学校的师生员工，是中华大学历史发展上最主要的力量。我对于他们，不徒未有丝毫的报答，而且借他们做我的掩护。这次，又欺骗师生员工三十七人签名作证，说我捐了田给中华大学，这是我最感到惭愧的。

学校是属于人民的，并非我个人私产。我害了学校，害了青年，害了国家、社会，我除自己认罪以外，我请求政府将中华大学彻底改造，扫除毒素，化私为公，使学校得到新生。

## 三

从土改清算以来，经过了半年，我因为剥削农民，对农民的损失太大。要想报答农民的恩惠，力量又来不及，所以思想混乱，常常忧虑任务不能完成，总是从迂回曲折中求出路，忘却了忠诚、老实的本色。

在这次整风期间，听了李主席的启发报告以后，还未能彻底觉悟。历次检讨中，都不够坦白；还未脱掉个人自由主义的旧作风，不知道组

---

① 伊于胡底：语出《诗经·小雅·小旻》，意为到什么地步为止（对不好的现象表示感叹）。

织的纪律，超越统战部、校董会发出《忠诚老实的陈述》，为自己的错误行为作辩护，欺骗政府，欺骗农民，欺骗学校，致领导上及各方面清算、调查，走了许多湾〔弯〕路，为群众所共弃。信用全失，愧悔万分。

解放以来，虽从各种学习上得了些教育，而对于马列主义和毛主席思想中的真理全无体会，以致在这次土改当中犯了严重的错误。幸蒙领导方面及农民、中华大学师生员工、民主党派、社会人士给我以各种教育，从实际当中使我认识了从前的罪恶。

由于农民的宽大，在阶级斗争中给我一条生路。这种治病救人的仁政，使我感激得五体投地。今后如蒙政府和农民给我以改过自新、长期改造，我愿宣誓：在中国共产党和毛主席的领导下，积极学习马列主义理论，学习毛主席思想，全心全意为人民服务。

陈时
一九五一、九、一

## 随文附录一　陈时致中华大学函

中华大学：

　　八月二十九日的通知知悉。兹遵照湖北省各界人民代表会议协商委员会的第四项指示，拟就检讨书稿。除分送省农协外，特送请尽量批评，发下缮正，再请核定发表。此致

敬礼！

　　附检讨书乙份。

陈时，一九五一，九，二

原件存华中师范大学档案馆"中华大学类"，卷宗号 LS12-59

## 随文附录二　中华大学董事会报告

　　查不法地主抵抗土改、思想反动之陈时，借兴学之名，欺瞒社会，

盗窃名位，统治本校达四十年之久。据其自我检讨："为长久保持个人位置，不想把学校办好。"以致本校虽有悠久历史，竟成千孔百疮、摇摇欲坠；不特毫无进展，抑且或为社会上赘瘤，贻误青年，罪难罄书！此种教育败类，若仍令其窃据高等学校，实为人民、时代之玷。

本校于上学期，迭次召开扩大校董会议进行清算，已划清本校与陈时之经济关系。关于陈时土地问题，业由湖北省各界人民代表会议协商委员会，邀同各民主党派及有关单位组成调查团，实地调查证实，并未捐助学校；并准省协商会函知，已于八月十六日提交扩大会议讨论，当经通过四项决议。

闻我湖北省人民政府，已依照决议第一项，撤销陈时在政府的一切职务；其第三项决议，自应遵照执行。爰于九月十日召开校董会议，当经公决："罢免陈时所任本校董事兼副董事长职务。"记录在卷。

谨将董事会废除陈时所任本校职务情形具文呈报钧厅鉴核、备案，并恳明文公布，用正社会视听为祷。谨呈
湖北省人民政府文教厅。

中华大学校董会董事长李实
校务委员会主任委员任启珊
校务委员会副主任委员严士佳

原件存华中师范大学档案馆"中华大学类"，卷宗号 LS12-59

# 第七辑　诗歌·杂录

# 登春帆楼

（1908年春）

【题解】本篇系陈时嫡孙女陈家益女士提供的手抄件，此件系其父亲、姑妈等人记诵所存。撰写时间为1908年春。

"春帆楼"位于日本马关（现称下关），因李鸿章1895年在此签订《马关条约》而知名。马关位于本州西南端港口，隔关门海峡与九州相望，属山口县。春帆楼基址，原为阿弥陀寺。寺废改建为医院，再改建为客舍。因此处负山面海，风景佳胜，因而被选作日清谈判之所。该楼仅两层，因建于山丘之上，故使人有"高楼"之感。

1907年，年仅16足岁的陈时（时名映寰），与堂兄陈一安（陈宣恺兄长之子）结伴，由父亲陈宣恺伴陪，共同渡海赴日。兄弟俩是为求学而来，而陈宣恺则肩负了另一项使命，即顺便考察日本教育，以备归国办理新教育时之借镜。在日期间（当为陈宣恺归国前不久），陈宣恺携他们兄弟二人及其他鄂籍留日学生多人，专程来春帆楼一游。游后备酒浇愁，并要求每人即兴赋诗一首，陈时应命成此一诗。

豪气堂堂横太空，
亚东谁使国威隆。
高楼倾尽三杯酒，
天下英雄尽眼中。

# 法苑诗林·和太虚法师

(1922年4月8日)

**【题解】** 本篇原载《海潮音》第3年第4期"文苑"栏。撰成时间为1922年4月8日，发表时间为1922年5月16日。原发表时无诗题，今题系编者所拟。

有关太虚法师，参见前文《致太虚法师及各居士书》题解。

太虚法师获读该诗后，又"次韵书留纪念"。特将此诗收作本诗附录。在《太虚大师自传》中，对于此事的记录为："春间，黄陂县知事谢铸陈初发心信佛，联合邑绅赵南山、陈叔澄等，邀我及隐尘等去宣扬佛教。入县境时，谢知事率卫队，洋鼓吹打相迎，一路入县署，轰动了空村、空镇、空巷、空城的数万民众来聚观，为我所经集群动众的一大奇景。寓在前川中学讲了数天，传了三次三皈，皈依的官绅男女数百人。与陈叔澄以诗唱和，并为县知事收集战时白骨所造的白骨塔作了塔铭。"

陈时家风，世有礼佛传统，其母朱氏信佛尤笃。陈时于1917年竞选国会参议员失意后，时有遁入空门之念，故多与佛士往还，先后邀约月霞法师、太虚法师、居士唐大圆、持松法师等来校宣讲佛法，且以居士自称。1923年5月3日，还在中华大学举办"佛诞纪念（农历四月初八）大会"，邀约佛教名人来校讲演，盛况空前。

有关《海潮音》，参见前文《致太虚法师及各居士书》题解。

壬戌寒食欲归省墓，以风雨不能成行。越四日，南山①兄约陪太虚法师返里说法，途中振触万端，即依法师游湘原韵感赋——陈叔澄

汽化云烟倏电驰，恍如树下证牟尼。

到心忧乐都平等，过眼风光笑幻奇。

春至郊原明物我，年来因果愧经师。

丹忱磨炼堪千劫，去住人天胜大悲。

**随文附录　太虚法师答叔澄**

壬戌三月，黄陂谢铸陈县长及柳质皆邑绅等，邀赴该城说法。同行有了尘法师暨陈元白、李时谙、赵南山、孙文楼、王幼农、陈仲皆、杜松村、陈叔澄诸居士。叔澄居士和前年赴湘一诗见示，因次韵书留纪念——太虚。

未可栖栖笑仲尼，频年我亦惯驱驰。

春深大野来今雨，学讲前川忆古师。

佛海潮声传隐约，天人梦影正离奇。

法身流转怆无极，应有维摩病大悲。

原载《海潮音》第 3 年第 4 期（1922 年 4 月 8 日）

---

①　南山：即赵均腾（1875—1951），字南山，湖北黄陂人，早年毕业于南京陆师学堂，1902 年任赴日留学生监督，后历任贵州陆军小学堂监督、湖南洪江水师统领、荆襄水师统领，参加辛亥革命。中华民国成立后，任黔军宣慰使，加陆军中将衔。袁世凯称帝后，归里闭门研究佛理，成为知名居士；协助太虚弘扬佛法，创办武昌佛学院，主持该院庶务。1933 年任湖北国医专科学校代校长，1945 年任黄陂前川中学董事长。平生共捐赠地产约值 1000 万元。

# 中华民国大学联合会会议报告

(1924年7月7日)

**【题解】** 本篇原载《新教育》第9卷第3期"分组会议记录"栏。讨论时间为1924年7月7日,发表时间为1924年10月。

中华民国大学联合会,系在中华教育改进社第三届年会期间发起成立。在1924年7月5日召开的高等教育组会议上,"主席首先报告国立大学在北京发起国立大学联合会之概况,次由本案原提议人任鸿隽先生,说明本案提议理由与办法,继以讨论……议定由今日出席本会议各大学代表组织发起会,于七月七日开会,讨论进行事宜,并推定林立、程其保、查良钊三君为审查委员,依据组织大纲,邀请与本届年会其他大学代表加入发起会"。陈时与会,并参与了相关讨论。

有关《新教育》,参见前文《请求力谋收回教育权案——在中华教育改进社第三届年会上的联名提案》题解。

出席者十四人,代表大学数十一。

临时主席:郭秉文。

临时书记:查良钊[①]。

---

[①] 查良钊(1897—1982):字勉仲。祖籍浙江海宁,生于直隶天津。早年就读于天津南开学校、北京清华学校。1918年赴美留学,先后肄业于芝加哥大学、哥伦比亚大学,获教育硕士学位。1922年归国后,任北京高师教务长。1927年后,历任河南大学校长、河南省教育厅厅长、北平艺文实验学校校长、昆明师范学院院长等职。

议决事项：

## (一) 修正组织大纲，通过如下

(1) 名称。定名为中华民国大学联合会。

(2) 宗旨。以联合本国各大学共谋学术上之合作，制度及课程上之联络，促成全国高等教育之进步为宗旨。

(3) 会员。本国国立、公立、私立大学，经机关会员之介绍，复经本会代表全体通过者，得为本会会员。

(4) 代表。开会时，每大学得出代表二人到会，但仅有一表决权。

(5) 集会。每年开常会一次。遇必要时，得开临时会。

(6) 职员。会长一人，副会长一人，书记二人，会计一人。

## (二) 介绍会员标准

(1) 曾在政府注册立案者。

(2) 校舍、设备、经费确有基础者。

(3) 大学本科开班授课三年以上者。

（附注：各大学至少须具有上列三项标准中两项者，始有被介绍入会之资格）

## (三) 上项介绍标准外，会员入会资格之详细审查标准另订之

## (四) 本联合会今日宣告成立

在召集大会之先，按组织大纲第六条举定临时职员五人，并举审查员三人。临时职员之职务如下：

(1) 草拟本会章程。

(2) 筹备本会全体大会事宜。

(3) 审查及决定应行约请加入本会之大学校。

### (五) 经费

暂定每校每年五十元。

### (六) 大会日期及地点

日期，寒假中；地点，南京。

### (七) 选举结果

(1) 临时职员：会长，范源濂；副会长，郭秉文；书记，谭熙鸿①、胡敦复②；会计，王伯秋③。

(2) 审查员：陈时、任鸿隽、查良钊。

---

① 谭熙鸿（1891—1956）：号仲逵，江苏吴县人。早年留学法国，获图卢兹大学博物学硕士学位。1920年归国，任北京大学生物教授；1925年创建北大生物学系，任系主任。
② 胡敦复（1886—1978）：江苏无锡人。早年肄业于上海南洋公学、复旦公学。1907年赴美留学，获康乃尔大学理学学士学位。归国后，历任清华学堂教务长、复旦公学教务长，时任私立大同大学校长。
③ 王伯秋（1883—1939）：字纯焘，湖南湘乡人。早年留学日本早稻田大学，又留学美国哈佛大学。归国后，任教于南京高师。1921年任江苏法政专门学校教务长，时任东南大学政治经济科主任。

# 在湖北全省教育行政会议上的临时动议

(1928年7月18日)

【题解】本篇原载《申报》1928年7月25日第11版。提出时间，为1928年7月18日。原发表时题为《湖北全省教育会二次大会纪》，今题系编者所拟，记录者为《申报》记者。

记者在文前写着："湖北全省教育行政会议于十八日上午八时举行第二次大会，出席一百二十四人，刘教厅长主席，开会如仪。主席报告……主席临时提议，略谓欲实行党化教育，必须实行总理的考试制度，因此可以得真正人才。本省教育行政方面，以示实行考试制度，致外间有徇情之词。现拟对于考试亟当实行，以后各县教职员，应由教育局组织考试委员会举行考试，严格检定；各校用人，以考试及格者尽先聘任。是否有当，即请公决。无异议，交教育行政组提出具体方案，陈时临时动议。"

陈时提出动议后，该文又记有："经详细讨论决定：（一）对于考试教职员具体方案，交实现三民主义教育组及教育行政组详细拟定；（二）对实现三民主义教育组之组织，指定本会会员、政治分会、两党部、省政府派代表参加；（三）对军事教育及党童子军教育，亦交实现三民主义教育组；（四）对本会宣言，由各组主任起草。继陈时君又提议，请党部委员及军事当局莅会演说，一致通过。"

有关《申报》，参见前文《南洋闻见录——第一新嘉坡》题解。

（一）为实现党化教育，必需组织实现三民主义教育组；主席提案，亦应交该组办理。

（二）为实现党化教育，应注重军事教育及党童子军教育。

（三）本会当发表宣言，对外界作详细之报告。

# 文华图书专科学校董事会讨论与议决事项

（1930年6月20日）

**【题解】** 本篇原载《文华图书科季刊》第2卷第2期"本科消息"栏。开会时间为1930年6月20日，发表时间为1930年6月30日。原发表时题为《本校校董会开会情形》，今题系编者所拟，记录者未详。

记者在文前写有如后的话："本校校董会十九年年会，于六月二十日在武昌文华公书林举行。到会董事有陈叔澄先生、周苍柏先生、孟良佐主教、卢春荣先生、韦棣华女士、沈祖荣先生等六人；以路途遥远未及到会，来电指示、提议各事之董事，有北平周贻春先生、袁守和先生，南京戴志骞先生、陈宗良先生，杭州冯汉骥先生五人。兹将讨论、议决各事分志如下。"

文华图书专科学校，全称私立武昌文华图书馆学专科学校，简称文华图专。原为华中大学图书科，创设于1920年3月，由美国韦棣华女士和沈祖荣共同创办。1929年8月，单独设校，首任校长为韦棣华，学制为二年。经费来自美国退还庚款补助和公私赞助。1940年开办档案管理科，1947年改为三年制。1953年并入武汉大学，成为武汉大学图书馆学专修科。该校开中国图书馆教育事业之先河。

《文华图书科季刊》后名《中华图书馆学专科学校季刊》，由武昌中华图书馆学专科学校主办、编辑并发行，创刊于1929年3月。该刊旨在以"提倡图书馆学,促进图书馆事业,研究实际问题,解决应用方法"为目的。主要内容,有图书馆管理,书籍分类法,人才之训练,图书购订法、专业论著、校闻等;主要撰撰人,有耿靖民、沈祖荣、陈颂、曾宪文、徐家璧、马汉艺、李继光、陶述先等。1937年6月终刊,共出9卷36期。

(一) 沈代理校长①报告一年来学校之办理情形。

(二) 讨论本校以后进行之计划。议决:

(1) 由各董事分头劝募学校基金;

(2) 由校长酌量添聘教职员;

(3) 扩充校舍,或新购,或自建,或租赁,务于本年九月以前实现之;

(4) 添招新生,专门免费生十人,自费生若干人,讲习班免费生十五人,自费生若干人。

(三) 讨论本校与华中大学之关系。议决:本校已于国民政府教育部立案,为办事便利起见,应行独立。惟课程方面,仍可与华中大学协作一切。

(四) 改选职员。结果:陈叔澄先生当选为会长,沈祖荣先生当选为书记,卢春荣②先生当选为司库。

---

① 沈代理校长:即沈祖荣(1883—1977),字绍期,湖北宜昌人。早年就读于武昌思文学校、武昌文华书院,1907年升入文华大学学习,兼任本校图书馆员。1911年毕业后,任职于韦棣华小姐创办的文华公书林。1914年赴美国纽约公共图书馆学校留学,后获哥伦比亚大学理学学士学位。1917年归国后,协助韦棣华创办文华图书科;1925年参与发起成立中华图书馆协会,1929年代理武昌文华图书馆专科学校校长,后转专任。终身从事图书馆教育事业,并开中国档案学教育之先河。与胡庆生合编有《仿杜威书目十类法》。

② 卢春荣(1890—1983):号季欣,湖北汉川人。早年毕业于文华书院,留校任教于文华中学。1919年任文华中学校长,1922年留学美国,获哥伦比亚大学师范学院硕士学位。归国后,曾任文华大学注册部主任兼教育系教授,并长期担任昌文华中学校长。抗日战争时期,任武汉大学外文系教授。1949年后,任湖北省人民政府文史研究馆馆员。撰有《文华书院的始末》等。

# 《汉口商业月刊》创刊纪念

(1934年1月1日)

**【题解】**本篇原载《汉口商业月刊》第1卷第1期。发表时间为1934年1月10日。原发表时题为《陈校长题词》，今题系编者所拟，此件为亲笔题词。

经1931年武汉大水，汉口市区平均水深3米，街市行船，商铺悉数被淹，且为时达两个多月，使武汉商业遭受巨创。当洪水退去后，武汉商界重新振作，不数年而市面繁荣。为谋本市商业的长盛不衰，汉口市商会深感，须"作商学理论与技术上之研究"，并及时交流国内外商业信息，于是筹办《汉口市商业月刊》。由于筹办者黄文植、贺衡夫、陈经畲等多为中华大学校董，所以陈时应命亲撰题词。

《汉口商业月刊》，商业月刊，1934年1月1日创刊于汉口，由汉口市商会主办。该刊由陈经畲撰写《发刊词》，所标揭的宗旨为："本刊实为我汉口商人公共探讨学术之园地。"主要栏目，有论文、选载、法令条例、经济新闻、工商统计、商人之声、本会会务纪要、附录等；主要撰稿人，有马寅初、岚楠、郑兆元、王镜白、郑宗伊、陈良玉等。1937年8月10日终刊，共出4卷39期。

繄惟武汉，居国之中。华洋互市，轮机交通。

操奇计赢，研讨未工。欧美列强，视我为雄。

欲挽利权,当互启迪。厉行商战,一新壁垒。
是刊一出,别具眼光。盈虚消息,万里同堂。
统筹并顾,计政大昌。滔滔江汉,山高水长。

陈时敬祝(签章)

# 校董会修改会章记录

(1936年3月24日)

**【题解】** 本篇原载《中华周刊》第553期"会议记录"栏。会议时间为1936年3月24日,发表时间为1936年6月30日。

有关此次修改会章的背景和全文,参见本书前录《修定中华大学校董会章程》。

有关《中华周刊》,参见前文《〈中华周刊〉的新生命》题解。

出席委员:陈光组、曾庆锡、陶尧阶、陈时、艾毓英;主席:陈光组;记录:陶尧阶。

开会如仪。

主席报告:第十六次全体会议推举修改会章委员情形。

陈时校长报告:会章起草及实施以来经过。

讨论事项:

(1)原章程第四条修改。

(2)原章程第六条修改。

(3)原章程第七、九、十条删改。

(4)原章程第十二条修改。

以上各条修改或删改之点,各在原章程上签注,照议决送呈董事长核定。

(5)原第五条必须保留,并呈部说明。

# 公祭胡汉民悼文及挽联

(1936年5月26日)

**【题解】** 本篇原载《中华周刊》第551期。宣读时间为1936年5月26日，发表时间为1936年5月30日。原发表时题为《公祭胡先生》，今题系编者所拟。

记者在文前撰有："省会各界，订自二十五六七三日，公祭胡展堂主席，本校陈校长被推为主席团。全体师生祭期，大学定为二十六日上午，中学二十七日上午，分别由陈、严、汪及教职员诸先生领导前往，并致祭文。其词曰……"

胡汉民（1879—1936），原名衍鸿，字展堂，广东番禺人。1898年任广州《岭海报》记者，1901年中举，次年游学日本，参加同盟会，追随孙中山从事革命，参与黄花岗起义。武昌首义后，出任广东军政府大都督。后历任国民党广东支部长、护法军政府交通总长、黄埔军校政治教官、广东省省长、粤军总司令等职。南京国民政府成立后，任立法院院长。著有《三民主义的连环性》等。前文所言"主席"，系因胡汉民曾任国民党中央政治会议主席。

有关《中华周刊》，参见前文《〈中华周刊〉的新生命》题解。

呜呼我公，秉赋卓异。早岁忧时，慨怀大志。随我总理，阐扬主义。许身党国，死生靡记。民国奠定，公力为多。屡绾枢要，不屈不阿。光耀日月，功炳山河。际兹国难，方资导领。天胡不吊，大星遽陨。举国惶惶，靡何安寝。武侯长逝，太傅云亡。勋名永在，山高水长。呜呼哀哉，伏维尚餐〔飨〕。

又挽联云：时难方殷，举国哀鸣摧柱石；政书犹在，史官挥泪祭元勋。

# 中华大学校歌歌词

(1942年)

【题解】本篇原载周挥辉《百年华大——掌故·逸事·风物》一书第90页。创作时间在1942年前后,出版时间为2013年9月。

谱曲者为中华大学学生彭厚荣,他时年22岁,为本校大地合唱团成员。

《百年华大——掌故·逸事·风物》,系由周挥辉著,华中师范大学出版社2013年9月出版,为华中师范大学110周年校庆丛书之一。该书记录了发生在这个学校的一些掌故、逸事和风物,反映了这所学校的文化符号和精神遗产。全书约22万字。

江汉汤汤,大别苍苍,
武昌首义放出五千年历史的光芒。
中华大学随中华民国同年诞降,
达材成德,三民大同,
与河山俱永,
与国族、人类以无疆。

原载周挥辉《百年华大——掌故·逸事·风物》，
华中师范大学出版社 2013 年版

# 议决发动各校学生从军措施四项

(1944年11月4日)

**【题解】**本篇原载《中央日报》1944年11月5日。议决时间为1944年11月4日下午。原发表时题为《陪都专科以上学校校长座谈发动学生从军等事宜》，今题系编者所拟。陈时为参加议决者之一。

有关《中央日报》，参见前文《新年的紧急动议》题解。

（一）待各校学生入伍后，各校校长须每两周轮流赴渝市附近各营视察一次，观察各生之生活情形。如有需要改善之处，可建议当局改善，且亦可表慰问之意。

（二）关于书报、杂志等精神食粮教育，当尽量供给；同时组织电影、音乐、戏剧队，按时至各营慰劳。

（三）各校训导处，应按时与该校从军学生通信，俾各生可知母校近况，且可代替家乡沦陷各生之家信。

（四）入营后，学生致教育部长及校长之函件，免于检查。现教育局〔部〕已与有关机关商讨中。